董建波 著

浙江杭县农地产权研究
(1930—1950)

华东师范大学出版社
·上海·

图书在版编目（CIP）数据

浙江杭县农地产权研究：1930—1950 / 董建波著．－－上海：华东师范大学出版社，2024
华东师范大学新世纪学术基金资助出版项目
ISBN 978-7-5760-5017-2

Ⅰ.①浙… Ⅱ.①董… Ⅲ.①农地制度－土地产权－研究－杭州－1930-1950 Ⅳ.①F327.551

中国国家版本馆CIP数据核字(2024)第103362号

ZHEJIANG HANGXIAN NONGDI CHANQUAN YANJIU(1930—1950)
浙江杭县农地产权研究(1930—1950)

著　　者	董建波
组稿编辑	孔繁荣
责任编辑	李玮慧
责任校对	江小华
装帧设计	郝　钰

出版发行	华东师范大学出版社
社　　址	上海市中山北路3663号　邮编 200062
网　　址	www.ecnupress.com.cn
电　　话	021-60821666　行政传真 021-62572105
客服电话	021-62865537　门市(邮购)电话 021-62869887
地　　址	上海市中山北路3663号华东师范大学校内先锋路口
网　　店	http://hdsdcbs.tmall.com

印刷者	常熟高专印刷有限公司
开　本	787毫米×1092毫米　1/16
印　张	32.25
字　数	524千字
版　次	2024年8月第1版
印　次	2024年8月第1次
书　号	ISBN 978-7-5760-5017-2
定　价	118.00元

出版人　王　焰

(如发现本版图书有印订质量问题，请寄回本社客服中心调换或电话021-62865537联系)

目 录

导言 …………………………………………………………… 1
    一、研究综述 ……………………………………………… 1
    二、主要内容 ……………………………………………… 13
    三、相关文献 ……………………………………………… 15
    四、研究方法 ……………………………………………… 23

第一章 地权变动：态势与机制 …………………………… 27
  第一节 地权变动的基本趋势 …………………………… 27
    一、整体趋势分析 ………………………………………… 28
    二、农地面积增加的农户分析 …………………………… 35
    三、农地面积减少的农户分析 …………………………… 40
  第二节 地权变动的机制 ………………………………… 46
    一、地权增加的双重机制 ………………………………… 46
    二、地权减少的双重机制 ………………………………… 52
    三、地权结构的稳定机制 ………………………………… 57
  小结 ………………………………………………………… 65

第二章 地权变动与农业结构 ……………………………… 67
  第一节 农业结构的区域差异 …………………………… 67
    一、稻-桑-棉-麻区农业结构 ……………………………… 68
    二、稻-桑-果区农业结构 ………………………………… 75

　　　　三、稻-柴-竹区农业结构 ································ 83
　第二节　地权变动的区域差异 ································ 89
　　　　一、由基尼系数观察地权配置 ························· 90
　　　　二、农业结构与地权配置 ···························· 103
　第三节　地权变动的农地类型分析 ···························· 147
　　　　一、水稻生产及稻田地权 ···························· 147
　　　　二、蚕桑经营及桑地地权 ···························· 161
　　　　三、棉麻种植及棉麻地地权 ·························· 182
　　　　四、林果栽培及果园地权 ···························· 197
　小结 ······································ 232

第三章　地权变动：价格与利率 ································ 236
　第一节　地价与米价 ······································ 236
　　　　一、稻米价格 ······································ 236
　　　　二、农地价格 ······································ 257
　第二节　雇工工资 ·· 266
　　　　一、农业雇工及其工资 ······························ 267
　　　　二、手工业和工业雇工工资 ·························· 273
　第三节　借贷与地权 ······································ 280
　　　　一、借贷及抵押借贷 ································ 281
　　　　二、借贷利率的变化 ································ 288
　小结 ······································ 296

第四章　农地产权与社会结构 ································ 298
　第一节　户口数量与地权配置 ································ 298
　　　　一、户口数量及农业户口的比重 ······················ 299
　　　　二、户口变化与地权配置 ···························· 306
　　　　三、土地继承与地权转移 ···························· 318
　第二节　地权变动与家庭收入 ································ 330

一、地权转移与农业收入 ………………………………… 330
　　二、地权变化与商业收入 ………………………………… 350
　第三节　地权配置与社会流动 ……………………………… 363
　　一、地权与职业流动 ……………………………………… 363
　　二、地权与阶层流动 ……………………………………… 373
　小结 …………………………………………………………… 391

第五章　地权变动与土地政策 …………………………………… 393
　第一节　农地产权法律与地权变动 ………………………… 393
　　一、土地私有权：确认与限制 …………………………… 394
　　二、"耕者有其田"：政策及其实施 ……………………… 399
　第二节　租佃政策与地权转移 ……………………………… 404
　　一、减租、议租与租额 …………………………………… 404
　　二、租佃政策与地权 ……………………………………… 424
　第三节　农地赋税与地权配置 ……………………………… 456
　　一、赋税、逋欠及追缴 …………………………………… 456
　　二、赋税政策的地权效应 ………………………………… 468
　小结 …………………………………………………………… 485

结论 ……………………………………………………………… 488

参考文献 ………………………………………………………… 492

表目录

表1-1-1-1　1930年杭县369个抽样农户所有土地面积统计表……28

表1-1-1-2　1947年杭县369个抽样农户所有土地面积统计表……30

表1-1-2-1　1930年杭县所有农地面积增加的194个样本农户地积统计表……35

表1-1-2-2　1947年杭县所有农地面积增加的194个样本农户地积统计表……37

表1-1-3-1　1930年杭县农地面积统计表……41

表1-1-3-2　1947年杭县农地面积统计表……42

表1-2-1-1　地权变动相关关系表……49

表1-2-1-2　地权变动相关关系类型表(一)……51

表1-2-2-1　地权变动相关关系类型表(二)……56

表1-2-3-1　1947年杭县抽样农户地积变量处理摘要……62

表1-2-3-2　地权变动机制表……64

表2-1-1-1　1930年菖蒲墩、蓝弄里、李家角土地利用状况表……68

表2-1-1-2　1930年菖蒲墩、蓝弄里、李家角农地利用与收益结构比较表……73

表2-1-2-1　1930年第九都第四十图钟家墩农业结构表……76

表2-1-2-2　1930年第九都第四十一图农业结构表……77

表2-1-2-3	1930年第九都第四十一、四十二图农业结构表	78
表2-1-2-4	1930年第九都农产物亩均收益表	79
表2-1-2-5	1930年第九都第四十一图农业收益结构表	80
表2-1-3-1	1930年第十都安溪北里农产物分类统计表	84
表2-1-3-2	1930年第十都安溪北里农产物年收益表	85
表2-2-1-1	三个区域地权配置基尼系数比较表	102
表2-2-2-1	1930—1947年三种不同类型农业区域抽样农户地权变化决定系数表	146
表2-3-1-1	1930年杭县抽样农户所有土地及转出稻田面积表	154
表2-3-1-2	1930年杭县抽样农户所有农地面积及经营种类表	157
表2-3-2-1	1930—1947年桑地抽样地块地权变化表	169
表2-3-2-2	1930年抽样农户所有农地数量及地目表	176
表2-3-3-1	1931—1936年上海棉花(标准花)价格表	183
表2-3-3-2	1936年1—8月上海棉花(标准花)价格表	185
表2-3-3-3	1930—1947年杭县棉地、麻地地权对照表	192
表2-3-4-1	1930—1947年杭县第九都第五十图林果地权变化表	203
表2-3-4-2	果地地权转移的农户1930年所有农地面积表	213
表2-3-4-3	林果地权变化的农户1930年农业结构表	222
表3-1-1-1	1922—1949年杭县米价表	237
表3-1-1-2	1933—1936年杭县农村物价指数表	245
表3-1-1-3	1941年8月余杭县日用品物价指数表	246
表3-1-1-4	1945—1947年杭州中熟米价格及指数表	247
表3-1-1-5	1947年杭州市粮食零售价格表	249
表3-1-1-6	1946—1948年杭县城区中等熟米平均市价表	250

表号	表名	页码
表3-1-1-7	1946—1948年杭县、余杭县及杭州市工人生活费指数表	255
表3-1-2-1	20世纪30年代初杭县地价表	258
表3-1-2-2	1929—1934年浙江省土地价格升降表	261
表3-1-2-3	1932年杭县地价调查表	265
表3-2-1-1	1928年杭县雇工(壮劳力)工资表	268
表3-2-1-2	1930年西湖区农业劳动者平均工资表	269
表3-2-1-3	1928—1943年杭县雇工工资表	271
表3-2-2-1	1926—1930年杭州各业男工每月平均工资表	274
表3-2-2-2	1934年杭州男工月工资表	276
表3-2-2-3	1948年杭州市各业工资数额及折合白米数量表	277
表3-2-2-4	20世纪20—40年代农业、工业雇工日平均工资比较表	279
表3-3-1-1	周保和抵押借贷土地表	287
表3-3-2-1	1929年杭州市借贷利率表	289
表3-3-2-2	1930年杭州市借贷利率表	290
表3-3-2-3	1930年杭州市西湖区农户借贷利息表	290
表3-3-2-4	1932年杭县借贷利率表	291
表4-1-1-1	1928—1947年杭县户口数量表	299
表4-1-1-2	1928—1946年杭县户数变化表	301
表4-1-1-3	1933年永仁乡人口职业结构表	304
表4-1-1-4	1933年良熟乡人口职业结构表	305
表4-1-1-5	1946年杭县人口职业统计表	305
表4-1-2-1	1950年塘栖区金平乡各村土地登记表	309
表4-1-2-2	1930年杭县各类农户平均所有土地面积表	315
表4-1-2-3	1930年西镇区农户地权配置表	316
表4-1-3-1	钱家圩姚氏第14—16世世系表	319

表4-1-3-2	1930年和1947年钱家坞姚氏地权表	320
表4-1-3-3	中水渭周氏第12—14世世系表	322
表4-1-3-4	1930年和1947年中水渭周氏地权表	324
表4-1-3-5	姚氏、周氏地权转移与血缘关系对比表	327
表4-2-1-1	1930年杭县30个抽样农户农地收益表	330
表4-2-1-2	1930—1947年样本农户农业收入表	334
表4-2-1-3	1930年杭县第八都各类农作物亩均收入数量表	338
表4-2-1-4	1930—1947年杭县若干农户农业收入数量对比表	339
表4-2-1-5	1930年农户山自生所有农地表	340
表4-2-1-6	1930年农户山自生农业收入表	340
表4-2-1-7	1947年农户山自生农业收入表	341
表4-2-1-8	1930年农户李财根所有农地表	342
表4-2-1-9	1947年农户李财根所有农地表	343
表4-2-2-1	1950年瓶窑区地主家庭经济状况表	351
表4-2-2-2	1950年瓶窑区本乡地主所有田地表	353
表4-2-2-3	1950年瓶窑区本乡地主出租土地表	354
表4-2-2-4	1930年仲祖耕所有农地面积表	356
表4-2-2-5	1930年钱选青所有农地面积表	357
表4-2-2-6	1930年骆锡荣所有农地面积表	358
表4-2-2-7	1950年瓶窑区地主的职业与收入来源表	361
表4-3-1-1	1950年杭县义桥乡农业雇佣劳动表	367
表4-3-1-2	1947年杭县五西区农业劳动力兼业表	368
表4-3-1-3	1947年杭县瓶窑区农业劳动力兼业表	370
表4-3-2-1	1930—1947年杭县369个样本农户所有土地结构表	376
表4-3-2-2	1930—1947年杭县阶层结构对比表	377
表4-3-2-3	1947年杭县各乡佃农比重表	377

表号	表名	页码
表4-3-2-4	1930年杭县样本农户所有土地面积表	380
表4-3-2-5	1947年与1930年杭县各阶层所有土地对比表	382
表4-3-2-6	1930—1947年杭县所有土地面积增加的样本农户所属阶层变化表	384
表4-3-2-7	1930—1947年杭县所有土地面积减少的样本农户所属阶层变化表	388
表4-3-2-8	1930年杭县抽样农户所有农地面积分类统计表	390
表5-1-2-1	1930—1947年杭县地权变动表	402
表5-2-1-1	1948年杭县东清乡扩大佃租会议估定全收获量标准表	408
表5-2-1-2	1948年杭县塘河乡复议租额表	408
表5-2-1-3	1930年浙江省佃业收益表	411
表5-2-1-4	1945—1947年杭县地租表	412
表5-2-1-5	1948年杭县丁兰乡估定收获复议租额表	413
表5-2-1-6	1948年杭县各乡镇晚稻秋收调查表	415
表5-2-1-7	1948年杭县实施限制地租成果报告表	418
表5-2-1-8	1949年魏阿法等佃户欠租表	420
表5-2-1-9	1945—1946年张凤祥等佃户欠租表	421
表5-2-1-10	1949年杭县各阶层租额表	422
表5-2-2-1	1950年瓶窑镇租佃关系表	425
表5-3-1-1	1932年杭县田赋项下每元带征附加税表	458
表5-3-1-2	20世纪40年代后期杭县各阶层赋税负担表	462
表5-3-2-1	20世纪40年代后期杭县农户负担与人均使用土地面积关系表	469
表5-3-2-2	1944年杭县丁河乡积欠公粮各户欠粮表	473

图目录

图 1-1-1-1　1930 年杭县 369 个抽样农户所有土地面积分布图 ⋯⋯⋯⋯⋯⋯⋯⋯⋯⋯⋯⋯⋯⋯ 30

图 1-1-1-2　1947 年杭县 369 个抽样农户所有土地面积分布图 ⋯⋯⋯⋯⋯⋯⋯⋯⋯⋯⋯⋯⋯⋯ 32

图 1-1-1-3　1930 年杭县 369 个抽样农户地权配置洛伦兹曲线图 ⋯⋯⋯⋯⋯⋯⋯⋯⋯⋯⋯⋯⋯ 33

图 1-1-1-4　1947 年杭县 369 个抽样农户地权配置洛伦兹曲线图 ⋯⋯⋯⋯⋯⋯⋯⋯⋯⋯⋯⋯⋯ 34

图 1-1-2-1　1930 年杭县 194 个样本农户所有土地面积分布图 ⋯⋯⋯⋯⋯⋯⋯⋯⋯⋯⋯⋯⋯⋯ 36

图 1-1-2-2　1947 年杭县 194 个样本农户所有土地面积分布图 ⋯⋯⋯⋯⋯⋯⋯⋯⋯⋯⋯⋯⋯⋯ 38

图 1-1-2-3　1930 年杭县 194 个样本农户所有地权分布洛伦兹曲线图 ⋯⋯⋯⋯⋯⋯⋯⋯⋯⋯⋯ 39

图 1-1-2-4　1947 年杭县 194 个样本农户所有地权分布洛伦兹曲线图 ⋯⋯⋯⋯⋯⋯⋯⋯⋯⋯⋯ 39

图 1-1-3-1　1930 年杭县 164 个样本农户所有土地面积分布图 ⋯⋯⋯⋯⋯⋯⋯⋯⋯⋯⋯⋯⋯⋯ 42

图 1-1-3-2　1947 年杭县 164 个样本农户所有土地面积分布图 ⋯⋯⋯⋯⋯⋯⋯⋯⋯⋯⋯⋯⋯⋯ 43

图 1-1-3-3　1930 年杭县 164 个样本农户所有地权分布洛

图1-1-3-4 1947年杭县164个样本农户所有地权分布洛伦兹曲线图 ………………………………… 45
图1-2-1-1 1947年地积与1930年地积相关关系图 ……… 47
图1-2-1-2 农地面积增加的农户两个年份所有土地面积相关关系图 ………………………………… 50
图1-2-1-3 所有农地面积减少的农户两个年份所有土地面积相关关系图 ………………………………… 53
图1-2-2-1 农户所有农地减少面积与原有面积相关关系图 ………………………………………………… 55
图1-2-3-1 杭县抽样农户1947年地积与1930年地积相关关系图 ………………………………………… 58
图1-2-3-2 杭县抽样农户1947年地积变化与1930年地积相关关系图 ……………………………… 60
图1-2-3-3 地积变化幅度与1930年地积相关关系图 …… 62
图2-2-1-1 1930年第八都第七图抽样农户所有土地面积分布图 ………………………………………… 93
图2-2-1-2 1947年第八都第七图抽样农户所有土地面积分布图 ………………………………………… 93
图2-2-1-3 1930年、1947年杭县稻-桑-棉-麻区抽样农户地权配置洛伦兹曲线图 ……………………… 94
图2-2-1-4 1930年第九都第五十图抽样农户所有土地面积分布图 ……………………………………… 96
图2-2-1-5 1947年第九都第五十图抽样农户所有土地面积分布图 ……………………………………… 97
图2-2-1-6 1930年、1947年杭县稻-桑-果区抽样农户地权配置洛伦兹曲线图 …………………………… 98
图2-2-1-7 1930年第十都第二十图抽样农户所有土地面积分布图 …………………………………… 100

图 2-2-1-8　1947年第十都第二十图抽样农户所有土地面积分布图 …………………………………………… 100

图 2-2-1-9　1930年、1947年杭县稻-柴-竹区抽样农户地权配置洛伦兹曲线图 ………………………… 101

图 2-2-2-1　第八都第七图抽样农户1947年地积与1930年地积相关关系图 …………………………… 103

图 2-2-2-2　第八都第七图抽样农户1947年地积增减数量与1930年地积相关关系图 ……………… 105

图 2-2-2-3　第八都第七图抽样农户1947年地积增加数量与1930年地积相关关系图 ……………… 108

图 2-2-2-4　第八都第七图抽样农户1947年地积减少数量与1930年地积相关关系图 ……………… 110

图 2-2-2-5　第八都第七图抽样农户1947年地积增加幅度与1930年地积相关关系图 ……………… 112

图 2-2-2-6　第八都第七图抽样农户1947年地积减少幅度与1930年地积相关关系图 ……………… 114

图 2-2-2-7　第九都第五十图抽样农户1947年地积与1930年地积相关关系图 …………………………… 116

图 2-2-2-8　第九都第五十图抽样农户1947年地积增减数量与1930年地积相关关系图 ……………… 118

图 2-2-2-9　第九都第五十图土地增加农户1947年地积与1930年地积相关关系图 …………………… 120

图 2-2-2-10　第九都第五十图土地减少农户1947年地积与1930年地积相关关系图 ………………… 122

图 2-2-2-11　第九都第五十图抽样农户1947年地积增加数量与1930年地积相关关系图 …………… 124

图 2-2-2-12　第九都第五十图抽样农户1947年地积增加幅度与1930年地积相关关系图 …………… 127

图 2-2-2-13　第九都第五十图抽样农户1947年地积减少

　　　　　　　　数量与1930年地积相关关系图 ………… 130

图2-2-2-14　第九都第五十图抽样农户1947年地积减少
　　　　　　　　幅度与1930年地积相关关系图 ………… 132

图2-2-2-15　第十都第二十图抽样农户1947年地积与
　　　　　　　　1930年地积相关关系图 ………………… 134

图2-2-2-16　第十都第二十图抽样农户1947年农地增减
　　　　　　　　数量与1930年地积相关关系图 ………… 136

图2-2-2-17　第十都第二十图抽样农户1947年农地增加
　　　　　　　　数量与1930年地积相关关系图 ………… 139

图2-2-2-18　第十都第二十图土地减少农户1947年农地
　　　　　　　　数量与1930年地积相关关系图 ………… 142

图2-2-2-19　第十都第二十图抽样农户1947年地积减少
　　　　　　　　数量与1930年地积相关关系图 ………… 142

图2-2-2-20　第十都第二十图抽样农户1947年地积增加
　　　　　　　　幅度与1930年地积相关关系图 ………… 145

图2-2-2-21　第十都第二十图抽样农户1947年地积减少
　　　　　　　　幅度与1930年地积相关关系图 ………… 146

图2-3-2-1　1947年农户转出桑地面积与1930年桑地面积
　　　　　　　相关关系图 ……………………………………… 175

图2-3-2-2　1947年转出桑地比重与1930年土地面积相关
　　　　　　　关系图 …………………………………………… 182

图2-3-3-1　1931—1936年上海棉花(标准花)价格变化图
　　　　　　　……………………………………………………… 184

图2-3-3-2　1936年1—8月上海棉花(标准花)价格变化图
　　　　　　　……………………………………………………… 186

图2-3-3-3　1947年转出棉麻用地面积与1930年各户所有
　　　　　　　棉麻用地面积相关关系图 …………………… 195

图2-3-3-4　1947年转出棉麻用地面积与1930年各户所有
　　　　　　　农地面积相关关系图 ………………………… 196

图 2-3-4-1　1947年杭县农户转出林果地面积与1930年
所有土地面积相关关系图 ……………………… 212

图 2-3-4-2　1947年转出林果地面积与1930年所有林果地
面积相关关系图 ………………………………… 221

图 2-3-4-3　转出林果地比重与林果地占农户所有农地
总面积比重相关关系图 ………………………… 230

图 3-1-1-1　1932—1937年杭州食料类商品价格指数图 …… 244

图 3-1-1-2　1945—1947年杭州中熟米价格指数变化图 …… 248

图 3-1-1-3　1946—1948年杭县城区中等熟米平均市价
变化图 …………………………………………… 253

图 3-1-1-4　1946—1948年杭县城区中等熟米价格指数
变化图 …………………………………………… 254

图 3-1-1-5　1948—1949年杭县米价变化图 ………………… 255

图 3-1-2-1　1924—1934年余杭县地价变化图 ……………… 260

图 4-1-1-1　1928—1947年杭县人口数量变化图 …………… 300

图 4-1-1-2　1928—1946年杭县户数变化图 ………………… 302

图 4-1-2-1　1950年塘栖区金平乡人口与耕地面积相关
关系图 …………………………………………… 310

图 4-1-2-2　1950年塘栖区金平乡户数与耕地面积相关
关系图 …………………………………………… 312

图 4-2-1-1　抽样农户1930年农业收入数量与1947年
农地面积相关关系图 …………………………… 332

图 4-3-2-1　1947年杭县各乡佃农比重分布图 ……………… 379

图 4-3-2-2　1947年与1930年相比各个阶层所有土地
面积变化图 ……………………………………… 381

图 4-3-2-3　1947年与1930年相比各个阶层户均所有
土地面积变化图 ………………………………… 383

图 5-2-2-1　1950年瓶窑镇农户占有农地统计图 …………… 442

图 5-2-2-2　1950年瓶窑镇农户使用土地面积与占有土地

图 5-2-2-3　1950 年瓶窑镇农户使用土地面积与租入土地面积相关关系图 …………………………………… 445

图 5-2-2-4　1950 年瓶窑镇农户租入农地统计图 …………… 447

图 5-2-2-5　1950 年瓶窑镇租入土地农户使用土地面积与租入土地面积相关关系图 …………………… 447

图 5-2-2-6　1950 年瓶窑镇农户租出土地面积与占有土地面积相关关系图 …………………………………… 449

图 5-2-2-7　1950 年瓶窑镇出租土地农户租出土地面积与占有土地面积相关关系图 …………………………… 451

图 5-2-2-8　1950 年瓶窑镇农户租入土地面积与占有土地面积相关关系图 …………………………………… 453

图 5-3-1-1　1921—1932 年杭县地丁银、抵补金征收数额图 …………………………………………………… 458

图 5-3-2-1　20 世纪 40 年代后期杭县负担占总收入比重与人均农地面积相关关系图 ………………… 470

图 5-3-2-2　1943—1944 年 201 个农户应欠田赋与田亩数额相关关系图 ………………………………… 482

图 5-3-2-3　1943—1944 年 201 个农户田亩数额分布图 …… 484

导　言

农地产权配置是近代中国土地问题的焦点之一。数十年来，有关近代农村地权结构及其变化的判断一直存在争议。本书以20世纪30—40年代浙江省杭县的农地产权结构作为研究对象，在分别厘清30年代初和40年代末农地产权配置状况的基础上，比较前后两个时期地权配置的异同，对地权变化的整体趋向态势作出判断。进而结合人口数量与人口结构、农业生产及农产品贸易、土地法律和政策等，由农家生计、经济制度、社会结构等不同角度，分析影响农地产权配置的多重因素，探讨相关争议问题。

一、研究综述

围绕农地产权是趋向集中还是分散等核心线索，相关研究对近代中国农村地权配置及其变化的基本趋势作出了不同判断，持不同观点的学者还对影响地权配置的因素作出了相应的分析。在这些不同的判断与解释背后，则是学者们所选主要文献、理论视角、研究方法的差异。

（一）地权变动的基本判断

学界关于20世纪上半叶中国农村地权变化基本趋势的判断，可概括为集中论、分散论、集中-分散双重变化论和稳定论。

近代中国农村地权"集中论"形成于20世纪20—30年代。初版于1937年的《中国农村经济常识》认为，近代中国土地所有权趋向于集中。而且，商品生产愈益发展的地方,地权集中的程度愈加显著。①之后数十年,这一观点代表了学术界对于近代中国地权变化的主要看法。金德群在《民国时期农村土地问题》一书中指出,民国时期地权更加集中于私人之手,土地关系急剧恶化。②2000年至2002年,刘克祥先后发表三篇论文,集中探讨20世纪30年代中国农村土地问题。这些文章虽从不同角度和材料着手,却得出了相同的结论,即20世纪30年代的中国农村陷入经济危机,自耕农因破产而失去土地,中小地主趋于衰败没落,地权高度集中于城市地主和大地主之手。③

近代中国农地产权趋向于集中的论断得到一些区域研究成果的证实。徐畅以湘、鄂、赣、皖、苏、浙六省为中心,分析农户因抵押借贷而失去地权的情形,判断抗战前的长江中下游地区处于地权集中时期。④除了此类跨省区域的研究,一些分省研究也得出了类似的结论。唐文起将苏南与苏北加以对比,认为两者之间虽然存在明显区域差异,但在抗日战争以前都经历了地权集中过程,进而认为两个区域地权集中的原因都是工商业收入的不动产化。在他看来,苏北农村经济发展程度虽不能与苏南相提并论,地权集中程度却较苏南有过之而无不及。由于地权的高度集中,两个地区都经历了自耕农减少、半自耕农和佃农增加的过程。⑤张兰英对民国时期四川省的研究显示,由于制约农村土地交易的宗法制度遭到破坏,土地买卖更加普遍,地主因而获得更多土地,导致地权趋于集中。⑥王全营以中原地区为例,认为民国时期河南省各地的地权集中虽呈现出不同的特点,基本趋势仍是失去土地的农民日益增多。⑦总之,

---

① 薛暮桥:《中国农村经济常识》,上海:新知书店1939年版,第25—28页。
② 金德群:《民国时期农村土地问题》,北京:红旗出版社1994年版,第75页。
③ 参见刘克祥:《20世纪30年代地权集中趋势及其特点——30年代土地问题研究之二》,《中国经济史研究》2001年第3期,第33页。另参刘克祥:《1927—1937年的地价变动与土地买卖——30年代土地问题研究之一》,《中国经济史研究》2000年第1期,第21页;刘克祥:《20世纪30年代土地阶级分配状况的整体考察和数量估计——20世纪30年代土地问题研究之三》,《中国经济史研究》2002年第1期,第19页。
④ 徐畅:《农家负债与地权异动——以20世纪30年代前期长江中下游地区农村为中心》,《近代史研究》2005年第2期,第78页。
⑤ 唐文起:《抗战前江苏农村土地所有权浅析》,《民国档案》1993年第3期,第120页。
⑥ 张兰英:《民国时期四川农村土地制度》,四川师范大学2002年硕士学位论文,第2页。
⑦ 王全营:《民国中期的地权分配与农业经营——以中原地区为例》,《信阳师范学院学报(哲学社会科学版)》2004年第6期,第109页。

农地产权集中论者认为，近代中国乡村失去土地的农户日益增加，农地产权向地主手里集中，佃农、半自耕农的比重因之上升。

与农地产权集中论相对的是农地产权分散论，这一观点也形成于20世纪20—30年代，美国学者卜凯是其代表人物之一。自1921年至1933年，卜凯主导了两次中国农村土地调查。通过对调查资料的整理和分析，先后出版了《中国农家经济——中国七省十七县二八六六田场之研究》和《中国土地利用——中国二二省一六八地区一六七八六田场及三八二五六农家之研究》。在分析自耕农与佃农在这一时期的比例变化后，他认为佃农人数并不像一般估计的那么高，① 地权并非呈现集中趋势。高王凌也认为，清代土地集中的程度下降，近代中国延续清代地权变化的趋势，亦未发生土地集中。② 这类主张得到区域研究结论的支持。柴树藩、于光远、彭平对陕北绥德、米脂两地的研究显示，那里土地变动的总趋势是部分土地由地主、富农向中农、贫农手中转移，各阶级占有土地日渐分散。③ 侯建新认为，20世纪上半期冀中农村人均土地狭小，土地经营细碎化，自耕农经济占据主导地位。在这一地区剧烈的社会动荡中，地权趋于分散。④ 史志宏通过分析民国时期河北省清苑县四个村庄的统计资料，发现1946年与1930年相比，地主、富农、贫农、雇农户口占总户口的比重降低，这些阶层所有土地占总土地的比重均趋于下降，中农户口及其所有土地占总户口、总土地的比重则有较大幅度上升，从而认为这一时期地权分配趋于平均化。⑤ 李金铮对冀中定县的研究显示，土地分配的演变趋向于分散或稳定，进而认为所谓地权日益集中的主张，在定县这一个案中不能得到证明。⑥ 张佩

---

① [美]卜凯：《中国农家经济——中国七省十七县二八六六田场之研究》，张履鸾译，上海：商务印书馆1936年版，第195页。[美]卜凯主编：《中国土地利用——中国二二省一六八地区一六七八六田场及三八二五六农家之研究》，金陵大学农业经济系译，成都：金陵大学农业经济系1941年版，第241页。
② 高王凌：《租佃关系新论——地主、农民和地租》，上海：上海书店出版社2005年版，第187页。
③ 柴树藩、于光远、彭平：《绥德、米脂土地问题初步研究》，北京：人民出版社1979年版，第86页。
④ 侯建新：《近代冀中土地经营及地权转移趋势——兼与前工业英国地权转移趋势比较》，《中国经济史研究》2001年第4期，第13页。
⑤ 史志宏：《20世纪三四十年代华北平原农村的土地分配及其变化——以河北省清苑县4村为例》，《中国经济史研究》2002年第3期，第9—12页。
⑥ 李金铮：《相对分散与较为集中：从冀中定县看近代华北平原乡村土地分配关系的本相》，《中国经济史研究》2012年第3期，第16页。

国的研究表明，民国初年山东农村的土地产权呈现出分散化趋势。① 学者们对清水江土地契约文书的研究显示，近代贵州地权买卖活跃，培育出中农与富农阶层，抑制了地主阶层的土地兼并。② 赵冈、梁敬明认为，清末浙江省兰溪县人口增长和土地市场对土地兼并形成制约，并导致地权分散。③ 王广义对东北地区地权变化的研究发现，近代东北也经历了土地集中到分散的演变。④ 这些研究结果显示，近代中国大土地所有制遭到削弱，中小地主数量增加，土地兼并趋于缓和，地权总体上趋向分散。⑤

除了持集中论和分散论的学者，还有少部分学者的观点可概括为集中-分散双重变化论。他们认为地权变化是趋于集中还是分散，不能一概而论，在近代的不同时期、不同地域，存在集中与分散的不同趋势。持这类观点的学者虽强调土地所有权是集中还是分散应由特定地区、特定时期观察，针对具体情况得出不同的结论。⑥ 但就其具体判断而言，大体上仍可分别归入集中论或分散论。

与上述三种观点持论不同的是第四种观点，即近代地权不变论。章有义等学者认为，自17世纪中期至20世纪前期的三个世纪中，地主与农民的占地比率大致稳定在65∶35的水平，地权分布状况几乎没有什么变动。⑦ 罗衍军的研究显示，与之前相比，民国时期华北乡村的土地占有未出现明显的集中化过程，大部分乡村土地仍然掌握在中农手里。⑧ 这种观点可称之为农地产权配置

---

① 张佩国：《近代山东农村土地占有权分配的历史演变》，《齐鲁学刊》2000年第2期，第104页。
② 林芊、程颖：《中国民族地区土地买卖与地权分配的清水江模式——清至民国西南内地边疆侗苗地区土地关系研究之三》，《贵州大学学报(社会科学版)》2018年第6期，第47页。
③ 赵冈、梁敬明：《清末兰溪的地权分配》，《浙江学刊》2008年第1期，第18页。
④ 王广义：《近代中国东北地区地权的流变》，《华南农业大学学报(社会科学版)》2011年第4期，第118页。
⑤ 李学明、王伟：《论"中原模式"——地权分配理论新模式》，《石家庄经济学院学报》2011年第4期，第108页。
⑥ 郭德宏：《旧中国土地占有状况及发展趋势》，《中国社会科学》1989年第4期，第209页。徐畅：《农家负债与地权异动——以20世纪30年代前期长江中下游地区农村为中心》，《近代史研究》，2005年第2期，第79页。徐畅：《民国时期中国农村地权分配及其变化》，《聊城大学学报(社会科学版)》2013年第4期，第52—62页。
⑦ 章有义：《本世纪二三十年代我国地权分配的再估计》，《中国社会经济史研究》1988年第2期，第9页。高王凌：《租佃关系新论——地主、农民和地租》，上海：上海书店出版社2005年版，第187页。
⑧ 罗衍军：《民国时期华北乡村土地占有关系刍论》，《晋阳学刊》2008年第4期，第96页。

不变论。

(二) 地权变动因素的解析

学者们对地权变化的基本趋势作出了不同的判断，还对影响地权变化的因素作出了相应的分析。不过，基于各种判断的差异，关于影响近代地权变化的主要因素，已有成果强调的重点不同，涉及土地政策、租佃制度、土地市场、人口因素、文化因素以及法律习惯等多个方面。

一些学者认为，地主的强制权力影响着地权变动。在他们看来，租佃关系赋予地主的强制权力是地权集中的决定性因素。这些学者主张，土地权力是社会权力关系网中的重要一环。地主拥有强制权力，农民缺乏平等身份，都影响着地权的兼并与集中，因而是地权集中的主要动因。王家范教授指出，中国历史上的地权集中(土地兼并)往往都有权力的背景，是依仗政治-经济的特权，以强制与半强制的方式推行的。① 张广杰也认为，在民国时期的农村土地配置过程中存在不公正现象。权力资本雄厚的地主，更容易获得土地兼并的机会。② 这种观点倾向于对地权配置及其变化作社会权力关系分析，可概括为"社会权力强制论"。但也有学者持相反的看法，认为租佃制度等并不一定是具有强制性的制度，也并不一定是地权集中的因素。李德英通过对成都平原佃农经营的研究，指出租佃制度并不必然导致地权的集中。③

研究者普遍注意到，地权变动中存在人口增长因素。他们认为，人口增长是导致地权变化的重要动因。一些学者将地权分散归因于人口增长。柴树藩、于光远、彭平对陕北的调查显示，人口增长导致的分家析产正是当地土地占有更加分散，并由地主、富农阶级转向中农、贫农阶级的主要原因。④ 赵冈认为人口增长提升了分家析产的频率，结果是强化了田产分散的力度。⑤ 王昉也认

---

① 王家范：《中国历史通论(增订本)》，北京：生活·读书·新知三联书店2012年版，第92页。
② 张广杰：《20世纪二三十年代土地分配中的权力因素》，《苏州大学学报(哲学社会科学版)》2012年第4期，第179页。
③ 李德英：《民国时期成都平原的押租与押扣——兼与刘克祥先生商榷》，《近代史研究》2007年第1期，第95—115页。
④ 柴树藩、于光远、彭平：《绥德、米脂土地问题初步研究》，北京：人民出版社1979年版，第74页。
⑤ 赵冈：《永佃制研究》，北京：中国农业出版社2005年版，第52页。

为,人口压力是近代农村地权关系演变的主要动力。① 李金铮对定县的研究显示,地权配置之所以没有恶化,人口增长前提下的分家析产推动地权分散是重要原因。② 王伟通过对河南省的研究,发现影响近代地权分配的因素很多,其中,人口因素是比较突出的因素,而且是导致地权分配趋于分散的因素。他还发现,近代河南省内存在地权分配的区域性差异,造成这一现象的重要原因正是人口分布的不均衡。③

还有一些研究成果着重讨论土地政策与土地法律对地权变化的影响。有学者认为,土地政策直接影响租佃关系,进而影响到土地的收益率,最终影响到地权的转移。王家范教授认为,受限于政治强制度化与产权非制度化的体制环境,中国传统农地存在私有产权不完全的困境,政治权力可以随时对土地产权实施干预。④ 有研究者注意到,民国初期法律既明确保护土地私有权,同时又对之施以若干限制。⑤ 民国《民法》和《土地法》虽承认土地私人所有,但对私人土地所有权的范围、面积、移转、使用等作了诸多规定,并未确立私有权神圣的理念。⑥ 丁萌萌侧重分析政府干预对土地市场的影响,认为政府干预制约着土地政策的预期效果。⑦ 一些法律史学者和土地史学者特别注意到地权变化中的习惯法因素,探讨了财产继承习惯对地权变动的影响,强调习惯法以及其他法律规定对地权变动起着制约作用。袁鑫利用分家书以及调查资料,探讨了民国时期江南土地继承与地权转移的关系,认为土地继承是地权流转的主要原因,对农户之间的地权配置具有分散作用。⑧

---

① 王昉:《中国近代化转型中的农村地权关系及其演化机制——基于要素-技术-制度框架的分析》,《深圳大学学报(人文社会科学版)》2008年第2期,第150页。
② 李金铮:《相对分散与较为集中:从冀中定县看近代华北平原乡村土地分配关系的本相》,《中国经济史研究》2012年第3期,第16页。
③ 王伟:《论河南近代时期人口因素对地权分配的影响》,《兰州学刊》2012年第3期,第77页。
④ 王家范:《中国历史通论(增订本)》,北京:生活·读书·新知三联书店2012年版,第129页。
⑤ 杨士泰:《试论民国初期的土地私有权法律制度》,《河北法学》2009年第6期,第95页。
⑥ 陈云朝:《论南京国民政府时期土地所有权的限制——以私法社会化为背景》,《湖北大学学报(哲学社会科学版)》2014年第4期,第118页。
⑦ 丁萌萌:《民国时期土地政策变化对地权市场的影响——以江浙农村为例》,《北京社会科学》2013年第6期,第144页。
⑧ 袁鑫:《民国时期江南地区的土地继承制度及其对土地分散的作用》,南京师范大学2007年硕士学位论文,第1页。

一些研究成果侧重分析地权变化中的土地市场(价格)因素。有学者指出，土地价格是影响地权变化的重要因素。赵冈《永佃制研究》认为，尽管诸子均分等遗产继承制度、宗法制度等影响地权变动，但地权市场仍是一个基本自由的市场，土地交易的成交要件主要是价格。① 张忠民通过对土地买卖市场的分析，研究了土地产权的变动。② 刘克祥考察和论述了1927—1937年的地价变动和土地买卖，认为1931年以后，国内农产品过剩，土地收益陡降，土地价格也随即由原来的长期上涨转为大幅下跌，影响了土地权属关系的变化。③ 盛媛选取民国时期浙江农地价格作为研究对象，分析1912—1936年浙江农村土地价格的变动趋势及其对土地产权配置的影响，认为1931年以后地价持续下降，导致地权集中的进一步加剧。④ 陈晓翔的研究显示，民国前期东北地价呈现不断上涨的态势，1930年以后，地价开始暴跌，导致地权分散。⑤

还有学者注意到，地权变化与近代农村资本市场的变化有关，强调地权变化与金融借贷之间的互动关系，认为金融短缺是近代地权变动的影响要素。⑥ 郭爱民认为，民国前期，旧式金融机构已经衰败，新式金融机构尚未发展，农村金融枯竭、农民信用缺失、高额利率盛行等导致了土地产权的转移。⑦ 谢开键、朱永强通过分析清水江地区留存的大量文书，发现由于当地传统社会缺乏资本积累，地权转移的主要原因是小农家庭缺乏积蓄，出卖土地主要是为了获得婚丧嫁娶、造房建屋费用或经营贸易的资金。⑧ 张佩国在研究农地产权变动

---

① 赵冈：《永佃制研究》，北京：中国农业出版社2005年版，第56页。
② 张忠民：《前近代中国社会的土地买卖与社会再生产》，《中国经济史研究》1989年第2期，第12—16页。
③ 刘克祥：《1927—1937年的地价变动与土地买卖——30年代土地问题研究之一》，《中国经济史研究》2000年第1期，第21页。
④ 盛媛：《民国时期浙江农村土地价格变动初探(1912—1936)》，《浙江万里学院学报》2005年第1期，第51页。
⑤ 陈晓翔：《民国时期东北地价变动及其影响》，《青海师范大学学报(哲学社会科学版)》2005年第5期，第66页。
⑥ 徐畅：《农家负债与地权异动——以20世纪30年代前期长江中下游地区农村为中心》，《近代史研究》2005年第2期，第78页。
⑦ 郭爱民：《民国前期长江三角洲农村高利贷问题与土地的流转》，《安徽史学》2009年第2期，第39页。
⑧ 谢开键、朱永强：《清至民国天柱农村地区土地买卖原因探析——以清水江文书为中心的考察》，《贵州大学学报(社会科学版)》2013年第5期，第97页。

时，除考察生产收入、市场网络等因素的影响，还着重分析了包括高利借贷在内的农村金融对地权转移的影响。①

长期以来，文化因素对地权变化的制约作用也受到研究者的关注。一些学者从习惯与风俗的角度分析地权转移的原因。20世纪30年代的一项调查曾经注意到杭县皋城乡地权交易中的亲族优先权，发现皋城乡农户在出卖田地之时，必须先由族人购买。如果族人不要，才可以售与族外之人。研究者还发现，实际上，卖主也很愿意将土地出售给同族，因为当地的习惯是"同族不绝契"。按照这一习惯，当土地售与同族时，买卖契约虽称"绝契"，但卖家除了一次收足地价之外，还可保留永久回赎权。②张佩国的研究显示，家计、家产、家业统一于农民家族共财的财产和伦理观念中。作为一种有着浓厚伦理意味的财产观念，家族共财是中国最基本的社会制度。这一制度深刻地影响着地权转移的形式与规模。③朱荫贵认为，在近代的清水江流域，约定俗成的习惯性规制及房族、亲族等的仲裁作用使得地权转移一直稳定存在和延续，并使土地资源因人口分化与经济变动得以顺畅而有效地配置。④

一些学者将地权变化的根本因素归结为社会结构，认为是社会结构最终影响着地权的变化。有研究者指出，农村社会结构是决定地权转移的要素。林芊认为清水江地区农家出售田土规模小、数量不大、参与者众多等地权转移特征，受到当地自耕农为主体的小农社会结构的制约。⑤张文俊认为，战争与革命是20世纪三四十年代晋绥抗日根据地乡村社会变迁的两个重要变量。在革命过程中，晋绥边区的阶级结构发生了变化，富农阶层地位下降，中农和贫农阶层扩大，贫农地位显著上升。随着阶级结构的变化，地权分配发生变动，土地占有更加分散，土地经营以自种为主，租佃走向衰亡。受战争与革命造成的

---

① 张佩国：《地权、家户、村落》，上海：学林出版社2007年版，第77页。
② 刘端生：《杭县皋城乡沿山居民的生活》，《中国农村》1935年第1卷第6期，第89页。当地习惯，凡是同姓者均属于同族。
③ 张佩国：《制度与话语：近代江南乡村的分家析产》，《福建论坛（人文社会科学版）》2002年第2期，第43页。
④ 朱荫贵：《从贵州清水江文书看近代中国的地权转移》，《贵州大学学报（社会科学版）》2013年第6期，第69页。
⑤ 林芊：《从清水江文书看近代贵州民族地区土地制度——清水江文书（天柱卷）简介》，《贵州大学学报（社会科学版）》，2012年第6期，第70页。

社会结构变化的影响,阶级结构与土地关系均出现显著变化。①

近年来,随着环境史研究的拓展和深入,一些学者将地权变化与生态变化相结合,探讨地权变化的生态动因。他们的研究表明,生态环境变化以及自然灾害是影响地权转移的重要因素。夏明方讨论了近代中国土地占有状况与自然灾害之间的关系,认为灾荒既引起一些区域地权集中,同时也导致另一些区域地权分散。②苏新留研究了民国时期河南自然灾害与地权转移之间的关联,认为频繁的自然灾害造成了农村的贫困,穷苦的农民为了生存不得不典当土地,乃至最终失去地权。③黄正林也认为地权状况与生态环境之间存在密切关系。他对近代黄河上游区域地权的研究显示,地权是集中还是分散,生态环境是主要决定因素。④谢开键、朱永强对清水江文书的研究显示,天柱县水旱灾害频繁,尤其是夏季的暴雨、伏旱,对农业生产的危害很大。因遭受自然灾害破坏,粮食十分匮乏,农户为求生存不得不变卖土地,导致地权转移。⑤

(三) 地权分析的理论视角

综合有关近代地权变化的相关研究可以发现,近代地权研究采用了不同的理论视角,在方法论上也有不同的倾向。一些研究成果呈现出共同的方法论特征和理论取向,其中,比较有影响的理论及方法包括制度分析、市场分析、文化分析等。

制度分析是政治经济学、制度经济学等学科研究地权的理论和方法特征。政治-经济分析在研究近代地权变化中一度居于主导地位,其中,一些学者将阶级理论引入地权分析。在阐述中国近代乡村土地占有状况时,这一理论主要依据不同阶级的土地占有状况分析土地占有关系,将地权关系作为阶级关系的

---

① 张文俊:《革命乡村阶级结构与土地关系之嬗变——以晋绥边区西坪村为例》,《兰州学刊》2009年第10期,第212页。
② 夏明方:《民国时期自然灾害与乡村社会》,北京:中华书局2000年版,第234页。
③ 苏新留:《略论民国时期河南水旱灾害及其对乡村地权转移的影响》,《社会科学》2006年第11期,第124页。
④ 黄正林:《近代黄河上游区域地权问题研究》,《青海民族研究》2010年第3期,第101页。
⑤ 谢开键、朱永强:《清至民国天柱农村地区土地买卖原因探析——以清水江文书为中心的考察》,《贵州大学学报(社会科学版)》2013年第5期,第97页。

核心，认为土地占有状况越集中，阶级压迫越沉重。薛暮桥等强调土地制度对地权状况的制约，认为由于受到阶级关系和地主土地所有制的限制，近代土地所有权与使用权分离更趋严重，结果是商品生产越发展，地权反而越集中。① 由于不合理的土地制度和阶级关系，受帝国主义经济侵略影响的商品经济发展反倒成为农民失去土地的主要诱因。② 唐文起的研究显示，苏南与苏北经济发展程度不同，但两个区域都存在地权集中现象，正是由于封建土地制度在近代仍然起着主导作用。③ 金德群、刘克祥等也认为，20 世纪 30 年代地主土地所有制占统治地位，大地主、城市地主急剧膨胀，自耕农、半自耕农无地化程度加剧。④ 根据阶级理论，租佃关系的恶化、农家经济的贫困，都是地主土地所有制的必然结果。正是因为地主土地所有制，地权集中成为必然趋势。⑤ 国民政府虽然制定了土地政策和土地法律限制地权，但这些政策受到把持政权的地主阶级的抵制，因而终归失败。⑥ 这一理论将土地关系纳入阶级分析框架中，将国家政权视为维持地主阶级利益及地主土地所有制的工具。

  制度-经济分析也是在土地产权研究中具有影响的理论方法。在注重制度经济学分析的学者看来，国家有关地权的政策和法律对土地市场的影响应该受到学者关注。张五常认为，1949 年之前中国存在完整的私人产权制度，他对租佃关系的研究即是以这一论断作为前提。⑦ 与张五常等人的观点不同，王家范

---

① 薛暮桥：《中国农村经济常识》，上海：新知书店 1939 年版，第 25—28 页。
② 薛暮桥：《中国农村中的土地问题》，《中国农村》1936 年第 2 卷第 3 期，第 56 页。薛暮桥：《农产商品化和农村市场》，《中国农村》1936 年第 2 卷第 6 期，第 60 页。陈翰笙：《三十年来的中国农村》，《中国农村》1941 年第 7 卷第 3 期，第 4 页。
③ 唐文起：《抗战前江苏农村土地所有权浅析》，《民国档案》1993 年第 3 期，第 120—124 页。
④ 金德群：《民国时期农村土地问题》，北京：红旗出版社 1994 年版，第 75 页。刘克祥：《1927—1937 年的地价变动与土地买卖——30 年代土地问题研究之一》，《中国经济史研究》2000 年第 1 期，第 21 页。刘克祥：《20 世纪 30 年代地权集中趋势及其特点——30 年代土地问题研究之二》，《中国经济史研究》2001 年第 3 期，第 33 页。刘克祥：《20 世纪 30 年代土地阶级分配状况的整体考察和数量估计——20 世纪 30 年代土地问题研究之三》，《中国经济史研究》2002 年第 1 期，第 19 页。
⑤ [美] 白凯：《长江下游地区的地租、赋税与农民的反抗斗争 1840—1950》，林枫译，上海：上海书店出版社 2005 年版，第 9 页。
⑥ 牛林豪：《试析 1927—1937 年国民政府的土地政策——兼论土地政策失败的根本原因》，《华北水利水电大学学报（社会科学版）》2006 年第 4 期，第 66 页。
⑦ 张五常：《佃农理论》，姜建强译，北京：中信出版社 2017 年版，第 195 页。

教授在地权研究中虽也强调制度分析，但同时又指出所谓的私有产权实际上缺乏制度化的保障，私有与国有的界限模糊，认为这一制度特征恰是解释地权变化的关键。① 张广杰等也认为，民国初期虽以法律的形式明确了土地私有权，但私有权的范围仍受限制，政治-经济特权往往以强制与半强制方式实现土地兼并。② 张玮、张静等的研究显示，正是社会革命和改革对政治-经济强权的限制或取缔，才导致了地权的转移与分散。③ 上述观点虽对土地制度的作用存有分歧，但都强调制度分析的重要性。按照他们的看法，地权研究不能局限于市场关系的讨论，而应侧重于产权制度分析，甚至还应考察其背后的国家-社会关系等，强调地权研究应从产权制度、政治制度乃至社会制度等不同层面展开。考虑到国家制定的土地政策、土地法律及土地制度等对地权具有多重作用，应将赋税制度、租佃制度与产权制度视为相互制约的制度链，开展整体的制度分析。

市场分析主要从生产要素的视角看待地权，注重运用经济学的供给-需求理论，依据市场关系原理分析地权状况及地权问题。卜凯、马若孟、赵冈等认为地权市场和其他要素市场一样，主要取决于供给与需求关系，透过土地供需的变化，就可以理解地权变动。④ 地权交易中的资金来源与流向是这些学者探讨的重点之一。珀金斯注意到，由于土地投资的报酬偏低，购置土地的资金往往来自农业部门之外。⑤ 马若孟则认为，商品农业的发展为农户购入土地提供了资金。⑥ 徐畅、谢开键、朱永强、曹树基、刘诗古等认为地权变动与资本市场

---

① 王家范：《百年颠沛与千年往复》，上海：上海人民出版社2018年版，第155—156页。
② 张广杰：《20世纪二三十年代土地分配中的权力因素》，《苏州大学学报（哲学社会科学版）》2012年第4期，第179页。
③ 张玮：《抗战时期晋西北农村土地流转实态分析》，《晋阳学刊》2009第3期，第79页。张静：《老区土地政策演变与农村生产要素流动研究——以1946—1956年的山东为例》，《江汉论坛》2015年第5期，第89页。
④ [美]卜凯：《中国农家经济——中国七省十七县二八六六田场之研究》，张履鸾译，上海：商务印书馆1936年版，第195页。[美]马若孟：《中国农民经济：河北和山东的农民发展，1890—1949》，史建云译，南京：江苏人民出版社1999年版，第325页。[美]赵冈：《中国传统社会地权分配的周期波动》，《中国经济史研究》2003年第3期，第103页。
⑤ [美]德·希·珀金斯：《中国农业的发展（1368—1968）》，宋海文等译，上海：上海译文出版社1984年版，第118页。
⑥ [美]马若孟：《中国农民经济：河北和山东的农民发展，1890—1949》，史建云译，南京：江苏人民出版社1999年版，第267页。

起伏密切相关，抵押、典当、出售土地是缺乏资金积累的小农获得生活费用或经营资金的主要手段，属于市场机制运作的方式。① 龙登高在其研究中，也强调地权市场的资金融通与资源配置功能。② 从实际情况来看，地价并不是一个单独的变量，它与工价、物价、租额、借贷利率等关系密切，因此对影响地权的价格分析不能只限于地价，还应拓展到包括生产要素和产品价格在内的价格体系的研究，进一步讨论地权变化与区域资本市场乃至经济结构之间的关联。

还有一些学者着重对地权变化作文化分析，他们将文化人类学方法引入地权研究。这些学者特别注重观念、风俗、习惯法等文化因素在地权变化中的制约作用。其中，一些社会史、经济史、法律史学家为乡村地权的概念化解释作出了努力。将民俗语汇与学理分析结合起来的本土化解释，是他们致力于乡村地权研究的主要尝试之一。③ 张佩国强调江南农民家族共财的伦理观念对地权转移的影响。④ 朱荫贵发现，约定俗成的习惯规制使得贵州清水江流域的地权转移相对稳定，土地资源变动顺畅而有效。⑤ 史建云认为，在近代华北农村，曾经具有约束性的土地买卖习惯已经发生了变化。⑥ 可见，习俗与观念等文化因素在不同区域的地权变动中扮演了不同的角色。

总之，农地产权承载着政治、经济、文化等多重社会关系。土地配置体现着经济、政治、法律等一系列社会制度，同时又受到这些制度的约束。地权不仅体现着人与人之间围绕土地所有权与使用权的交易关系、权力关系、伦理关系，还体现着国家与土地所有者、土地使用者之间围绕地权的相互博弈。地权是与之相关的多个主体之间政治、经济乃至社会关系的复合呈现，地权变化涉

---

① 徐畅：《农家负债与地权异动——以20世纪30年代前期长江中下游地区农村为中心》，《近代史研究》2005年第2期，第78页。谢开键、朱永强：《清至民国天柱农村地区土地买卖原因探析——以清水江文书为中心的考察》，《贵州大学学报（社会科学版）》2013年第5期，第97页。曹树基、刘诗古：《传统中国地权结构及其演变》，上海：上海交通大学出版社2014年版，第28—29页。

② 龙登高：《地权市场与资源配置》，福州：福建人民出版社2012年版，第197页。

③ 张佩国：《走向产权的在地化解释——近代中国乡村地权研究再评述》，《西南民族大学学报（人文社科版）》2012年第3期，第16页。

④ 张佩国：《近代江南乡村的族产分配与家庭伦理》，《江苏社会科学》2002年第2期，第139页。

⑤ 朱荫贵：《从贵州清水江文书看近代中国的地权转移》，《贵州大学学报（社会科学版）》，2013年第6期，第69页。

⑥ 史建云：《近代华北土地买卖的几个问题》，《华北乡村史学术研讨会论文集》，2001年。

及各种因素及其互动关系的历时性过程,反映着地权及其要素在不同时期的变动。为此,本书将地权置于区域社会经济变迁的背景中加以考察,重视市场因素在地权变动中的制约作用,同时关注土地制度、土地法律、土地政策、社会结构等因素对地权变动的影响,对制约地权变动的制度、市场及社会等结构性因素作综合研究,对农地产权变动的复杂因素作整体分析,探讨制约地权配置的多重机制。

二、主要内容

民国初年,清代之仁和、钱塘两县合并为杭县,隶钱塘道。1927年,废钱塘道,杭县由浙江省政府直辖。同年,杭州市与杭县分治,城区、西湖、会堡、湖墅、皋塘、江干六区划归杭州市。乔司、临平、皋亭、上泗、钦履、五都、西镇、瓶窑、调露九区为杭县管辖区域。① 20 世纪 30 年代初,行政区划变更,杭县隶属于浙江省第二行政督察区,县域东与海宁接壤,西与富阳、余杭毗邻,南至钱塘江中心,与萧山隔江相望,北界德清、武康两县。全境 935.4 平方千米,② 划为 4 个自治区,下辖 73 个乡和 7 个市镇。③

本书以 20 世纪 30 年代初期登记的《地籍册》、40 年代后期填报的《地价册》、50 年代初完成的土地改革调查等档案为主要文献依据,尝试"复原"20世纪 30 年代初期和 40 年代末期杭县土地状况,比较前后两个不同时期农地产权配置的变化。结合时人撰写的社会经济调查报告、县政府和乡镇公所档案等资料,分析在土地法律、土地政策、土地市场、农业生产、人口数量和社会结构等因素的共同影响下,农地产权配置的整体态势、基本动因和主要机制。

本书从近代杭县地权配置的实态入手,依据地籍资料统计结果观察地权变动的整体趋势。通过对抽样农户的分析,分别确定 20 世纪 30 年代初、40 年代末乃至 50 年代初的地权状况,加以前后比较,判断近二十年的时间里地权配

---

① 铁道部财务司调查科查编:《京粤支线浙江段杭州市县经济调查报告书》,见张研、孙燕京主编《民国史料丛刊(368)》,郑州:大象出版社 2009 年版,第 310 页。
② 俞俊民:《杭县土地状况》,《中华农学会报》1935 年第 135 期,第 37 页。
③ 《杭县经济概况调查》,《浙江经济情报》1936 年第 1 卷第 1—5 期合刊,第 4 页。

置的前后变化。以农地面积增加和减少作为标准,区分两种类型的农户,分别对其所有农地面积增加和减少的数量展开统计分析,归纳不同类型农户所有土地面积变动的特点及其对地权变化整体趋势的影响,分析在农户所有土地面积增加和减少相互作用下同时存在的集中和分散过程。笔者认为这一时期杭县农地产权转移频繁,甚至显示出土地"动产化"的态势,但占土地总量比重高达70%的地权变动,主要是各个社会阶层之间的多向流动,并维持这一时期地权配置的动态均衡。在地权频繁转移中,起决定作用的既不是集中机制,也不是分散机制,而是均衡机制,结果是地权结构在整体上保持稳定,地权配置不均程度甚至略有缓和。

土地权属关系是多重因素在特定时空中相互作用的产物,对地权配置的分析需要关注到农村经济状况这一重要因素。在本书所研究的20世纪30年代至40年代,杭县主要农产品的价格呈现出明显的反差。近二十年时间里,水稻、桑叶、水果、棉花、络麻、蚕茧、蚕丝等主要农副产品的价格多有起伏变化,粮食价格波动的幅度更高于其他农产物。将40年代后期与30年代初期比较,可知以稻谷为主的自给性农产物与蚕茧、棉花、络麻、水果等商品性农产物价格呈现出相反的变化趋势。与30年代初相比,部分经济性农产物的价格在40年代后期大幅下跌。杭县的桑树、棉花、络麻、水果种植在不同农业区域占耕地的面积达到一半以上,商品性农产物价格下降,加上其与粮食比价的下跌,使这些土地的整体收益下降。从纵向比较来看,增加农地面积所获边际收益是趋于减少的。商品性农产物价格下跌导致农家生计困顿,引起土地价格下降,成为地权集中的抑制因素。

20世纪30—40年代杭县农村工价的变化也影响着地权变化。前后两个时期相比,杭县户口总数和劳动力数量减少,由于手工业和工业的破坏,手工业和工业的就业人口萎缩,手工业和工业劳动力向农业回流。故在全县劳动力总量减少的情况下,杭县农业雇工的平均工资水平却是趋于下降的。从理论上看,农业雇工工资的下降有利于农地产权集中,但在雇工经营占比较弱的情况下,雇工工资下降对地权集中的作用是有限的。同时,由于这一时期农业收益的减少,雇工工资的下降不足以弥补农地收益的减少。在两个因素的共同影响下,工价下跌导致地权集中的动力不足。

法律制度、土地政策、赋税制度、租佃制度等构成制约地权的制度因素。农地产权法律的实施、土地政策的推行、赋税和租佃制度的改革等，对地权配置产生了不同程度的影响。以《土地法》为核心的相关法律和浙江省、杭县制定的地方性法规，在维护土地私有权的同时，也对土地所有权实施限制。在土地政策层面，由政府推动的"耕者有其田"是杭县农地产权集中的抑制因素；在租佃制度方面，政府为减轻佃农负担，力推"二五"减租政策，实施政府参与的议租，降低地租率。在租佃关系中，强调佃户优先购买权，保障佃农利益。"耕者有其田"逐步减少佃农、增加自耕农的政策目标，使其成为抑制地权集中的主要政治性因素。在运用法律和政策保障地租稳定的同时，20世纪30—40年代的赋税却日渐加重，加上自然灾害和战争影响下的农业歉收，这些因素叠加，使土地所有者的单位面积收益减少，扩大和保有地产的意愿下降，因而抑制了地权的集中。在有关地权、赋税、租佃等法律和政策的共同影响下，党政机构对土地所有权和使用权配置的政治干预，成为抑制地权集中，同时促使地权分散的又一动力。

总之，20世纪30—40年代杭县农村土地产权转移频繁，土地"动产化"趋势加剧，土地市场虽有推动地权趋于集中的潜力，但土地政策、法律制度、经济结构和社会结构等因素对地权集中形成制约，甚至促使地权趋向于分散。集中与分散两种相反过程相互作用，形成整体上决定地权配置的稳定机制。

三、相关文献

近代中国乡村地权研究主要围绕实地调查、契约文书等史料展开，其中，"满铁"《中国农村惯行调查》、徽州契约文书、贵州清水江文书、浙西南契约文书等较为系统的文献，尤其受到学者的关注。① 国民政府的地籍档案也是重要的土地资料，但尚无学者加以系统梳理，本书以杭县地籍档案作为主体资料

---

① 张佩国：《走向产权的在地化解释——近代中国乡村地权研究再评述》，《西南民族大学学报（人文社科版）》2012年第3期，第15页。胡铁球、徐伟、赵婷婷：《清代鱼鳞册所见业主姓名、地权分配及相关问题研究——以雍正开化县〈丈量图号联单〉为例》，《史林》2019年第4期，第100页。

研究地权变化，在文献的发掘和利用方面作出了新的尝试。

20世纪20—30年代，国民政府曾在多个省份开展地籍整理，但因种种条件限制，仅在少数县份同时完成图根测丈与户地测量，浙江省杭县即为其一。① 早在1927年，浙江省政府就成立了土地厅和清丈局，以便着手实施土地调查。土地调查未及展开，土地厅和清丈局奉令裁撤，土地调查划归民政厅办理。1927年12月21日，浙江省政府第六十次会议决定在民政厅添设土地科，专门负责浙江全省土地整理事务。② 1928年1月，土地科成立。次年5月，又成立浙江省土地局，负责土地测量和土地清丈。为了节约时间和费用，在建立土地测丈机构的同时，省政府要求各县举办土地陈报，杭县为全省少数如期册报的县份之一。③

按照规程，在实施土地清丈之前，先由清丈员在杭县各都各图分发调查单，由"业主填载姓名、住址，及土地坐落、四至，以为清丈之根据。同时，由调查员宣传清丈之利益，督促业主插标领丈"④。1930年7月，杭县土地清丈开始，并按照户地实测、图籍检查等步骤依次开展。户地实测始于杭州城区，由城区向外逐步推展。至1930年底，测丈面积累计达到35万余亩，⑤ 形成地籍草图图版。⑥ 图籍检查对实测完成的图版逐一核验，审查其图廓是否规正、图根点展开是否精密、各户地号有无漏编或重编、地块边长有无错误。同时，对照《地籍一览表》《户地调查表》《调查单》等，核验图版标识与表册记录是否完全，是否相互符合。发现遗漏或者错误，即在图版上予以补充和改正。对于需要前往实地复查以便更正者，先在图版上的谬误之处标记符号，再检查图边与邻图相接能否符合。如果不符，也在图版上标记相应符号。随后，调查员"即赴实地，先就图根点检查原图之方向标定是否确实，判断图根之测

---

① 刘元：《浙江省整理土地概况》，《浙江民政月刊》1931年第39期，第141页。
② 刘元：《浙江省整理土地概况》，《浙江民政月刊》1931年第39期，第140页。
③ 其他各县拖延至1930年4月始行陈报结束。参见刘元：《浙江省整理土地概况》，《浙江民政月刊》1931年第39期，第141页。
④ 《浙江省土地测丈》，《地政月刊》1934年第2卷第8期，第6页。
⑤ 实测"所用之缩尺，市地则采用五百分一或二百五十分一，农地用千分之一，若逢瘠薄之农地，采用二千分之一之缩尺，完全适合测量需要精度为原则"。参见《浙江省土地测丈》，《地政月刊》1934年第2卷第8期，第6页。
⑥ 现存于杭州市临平区档案馆，共计2 586卷（张）。

定有无误差、配置是否适当。然后，将图面上记有符号之处逐一检查、更正，同时检查各户所有地块之边长、地类、地目、业主姓名、住址等，随时将检查情形，填入检查业务簿。错误最少者，即直接改正，并填检查改正报告单。如错误过多，则交原丈之清丈员改正或重测。原丈员若认为改正无误，即在改正报告单上面盖章。如原丈员不能确认改正无误时，可以申请复查"①。

杭县土地清丈前后历时约4年，经过清丈、检核、重测、复查等过程，至1934年结束。全县6个都153个图的地块全部经过测丈、制表、绘图、编号，形成杭县地籍调查档案。这批档案以地籍图版与地籍表册相互对照、互为说明为特点，包括全县各都图所有地块，登记了每个地块的编号、面积、用途、业主、坐落等。本书所依赖的《杭县都图地图》《户地印图》以及《地籍册》等，即此次填报、实测、检查、修正之后的汇总成果。②

《杭县都图地图》收录杭县各都全图和各图一览图，包括全图6幅、一览图174幅，共计180幅，绘出了河流、山峰（绘制有等高线）、水荡、道路等，标注了乡镇名称、自然村名、各图序号等。③《户地印图》是详细描绘每一个地块坐落、四至的地籍档案，共计48卷，每卷封面注明都号、图号。在都号和图号后面，注明相应的乡名、里名，并有"民政厅测丈队制印"一行文字说明。每幅《户地印图》上端印有"实测户地图"标题及该幅图所绘地块的起止地号，左侧标注制图时间、原图图幅编号及比例尺。在《户地印图》中，每一个地块均注明了地号、业主、地块的边长等。那些形状不规则的地块或水荡，则依据其形状注明多个边长。

《地籍册》共计102卷，包括杭县所有都图地块。大致每一都每一图构成一卷，也有少数案卷包括两个以上图中地块记录。每卷封面标明都图名称，每页均为表格格式，表题为"原图第　幅地籍一览表杭县　区　村（里）　段"，填注该份地籍一览表所录地块属哪一区、哪一里（村）。《地籍册》登记了全县

---

① 《浙江省土地测丈》，《地政月刊》1934年第2卷第8期，第6页。
② 在原始档案中，《地籍册》全称为《原图第　幅地籍一览表》，与《户地印图》的编号可一一对应。
③ 其中，各图一览图经过杭州市档案馆编辑，已由浙江古籍出版社于2008年出版，书名为《杭州都图地图集》。

每一个地块的地号、暂编地号、地类、地目、地积、现作何用、农民分类、业主姓名、住址等,另有"摘要"一栏,用于说明该地块清丈时的领丈人或承租人、使用人等需要补充说明的内容。

杭县土地测量完成后,全县"地籍已粗具规模,嗣以抗战军兴,县境沦陷,民众流亡载道……公私土地,多被敌伪侵占割裂,经界荡然,致产权纠纷日必数起"①。有鉴于此,1946年5月,杭县县政府开始办理地籍整理,对全县地块进行重新登记,以便"按照地价征税,使负担归于公平……整顿赋籍,使胥吏无由蒙混"②。这次填报的登记表中,记载了每个地块的地号、面积、地目、业主、业主住址等,形成《地价册》。③《地价册》中有关地目的分类与《地籍册》相同,包括稻田、农地、水荡、坟地等类目。登记的面积数据也与《地籍册》一致,同样都是以亩为计量单位,精确到小数点后三位,即记录每个地块面积的亩、分、厘、毫数量。《地籍册》的填报起始时间为20世纪20年代末至30年代初,《地价册》的填报截止时间为1947年,两种地籍登记相隔近二十年,但《地价册》的地号与《地籍册》的地号完全一致,通过比较地号相同之地块业主、用途、租佃、分割等变化,可以比较近二十年间每个地块的权属变化,还可以分析与之相关的种植结构、农业生产、租佃关系等。依据业主姓名、住址,还可将每个地块"归户",将地籍资料整理为户地数据,对比每户所有土地丘数、面积、地目、种植结构等变化。

依据《户地印图》《地籍册》《地价册》等地籍档案,可以厘清每个地块的权属变化,还可以观察每个农户所有土地面积及构成的变化。若要进一步解释地权变化的动因,还需要依赖更为丰富的文献资料。这些资料包括杭县民国档案、近代报刊中发表的调查资料、杭县地方志等。

杭县民国档案主要收藏于杭州市临平区档案馆。有杭县政府地政科、地籍整理处等地政机构的档案,也有社会、民政、司法等卷宗,还有各乡镇所作的社会经济调查。如《对崇化、大陆、山桥、双桥、塘河、五常、履泰乡农村经

---

① 姚寿慈:《杭县志稿》卷五"人口",杭州:浙江古籍出版社2018年版,第3册,第9页。
② 姚寿慈:《杭县志稿》卷五"人口",杭州:浙江古籍出版社2018年版,第3册,第11页。
③ 《地价册》为档案登记的简称,原册标题为《杭县地籍整理办事处　都　图　乡地价清册》。现存于杭州市临平区档案馆的《地价册》共计521卷。

济调查》《杭县人口调查统计表》《杭县社会概况调查表》《杭县各乡镇公所议租会议记录》《地整处限制地租成果报告》《塘栖等地保干事履历调查表》等。1947年1月至1948年1月，杭县县政府建设科曾在全县各乡镇实施农村经济调查，各乡镇先后填报了《农业经济调查表》《粮食作物调查表》《特产调查表》《林业调查表》《蚕桑事业调查表》《畜牧调查表》《技术职工及手工业产品调查表》等，调查内容涉及农村人口、业主与佃农比重、农地面积、农作物及其产量、副业及其产值等。其中，《蚕桑事业调查表》还将20世纪40年代后期的农业生产与20世纪30年代上半期比较，并对蚕桑业的状况作出统计描述。这项调查范围涵盖全县各个农业区域，涉及乡镇包括崇化、大陆、山桥、双桥、塘河、五常、履泰、留下、严庄、纤石、蒋邱、龙坞、树塘、定山、云泉、寿民、新宁、东清、回龙、固安、塘栖、泉塘、丁河、超山、宏磻、龙旋、四维、义桥、肇和、崇贤、云会等，记录了这些乡镇20世纪40年代后期农村经济的多个侧面。由于调查时间与《地价册》填报时间吻合，其相关描述和数据资料为我们理解《地价册》的内容提供了辅助。类似档案中保存的地方经济资料，可与《地籍册》《地价册》中记录的土地、农户资料对读，从而弥补地籍资料只是专注于描述单一地块的不足，也为深入理解地籍文献提供了背景资料。

除上述较为全面的县域经济调查，还有其他调查资料可供利用，如杭县县政府田粮处《征收田赋办法规定》（1946—1948年）、杭县县政府社会科《各乡镇晚稻收割调查表》（1948年）、《各乡镇公所议租会议记录》（1948—1949年）、《乡民借高利贷、"二五"减租、佃业纠纷》（1948—1949年）等，这些资料或记载了农业收成，或登记了田赋数额，或反映出佃业关系，均与地权以及影响地权变动的因素有关。《征收田赋办法规定》记载了1946年9月至1948年6月杭县田赋征收的细则。其中，《杭县三十五年度田赋应征数额表》详细列明了杭县田地等级、正税、附税及应征数额等；《乡民借高利贷、"二五"减租、佃业纠纷》记载了取缔高利借贷、实施减租政策、处置佃业纠纷等相关规定。记录在这份档案中的一些案例还详细呈现了与借贷、减租等政策相关的具体事件及其处理情形。通过梳理这些资料，我们可以分析与地权变动有关的租佃关系、借贷利率以及减租政策等。

杭州市临平区档案馆还收藏有大量土地改革前夕的农村社会经济调查资料。如中国共产党浙江省杭县委员会办公室《一九四九年杭县一届农代会的报告，减租减息的计划、报告》（1949年）、《一九五〇年县委基点乡——义桥、山桥乡的工作计划、报告、调查材料》（1950年）、《一九五〇年——九五一年县委关于土地改革运动的指示、意见、总结报告》（1950—1951年）、《各分区委关于结束土地改革和消灭"夹生饭"的报告》（1951年）、杭县人民委员会《区镇公所关于农代会、各界代表会议总结、报告》（1951年）、瓶窑镇政府《瓶窑镇委关于土改方案、登记表》（1950—1951年）等。这些调查资料大部分完成于1949年后半年至1951年上半年，调查内容多为1950年土地改革以前若干年农村社会阶层结构以及土地占有状况。如《一九五〇年县委基点乡——义桥、山桥乡的工作计划、报告、调查材料》，完成于1950年7—8月，其中包括《义桥乡土地阶级关系初步调查》《义桥乡二村有关土改情况初步调查》《义桥乡三村有关土改情况初步调查》等。《瓶窑镇委关于土改方案、登记表》完成于1951年3月20日，包括《杭县瓶窑镇外窑村土改方案》《杭县瓶窑镇上窑村土改方案》《杭县瓶窑镇里窑村土改方案》《杭县瓶窑镇冉窦村土改方案》《杭县瓶窑镇西中村土改方案》《杭县瓶窑镇西溪村土改方案》等，登记了这些村庄中土地改革以前各户所有、自耕、租出、租入的田、地、山、荡等土地面积。这些调查资料主要是个别村庄（典型村）所有农户的调查记录，提供了完整的村庄个案资料。通过对此类文献的梳理，可"还原"多个村庄农村阶层结构及其土地占有的实况。更重要的是，我们可依据这些调查，将杭县地权变化的考察时段延伸到1950年土地改革前夕。

特别值得说明的是，土地改革之后形成的杭县《农业户税清册》也可作为重要的地籍文献。它登记了每个农户所有地块的地号、面积、地目、用途、单位面积产量等。其中，地号与《地价册》《地籍册》前后一致，可弥补《地价册》只记录土地面积，而缺乏单位面积产量的不足。结合《农业户税清册》中的相关记载，可辅助判断《地籍册》《地价册》中所录土地的农业收益等情况。

从生成档案的时间来看，内容涉及地权以及农村经济的档案主要集中在20世纪40年代后半期。可与这一时期档案资料对比的其他时期，尤其是20世纪30年代上半期的档案资料较少，因此，生成于20世纪30年代上半期的《地籍册》相对"孤立",缺乏相关档案文献的支撑。所幸的是,报刊资料在一定程度上可以弥补档案的缺失。民国时期的报刊资料多有关于杭县的报道。这些报刊包括《申报》《浙江省建设月刊》《浙江经济情报》《京沪 沪杭甬铁路日刊》《商业月报》《浙江财政月刊》《浙江民政月刊》《浙江合作》《实业统计》《中国农村》《中央银行旬报》《交通银行月刊》《合作月刊》《工商新闻(南京)》《浙江自治》《昆虫与植病》等,在这些报刊中登载的文献包括《国货调查:浙西各县工商业之一瞥:一、杭县》《社会调查:本省社会调查总报告(三)杭县》《杭县经济概况调查》《杭县六七八堡棉农概况》《杭县之工业与金融机关》《杭县之物产及农村状况》《杭县主要农产物统计表》《杭县钦履区蚕业概况》《杭县第三四区信用合作社之调查与整理经过》《由临平麻业之发展略论如何推展麻业》《盛产水果之塘栖:沪杭甬线负责运输宣传报告之十七》《杭县第四区十三村农村调查》《挣扎在死亡线上的杭县农民》《杭县土壤分析报告》等,内容涵盖农业、手工业、工业、商业、金融、人口、土地等诸多方面。这些报刊文献大部分发表于20世纪20—30年代,其中部分资料与《地籍册》涵盖的20世纪30年代上半期在时间上大致吻合,可与《地籍册》等史料相互印证,用于对地籍及其他档案的解读。

报刊中有关杭县社会经济的调查报道,主要集中于若干行业。由于杭县蚕桑业发达,自20世纪10年代至40年代,报刊中有关这一行业的调查,形成了具有一定连续性的历史资料。如《杭县钦履区蚕业概况》(1929年)、《杭县改良蚕桑区实施细则》(1933年)、《余杭蚕农之近况》(1934年)、《浙江省余杭土种业调查报告》(1935年)、《杭县龙王沙素描》(1936年)、《沦陷下的余杭》(1941年)等,分别显示出不同年份杭县及相邻的余杭县蚕桑业的变化,涵盖的时间自20世纪20年代末至40年代初。将这些有关蚕桑业的调查资料前后对比,并结合20世纪40年代后半期有关蚕桑业的档案文献,大致可以梳理出20世纪20年代末至40年代末杭县蚕桑业变化的轨迹。在此基础上,本书可对地权变化与蚕桑业生产乃至农业经济之间的关系,作更为全面的分析。

杭县其他主要的农业行业如水稻种植、络麻生产、棉花种植、林果经营等,在20世纪20—40年代的报刊文献中,也都有相应的专项调查资料。对这些描述各种农业生产及其产品销售的文献加以整理,可以观察农业生产、农产品产量和产值、农产品销售数量和地域等的变化,并将之作为影响农地产权变化的因素予以分析。

除上述文献外,本书还重视对地方志的运用。1912年,钱塘、仁和两县合并,设杭县。1964年,杭县与余杭县合并,称余杭县。近代以降,杭县(余杭县)编纂有多种地方志书,包括县志(市志、区志)、镇(乡)志、村志、街道志,以及多种行业志等。可资利用者包括《杭县志稿》《余杭县志》《余杭市志》《余杭通志》等县(市)志,《塘栖镇志》《余杭临平镇志》《良渚镇志》《瓶窑志》《临平志》《杭州市余杭区镇乡街道简志》《姚家埭村志》等乡镇街道志和村志,以及《余杭市金融志》《余杭县农业志》《余杭县粮食志》《余杭市土地志》等专门志。这些志书成于深谙地方史实的专家之手,梳理了当地近代社会经济变迁的基本脉络,展现了地方社会历史以及各个行业发展的主要趋势。以《杭县志稿》为例,1946年开始修纂,1949年完成。2018年,余杭区史志办影印,上、下两函,共计10册,其中卷五记载了20世纪30—40年代若干年份的土地、人口数据,其他各卷对这一时期杭县的农业、工业、商业、金融、赋税等变化有专门记述。采撷不同时期县志所记内容,再结合专门志书的详细记述,可以追溯杭县近代农村经济起伏和经济制度变迁的历程,进而将地权及其变化放在整体地方社会经济史中加以分析。

自2010年起,笔者多次前往余杭从事实地调查,采集口述史料。先后到临平街道、南苑街道、塘栖镇、良渚街道、瓶窑镇等地作实地采访,依据土地档案的记载,在临平、东湖、塘北、安溪、北窑等村落(社区)实施田野调查,收集家谱等地方文献。这些地点在20世纪30—40年代,分别属于第八都、第九都和第十都,正是本书选择研究的样本区域。

近代农地产权研究的困难之一是缺少具体而系统的资料。受到文献内容的制约,大部分研究成果只能以零星农户或者个别村庄作为个案,在此基础上所得出的论断,不一定能够准确反映一个区域地权配置的真实状态。学者们围绕近代地权结构及其变化发生争论,部分原因即在于此。杭县地籍档案是其他资料无法替代的珍贵文献,是对该县全部地块的完整记录,提供了基于近代测绘技术的全样本数据,内容具体、完整、连续,是一套颇具研究价值的地籍资料。运用这样的资料,可对县域范围内的地权状况作出整体分析,形成一项精确、微观而全面的地权变动研究成果，避免陷入以个案研究成果推断普遍结论的"逻辑实证主义"误区。同样，受到史料的局限，一些地权变动研究成果不得不止步于一般性的因素分析，部分成果单纯从土地制度、土地政策的层面加以研究，较少关注到与地权变化密切相关的区域经济本身运行的层面。本书将具体而微观地"还原"地权变化的复杂过程，运用产生于不同时期的地籍资料、地方文献等，在社会经济变迁的整体过程中分析影响地权变动的多重因素，解释社会经济结构中微观经济行为的互动如何决定地权变化，丰富对农地产权变化复杂性的认识。

四、研究方法

以往研究受到文献内容的制约，大多利用契约文书和调查报告开展案例研究。不同研究者选择的案例不同，不同的案例又存在个体差异，因而研究者得出的结论也不相同。避免这一问题的方法，在于将案例研究与整体研究结合。本书所用主体史料为《地籍册》《地价册》，它们是对杭县全部地块的登记记录，为开展区域整体研究提供了较为充分的文献条件。我们利用这些文献，以随机抽样方法，编制样本农户资料，并在此基础上展开计量分析，同时辅之以个案研究，既为数量分析提供了案例佐证，又避免了单纯案例研究以偏概全的局限。

20世纪30年代初实施土地调查时，杭县在地政上划分为第七、八、九、十、十一、十二共计6个都，分别对应于行政区划的区。每个都划分为若干个图，分别对应于行政区划的乡镇。第七都即乔司、皋亭区，划分为13个图；第八都即临平区，划分为27个图；第九都包括西镇区、五都区，前者划分为26个图，后者划分为57个图；第十都为瓶窑区，划分为26个图；第十一都包括调露、钦履两区，划分为15个图；第十二都为上泗区，划分为14个图。[①]本书选择若干都（区）、图（乡镇）作为研究的个案。在第八都，选择第七图（东

[①] 《杭州市杭县行政区划名称对照表》，参见杭州市档案馆编：《杭州都图地图集（1931—1934）》，杭州：浙江古籍出版社2008年版。

湖乡)之李家角、周家埭、菖蒲墩、杨家埭等村作为个案。在第九都，以西镇区第十二图(义溪乡)和十三图(义桥乡)之杨店桥、上三家村、船腰里、冯家塘、蒋家浜、马家浜，以及五十图东家桥乡花甲坞、车家坞、石板路、山后、前山、土山垻、前湖埭、北家桥、姚家垻、小桥头等村作为个案。在第十都，选择第二十图之山桥乡、安溪北里、乾元乡、崇化二村等作为研究对象。

　　本书的焦点虽是地权转移及其影响下的地权结构，但倾向于社会经济史的研究，将农地产权置于社会、经济、法律、政策的整体中，从区域社会变迁的视角研究土地问题，探讨决定地权变化的社会-经济因素，涉及经济结构、农业生产、农产品市场、社会结构、土地法规等。本书通过对《地籍册》《户地印图》《地价册》所记地块编号、地积、用途、业主等记载的对比，从整体上判断地权变化的趋势，进而分析其动因。由于杭县地权档案中所登记的地块编号是不变的，本书有可能追溯同一地块的若干属性的前后变化，通过对同一地块的业主、地目、用途、地积等作纵向对比，观察20世纪30—40年代农地产权配置结构的实际状况。通过对具体而微观的档案文献的爬梳，分析不同农业区域地权变化的特征及共性。结合杭县经济与社会变迁的整体背景，考察土地政策及其实施、农产品商业化、人口数量及结构变化、工商业起伏等因素对地权变化的不同影响。作为整体研究的一部分，本书还将影响地权变化的人口数量及其结构、农家生计及不同区域的农业结构及其变化纳入地权因素分析之中，探讨制约地权变化的多重动因。正是由于采用整体视野，本书避免单向的因果讨论，而是在地权变动与土地制度、农业生产、赋税制度、社会结构、区域经济等要素之间展开多重相关关系分析。

　　本书的整体研究并不是对所有地块的全样本研究，而是基于所有地块的随机抽样研究，在研究方法上以计量分析作为特征。这一方法特征以《地籍册》《地价册》等主体文献提供的丰富数据为前提。如前所述，《地籍册》在对地块的登记中，记载了地号、地类、地目、地积、现作何用、业主姓名、业主住址。[①] 在《地价册》中，列出了《地籍册》所载同一地块的地号、地目、面积、地

---

① "地类"显示一个地块属公有地还是私有地；"地目"显示一个地块是农地还是非农地；"地积"记录以亩作为单位的每个地块面积；"现作何用"显示在某个地块上种植的农作物、养殖的水产品等用途。

价、所有权人姓名及住址。如果地块的使用人与所有权人不一致，则又列出使用人之姓名与住址。如果某个地块的所有权人有代理人，则列出该代理人的姓名与住址。由于两份档案所载每个地块的地号不变，将《地价册》与《地籍册》比对，依据其中登记的业主姓名、业主地址，可以发现每个地块所有权人的变化（或者不变），进而将各个随机抽样地块按照业主归并到户，并补全该户所有地块，以对比各户所有土地面积的前后变动。

为了明确农户的地权变化，本书对20世纪30年代初期和40年代后期抽样农户所有土地面积作了全面统计，以此比较两个不同时期各户所有农地面积的增减变化；按照不同用途，将抽样地块及典型村落地块面积进行分类统计，对比两个不同时期稻田、桑地、棉地、林果等用地面积的变化，以分析农业经营与地权变动之间的关系；对相关的物价、产量、销售数额及销售收入、工价、利率等可以计量分析的资料，尽量予以数量统计。通过计算两个时期地权配置的基尼系数，判断地权结构相对稳定并略趋分散。在此基础上，本书还对地权变动及其因素开展了相关关系分析。通过农业收入与地权、土地租佃与地权、土地赋税与地权、农家生计与地权、人口数量与地权等相关关系的一元线性回归分析，对它们的相关性作了定量研究。本书还通过地权变化的数据统计，从定量分析的层面探讨了地权变动的集中机制、分散机制和稳定机制。

本书研究虽以计量分析作为基本方法，但并未止步于定量研究，而是尝试在定量研究的基础上，进一步开展结构分析。通过对20世纪30年代初和40年代末杭县地权配置的计量分析，本书将两个不同时期的计量结果转化为地权配置结构，发现经过农户之间频繁的地权转移，近二十年间，杭县地权结构大致保持稳定。在探讨影响地权结构的因素时，我们也将农地产权及其变化放在杭县社会经济结构变迁的过程中加以研究。为了分析不同的农作物组合对地权变化的影响，我们按照农业结构特征，将杭县区分为稻-桑-棉-麻、稻-桑-果、稻-柴-竹等不同的农业区域，分区域探讨地权变化与农业结构之间的关系。我们还基于人口数量、农户收入、土地面积等，比较20世纪30—40年代杭县人口结构、职业结构等的变化，进而分析人口结构、职业结构等结构性因素对地权配置的影响。

本书还尝试就杭县地权变化的历史过程提出理论性的思考。已有研究成果或从社会史的角度，以阶级结构的变化分析地权的转移；或利用历史人类学的相关方法，阐释地权变化中的文化要素；或从法律史入手，分析法律制度与社会互动关系中的地权变动；或运用经济理论，分析供求关系、价值规律制约下的地权市场，就地权变化提出了若干理论解释。相比之下，以"地方经验"为基础的理论归纳相对薄弱。本书将包括地权变动在内的多重社会-经济关系视为一个紧密的结构，将地权变化置于区域社会经济变迁的整体过程之中加以探讨，概括影响杭县地权变化的各种因素的互动关系，并将之概念化为影响地权配置的动态均衡机制，进而提出适用于高度商业化地区近代农地产权变化的一般性解释：农户所有土地产权频繁转移，地权极不稳定，农地"动产化"成为普遍现象。[1] 不过，频繁的地权变动并未导致地权集中，亦未引起分散。这一时期，虽然存在促使地权趋向于集中的市场压力，但农业效益、劳动成本、土地政策、赋税制度、继承习惯、社会结构等因素对地权集中形成了制约，抑制了农地产权的单向流动，推动了地权在多个阶层之间的双向转移。集中与分散两种效应相互作用，形成地权配置结构相对稳定的动态均衡机制。

---

[1] 本书对杭县的研究显示，20世纪40年代末与30年代初相比，大约占总面积80%的农地发生了地权转移；而在发生地权转移的土地中，约80%为土地买卖（另外约20%为土地继承），即超过60%以上的土地至少发生过一次地权交易。

第一章 地权变动：态势与机制

如本书"导言"所述，关于近代农地产权在整体上有否变动，存在着两种不同的观点。一些学者认为，近代农地产权大致保持稳定。持此观点者为少数。多数学者判断近代农地产权发生明显变化，他们的观点又可分为两类。一些学者认为，近代农地产权趋于集中，农地产权在各个阶层之间的配置日益不均；另一些学者认为，近代农地产权趋向分散，不同阶层所有农地产权呈现出平均化的趋势。本章以杭县为例，先考察20世纪30—40年代地权变动的基本趋势，再讨论制约地权变动的集中机制与分散机制，然后说明两种机制在杭县地权配置中的不同效应，以及两种效应相互作用下地权结构相对稳定的事实。

第一节 地权变动的基本趋势

有关20世纪上半叶中国农村地权变化基本趋势的观点虽可大致概括为"稳定论""集中论""分散论"和"集中-分散双重变化论"，但在近代的不同时期、不同地域，地权变化呈现出不同甚至相反的趋势。具体到一个特定的区域，地权变化是趋于集中还是分散，应区别不同时期作出具体分析。[①] 本节基于《地籍

[①] 徐畅：《农家负债与地权异动——以20世纪30年代前期长江中下游地区农村为中心》，《近代史研究》2005年第2期，第78页。

册》《地价册》中登记的土地数据，选择杭县第八都、第九都和第十都的若干个图作为样本展开统计分析，判断20世纪30—40年代地权变化的基本趋势。除对上述三个都的抽样农户作计量分析，估计杭县全县地权变动的整体态势，还将区分所有土地面积增加与减少两类农户，对其地权变化分别作出趋势分析。

一、整体趋势分析

在1947年填报的《地价册》中，同一地块的编号与1930年登记的《地籍册》一致，这为分析地块权属的前后变化提供了条件。依据地号前后不变的特点，比较同一地块两个不同时期的所有权人是否相同，即可观察其地权是否变化。通过比对《地价册》与《地籍册》，发现《地籍册》中曾经出现的业主，在《地价册》中未再出现，则将其1947年所有地块和地积登记为0；而在《地价册》中登记为所有权人，在《地籍册》中未见登记者，亦将其1930年所有地块和地积假设为0。由于此类农户数量较少，本节统计的主要是那些自1930年"延续"到1947年的农户，并以这些农户所有农地面积的变化，比较两个不同年份地权转移的情形。

本节有关地权变化的分析主要以第八都第七图、第九都第五十图、第十都第二十图作为统计分析的个案。其中，第八都七图统计地块数量1 546块，面积合计为1 080.088亩；第九都第五十图统计地块数量1 779块，面积合计为1 300.347亩；第十都第二十图统计地块数量4 828块，面积合计为3 632.886亩。共计地块总数为8 153块，总面积为6 013.321亩。本书的计量分析主要以这些地块作为依据。按照《地籍册》中登记的业主姓名，将地块归入各户，并抽样369个农户，计算各户所有土地面积。统计结果如表1-1-1-1所示。

表1-1-1-1 1930年杭县369个抽样农户所有土地面积统计表

数 量	有效	369
	缺失	0
均值		6.342

续 表

均值的标准误	0.606
中值	4.307
众数	0.000
标准差	11.650
方差	135.731
偏度	8.995
偏度的标准误	0.127
峰度	100.518
峰度的标准误	0.253
全距	151.733
极小值	0.000
极大值	151.733
和	2 340.183

说明：利用分组数据进行计算。

资料来源：浙江省土地局：《杭县地籍册·八都七图》，杭州市临平区档案馆，档案编号：93-9-6；浙江省土地局：《杭县地籍册·九都五十图》，杭州市临平区档案馆，档案编号：93-9-64；浙江省土地局：《杭县地籍册·十都二十图》，杭州市临平区档案馆，档案编号：93-9-93。

表1-1-1-1显示出1930年的统计数据。统计农户数量为369户，统计地块数量为3 183块，占第八都、第九都、第十都统计地块总数8 153块的39.04%。这些地块的面积合计为2 340.183亩，占8 153个地块总面积的38.917%。经过统计可知，1930年369个抽样农户平均所有土地面积为6.342亩，中值为4.307亩。农户所有土地面积最大值为151.733亩，最小值为0亩。[①] 各户所有土地面积分布如图1-1-1-1所示。

[①] 浙江省土地局：《杭县地籍册·八都七图》，杭州市临平区档案馆，档案编号：93-9-6；浙江省土地局：《杭县地籍册·九都五十图》，杭州市临平区档案馆，档案编号：93-9-64；浙江省土地局：《杭县地籍册·十都二十图》，杭州市临平区档案馆，档案编号：93-9-93。

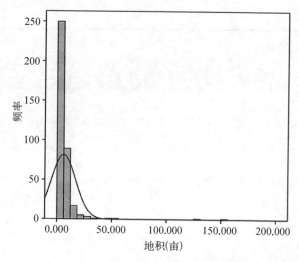

图 1-1-1-1　1930 年杭县 369 个抽样农户所有土地面积分布图

资料来源：浙江省土地局：《杭县地籍册·八都七图》，杭州市临平区档案馆，档案编号：93-9-6；浙江省土地局：《杭县地籍册·九都五十图》，杭州市临平区档案馆，档案编号：93-9-64；浙江省土地局：《杭县地籍册·十都二十图》，杭州市临平区档案馆，档案编号：93-9-93。

上图显示，1930 年杭县 369 个样本农户所有地块面积符合正态分布，分布偏度为 8.995，峰度为 100.518。

为了观察 1947 年与 1930 年相比上述样本农户地权配置的变化，我们依据《地价册》登记的地号、业主、地积等数据，对这 369 个农户 1947 年所有土地面积作出同样的统计，结果列为表 1-1-1-2。

表 1-1-1-2　1947 年杭县 369 个抽样农户所有土地面积统计表

数　量	有效	369
	缺失	0
均值		6.209
均值的标准误		0.626
中值		4.499
众数		0.000
标准差		12.016

续　表

方差	144.386
偏度	13.386
偏度的标准误	0.127
峰度	219.765
峰度的标准误	0.253
全距	208.378
极小值	0.000
极大值	208.378
和	2 291.138

资料来源：杭县地籍整理办事处：《八都七图地价册》，杭州市临平区档案馆，档案编号：93-6-31至93-6-35；杭县地籍整理办事处：《九都五十图地价册》，杭州市临平区档案馆，档案编号：93-6-304至93-6-308；杭县地籍整理办事处：《十都二十图地价册》，杭州市临平区档案馆，档案编号：93-6-443至93-6-447。

由表1-1-1-2可见，1947年，杭县369个样本农户中，所有农地面积最多者为208.378亩，最少者为0亩。369户共计农地面积2 291.138亩，平均每户所有农地面积6.209亩。1947年杭县369个样本农户所有农地面积分布偏度为13.386，峰度为219.765，也符合正态分布。[①] 结果如图1-1-1-2所示。

1947年与1930年相比，369个农户所有土地面积的平均值减少0.133亩，即减少2.10%；中值增加0.192亩，即增加4.46%；各户所有土地面积的分布偏度上升了0.366，即上升了3.14%；峰度上升了119.247，即上升了118.63%。

此外，由杭县抽样农户369户统计可知，1947年与1930年相比，所有农地面积没有变化者11户，其他358户的农地面积或增加或减少，均有数量不

---

① 杭县地籍整理办事处：《八都七图地价册》，杭州市临平区档案馆，档案编号：93-6-31至93-6-35；杭县地籍整理办事处：《九都五十图地价册》，杭州市临平区档案馆，档案编号：93-6-304至93-6-308；杭县地籍整理办事处：《十都二十图地价册》，杭州市临平区档案馆，档案编号：93-6-443至93-6-447。

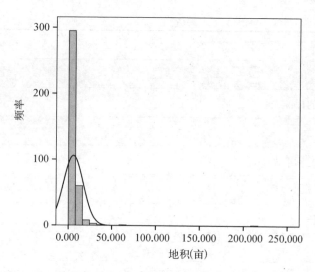

图 1-1-1-2　1947 年杭县 369 个抽样农户所有土地面积分布图

资料来源：杭县地籍整理办事处：《八都七图地价册》，杭州市临平区档案馆，档案编号：93-6-31 至 93-6-35；杭县地籍整理办事处：《九都五十图地价册》，杭州市临平区档案馆，档案编号：93-6-304 至 93-6-308；杭县地籍整理办事处：《十都二十图地价册》，杭州市临平区档案馆，档案编号：93-6-443 至 93-6-447。

等的变化。其中，所有农地面积增加者 194 户，减少者 164 户。194 户所有土地面积增加的农户共计增加土地面积 709.987 亩，而所有土地面积减少的 164 个农户共计减少土地面积 759.032 亩。增加与减少相抵，合计减少 49.045 亩。164 个土地面积减少的农户平均每户减少 0.299 亩，全部 369 个样本农户平均，每户减少土地面积 0.133 亩。[①]

上述统计结果显示出 369 个样本农户所有土地面积的整体变化。我们需要进一步追问的是，不同农户所有土地面积增加与减少的反向变化，对 369 个农户所有土地面积产生了何种影响，即它使这些样本农户所有土地面积趋向于集中，还是趋向于分散。我们借用基尼系数作为衡量地权配置平均程度的指标，

---

① 浙江省土地局：《杭县地籍册·八都七图》，杭州市临平区档案馆，档案编号：93-9-6；浙江省土地局：《杭县地籍册·九都五十图》，杭州市临平区档案馆，档案编号：93-9-64；浙江省土地局：《杭县地籍册·十都二十图》，杭州市临平区档案馆，档案编号：93-9-93；杭县地籍整理办事处：《八都七图地价册》，杭州市临平区档案馆，档案编号：93-6-31 至 93-6-35；杭县地籍整理办事处：《九都五十图地价册》，杭州市临平区档案馆，档案编号：93-6-304 至 93-6-308；杭县地籍整理办事处：《十都二十图地价册》，杭州市临平区档案馆，档案编号：93-6-443 至 93-6-447。

作进一步的统计分析。

基尼系数是表示收入差距的常用指标,可用于衡量地权分配的不平等程度。运用《地籍册》和《地价册》的样本数据,可以分别计算出 1930 年、1947 年农地所有权分布的基尼系数,以证明两个年份相比,地权分布是否趋于平均。我们先计算 369 个样本农户 1930 年所有土地面积的基尼系数。计算 1930 年样本农户所有农地面积的户数累计、地积累计、户数累计百分比、地积累计百分比,依照简易计算公式 $G = 1 - \frac{1}{NA_N}\left(2\sum_{i=1}^{N} A_i - A_N\right)$,[①] 对经过整理的数据加以计算,结果为 1930 年样本农户所有农地面积的基尼系数为 0.542 815。可以呈现为图 1-1-1-3 所示洛伦兹曲线。

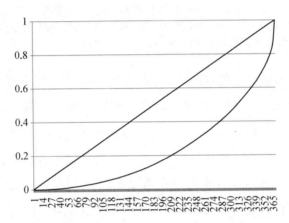

图 1-1-1-3　1930 年杭县 369 个抽样农户地权配置洛伦兹曲线图

资料来源:浙江省土地局:《杭县地籍册·八都七图》,杭州市临平区档案馆,档案编号:93-9-6;浙江省土地局:《杭县地籍册·九都五十图》,杭州市临平区档案馆,档案编号:93-9-64;浙江省土地局:《杭县地籍册·十都二十图》,杭州市临平区档案馆,档案编号:93-9-93。

同样,可以根据 369 个样本农户,计算 1947 年户数累计、户数累计百分比、地积累计、地积累计百分比。依照简易计算公式计算,[②] 1947 年杭县样本农户所有农地面积的基尼系数为 0.512 258。显示当年样本农户地权配置状况的洛伦兹曲线如图 1-1-1-4 所示。

---

① 高技:《EXCEL 下基尼系数的计算研究》,《浙江统计》2008 年第 6 期,第 42 页。
② 高技:《EXCEL 下基尼系数的计算研究》,《浙江统计》2008 年第 6 期,第 42 页。

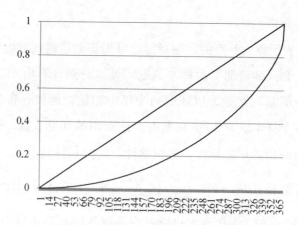

图 1-1-1-4　1947 年杭县 369 个抽样农户地权配置洛伦兹曲线图

资料来源：杭县地籍整理办事处：《八都七图地价册》，杭州市临平区档案馆，档案编号：93-6-31 至 93-6-35；杭县地籍整理办事处：《九都五十图地价册》，杭州市临平区档案馆，档案编号：93-6-304 至 93-6-308；杭县地籍整理办事处：《十都二十图地价册》，杭州市临平区档案馆，档案编号：93-6-443 至 93-6-447。

将两个年份的基尼系数对比可知，1947 年样本农户所有土地面积的基尼系数低于 1930 年。由于基尼系数越小，地权配置越平均，基尼系数越大，地权配置越不平均，可以判定 1947 年杭县农户地权配置较 1930 年更为平均。对比基尼系数的参考值可知，基尼系数大于 0.4，往往意味着分配较为不均。1947 年与 1930 年相比，369 个样本农户在两个年份的地权分配都大于 0.5，说明这部分农户所有地权的配置都较为不均，但 20 世纪 40 年代后期和 30 年代初相比，这种较为不均的状态并未明显恶化，反而有微弱的缓和。1947 年与 1930 年相比，杭县地权配置的基尼系数下降了 0.030 55，下降幅度为 5.63%。

下面对上述基尼系数结果进行检验。用 G^1 表示 1930 年杭县总体农户所有农地面积的基尼系数，用 G^2 表示 1947 年杭县总体农户所有农地面积的基尼系数；用 $G1$ 表示 1930 年杭县样本农户所有农地面积的基尼系数，用 $G2$ 表示 1947 年杭县样本农户所有农地面积的基尼系数。

$$H0: G^2=G^1 \quad vs \quad H1: G^2<G^1$$

统计量 $X=G1-G2=0.030\ 55$。对样本进行 10 000 次 Bootstrap 抽样，记重抽样的统计量数值大于原始数据的统计量数值 X 的个数为 k，算得 p-值 = $k/10\ 000=0.174\ 5$。由于 p-值大于 0.05，我们没有充分的理由拒绝原假设，也就是说我们有理由认为1930年杭县总体农户所有农地面积的基尼系数与1947年杭县总体农户所有农地面积的基尼系数相等。检验结果显示，1947年与1930年相比，农地产权配置结构大致不变。

二、农地面积增加的农户分析

在抽样统计的369个农户中，1947年与1930年两个年份相比，地积没有变化的有11户，地积增加的有194户，地积减少的有164户。我们需要进一步了解，所有农地面积增加和减少的农户，两个不同年份地权配置的变化趋势是否相同。所有土地面积增加的194个样本农户，1947年与1930年相比，所有土地面积增加的数量和幅度在户与户之间存在差异，这种差异导致的结果，是各户之间所有土地面积差别扩大还是缩小，需要对此类农户作出统计分析，并由统计结果作出进一步的判断。

所有农地面积增加的194个样本农户的统计结果如表1-1-2-1所示。

表1-1-2-1　1930年杭县所有农地面积增加的194个样本农户地积统计表

数　量	有效	194
	缺失	0
均值		4.723
均值的标准误		0.850
中值		3.046
众数		0.000
标准差		11.624
方差		135.132
偏度		11.147
偏度的标准误		0.178
峰度		139.365

续　表

峰度的标准误	0.354
极小值	0.000
极大值	151.733
和	883.156

资料来源：浙江省土地局：《杭县地籍册·八都七图》，杭州市临平区档案馆，档案编号：93－9－6；浙江省土地局：《杭县地籍册·九都五十图》，杭州市临平区档案馆，档案编号：93－9－64；浙江省土地局：《杭县地籍册·十都二十图》，杭州市临平区档案馆，档案编号：93－9－93。

由表1－1－2－1可见，1930年各户中所有农地面积最多的为151.733亩，最少的为0亩。194个农户共计拥有农地面积为883.156亩，平均每户所有农地面积为4.723亩，中值为3.046亩。① 各户所有农地面积的分布如图1－1－2－1所示。

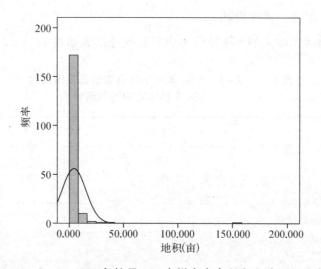

图1－1－2－1　1930年杭县194个样本农户所有土地面积分布图

资料来源：浙江省土地局：《杭县地籍册·八都七图》，杭州市临平区档案馆，档案编号：93－9－6；浙江省土地局：《杭县地籍册·九都五十图》，杭州市临平区档案馆，档案编号：93－9－64；浙江省土地局：《杭县地籍册·十都二十图》，杭州市临平区档案馆，档案编号：93－9－93。

---

① 浙江省土地局：《杭县地籍册·八都七图》，杭州市临平区档案馆，档案编号：93－9－6；浙江省土地局：《杭县地籍册·九都五十图》，杭州市临平区档案馆，档案编号：93－9－64；浙江省土地局：《杭县地籍册·十都二十图》，杭州市临平区档案馆，档案编号：93－9－93。

图1-1-2-1显示，1930年各户所有农地面积呈正态分布。偏度为11.147，峰度为139.365。

下面再统计这些农户1947年所有农地面积的分布状态，如表1-1-2-2所示。

表1-1-2-2 1947年杭县所有农地面积增加的194个样本农户地积统计表

数量		
	有效	194
	缺失	0
均值		8.396
均值的标准误		1.181
中值		5.678
众数		5.629
标准差		16.154
方差		260.946
偏度		10.544
偏度的标准误		0.178
峰度		128.104
峰度的标准误		0.354
极小值		0.214
极大值		208.378
和		1 570.007

资料来源：杭县地籍整理办事处：《八都七图地价册》，杭州市临平区档案馆，档案编号：93-6-31至93-6-35；杭县地籍整理办事处：《九都五十图地价册》，杭州市临平区档案馆，档案编号：93-6-304至93-6-308；杭县地籍整理办事处：《十都二十图地价册》，杭州市临平区档案馆，档案编号：93-6-443至93-6-447。

由表1-1-2-2可见，1947年各户农地面积最多的是208.378亩，最少的是0.214亩。194个农户共计拥有农地面积1 570.007亩，平均每户所有农地面积为8.396亩，中值为5.678亩。① 各户所有农地面积的分布如图1-1-2-2所示。

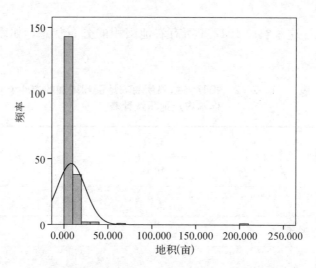

图1-1-2-2 1947年杭县194个样本农户所有土地面积分布图

资料来源：杭县地籍整理办事处：《八都七图地价册》，杭州市临平区档案馆，档案编号：93-6-31至93-6-35；杭县地籍整理办事处：《九都五十图地价册》，杭州市临平区档案馆，档案编号：93-6-304至93-6-308；杭县地籍整理办事处：《十都二十图地价册》，杭州市临平区档案馆，档案编号：93-6-443至93-6-447。

图1-2-2-2显示，1947年各户所有农地面积呈正态分布。偏度为10.544，峰度为128.104。与1930年相比，偏度值和峰度值均有所下降，说明在这些所有农地面积增加的农户中，各户所有农地面积更加分散，而不是更趋于集中。

这一变化趋势还可由两个年份农户所有土地面积配置的基尼系数加以证明。依照简易计算公式计算，② 得到所有农地面积增加的194个农户土地配置的基尼系数为0.566 972。结果如图1-1-2-3所示。

再看1947年地积增加样本农户基尼系数。同样依据369个抽样农户数据，计算1947年样本农户所有农地面积的户数累计、地积累计、户数累计百分比、

---

① 杭县地籍整理办事处：《八都七图地价册》，杭州市临平区档案馆，档案编号：93-6-31至93-6-35；杭县地籍整理办事处：《九都五十图地价册》，杭州市临平区档案馆，档案编号：93-6-304至93-6-308；杭县地籍整理办事处：《十都二十图地价册》，杭州市临平区档案馆，档案编号：93-6-443至93-6-447。
② 高技：《EXCEL下基尼系数的计算研究》，《浙江统计》2008年第6期，第42页。

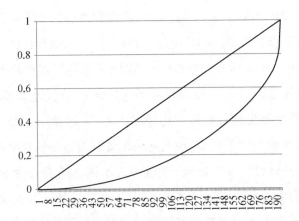

图 1-1-2-3　1930 年杭县 194 个样本农户所有地权分布洛伦兹曲线图

资料来源：浙江省土地局：《杭县地籍册·八都七图》，杭州市临平区档案馆，档案编号：93-9-6；浙江省土地局：《杭县地籍册·九都五十图》，杭州市临平区档案馆，档案编号：93-9-64；浙江省土地局：《杭县地籍册·十都二十图》，杭州市临平区档案馆，档案编号：93-9-93。

地积累计百分比。依照基尼系数简易计算公式，[①]　计算 194 户 1947 年所有农地面积分布的基尼系数为 0.486968。结果如图 1-1-2-4 所示。

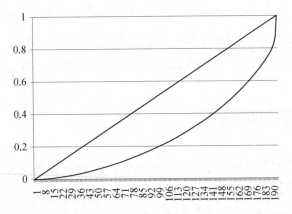

图 1-1-2-4　1947 年杭县 194 个样本农户所有地权分布洛伦兹曲线图

资料来源：杭县地籍整理办事处：《八都七图地价册》，杭州市临平区档案馆，档案编号：93-6-31 至 93-6-35；杭县地籍整理办事处：《九都五十图地价册》，杭州市临平区档案馆，档案编号：93-6-304 至 93-6-308；杭县地籍整理办事处：《十都二十图地价册》，杭州市临平区档案馆，档案编号：93-6-443 至 93-6-447。

---

① 高技：《EXCEL 下基尼系数的计算研究》，《浙江统计》2008 年第 6 期，第 42 页。

对比可知，1947年与1930年相比，农地面积增加的194个农户所有地权分布的基尼系数约下降了0.080 004。可见，1947年与1930年相比，所有农地面积增加的194个农户，因其所有农地面积增加而导致地权配置更趋平均。1930年的地权配置基尼系数略高于0.5，而1947年的地权分配基尼系数略低于0.5，下降幅度为14.11%，两个年份地权配置变化幅度不大。[①] 以基尼系数的参考值观察，两个年份的基尼系数均大于0.4，说明地权配置较为不均的状况没有根本改变。

下面对上述统计结果作一检验。用 G^1 表示杭县所有农地面积增加的全部农户1930年所有农地面积的基尼系数，用 G^2 表示杭县所有农地面积增加的全部农户1947年所有农地面积的基尼系数；用 $G1$ 表示所有农地面积增加的样本农户1930年所有农地面积的基尼系数，用 $G2$ 表示所有农地面积增加的样本农户1947年所有农地面积的基尼系数。

$$H0: G^2=G^1 \quad vs \quad H1: G^2<G^1$$

统计量 $X=G1-G2=0.080\,004$。对样本进行10 000次Bootstrap抽样，记重抽样的统计量数值大于原始数据的统计量数值 X 的个数为 k，算得 p-值$=k/10\,000=0.001\,5$。由于 p-值小于0.05，我们有理由拒绝原假设，也就是说，我们有理由认为，杭县所有农地面积增加的农户，1947年所有农地面积的基尼系数低于1930年所有农地面积的基尼系数。由这一检验结果可知，1947年与1930年相比，杭县农地面积增加的农户之间的地权配置不是趋向于集中，而是趋向于分散的。

三、农地面积减少的农户分析

在所有土地面积减少的农户中，各个农户所有土地面积减少的幅度不同，我们需要进一步分析土地面积减少是导致地权分布趋向集中，还是趋向分散。

[①] 浙江省土地局：《杭县地籍册·八都七图》，杭州市临平区档案馆，档案编号：93-9-6；浙江省土地局：《杭县地籍册·九都五十图》，杭州市临平区档案馆，档案编号：93-9-64；浙江省土地局：《杭县地籍册·十都二十图》，杭州市临平区档案馆，档案编号：93-9-93；杭县地籍整理办事处：《八都七图地价册》，杭州市临平区档案馆，档案编号：93-6-31至93-6-35；杭县地籍整理办事处：《九都五十图地价册》，杭州市临平区档案馆，档案编号：93-6-304至93-6-308；杭县地籍整理办事处：《十都二十图地价册》，杭州市临平区档案馆，档案编号：93-6-443至93-6-447。

我们仍从一般统计描述和基尼系数两个角度观察。

将369个样本农户1947年所有农地面积与1930年相比,有164户农地面积减少。各户减少的农地面积数量统计如表1-1-3-1所示。

表1-1-3-1 1930年杭县农地面积统计表

数　　量	有效	164
	缺失	0
均值		8.641 04
中值		6.312 50
众数		11.907
偏度		7.236
偏度的标准误		0.190
峰度		68.769
峰度的标准误		0.377
极小值		0.438
极大值		130.066
和		1 417.131

资料来源:浙江省土地局:《杭县地籍册·八都七图》,杭州市临平区档案馆,档案编号:93-9-6;浙江省土地局:《杭县地籍册·九都五十图》,杭州市临平区档案馆,档案编号:93-9-64;浙江省土地局:《杭县地籍册·十都二十图》,杭州市临平区档案馆,档案编号:93-9-93。

由表1-1-3-1可见,在农地面积减少的农户中,1930年所有农地面积最多的为130.066亩,最少的为0.438亩。164个农户共计拥有农地面积为1 417.131亩,平均每户所有农地面积为8.641亩,中值为6.313亩。[①] 各户所有农地面积分布状态如图1-1-3-1所示。

---

① 浙江省土地局:《杭县地籍册·八都七图》,杭州市临平区档案馆,档案编号:93-9-6;浙江省土地局:《杭县地籍册·九都五十图》,杭州市临平区档案馆,档案编号:93-9-64;浙江省土地局:《杭县地籍册·十都二十图》,杭州市临平区档案馆,档案编号:93-9-93。

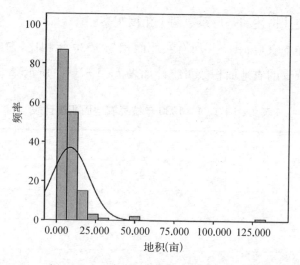

图 1-1-3-1 1930 年杭县 164 个样本农户所有土地面积分布图

资料来源：浙江省土地局：《杭县地籍册·八都七图》，杭州市临平区档案馆，档案编号：93-9-6；浙江省土地局：《杭县地籍册·九都五十图》，杭州市临平区档案馆，档案编号：93-9-64；浙江省土地局：《杭县地籍册·十都二十图》，杭州市临平区档案馆，档案编号：93-9-93。

图 1-1-3-1 显示，1930 年各户所有农地面积呈正态分布。分布偏度为 7.236，峰度为 68.769。

上述统计结果可与同样农户 1947 年所有农地面积统计结果加以比较。1947 年各户所有农地面积统计结果如表 1-1-3-2 所示。

表 1-1-3-2 1947 年杭县农地面积统计表

数 量	有效	164
	缺失	0
均值		4.012 80
中值		2.950 00
众数		0.000
偏度		2.103
偏度的标准误		0.190
峰度		7.156

续　表

峰度的标准误	0.377
极小值	0.000
极大值	25.069
和	658.099

资料来源：杭县地籍整理办事处：《八都七图地价册》，杭州市临平区档案馆，档案编号：93-6-31至93-6-35；杭县地籍整理办事处：《九都五十图地价册》，杭州市临平区档案馆，档案编号：93-6-304至93-6-308；杭县地籍整理办事处：《十都二十图地价册》，杭州市临平区档案馆，档案编号：93-6-443至93-6-447。

同样的164个农户，1947年所有农地面积最多的一户为25.069亩，最少的一户仅有0亩。全部155户所有农地面积合计658.099亩，平均每户所有农地面积为4.013亩。① 各户所有农地面积分布如图1-1-3-2所示。

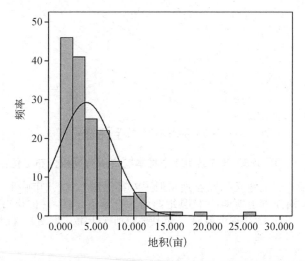

图1-1-3-2　1947年杭县164个样本农户所有土地面积分布图

资料来源：杭县地籍整理办事处：《八都七图地价册》，杭州市临平区档案馆，档案编号：93-6-31至93-6-35；杭县地籍整理办事处：《九都五十图地价册》，杭州市临平区档案馆，档案编号：93-6-304至93-6-308；杭县地籍整理办事处：《十都二十图地价册》，杭州市临平区档案馆，档案编号：93-6-443至93-6-447。

---

① 杭县地籍整理办事处：《八都七图地价册》，杭州市临平区档案馆，档案编号：93-6-31至93-6-35；杭县地籍整理办事处：《九都五十图地价册》，杭州市临平区档案馆，档案编号：93-6-304至93-6-308；杭县地籍整理办事处：《十都二十图地价册》，杭州市临平区档案馆，档案编号：93-6-443至93-6-447。

图1-1-3-2显示,1947年各户所有农地面积呈正态分布。分布偏度为2.103,峰度为7.156。1947年与1930年相较,164个所有土地面积减少的农户共计减少所有土地面积759.032亩,农地面积减少的农户1947年每户平均所有土地面积较1930年下降了4.538亩,即减少了52.52%。

进一步,还须讨论所有农地面积减少导致这些农户所有地权是趋向于分散还是趋向于集中。我们比较所有土地面积减少的164个农户1947年所有土地面积与1930年所有土地面积的基尼系数。依照基尼系数的简易计算公式,计算1930年农地面积减少的农户之间地权分配的基尼系数为0.459 953 6。如图1-1-3-3所示。

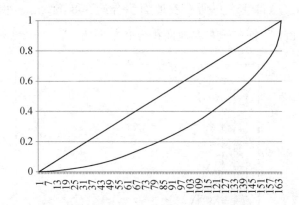

图1-1-3-3 1930年杭县164个样本农户所有地权分布洛伦兹曲线图

资料来源:浙江省土地局:《杭县地籍册·八都七图》,杭州市临平区档案馆,档案编号:93-9-6;浙江省土地局:《杭县地籍册·九都五十图》,杭州市临平区档案馆,档案编号:93-9-64;浙江省土地局:《杭县地籍册·十都二十图》,杭州市临平区档案馆,档案编号:93-9-93。

下面再计算地积减少的164个农户1947年地权配置的基尼系数。按照基尼系数简易计算公式,计算1947年所有农地面积减少的农户所有土地配置的基尼系数为0.470 876 6。

将1947年与1930年相比,土地面积减少的农户所有农地面积分配的基尼系数由0.459 953 6上升为0.470 876 6,增加了0.010 923 0。可以说,土地面积减少的农户,1947年所有土地面积的配置较1930年更不平均,但基尼系数变

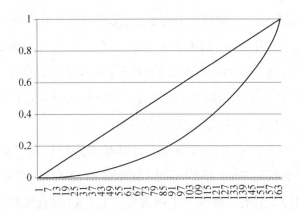

图 1-1-3-4　1947 年杭县 164 个样本农户所有地权分布洛伦兹曲线图

资料来源：杭县地籍整理办事处：《八都七图地价册》，杭州市临平区档案馆，档案编号：93-6-31 至 93-6-35；杭县地籍整理办事处：《九都五十图地价册》，杭州市临平区档案馆，档案编号：93-6-304 至 93-6-308；杭县地籍整理办事处：《十都二十图地价册》，杭州市临平区档案馆，档案编号：93-6-443 至 93-6-447。

化微小，仅上升约 0.01，即上升约 2.37%，上升幅度微弱。[①] 1947 年与 1930 年相比，所有农地面积减少的农户在两个年份的地权分配都大于 0.4，说明这部分农户所有地权的配置都较为不均，但 20 世纪 40 年代后期和 30 年代初相比，这种较为不均的状态并未明显恶化，可视为相对稳定。

下面对上述统计结果加以检验。用 G^1 表示所有农地面积减少的全体农户 1930 年所有农地面积的基尼系数，用 G^2 表示所有农地面积减少的全体农户 1947 年所有农地面积的基尼系数；用 $G1$ 表示所有农地面积减少的样本农户 1930 年所有农地面积的基尼系数，用 $G2$ 表示所有农地面积减少样本农户 1947 年所有农地面积的基尼系数。

$$H0：G^2=G^1 \quad vs \quad H1：G^2<G^1$$

统计量 $X=G1-G2=-0.0125217$。对样本进行 10 000 次 Bootstrap 抽样，

[①] 浙江省土地局：《杭县地籍册·八都七图》，杭州市临平区档案馆，档案编号：93-9-6；浙江省土地局：《杭县地籍册·九都五十图》，杭州市临平区档案馆，档案编号：93-9-64；浙江省土地局：《杭县地籍册·十都二十图》，杭州市临平区档案馆，档案编号：93-9-93；杭县地籍整理办事处：《八都七图地价册》，杭州市临平区档案馆，档案编号：93-6-31 至 93-6-35；杭县地籍整理办事处：《九都五十图地价册》，杭州市临平区档案馆，档案编号：93-6-304 至 93-6-308；杭县地籍整理办事处：《十都二十图地价册》，杭州市临平区档案馆，档案编号：93-6-443 至 93-6-447。

记重抽样的统计量数值大于原始数据的统计量数值 X 的个数为 k，算得 p -值＝$k/10\ 000=0.550\ 1$。由于 p -值大于 0.05，我们没有充分的理由拒绝原假设，也就是说，我们有理由认为，所有农地面积减少的全体农户 1930 年所有农地面积的基尼系数与 1947 年的基尼系数相等。检验结论显示，1947 年与 1930 年相比，所有农地面积减少的农户地权结构保持不变。

综合来看，1947 年与 1930 年相比，全部样本农户和农地面积减少的样本农户所有农地的地权配置结构保持不变，而农地面积增加的样本农户所有农地的地权配置结构趋于分散，整体上呈现为样本农户所有农地地权配置的稳定。检验结果则显示，从全县所有农户来看，在所有农地面积减少的农户地权配置结构不变的同时，所有农地面积增加的农户地权配置结构趋于分散。总体上表现为地权配置结构略趋分散中的相对稳定。

第二节　地权变动的机制

前一节分析了地权变动的基本趋势，以及不同类型农户地权变动趋势的差异，可以看到在农户之间存在着频繁的地权转移。但个体农户频繁的地权转移，并未引起两个年份地权结构的整体性变化。这说明在频繁地权转移的同时，存在着保持地权整体结构稳定的因素。本节将分别对地权增加和减少过程中的分散与集中机制做出具体分析，以探讨维持地权配置结构相对稳定的复杂机制。

一、地权增加的双重机制

所谓地权集中，即土地所有权向少数业主集中，对于个体农户而言，就是少数农户所有土地面积持续增加，同时，大部分农户所有土地数量持续减少。因此，如果 1947 年与 1930 年相比，杭县地权转移整体上是趋于集中的，那么在统计结果上应显示为 1947 年所有农地面积较多的那些农户，主要是 1930 年所有农地面积较多的农户。同时，1930 年农地面积越多的农户，更易于增加其农地面积。而且，农地面积增加的幅度与其1930年所有农地面积呈正线性相关关系。

下面运用样本统计结果，对上述过程加以检验与判断。以1930年各农户所有地积为自变量，以1947年地积增加的农户所有土地面积为因变量。可得图1-2-1-1。

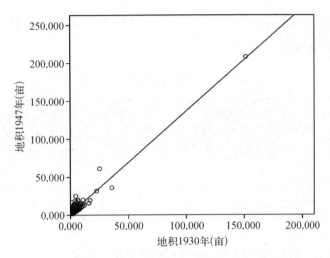

图1-2-1-1　1947年地积与1930年地积相关关系图

资料来源：浙江省土地局：《杭县地籍册·八都七图》，杭州市临平区档案馆，档案编号：93-9-6；浙江省土地局：《杭县地籍册·九都五十图》，杭州市临平区档案馆，档案编号：93-9-64；浙江省土地局：《杭县地籍册·十都二十图》，杭州市临平区档案馆，档案编号：93-9-93；杭县地籍整理办事处：《八都七图地价册》，杭州市临平区档案馆，档案编号：93-6-31至93-6-35；杭县地籍整理办事处：《九都五十图地价册》，杭州市临平区档案馆，档案编号：93-6-304至93-6-308；杭县地籍整理办事处：《十都二十图地价册》，杭州市临平区档案馆，档案编号：93-6-443至93-6-447。

从图1-2-1-1可以看出，在1947年与1930年相比地积增加的农户中，1947年所有农地面积与1930年所有农地面积之间呈现正线性相关关系。统计还显示出两个变量之间相关关系的密切程度。

模 型 概 要

R	R方	调整R方	估计值的标准误
0.968	0.937	0.937	4.000

由模型概要可知，这些农户1947年所有土地面积与其1930年所有土地面积的相关系数$R=0.968$，两个变量呈现高度线性相关。$R^2=0.937$，说明这里的自变量大约解释94%的因变量变化。以y表示因变量1947年地积，以x表示自变量1930年地积，可建立如下一元线性回归方程：

$$y=2.052+1.347x$$

对于上列一元线性回归模型，t检验统计量为53.521，p-值为0.000，所以该检验结果很显著。

系　　数

项　目	未标准化系数		标准化系数	t	Sig.
	B	标准误	Beta		
地积1930年	1.347	0.025	0.968	53.521	0.000
（常数）	2.052	0.310		6.619	0.000

F检验的p-值也是0.000，说明上述模型假设成立。

方　差　分　析

项　目	平方和	df	均　方	F	Sig.
回归	45 830.475	1	45 830.475	2 864.502	0.000
残差	3 071.895	192	15.999		
总计	48 902.370	193			

对于一元线性回归模型，F检验和t检验的结果均显示1947年地积和1930年地积呈现线性关系，模型假设成立。而且，据回归系数可知，1930年地积对1947地积影响显著。这一统计结果说明，1947年与1930年相比，所有农地面积增加的农户中，其所有农地面积的增加与其1930年所有农地面积关系密切。1930年所有农地面积越多的农户，1947年所有农地面积也越有可能增加。

表1-2-1-1 地权变动相关关系表

20世纪40年代末 \ 20世纪30年代初	地积较多	地积较少
地积增加（增加值较高）	正相关	负相关
地积减少（减少值较高）	负相关	正相关

资料来源：浙江省土地局：《杭县地籍册·八都七图》，杭州市临平区档案馆，档案编号：93-9-6；浙江省土地局：《杭县地籍册·九都五十图》，杭州市临平区档案馆，档案编号：93-9-64；浙江省土地局：《杭县地籍册·十都二十图》，杭州市临平区档案馆，档案编号：93-9-93；杭县地籍整理办事处：《八都七图地价册》，杭州市临平区档案馆，档案编号：93-6-31至93-6-35；杭县地籍整理办事处：《九都五十图地价册》，杭州市临平区档案馆，档案编号：93-6-304至93-6-308；杭县地籍整理办事处：《十都二十图地价册》，杭州市临平区档案馆，档案编号：93-6-443至93-6-447。

对农户所有农地增加的计量分析说明，各户所有农地数量受到1930年各户所有农地面积的影响，即1930年所有农地面积较多的农户，更有可能在以后的近二十年间增加其所有的农地数量。换言之，1947年与1930年相比，影响各户所有农地面积增加的因素中，很大程度上可以由其1930年所有农地面积得到解释。而在这些所有农地数量增加的抽样农户中，其1947年所有农地面积与1930年所有农地面积具有高度相关关系，即一个农户1947年所有农地面积，几乎主要取决于其1930年所有农地数量。

由此可见，20世纪30—40年代，杭县农户所有农地数量的增加是由其在20世纪30年代以前积累的农地数量所决定的。截至1930年，那些所有农地面积较多的农户，在之后的近二十年间获得了更多的农地，而且，1930年时所有农地面积越多的农户，至1947年时新增的农地面积也越多。

进一步，我们还需要知道：1947年与1930年相比，各户所有农地面积增加的数量是否也受到其1930年所有农地面积的影响？以两个年份相比各户所有农地面积的增加值为因变量，以1930年各户所有农地面积为自变量，可得图1-2-1-2。

由图1-2-1-2可以看出，1947年各户所有农地面积的增加值与其1930年所有农地面积之间呈现正线性相关关系。

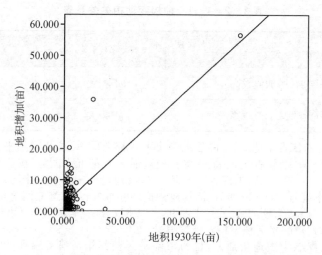

图1-2-1-2 农地面积增加的农户两个年份所有土地面积相关关系图

资料来源：浙江省土地局：《杭县地籍册·八都七图》，杭州市临平区档案馆，档案编号：93-9-6；浙江省土地局：《杭县地籍册·九都五十图》，杭州市临平区档案馆，档案编号：93-9-64；浙江省土地局：《杭县地籍册·十都二十图》，杭州市临平区档案馆，档案编号：93-9-93；杭县地籍整理办事处：《八都七图地价册》，杭州市临平区档案馆，档案编号：93-6-31至93-6-35；杭县地籍整理办事处：《九都五十图地价册》，杭州市临平区档案馆，档案编号：93-6-304至93-6-308；杭县地籍整理办事处：《十都二十图地价册》，杭州市临平区档案馆，档案编号：93-6-443至93-6-447。

模 型 概 要

R	R 方	调整 R 方	估计值的标准误
0.705	0.497	0.495	4.000

由模型概要可知，相关系数 $R=0.705$，说明两个变量呈现较强线性相关。决定系数 $R^2=0.497$，说明自变量可以大约解释50%的因变量的变化。

系　　数

项　目	未标准化系数		标准化系数	t	$Sig.$
	B	标准误	$Beta$		
地积1930年	0.347	0.025	0.705	13.784	0.000
（常数）	2.052	0.310		6.619	0.000

以 y 表示因变量即 1947 年较 1930 年地积的增加值，以 x 表示 1930 年各户农地面积，可建立如下一元线性回归方程：

$$y=2.052+0.347x$$

t 检验的统计量为 13.784，而 p-值为 0.000，所以该检验结果很显著。

方 差 分 析

项 目	平方和	df	均 方	F	$Sig.$
回归	3 040.082	1	3 040.082	190.012	0.000
残差	3 071.895	192	15.999		
总计	6 111.977	193			

F 检验的 p-值也是 0.000，说明上述模型假设成立。1930 年各户所有农地面积对 1947 年较 1930 年地积增加值有显著影响。F 检验和 t 检验均显示，自变量和因变量呈现线性关系，说明 1947 年杭县农户所有农地的增加值，在一定程度上取决于他们在 1930 年所有的农地面积。两个变量的正线性相关意味着 1930 年农地面积越多的农户，1947 年增加的农地面积也越多。

表1-2-1-2　地权变动相关关系类型表（一）

20世纪40年代末 ＼ 20世纪30年代初	地积较多	地积较少
地积增加（增加值较高）	集中	分散
地积减少（减少值较高）	分散	集中

资料来源：浙江省土地局：《杭县地籍册·八都七图》，杭州市临平区档案馆，档案编号：93-9-6；浙江省土地局：《杭县地籍册·九都五十图》，杭州市临平区档案馆，档案编号：93-9-64；浙江省土地局：《杭县地籍册·十都二十图》，杭州市临平区档案馆，档案编号：93-9-93；杭县地籍整理办事处：《八都七图地价册》，杭州市临平区档案馆，档案编号：93-6-31至93-6-35；杭县地籍整理办事处：《九都五十图地价册》，杭州市临平区档案馆，档案编号：93-6-304至93-6-308；杭县地籍整理办事处：《十都二十图地价册》，杭州市临平区档案馆，档案编号：93-6-443至93-6-447。

农户所有农地面积的增加取决于其已有农地面积，而且，其所有农地面积的增加值也与其原有农地面积呈正线性相关关系，由此，地权可向拥有农地较多的农户集中。但这只是集中机制的一个方面，如前所述，地权集中意味着农地产权向少数农户手中转移，其他农户所有农地面积则趋于减少。而且，所有农地面积越少的农户，越有可能失去其所有的农地。不过，我们在前文中也已证明，20世纪30—40年代杭县农户的农地产权虽有频繁转移，但前后两个时期相比，地权结构大致保持稳定。这说明在地权转移过程中虽存在导致地权集中的机制，但也存在导致地权分散的机制——或者说存在着对地权集中的制约机制。

二、地权减少的双重机制

在地权集中机制下，一方面是所有农地面积较多的农户，所有农地面积继续增加，且其所有农地面积的增加值与其原有农地面积呈正线性相关关系。另一方面，所有农地面积较少的农户，所有农地面积继续减少，且其所有农地面积的减少值与其原有农地面积呈负线性相关关系。也即所有农地面积越多的农户，越不可能减少其所有农地。实际上，在地权变化过程中，所有农地面积减少值较大的农户，恰恰是那些所有农地面积较多的农户。那些两个年份面积相较所有农地面积减少的农户，其面积减少与1930年所有农地面积呈正线性相关关系。也就是说，在1930年农地面积越多的农户，之后更易于失去农地。而且，农地面积减少的幅度与其1930年所有农地面积呈正线性相关关系。相对于地权集中的机制而言，这是一种分散机制。

如前所述，在抽样的369个农户中，164个农户在1947年的农地面积少于1930年的农地面积。其中，有5户至1947年失去其所有农地，即所有农地面积为0.000亩。以各农户1947年所有农地面积为因变量，以他们1930年所有农地面积为自变量，可以得到图1-2-1-3。

图1-2-1-3显示，在所有农地面积减少的农户中，1947年所有农地面积与1930年所有农地面积呈现正线性相关关系。

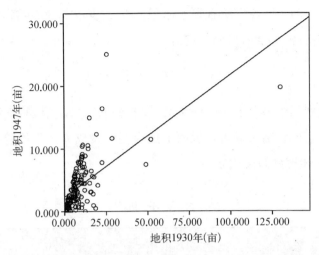

图1-2-1-3 所有农地面积减少的农户两个年份所有土地面积相关关系图

资料来源：浙江省土地局：《杭县地籍册·八都七图》，杭州市临平区档案馆，档案编号：93-9-6；浙江省土地局：《杭县地籍册·九都五十图》，杭州市临平区档案馆，档案编号：93-9-64；浙江省土地局：《杭县地籍册·十都二十图》，杭州市临平区档案馆，档案编号：93-9-93；杭县地籍整理办事处：《八都七图地价册》，杭州市临平区档案馆，档案编号：93-6-31至93-6-35；杭县地籍整理办事处：《九都五十图地价册》，杭州市临平区档案馆，档案编号：93-6-304至93-6-308；杭县地籍整理办事处：《十都二十图地价册》，杭州市临平区档案馆，档案编号：93-6-443至93-6-447。

模 型 概 要

R	R方	调整R方	估计值的标准误
0.610	0.372	0.369	3.000

由模型概要可知，两个变量之间的相关系数$R=0.610$，显示出较强的线性相关关系。决定系数$R^2=0.372$，说明自变量的变化可以解释大约37%的因变量变化。

系　　数

项　目	未标准化系数		标准化系数	t	$Sig.$
	B	标准误	$Beta$		
地积1930年	0.194	0.020	0.610	9.805	0.000
（常数）	2.336	0.290		8.053	0.000

以 y 表示 1947 年各户所有农地面积，以 x 表示 1930 年各户所有农地面积，可建立如下的一元线性回归方程：

$$y = 2.336 + 0.194x$$

对于这个回归模型，上表中还给出了 t 检验的结果。t 检验统计量为 9.805，p-值为 0.000，检验结果显著，说明上述模型假设成立。F 检验的 p-值亦为 0.000，说明上述模型假设成立。

方 差 分 析

项　目	平方和	df	均　方	F	$Sig.$
回归	865.233	1	865.233	96.145	0.000
残差	1 457.877	162	8.999		
总计	2 323.109	163			

F 检验与 t 检验的结果均显示出模型假设成立。在 20 世纪 30 年代至 40 年代所有农地面积减少的农户中，1947 年所有农地面积与 1930 年所有农地面积之间具有正线性相关关系，即 1930 年所有农地面积越少的农户，在 1947 年时所有农地面积也越少。也就是说，那些 1930 年所有农地面积较少的农户，在以后越有可能失去农地，从而导致其所有农地面积减少。这一结果说明，农地面积减少可能是导致地权集中的机制。但这只是一种可能性。农地面积减少成为地权集中机制，还需要满足另一个条件，即各户农地面积减少的数量与他们原有农地面积成反比。即 1930 年农地面积越少的农户，1947 年减少的农地面积越多。

为了证实，接下来，进一步探讨 1947 年与 1930 年相比农地面积减少的数量与各户 1930 年所有农地面积的相关性。以 1947 年各户地积减少数量为因变量，以他们 1930 年所有农地面积为自变量，可得图 1-2-2-1。

由图 1-2-2-1 可知，1947 年与 1930 年相比各农户所有农地面积减少的数量与各户 1930 年农地面积的大小之间具有正线性相关关系。

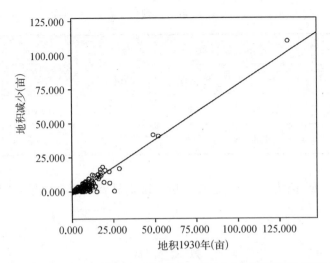

图 1-2-2-1 农户所有农地减少面积与原有面积相关关系图

资料来源：浙江省土地局：《杭县地籍册·八都七图》，杭州市临平区档案馆，档案编号：93-9-6；浙江省土地局：《杭县地籍册·九都五十图》，杭州市临平区档案馆，档案编号：93-9-64；浙江省土地局：《杭县地籍册·十都二十图》，杭州市临平区档案馆，档案编号：93-9-93；杭县地籍整理办事处：《八都七图地价册》，杭州市临平区档案馆，档案编号：93-6-31 至 93-6-35；杭县地籍整理办事处：《九都五十图地价册》，杭州市临平区档案馆，档案编号：93-6-304 至 93-6-308；杭县地籍整理办事处：《十都二十图地价册》，杭州市临平区档案馆，档案编号：93-6-443 至 93-6-447。

模 型 概 要

R	R 方	调整 R 方	估计值的标准误
0.954	0.911	0.910	3.000

由模型概要可知，两个变量之间的相关系数 $R=0.954$，显示两者之间具有高度线性相关关系。$R^2=0.911$，说明自变量可以解释 91% 的因变量的变化。以 y 表示因变量即两个年份相较各户所有农地面积的减少量，以 x 表示自变量即 1930 年各户所有农地面积，可建立如下一元线性回归方程：

$$y=3.409-1.130x$$

对上列一元线性回归模型的 t 检验统计量为 40.716，p-值为 0.000，显示检验结果显著，说明上述模型假设成立。

系　　数

项　目	未标准化系数		标准化系数	t	Sig.
	B	标准误	Beta		
地积1930年	0.806	0.020	0.954	40.716	0.000
（常数）	−2.336	0.290		−8.053	0.000

F 检验的 p-值为 0.000，也显示检验结果显著，两个变量之间具有线性相关关系。

方　差　分　析

项　目	平方和	df	均　方	F	Sig.
回归	14 918.561	1	14 918.561	1 657.758	0.000
残差	1 457.877	162	8.999		
总计	16 376.437	163			

F 检验和 t 检验的结果说明 1947 年与 1930 年相比，农户所有农地减少的数量与其 1930 年所有农地数量之间的相关关系成立。

由上述统计结果可知，在那些所有农地面积减少的农户中，20 世纪 30—40 年代农地面积的变化，与其 1930 年所有农地面积呈正线性相关关系；农地面积减少的数量，与其 1930 年所有农地面积的数量也呈正线性相关关系。也就是说，那些 1930 年农地面积较多的农户，在之后的近二十年间，失去的农地数量也越多。

表 1-2-2-1　地权变动相关关系类型表（二）

20 世纪 40 年代末 ＼ 20 世纪 30 年代初	地积较多	地积较少
增加值较高	正相关	负相关
减少值较高	负相关	正相关

1947年与1930年相比,农户所有农地面积下降的幅度与1930年所有农地面积之间为正相关关系,标准化系数0.267,显示出两者具有相对较弱的相关性。这一结果说明,在农地绝对面积减少的那些农户中,农地下降的幅度与其所有农地面积的大小成正比。综合而言,在那些农地面积减少的农户地权变化中,也同时存在地权分散机制。1930年所有农地面积较多的农户,在之后的近二十年间,越有可能减少其所有农地面积。而且,原有农地面积越多,减少的农地面积数量越多,幅度越大。因此,农户所有农地面积减少的过程,也是地权分散的过程。

统计显示,一个农户的农地面积越大,当其农地面积减少时,减少的幅度也越大。这一趋势与农地增加的趋势形成有趣的对比。那些所有农地面积增加的农户,其农地增加的幅度与原有农地面积成反比,而当农地面积减少时,其农地减少的幅度却与原有农地面积成正比。换言之,若一个农户所有农地面积较多,当其农地面积减少时,减少的数量随其所有农地面积的增加而上升;而当其农地面积增加时,增加的数量却随其所有农地面积的增加而下降。

三、地权结构的稳定机制

1930年以后,杭县农户所有土地面积的变化与其之前所有土地面积之间具有正线性相关关系,但两者看似同步的变化并不是同比例的,这使土地产权的变化保持了地权结构的大致稳定。

如前所示,369个农户所有耕地面积服从正态分布,因而可对其1947年所有农地面积与1930年所有农地面积的相关关系作相关关系分析。以1930年各户所有农地面积为自变量,以1947年各户所有农地面积为因变量,得到图1-2-3-1。

从图1-2-3-1可以看出,农户1947年所有农地面积与其1930年所有农地面积之间呈现正线性相关关系。据模型概要,相关系数$R=0.723$,显示两者呈现较强相关。决定系数$R^2=0.523$,说明1930年农地面积可以大约解释52%的1947年地积变化。

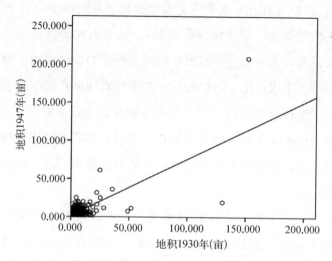

图 1-2-3-1　杭县抽样农户 1947 年地积与 1930 年地积相关关系图

资料来源：浙江省土地局：《杭县地籍册·八都七图》，杭州市临平区档案馆，档案编号：93-9-6；浙江省土地局：《杭县地籍册·九都五十图》，杭州市临平区档案馆，档案编号：93-9-64；浙江省土地局：《杭县地籍册·十都二十图》，杭州市临平区档案馆，档案编号：93-9-93；杭县地籍整理办事处：《八都七图地价册》，杭州市临平区档案馆，档案编号：93-6-31 至 93-6-35；杭县地籍整理办事处：《九都五十图地价册》，杭州市临平区档案馆，档案编号：93-6-304 至 93-6-308；杭县地籍整理办事处：《十都二十图地价册》，杭州市临平区档案馆，档案编号：93-6-443 至 93-6-447。

模　型　概　要

R	R 方	调整 R 方	估计值的标准误
0.723	0.523	0.521	8.313

以 y 表示 1947 年农地面积，以 x 表示 1930 年农地面积，可建立如下一元线性回归方程：

$$y = 1.480 + 0.746x$$

对于一元线性回归模型，t 检验统计量为 20.047，而 p-值为 0.000，所以该检验结果很显著。

系　　数

项　目	未标准化系数		标准化系数	t	Sig.
	B	标准误	Beta		
地积1930年	0.746	0.037	0.723	20.047	0.000
（常数）	1.480	0.493		3.003	0.003

F 检验统计量的 p-值也是 0.000，说明上述模型假设成立。

方　差　分　析

项　目	平方和	df	均　方	F	Sig.
回归	27 772.036	1	27 772.036	401.873	0.000
残差	25 362.068	367	69.106		
总计	53 134.104	368			

F 检验与 t 检验均显示出两个变量之间呈现线性关系，即 1930 年各户所有农地数量制约着之后农地数量的变化，两者具有正线性相关关系，1930 年各户所有农地数量的差异决定着它们之后所有农地的面积。

如统计结果显示，1947 年与 1930 年相比，各户所有农地的增减数量虽与其 1930 年所有农地面积呈正线性相关关系，但农地面积的变化幅度与其 1930 年所有农地数量并没有增加值那样较强的相关性。换言之，农户所有农地面积增减的幅度并不与其原有农地数量成比例变动。

以 1930 年各户所有农地面积为自变量，以 1947 年与 1930 年相比农地面积的变化数量为因变量，可得图 1-2-3-2。

从图 1-2-3-2 可以看出，1947 年地积变化与 1930 年农地面积之间呈负线性相关关系。不过，模型概要显示两者的相关系数 $R=0.336$，具有中等偏弱的相关性。

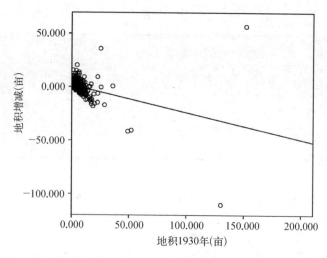

图1-2-3-2　杭县抽样农户1947年地积变化与1930年地积相关关系图

资料来源：浙江省土地局：《杭县地籍册·八都七图》，杭州市临平区档案馆，档案编号：93-9-6；浙江省土地局：《杭县地籍册·九都五十图》，杭州市临平区档案馆，档案编号：93-9-64；浙江省土地局：《杭县地籍册·十都二十图》，杭州市临平区档案馆，档案编号：93-9-93；杭县地籍整理办事处：《八都七图地价册》，杭州市临平区档案馆，档案编号：93-6-31至93-6-35；杭县地籍整理办事处：《九都五十图地价册》，杭州市临平区档案馆，档案编号：93-6-304至93-6-308；杭县地籍整理办事处：《十都二十图地价册》，杭州市临平区档案馆，档案编号：93-6-443至93-6-447。

模 型 概 要

R	R方	调整R方	估计值的标准误
0.336	0.113	0.111	8.313

统计结果还显示，两者关系系数为-0.254，常数为1.480，如下表。

系　数

项　目	未标准化系数		标准化系数	t	Sig.
	B	标准误	Beta		
地积1930年	-0.254	0.037	-0.336	-6.838	0.000
（常数）	1.480	0.493		3.003	0.003

以1930年各户农地面积为自变量,用 x 表示;以1947年与1930年相比地积数量的变化为因变量,用 y 表示,依据上表,可建立如下一元线性回归方程:

$$y = 1.480 - 0.254x$$

该方程说明,1947年地积数量与1930年地积数量具有线性相关关系,由于随机误差的存在,其关系未必如上图中所示直线那样精确,但不会偏离太多。

上表中还显示出 t 检验的结果。t 检验统计量为 -6.838,p-值为 0.000,说明检验结果显著,模型假设成立。

方 差 分 析

项 目	平方和	df	均 方	F	Sig.
回归	3 231.171	1	3 231.171	46.756	0.000
残差	25 362.068	367	69.106		
总计	28 593.239	368			

F 检验的 p-值 0.000 也显示模型假设成立。1947年各户农地面积的增减变化与1930年的农地数量这两个变量之间呈现线性关系。比较而言,1947年地积较1930年地积增减数量与1930年地积的相关性较弱。

以1930年各户农地面积为基数,可以计算出1947年各户农地面积增加或减少的数量,在此基础上,还可统计出1947年与1930年相比,各户农地数量增加或减少的幅度。以1930年各户所有农地面积为自变量,以1947年统计的各户农地数量增减幅度为因变量,还可进一步考察截至1947年农地面积的变化与1930年农地面积之间是否具有相关关系。

统计369个样本,从分析中排除变量中带有缺失值的4个个案,如表1-2-3-1。

表1-2-3-1 1947年杭县抽样农户地积变量处理摘要

统计摘要		变量	
		因变量	自变量
		增减幅度	地积1930年
正值数		191	365
零的个数		11	4
负值数		163	0
缺失值数	用户自定义缺失	0	0
	系统缺失	4	0

统计结果显示，出现增幅的农户数量为191户，出现降幅的农户数为163户。以相对于1930年而言，1947年各户农地面积的增减幅度为因变量，以1930年各户农地面积为自变量，可得图1-2-3-3。

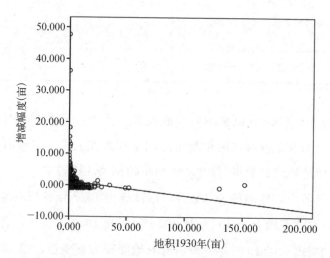

图1-2-3-3 地积变化幅度与1930年地积相关关系图

资料来源：浙江省土地局：《杭县地籍册·八都七图》，杭州市临平区档案馆，档案编号：93-9-6；浙江省土地局：《杭县地籍册·九都五十图》，杭州市临平区档案馆，档案编号：93-9-64；浙江省土地局：《杭县地籍册·十都二十图》，杭州市临平区档案馆，档案编号：93-9-93；杭县地籍整理办事处：《八都七图地价册》，杭州市临平区档案馆，档案编号：93-6-31至93-6-35；杭县地籍整理办事处：《九都五十图地价册》，杭州市临平区档案馆，档案编号：93-6-304至93-6-308；杭县地籍整理办事处：《十都二十图地价册》，杭州市临平区档案馆，档案编号：93-6-443至93-6-447。

图 1-2-3-3 显示，相对于 1930 年而言，1947 年各户所有农地面积的增减幅度与 1930 年各户所有的土地面积为负线性相关关系。

模 型 概 要

R	R 方	调整 R 方	估计值的标准误
0.137	0.019	0.016	3.814

由模型概要可知，相关系数 $R=0.137$，说明两个变量之间关系微弱。$R^2=0.019$ 说明作为自变量的 1930 年农地面积，仅可解释不到 2% 的 1947 年农地增减幅度的变化。

系 数

项 目	未标准化系数		标准化系数	t	Sig.
	B	标准误	Beta		
地积 1930 年	−0.045	0.017	−0.137	−2.634	0.009
（常数）	1.223	0.228		5.368	0.000

以 1930 年各户所有农地面积为自变量 x，以 1947 年与 1930 年相比农地增减幅度为因变量 y，可建立如下的一元线性回归方程：

$$y=1.223-0.045x$$

对于该一元线性回归模型，t 检验统计量为 −2.634，p-值为 0.009。检验结果显著，说明模型假设成立。

方 差 分 析

项 目	平方和	df	均 方	F	Sig.
回归	100.930	1	100.930	6.937	0.009
残差	5 281.482	363	14.550		
总计	5 382.412	364			

由上表可知，F 检验的 p -值也是 0.009，同样显示两个变量呈现线性关系。不过，由于相关系数偏低，可以判定 1947 年与 1930 年相比，各户农地面积变化的幅度较少受到 1930 年所有地积的影响。

概括而言，在这一时期的杭县，是农地集中之中有分散，分散之中有集中，两个过程同时进行，分散与集中两种机制同时在发生作用。这两种机制同时发生，既对农地产权的过度集中形成制约，也反映出农地市场作用下，地权向生产效率与土地资本集中的压力。值得说明的是，在那些所有农地面积增加的农户中，其农地面积增加数量较多和增加幅度较大的农户，并不是那些原有农地面积较多的农户。换言之，一些农户所有农地面积增加的过程，也是一个农地产权分散的过程。

表 1-2-3-2　地权变动机制表

减少＼增加	正相关	负相关
正相关	集中	分散
负相关	分散	集中

资料来源：浙江省土地局：《杭县地籍册·八都七图》，杭州市临平区档案馆，档案编号：93-9-6；浙江省土地局：《杭县地籍册·九都五十图》，杭州市临平区档案馆，档案编号：93-9-64；浙江省土地局：《杭县地籍册·十都二十图》，杭州市临平区档案馆，档案编号：93-9-93；杭县地籍整理办事处：《八都七图地价册》，杭州市临平区档案馆，档案编号：93-6-31 至 93-6-35；杭县地籍整理办事处：《九都五十图地价册》，杭州市临平区档案馆，档案编号：93-6-304 至 93-6-308；杭县地籍整理办事处：《十都二十图地价册》，杭州市临平区档案馆，档案编号：93-6-443 至 93-6-447。

综合以上统计分析结果，可以得到如下结论：20 世纪 30—40 年代，杭县农户所有农地产权发生了频繁的转移。农地产权的变化主要发生在那些拥有农地数量较多的农户之间。在 1930 年所有农地面积较大的农户，在之后的近二十年间，其所有农地面积越有可能发生增减变化。在 1930 年所有农地面积较大的农户，越有可能增加其所有农地数量，这些农户在之后近 20 年间所有农地面积增加的数量也越多。同时，在 1930 年所有农地面积较大的农户，也越有可能减少其所有农地数量，而且，1930 年所有农地面积越大的农户，其在之后近 20 年间所有农地面积减少的数量也越多。这说明，所有农地面积越大，越容易继续增加其农地数量,同时,也面临所有农地数量下降的更大风险。总之,这一时期杭县农地产权变化同时存在集中与分散机制,集中之中有分散,而分散之中有集中,所谓"集中"和"分散"这两个相反的地权变化过程,在20世纪30—40年代的杭县是同时发生的,两种机制的相互作用形成了一种动态均衡机制,因而在杭县农户之间农地产权频繁转移的过程中,保持了地权结构的整体稳定。

小结

关于近代中国农村地权变化的基本趋势,存在着两类相互对立的观点。一些学者认为,近代农村经济凋敝,自耕农及中小地主因之破产,进而失去土地,导致地权向大地主手里集中。包括河南、河北、四川、安徽等地的研究都显示出地权集中的趋势。尽管不同时期、不同区域在地权集中的剧烈程度与普遍程度上存在差异,地权集中的趋势却具有共性。另一些研究近代中国地权问题的学者认为,近代中国大土地所有制越来越弱,地权配置趋于分散。与学者们在华东、华北、东北、西南等区域研究的个案相比,杭县地权变化显示出更为复杂的变化趋势。

由样本农户所有农地面积增加和减少过程的分别考察可知,在杭县农户地权变化的过程中,存在着集中和分散两种机制。由两个截面数据的相关关系分析可见,那些农地面积较多的农户,所有农地面积在之后的近二十年间,更容易发生增减变化。统计结果同时显示,各户所有农地增加的数量和幅度,与其原有农地面积之间具有正相关关系。而那些农地面积减少的农户中,其减少的数量和幅度,也与其原有农地面积之间具有正线性相关关系。结果,那些拥有农地面积较多的农户,并不因其所有农地面积较多而更有可能增加其农地数量。可以说,在集中机制和分散机制同时作用下,地权结构得以保持大致稳定。

在杭县20世纪30—40年代的农地产权变化中,存在着所有农地面积增加与减少两种变动,一部分农户所有农地面积增加,另一部分农户所有农地面积减少，两类农户所有农地面积增加与减少的结果，是农户之间地权配置集中与分散的双重机制互动。由于这种双重变化的相互作用，虽然在20世纪30—40年代的杭县，农户之间的地权出现了频繁的转移，但地权的整体配置却是稳定的。由这一期间农户所有地权变动的分析可知，集中和分散的双重机制相互制约。在农地面积减少的情况下，加速了地权分散的速度；而在农地面积增加的情况下，却强化了地权集中的程度。这种双重机制所具有的复合效应，使得20世纪30—40年代的地权配置在集中之中有分散，分散之中有集中，分散机制在一定程度上抵消了集中机制，从而避免了过于集中的地权配置方式，形成对地权结构具有决定作用的稳定机制。有学者对地权结构的区域差异作过比较，认为经济越是发展的地区，农村地权越是趋向于集中。[①] 杭县在浙西、江南乃至全国，均可称为经济发达地区，而在这一经济发达地区，农村地权既未趋向于集中，亦未趋于分散，而是在分散与集中相互作用的均衡机制下，保持了地权结构的动态稳定。

  1930年、1947年两个年份的计量分析证明，1947年杭县农户地权配置的基尼系数略低于1930年，显示出20世纪40年代后期与30年代初相比，地权配置不均程度并未恶化，反而有所缓和，也说明农地产权在整体上经过了分散化的过程。不过，由于基尼系数的降低幅度微小，显示地权分散化程度微弱，并未改变地权分配状态，而是大致维持了地权结构的相对稳定。这也说明，尽管20世纪30年代初已经存在明显的地权配置不均问题，经过近二十年的土地频繁转移之后，至20世纪40年代末，近代以来长期困扰农村社会的地权配置不均问题并未缓解。

---

① 黄正林：《近代黄河上游区域地权问题研究》，《青海民族研究》2010年第3期，第101页。

第二章 地权变动与农业结构

地权变化首先是一个经济现象,需要放在区域经济变迁的整体中加以分析。杭县境内不同地区因为地形、土壤、水系等自然条件的差异,形成了具有各自特征的农业结构。依据农业结构的差异,可将杭县划分为不同的农业区域。本章从杭县农业结构的区域差异着手,透过农业生产、农业及副业产品市场等分析,讨论农业生产及农产品的商品化经营对地权配置的作用,以明确不同农业经济结构对地权变化的影响。

第一节 农业结构的区域差异

杭县境内各区土壤肥瘠不同。第八都濒临杭州湾,多沙土及砂质壤土,桑树、棉花、络麻为主要经济作物。第九都地处大运河流域,地多肥沃,以黏质壤土为多,普遍种植桑树、果树。第十都部分位于天目山东麓的山陵地区,农地以砾质及砂质壤土为主,盛产柴、竹、茶。[①] 因为自然条件与农业经营的差异,杭县不同区域之间形成农业生产的结构性差别。其中,第七都、第八都是以稻-桑-棉-麻为主要农业结构的区域,第九都是以稻-桑-果为农业结构特征的区域,而第十都则是以稻-柴-竹为农业结构特征的区域。本节将区别农业区域

---

① 叶风虎:《杭县之物产及农村状况》,《浙江省建设月刊》1934 年第 7 卷第 12 期,第 1 页。

的不同类型，分别观察其农业结构的特点。

一、稻-桑-棉-麻区农业结构

杭县棉花种植区主要位于杭州湾北岸一带，络麻的种植主要在第七都和第八都，即乔司皋亭区和临平区。据俞俊民《浙江土地问题》的记载，这两个区"几无荒地，耕地面积占总面积之78%至83%，足证农业之发达。其中，商业种植如桑、棉等，占有23%至60%之多，因此每年粮食缺乏"①。该区域农业人口食用所短缺的稻米，需以经济作物以及副业的收益，由粮食市场上购入。下面我们以第八都(临平区)作为稻-桑-棉-麻农业结构区域的典型，作微观分析。第八都(临平区)划分为27个图(29个乡镇)，我们以第七图(东湖乡)的菖蒲墩、蓝弄里、李家角3个自然村为例，比较这些村庄1947年与1930年相比农业结构的变化，分析农业结构变化与地权变化之间的相关性。

菖蒲墩、蓝弄里、李家角3村的自然环境在临平区具有代表性。这里大小河浜纵横交织，水荡星罗棋布。田地多由海滨沙土沉积而成，经过长期垦殖，利用率极高。20世纪30年代初，具有农、林、渔复合经营的农业结构。

表2-1-1-1 1930年菖蒲墩、蓝弄里、李家角土地利用状况表

项 目	面积(亩)	比重(%)
稻田(含秧田)	101.213	14.371
豆	5.698	0.809
桑地	270.572	38.418
棉地	11.135	1.581
麻田	20.114	2.856
农作物(未详)	2.852	0.405

---

① 俞俊民：《浙江土地问题》，《杭州民国日报》1934年元旦特刊，第30页。

续 表

项　目	面积(亩)	比重(%)
菜地	5.543	0.787
元参	9.916	1.408
子金(紫金)	3.620	0.514
枣	0.070	0.010
竹林	3.078	0.437
甘蔗	16.755	2.379
林地	0.634	0.090
池荡(鱼塘)	198.369	28.166
池荡(灌溉)	0.824	0.117
坟地	10.177	1.445
荒地	0.570	0.081
住宅	43.144	6.126
合计	704.284	100.000

资料来源：浙江省土地局：《杭县地籍册·八都七图》，杭州市临平区档案馆，档案编号：93-9-6。

从表2-1-1-1可以看出，20世纪30年代初，菖蒲墩、蓝弄里、李家角3村的全部地块总面积为704.284亩，可以区分为农业用地与非农业用地两类。农业用地包括用于种植水稻的田和用于种植豆类作物、桑树、棉花、络麻、蔬菜、药材、甘蔗和其他农作物的地，以及植有杂木、竹子、枣树等的林地，还包括用于灌溉的池荡和用于养鱼的鱼塘。农用土地的总面积为650.393亩，占全部土地数量的92.348%。非农业用地包括荒地、坟地与宅地，总面积为53.891亩，占全部土地数量的7.652%。值得注意的是，在全部土地中，未经利用的土地——荒地仅占全部土地数量的0.081%，显示当地土地利用率之高。超过99%的土地利用率以及92%以上的农业用地比重，足以代表这一区域土地利用的一般特征。① 此外，多种经营的土地利用方式，显示出农业生产兼重粮食作物与经济作物的结构特点，这在该农业区域也具有典型性。

在农业经营中，3个自然村均形成了种植业、林业与养殖业结合的农业结构。农作物和林地面积为451.200亩，占农业用地(649.569亩)的69.501%。用于经营养殖业(鱼塘)的土地面积为198.369亩，比重为30.539%。② 在种植业中，又形成多种作物组成的复合结构。既包括水稻、豆类等粮食作物，也包括桑树、棉花、络麻、蔬菜、甘蔗、药材等经济作物。

包括种植业在内的农业经营则形成了稻-桑-渔为主体的复合结构。种稻、植桑、养鱼为当地农业的主要经营类目。这3项的种植和养殖面积为570.154亩，占全部农业用地的87.774%。在这种复合型的农业结构中，稻作、蚕桑、渔业又有主次之分。据1934年的调查，在东湖乡所在的临平区，农业产品的重要性依次为水稻、桑和鱼。③

粮食作物种植面积为106.911亩，占农业用地的16.438%。其中水稻101.215亩，占农业用地总量的16.459%。除水稻外，粮食作物中还有豆类5.698亩，占全部农业用地的比重仅为0.877%。④ 由于豆类种植面积微小，且往往为间作的春花作物，在这3个村子的粮食种植业中，呈现的是单一生产水稻的粮食种植结构。水稻的收成决定着农田的收益数量，而当年稻米价格及其变化，决定着种植水稻的农户实际获得的收入数额。经济作物包括桑、棉、麻、蔬菜、药材等，共计种植面积340.803亩，占农业用地总量的52.466%。其中，桑地面积占全部农业用地的41.654%。⑤ 可见，经济作物种植又偏重于植桑，植桑养蚕所获收益亦为农户年收入的决定性要素。

若将种植业用地与农业用地区分开来单独计算，则上述农业结构的特征呈现得更加分明。菖蒲墩、蓝弄里、李家角3村作物种植面积总计447.488亩。其中，桑地占地面积为270.572亩，占全部种植业用地的60.465%，比重最高。

---

① 浙江省土地局:《杭县地籍册·八都七图》，杭州市临平区档案馆，档案编号:93-9-6。
② 浙江省土地局:《杭县地籍册·八都七图》，杭州市临平区档案馆，档案编号:93-9-6。
③ 俞俊民:《杭县土地状况》，《中华农学会报》1935年第135期，第45页。
④ 浙江省土地局:《杭县地籍册·八都七图》，杭州市临平区档案馆，档案编号:93-9-6。
⑤ 浙江省土地局:《杭县地籍册·八都七图》，杭州市临平区档案馆，档案编号:93-9-6。

稻田占地面积次多，为101.213亩，占全部种植业用地的22.618%。除这两项外，其他作物如棉、麻、甘蔗、蔬菜等，占种植业用地的比重均不到5%，平均每类作物占种植业用地的比重只有1.901%。①可见，植桑为3村种植业的"主业"。如果考虑到与植桑相关的养蚕业与缫丝业，则桑蚕业应为当地农村经济的"支柱"产业。可以说，适应河网平原的生态环境特征，结合农家生活与生产所需，以及农副产品市场发展提供的机遇，稻-桑-棉-麻农业区形成了的种稻、栽桑、植麻、养鱼为主体的粮-经型的农业结构，呈现出水乡平原农业结构的典型特征。

土地利用尤其是农地的经营，目的在于获得生活所需以及现金收入。农家能够从农地获得的收益，是塑造上述农业结构的一个重要因素。而相对稳定的农业结构又影响着农家的收益结构和收益水平。据20世纪30年代初的调查，在第八都，平均每亩收益最高的农产物为甘蔗，其次为元参，再次为鱼，第四为络麻，稻田每亩的收益仅居第五位。第八都稻田平均每亩产量为1.66石，年收益为8.96元，另有副产物油菜子、蚕豆、麦子、菜等，平均年收益为2.16元。如果计入稻作每亩的春花收益，每亩稻田的年收益增加到11.12元，仍未超过其他四类农产物。问题是：既然甘蔗亩均收益较高，甘蔗又为临平一带农业特产，何以这3个村子种植数量仅为16.755亩，占种植业用地面积的比重还不到3%？1934年的调查显示，甘蔗对地力要求较高，一块土地若用于种植甘蔗，需要每隔两年轮种一次；种植甘蔗的收益状况完全依赖市场需求，价格波动导致种植甘蔗的收益极不稳定。②此外，甘蔗的收获期是当年立冬时节，作为种子的甘蔗需要储放到来年清明才可投放市场，在出售之前势必要增加存储的成本。由于甘蔗种植受到多种因素制约，故虽然种植甘蔗的单位面积收益最高，甘蔗种植面积占土地总面积的比重却相对较低。

在菖蒲墩、蓝弄里、李家角3村的农地利用中，水荡面积所占比重也值得注意。尽管经营鱼塘的单位面积收益不是最高，但这3个村子仍保有近200亩以上的水荡面积（用于灌溉与用于养殖的水荡面积合计为199.193亩），约占3

---

① 浙江省土地局：《杭县地籍册·八都七图》，杭州市临平区档案馆，档案编号：93-9-6。
② 俞俊民：《杭县土地状况》，《中华农学会报》1935年第135期，第45页。

个村子土地总面积的 28.283%。仅仅依赖这一比重数据尚无法判断此地水荡面积占土地总面积几近三分之一所包含的意义，不妨将这一数据与杭县整体数据作一比较。1934 年，杭县农地、宅地、林地、杂地、池荡等面积合计 1 296 559 亩，其中池荡面积为 67 418 亩，占 5.2%。从比重上看，3 村池荡占土地总面积的比重约为杭县平均水平的 5 倍多。这一特点从农地实测调查中也可看到。据与《地籍册》同时绘制的《户地印图》可知，这些水荡与居民房屋、农地、稻田相互依偎，兼具养殖、灌溉、提供生活用水等多种功能。这种空间结构显示出杭县东部平原地区水乡生态环境的共同特征。但菖蒲墩等村也有特殊之处，这几个村所在的位置原为临平湖，该湖为潟湖，自形成之后，受海侵-海退反复交叠的影响，几度淤塞。元末淤塞之后，明代续有疏浚，成陆较晚，形成湖泊与陆地相间的地貌。在这里居住的先民们为发展农业生产，兴修水利设施，对地形地貌施加了长期的影响。数个世纪过去之后，湖泊淤积成陆的历史痕迹仍在当地有所呈现。这也是 3 个村庄湖荡比重高于杭县平均水平的主要原因。①

生态环境的历史特殊性成为影响当地农业经济的因素之一。如前文所述，菖蒲墩等村的土地利用状况体现出自然环境的地域特点，同样，这些村子土地经营的收益数量与收益结构同样反映出生态因素的影响。依据耕种或养殖面积可计算菖蒲墩等 3 村主要农产物的年收益数量。将各种农业经营项目的收益按从高到低顺序排列，年收益最高者是鱼塘，为 2 529.205 元，占全部农业收益的 40.7%；其次是桑地，为 1 452.956 元，比重为 23.381%；再次是稻田，为 1 122.442 元，比重占 18.062%；其他依次为甘蔗、络麻。当地农民从棉、菜、竹、豆、林地经营中所获收益占总收益的比重均在 1% 以下，这 5 项合计所获收入仅占总收益的 2.216%。

与前述桑-渔-稻大约 3∶2∶1 的农地利用结构不同，农业收益结构大体呈现为渔-桑-稻 5∶3∶2 的结构。结合前述统计数据可知，池荡以约 30% 的占地面积提供了 40% 的收入，桑地以略近于 40% 的占地面积提供了略多于 20% 的收入，稻田占地面积比重与其收益比重相当。若不考虑缺乏收益数据的枣、

---

① 笔者于 2013 年 11 月对菖蒲墩、蓝弄里、李家角进行过数天的田野调查。池荡、旱地、水田、民居交错的生态-经济景观仍是当地的一大特色。

子金、池荡(灌溉用)的面积,重新调整农地利用结构与收益结构数据,可得到表2-1-1-2。

表2-1-1-2 1930年菖蒲墩、蓝弄里、李家角农地利用与收益结构比较表

项　　目	土地面积比重(%)	收益比重(%)
池荡(鱼塘)	30.862	40.700
桑地	42.095	23.381
稻田(不含秧田)	15.704	18.062
甘蔗	2.607	8.755
麻	3.130	4.001
元参	1.543	2.885
棉	1.732	0.914
菜	0.863	0.902
竹	0.479	0.223
豆	0.886	0.167
林	0.099	0.010
合计	100.000	100.000

资料来源:浙江省土地局:《杭县地籍册·八都七图》,杭州市临平区档案馆,档案编号:93-9-6;俞俊民:《杭县土地状况》,《中华农学会报》1935年第135期,第45页。

经重新计算后,可知单位面积土地的收益差异明显。可以利用土地收益所占比重与土地面积所占比重的比值,衡量单位面积土地收益的差别。甘蔗田、元参地、鱼塘(池荡)、麻地、稻田的土地面积与收益之比分别为3.358、1.870、1.319、1.278和1.150。[①] 对比可知,单位面积收益最高的是种植甘蔗,而不是鱼塘。实际上,养鱼的单位面积收益还低于种植元参的收益,与种植络麻的收益持平,略高于种稻,与植桑、种棉、种菜的收益率相当,都还不到种稻收益

[①] 浙江省土地局:《杭县地籍册·八都七图》,杭州市临平区档案馆,档案编号:93-9-6;俞俊民:《杭县土地状况》,《中华农学会报》1935年第135期,第45页。

率的一半。关于甘蔗种植的讨论已如前述。按照市场价格统计的甘蔗收益很高,但种植甘蔗的收益主要取决于市场销售状况。结合实地采访,可知到20世纪40年代后期,这3个村庄所种甘蔗主要用于农家自给。①其他收益率低于平均值(1.078)的作物,均以农家自给为目的。而超出平均值之上的作物,如元参、络麻,则以市场销售为目的。鱼塘亦可归入此类。

按照经营农产物所用土地面积占全部农地面积的比重,由高到低排序,依次为池荡(鱼塘)、麻田、稻田(含秧田)、元参(含药材)、甘蔗、棉地、桑地。但若按照土地单位面积的收益排序,则依次为甘蔗、元参(含药材)、池荡(鱼塘)、麻田、稻田(含秧田)、桑地、棉地。②包括粮食作物与经济作物在内,上述3村农业用地的土地面积比重与收益比重的平均比值为1.078,其中,种桑、植棉、种植油菜的面积比重与收益比重的比值均低于这一平均值。

我们避开以粮食作物和经济作物区分农作物的方法,以实际进入市场的农产品作为标准加以区分,即当地农业包括生产农家用于自给的农产品和用于市场销售的农产品两类。以土地收益率作为衡量两者的大致标准,可知高于或相当于平均收益率的土地生产的农产品主要用于市场销售(其中甘蔗为一例外),而低于平均收益率的土地上生产的农产品则主要用于农家自给(植桑为一例外)。

植稻的单位面积收益低于植麻和种植元参,但水稻的种植面积是络麻和元参的40余倍。络麻、元参虽能出售于市场获得现金收入,水稻却可直接满足农家生活的基本需求。在总体上区域内部所产粮食不敷所需,需要从区域以外输入粮食,且在粮食价格大幅波动的杭县农村,以一定比重的耕地生产稻谷以满足部分(或大部分)基本的粮食需求,对于农家的生计尤其重要。同样,植桑的收益率只有农业用地平均收益率的一半,且远低于植麻、种菜与种稻,但植桑可为养蚕业提供原料,是当地植桑-养蚕-缫丝(或售茧)相结合的农家经济的重要环节。尽管蚕户可在叶市上购买桑叶,但用现金购买(或赊购,但需支付

---

① 我们在田野调查中了解到,至今当地仍有少量的甘蔗种植。但据被访农民介绍,这些少量种植的甘蔗完全用于自给。同时,当地农民食用的甘蔗,大部分购自当地农贸市场,并不是当地所产。
② 浙江省土地局:《杭县地籍册·八都七图》,杭州市临平区档案馆,档案编号:93-9-6;俞俊民:《杭县土地状况》,《中华农学会报》1935年第135期,第45页。

利息)桑叶和种植桑树以实现桑叶自给两者相比,后者可使蚕户降低养蚕成本。因此,考虑到以植桑为基础的养蚕、缫丝的收入,植桑的土地收益率虽仅有 0.555,但从桑-蚕-丝的经营整体上看,植桑仍是"有利可图"的。

二、稻-桑-果区农业结构

明代,太湖南岸地区已成为以桑树种植为主或桑-稻并重的农业区。① 杭县第九都(五都西镇区)正处在太湖以南的杭嘉湖平原地区,结合有关第九都农业的相关诗作中的描述,② 可知最晚到 17 世纪初,这里已经具备了发达的蚕桑业。同时,缫丝业配合了植桑育蚕相结合的农业结构,成为农家经营的主要手工业。缫丝业与蚕桑业使当地手工业与农业相互促进,强化了蚕桑业为主的农业结构的优势。我们以杭县第九都塘栖镇及其附近乡村为例,观察此类区域的农业结构。

杭县第九都一带的蚕桑业兴盛于明清两代。③ 19 世纪末,随着近代缫丝工业的引入和发展,缫丝业对蚕茧的需求迅速增加,持续至 20 世纪 20 年代,以植桑为主的农业结构得到强化。尽管 20 世纪 30 年代的缫丝工业对蚕茧的需求已经减少,并进而影响到植桑业,桑树栽植仍在第九都的种植业结构中居于主要地位。位于第九都内的塘栖镇,"沿运河之两岸,均植桑树,故蚕桑之富,甲于他镇……茧子为该镇大宗出产品之一,因该镇几有百分之七十之居民,赖养蚕为生,故茧子出产甚多。除本镇有四丝厂外,尚须运至申地各厂,故每年输出约有二百万元之谱"④。

我们以第九都第四十图范围内的丰田乡钟家墩为个案,观察 20 世纪 30 年代初该区域的农业结构。编号为 I2.16-42 的《户地印图》绘制出钟家墩所有地块的坐落与形状,对比与之相对应的《地籍册》可知,图册中登记的地块包

---

① 方行:《清代江南经济:自然环境作用的一个典型》,《中国纤检》2008 年第 4 期,第 76 页。
② 何琪《塘栖志略·风俗》录有多首诗作,其中不乏叙及塘栖蚕桑业者。如《甘肃清明寄栖里故人》云:"吹出饧箫日未曛,吾乡游屐正纷纷。鱼花小户堪三倍,蚕卦初爻定十分……"又云:"清明镇人皆祈蚕于丁山五显庙,是日游舫四集,歌管竞发,概盛事也。"
③ 卓介庚:《江南佳丽地·塘栖》,杭州:浙江摄影出版社 1993 年版,第 125 页。
④ 陈佐明、范汉传、刘升如、徐修纲:《盛产水果之塘栖:沪杭甬线负责运输宣传报告之十七》,《京沪 沪杭甬铁路日刊》1933 年第 729 期,第 166 页。

括农地、宅地、坟地以及荒地，因本项统计之目的在于观察农业结构，作为非农用地的宅地、坟地以及荒地（空地）不在统计之列。这样，我们统计的地块共计 115 块。其中，菜地 8 块、枇杷地 1 块、植桑 90 块、植桑及枇杷 1 块、养鱼 11 块、竹子 4 块。经过计算，可知上述各类农产经营用地中，种植和养殖面积共计 70.047 亩。我们将各类经营不同农产物的土地面积及其占总面积的比重列为表 2-1-2-1。

表 2-1-2-1　1930 年第九都第四十图钟家墩农业结构表

品　类	种植（养殖）面积（亩）	占全部种植面积的比重（％）
菜	0.575	0.82
桑	33.294	47.53
枇杷	0.233	0.33
桑/枇杷	0.709	1.01
鱼	34.253	48.90
竹	0.983	1.41
合计	70.047	100.00

资料来源：浙江省土地局：《杭县地籍册·九都四十图》，杭州市临平区档案馆，档案编号：93-9-53。

依土地经营的面积来看，鱼塘总面积最大，占全部农业土地的 48.9％。其次是桑地，占 47.53％。如果计入植桑兼植枇杷的耕地面积，则桑地占全部农业用地的比重亦达 48％以上。不管是桑地还是鱼塘，其经营目的都是商品生产。此外，枇杷、竹子的经营也以商品生产为目的，即使假设该村的蔬菜生产完全以自给为目的，则钟家墩农业用地商品性经营的比重已高达 98％以上。在这个村庄中，杭县其他地区常见的水稻种植业已经消失，农地几乎完全转向了非粮食作物的生产。其中，特别值得注意的是桑地的比重，专植和兼植桑树的耕地占全部农地面积（包含鱼塘）的 48.54％，更占全部耕地面积（不包含鱼塘）的 95％。可以说，桑树的经营与管理几乎是钟家墩种植业的全部内容。这一事实说明,钟家墩农业的商业化是与蚕桑业的发展密不可分的,考虑到塘栖以及杭州等地近代缫丝工业对原料(蚕茧)需求的增长,近代工业对钟家墩这样的村庄农业结构的影响是十分明显的。

如果说钟家墩只是特例,我们不妨扩大范围,再对第九都第四十一图(塘栖镇)之大鱼池、西小河、嵇家角、观音桥等村的地块作统计分析。在抽样统计的123个地块中,草地2块、稻田7块、林地1块、竹地1块、菱荡1块、果地8块、桑地97块、鱼荡6块。各类用途的地块面积及其占全部地块总面积的百分比如表2-1-2-2所示。

表2-1-2-2 1930年第九都第四十一图农业结构表

品 类	种植(养殖)面积(亩)	占全部种植面积的比重(%)
草地	0.768	0.81
稻田	11.122	11.74
林(竹)地	1.096	1.16
果地、菱荡	1.772	1.87
桑地	73.984	78.07
鱼荡	6.029	6.36
合计	94.771	100.00

资料来源:浙江省土地局:《杭县地籍册·九都四十一图》,杭州市临平区档案馆,档案编号:93-9-54。

表中数据显示,与第九都第四十图钟家墩仅一个村庄的统计结果稍有差异,第九都第四十一图的农业用地中,面积最大者为桑地,占全部田、地、荡总面积的78.07%,其次是稻田,占全部种植和养殖面积的11.74%,养殖渔业面积居第三位,占6.36%。第九都第四十一图的大鱼池、嵇家角等村的农业结构虽与钟家墩不同,但两者仍有相似之处,这种相似之处在于桑树的种植都在当地的农业结构中居于突出地位。

钟家墩位于塘栖镇区西南,距塘栖镇仅数千米。属于第四十一图的市东里等村实际为塘栖镇区之"郊区"。考虑到其特殊的地理位置,如果说这些村庄算是20世纪30年代塘栖农业商业化的特例,还可以从更大范围的农地经营状况考察塘栖区域农业生产商业化的程度。我们运用等距抽样方法,从1930年填报的杭县第九都第四十一图、第四十二图(塘栖镇及其周边附近农村,包括市东镇、市西镇、安田乡、丰年桥乡、前田乡)①《地籍册》中选取了140个地块的资料。② 抽样的140个地块的种植或养殖情况如下:菜地3块、稻田8块、甘蔗地3块、果地5块、桑地81块、桑地兼菜地1块、桑地兼枇杷地27块、鱼塘11块、竹地1块。根据《地籍册》中记载的各地块的面积,得到表2-1-2-3。

表2-1-2-3 1930年第九都第四十一、四十二图农业结构表

品　类	种植(养殖)面积(亩)	占全部农地面积的比重(%)
蔬菜	0.304	0.38
水稻	8.961	11.27
甘蔗	2.296	2.89
果	1.289	1.62
桑	27.581	34.70
桑/菜	0.165	0.21
桑/枇杷	10.94	13.76
鱼	26.806	33.72
竹	1.148	1.45
合计	79.490	100.00

说明:表中最后一个地块用途记为"江白",疑为"茭白",将其归入蔬菜类别中统计。

资料来源:浙江省土地局:《杭县地籍册·九都四十一图》,杭州市临平区档案馆,档案编号:93-9-54;浙江省土地局:《杭县地籍册·九都四十二图》,杭州市临平区档案馆,档案编号:93-9-55。

---

① 杭州市档案馆编:《杭州都图地图集(1931—1934)》,杭州:浙江古籍出版社2008年版,第10页。
② 抽样方法是以第九都第四十一图、第四十二图两图《地籍册》每页登记之第一个地块作为样本,若第一个地块为非农业用地(包括宅地、荒地),则不在该页中选取样本。如果所选页面登记之第一个地块为无主地,亦不录。

抽样的140个地块总面积为79.49亩,其中水稻种植面积占11.27%,甘蔗、水果、桑树、鱼塘面积合计占86.69%,即农地的粮食经营面积与非粮食经营面积之比约为1∶8。如果不计鱼塘,全部耕地面积为52.684亩,则水稻(粮食作物)比重占17%;非粮农产物(桑树、水果、蔬菜、竹子)占83%。假定蔬菜主要用于自食,竹子主要为农家自用,仅以桑树、水果(含甘蔗、枇杷)计算,这一区域种植业的商业化程度亦达到79.92%。其中特别是桑树的种植,如果包括专植桑树和兼植桑树的耕地,则桑树种植面积占全部农地面积的48.67%,占全部耕地总面积的73.43%,尽管这一比重不及前文所述钟家墩桑地占耕地面积的比重(高达95%),但仍然可以肯定,整个区域的种植业生产是以桑树的经营作为重心的。

1930年的地籍调查也曾统计杭县第九都各种农作物之单位面积产量与收益。我们依据当年米价,将各种农产物的单位面积收益折合为稻米数量,列为表2-1-2-4。

表2-1-2-4 1930年第九都农产物亩均收益表

农产物	每亩平均产量	产量单位	年均收益(元)	收益折合为米(石)
荸荠	19.00	担	16.02	2.77
甘蔗	271.00	捆	35.23	6.10
茭白	3.50	担	17.50	3.03
菱	11.69	担	8.42	1.46
茅柴	3.17	担	0.73	0.13
梅子	12.36	担	9.05	1.57
米	1.55	石	8.96	1.55
藕	1.43	担	14.17	2.45
枇杷	3.89	担	16.00	2.77
桑	5.94	担	5.31	0.92
柿子	2.00	担	6.00	1.04
桃子	9.10	担	8.14	1.41
杨梅	7.00	担	4.20	0.73

续　表

农 产 物	每亩平均产量	产量单位	年均收益(元)	收益折合为米(石)
樱桃	3.50	担	17.50	3.03
鱼	1.07	担	8.84	1.53

资料来源：俞俊民：《杭县土地状况》，《中华农学会报》1935年第135期，第46页。

依据各种农产物单位面积收益以及《地籍册》中有关地积及农产物的记载，可计算出第九都第四十一图全部1704个地块的收益。归类统计如表2-1-2-5。

表2-1-2-5　1930年第九都第四十一图农业收益结构表

农 产 物	收益(元)	比重(%)
草	1.13	0.01
茶	157.80	2.09
稻	830.41	10.98
豆	50.22	0.66
甘蔗	1 584.87	20.95
瓜	1.79	0.02
果(含枇杷)	1 395.64	18.45
荷、菱	61.38	0.81
茭白	5.74	0.08
林、树、竹	37.78	0.50
桑	989.45	13.08
鱼	2 447.68	32.36
合计	7 563.89	100.00

资料来源：浙江省土地局：《杭县地籍册·九都四十一图》，杭州市临平区档案馆，档案编号：93-9-54；俞俊民：《杭县土地状况》，《中华农学会报》1935年第135期，第46页。

由于不同农产物的单位面积收益不同，第九都第四十一图渔业收入最高，占全部农业收益的32.36%，其次是甘蔗，为20.95%，第三是林果业，为18.45%，桑居第四位，为 13.08%。若将甘蔗视为林果作物，则林果业收益占农业收益的比重增至 39.4%，为农产物中收益最高者。无论如何，在农家经营的农产物中，其收益数量占据前四位的，都是商品性的农产物。不考虑其他各类农产物的收益，仅这四项，已经占农产物总收益的 84.84%，即使这一区域所植水稻全部为农家自用，则所谓自给性的农产物仅占全部收益的 10.98%。与前述之各种农产物占地面积相比，收益更准确地反映出农业的商品经济特征。

显然，塘栖的农业经济是高度商业化的。在这里，仅桑树一项非粮食种植业经营就占有土地面积的 2/3 以上，再加上果树等经营面积，商品性农业的比重应远远高于其他地区，相应地，粮食种植业的比重明显更低。随着大量土地转向种植桑树、果树，以塘栖镇区为中心的农村区域粮食生产大幅度下降。1934 年，塘栖市西镇镇长劳勤余撰写文章，提倡种麦与食麦，其文云：第一区（即第九都）"农民的生产力都以蚕丝为重，栽种桑树的土地几占全区三分之二。其三分之一的土地，除栽植花果之外，余下的才是田亩，所以产米数量微乎其微"。[①] 可见，此时塘栖的种植业结构特征为桑树占有土地面积的 2/3，其次是林果，粮食作物所占比重最小。可以说，以满足市场需求为目的之经济作物种植，在该区域的种植业中占据最为主要的地位。

在以水稻、蚕桑和水果种植业为主要农产物的农业区，蚕桑业等商品性农业经营的发展与停滞，足以影响到农民家庭收入的变化。[②] 与 20 世纪 20 年代中期相比，20 世纪 30 年代初，塘栖的蚕桑业已经出现萎缩之态。但据当时的调查来看，蚕桑业仍能维持一定的规模。至 20 世纪 40 年代后期，桑树种植大幅萎缩。据《对五西区各乡镇农村经济的调查》的记载，1947 年，塘栖镇种植桑树的土地面积为 80 亩，桑叶产量仅相当于抗日战争以前的 10%。云会乡桑树种植面积为 4 400 亩，种植桑树数量 198 000 株，较抗日战争以前减少 462 000 株，即减少了 70%。崇贤乡桑树种植面积为 700 亩，桑树数量 120 000 株，较抗日战争前减少 50 000 株，即减少了 29%。超山乡桑树种植面积 550 亩，桑地占全乡种植面积的 10%，仅相当于抗日战争前的 50%。由于桑树栽植面积大

---

① 姚寿慈：《杭县志稿》卷十四"实业"，杭州：浙江古籍出版社 2018 年版，第 6 册，第 5 页。
② 陈佐明、范汉俦、刘升如、徐修纲：《盛产水果之塘栖：沪杭甬线负责运输宣传报告之十七》，《京沪 沪杭甬铁路日刊》1933 年第 729 期，第 167 页。

幅萎缩，农户由植桑养蚕所获收益也相应减少。①

在这一区域，与蚕桑业同样依赖市场的林果种植业，也对农家收入具有较大影响。据赵丕钟《塘栖枇杷栽培之现状及其应行改进之方针》，"塘栖位于杭州市东北约五十余里，气候温和，物产富饶，而果树之栽培，尤甲于江浙。如梅与柑橘，均品优质佳，每年供给沪杭各地，为数殊多，而枇杷之栽培，更为全国所共知，每年之生产额，达百万元以上，可见与农民经济有密切之关系也"。②其后，经过抗日战争时期的破坏，至20世纪40年代中期，林果经营仍在个别乡村地区的农业结构中居于主要地位。③ 1947年，丁河乡农地使用中，占有面积最大者为果树，占有面积最小者为桑树，粮食作物种植面积介于两者之间。④至20世纪40年代末，桑树、果树等种植面积减少，稻谷等粮食作物种植面积较抗日战争以前有所增加，稻-桑-果农业区种植业发生了结构性的变化。

农业商品化与经济发展之间的关系至今仍是存在分歧的问题，⑤争论的焦点在于近代农业的专业化发展和商品化生产究竟是农村经济发展的动力还是农村贫困的根源。由上述第九都农业收益的统计可知，桑、果、渔等商品性农业生产的收益均高于粮食作物，农业生产的商品化本身并非农村贫困的原因。像杭县第九都这样高度专业化发展的商品性农业，并未对当地农村经济的发展形成阻碍。相反，专业化的商品性农业使该地拥有生产与市场优势，并带动了农业和手工业的专业化、商品化发展，使农家可以获得更高的单位面积收益和劳动收入。然而，一旦商品性农产物滞销，价格下跌，同时稻米价格上涨，以经济作物种植作为重心的农业结构就会给农家生计造成消极影响。而这正是20世纪30—40年代杭县稻-桑-果农业区域面临的困局。

---

① 杭县县政府建设科：《对五西区各乡镇农村经济的调查》，杭州市临平区档案馆，档案编号：91-3-455。
② 赵丕钟：《塘栖枇杷栽培之现状及其应行改进之方针》，《大众农村副业月刊》1936年第1卷第4期，第1页。
③ 杭县县政府民政科：《五西区关于派粮、抗战、团体概况、职员资历、土特产、学校等情况调查表》，杭州市临平区档案馆，档案编号：91-3-214。
④ 杭县县政府建设科：《对五西区各乡镇农村经济的调查》，杭州市临平区档案馆，档案编号：91-3-455。
⑤ 费孝通、张之毅：《云南三村》，北京：社会科学文献出版社2006年版，第9页。[美]黄宗智：《长江三角洲小农家庭与乡村发展》，北京：中华书局2000年版，第115页。

三、稻-柴-竹区农业结构

杭县的稻-柴-竹区位于东苕溪流域。东苕溪的三大支流南苕溪、中苕溪和北苕溪流经天目山东麓的中山区和浅山区，最终在天目山区向杭嘉湖平原的过渡地带汇合，称为东苕溪。东苕溪流域涵盖了自中山区至浅山区，以至河网平原等不同的地区。位于东苕溪河畔的瓶窑区安溪北里（第十都第四图）既有浅山和中山地形，又有河岸平原地形，呈现出苕溪流域的自然地理特征，其土地的利用方式在苕溪流域具有一定的典型性，也代表杭县稻-柴-竹农业区域的一般形态。本小节以安溪北里作为个案，对稻-柴-竹农业结构作数量分析。

安溪北里包括安溪、里坑门、外坑门、金家山、塘村等自然村。整个区域呈扇形，北面与武康县接壤，西南侧与瓶窑区黄湾乡相邻，东南侧与瓶窑区安溪南里、上纤埠乡隔苕溪相望。安溪北里地处天目山脉东部边缘，北依东明山、大遮山等山峰，南濒苕溪，地势北高南低，北部为山区，南部为苕溪北岸和东明山之间狭窄的河岸平原。平地主要集中在这一平原地带。安溪、金村、下溪湾、外坑门等自然村，均坐落于苕溪北岸的平原上。黄泥坞、里坑门等自然村坐落于北部山区。该区域内有多条较大的河流注入苕溪，均发源于该区域北部的山谷之中，自西北向东南汇入苕溪。这些河流各自形成狭长的河谷平原。山区的村庄多沿这些河谷平原分布。沿着其中一条支流坑门溪，由下游往上游，分别坐落着杨后坝、杨后山、金家山、外坑门、里坑门等自然村。沿着另一条支流东明溪，则有下溪、应家岭、亭子头、湾腰里、鲁家坑、卖鱼桥等自然村。在这些自然村周围的山田和山地上，种植着少量的水稻和桑树，更多的是山林地和山杂地，主要用于经营树木、竹林、柴草、茶树等。由于溪流落差较大，季节变化显著，缺乏灌溉之利，更因这里的河谷平原过于狭小，因而形成了不同于苕溪北岸平原的山地农业经营方式。

按照土地类型的不同，20世纪30年代的土地调查资料，将调查范围内的土地分为宅地、坟地、水荡、田、地、山杂地等，这些不同类型的土地往往有不同的用途。由于我们考察的是农业结构，因而只选择了其中那些用于农业经营的地块，不包括宅地、坟地，以及用于灌溉的水荡等，保留用于养殖鱼类的水荡。出于统计方便,把原有"用途"中的小项合并统计,将柴草、柴树、柴木、柴竹、竹柴等项归类为"柴",将麦、豆、番薯、瓜菜、芋艿等归类为"杂粮"。将林、树、木3项合并为"树林"。个别的地块合种两至三种农产物,如茶与桑合种、茶与竹合种,或者茶、桑、竹合种,原统计资料中未注明合种的各类农产物的具体面积。此类地块,均依据主要农产物加以归类。好在这样的地块数量极少,不会改变对农业结构的基本判断。少量的荒地(合计约30亩)、荒田(仅1块)、灰厂用地(3块)未纳入统计。

除去房地、坟地、庙宇、荒地、空地等之后,安溪北里农业用地的地块数量为2 327块,总面积合计为6 945.839亩。其中,柴地面积最多,为3 366.079亩。竹地面积为1 602.336亩,为第二多。稻田826块,面积为1 174.661亩。杂粮14块,面积合计为14.315亩。桑地721块,共计365.925亩。茶园49块,合计84.817亩。林地107块,共计171.826亩。若将树木与杂树都看作林地,则林地共计275块,总面积为264.143亩。

将上述农产物合并为粮食(包括稻与杂粮)、桑-茶、竹木、柴草、林果、鱼等几大类,则柴草类(主要是柴)面积为3 371.992亩,竹木类(主要是竹)面积为1 866.379亩。两项合计,面积共为5 238.371亩,占全部农产物面积的75.42%。从面积来看,利用山地林木资源的农产物,在安溪北里的农业结构中居于主要的地位。其次为粮食作物,面积为1 188.379亩。其中,主要是水稻,种植面积占粮食作物种植面积的98.8%,杂粮面积只占粮食作物种植面积的1.2%。林果类为4块柿树地,面积合计只有0.284亩,以其面积而论,不足以构成一类。因无法归入其他类别,暂列为一类。鱼类共计67.466亩。各类别占有全部农产物经营面积的比重如表2-1-3-1所示。

表2-1-3-1 1930年第十都安溪北里农产物分类统计表

类　　别	面积(亩)	比重(%)
粮食类	1 188.976	17.12
桑-茶类	450.742	6.49
柴草类	3 371.992	48.55

续 表

类　别	面积(亩)	比重(%)
竹木类	1 866.379	26.87
林果类	0.284	0.00
鱼类	67.466	0.97
合计	6 945.839	100.00

资料来源：浙江省土地局：《杭县地籍册·十都四图》，杭州市临平区档案馆，档案编号：93-9-76。

依经营面积而论，柴草类占总面积的48.55%。其次为竹木类，占26.87%。粮食作物居第三位，占17.12%。在杭县东部平原地区种植面积达到一半以上的桑树，在这里与茶树合计，只占总面积的6.49%。值得注意的是，在东部平原的一些地区较为发达的林果业，在安溪北里农产物中的比重却微乎其微，只占全部经营面积的0.004%。与第八都、第九都等东部平原地区的桑-稻-果农业结构相比，这里形成了竹-木、柴草为主的农业结构，可称之为稻-柴-竹型的结构。

20世纪30年代初，有学者对杭县各类农产物的单位面积产量和收益作了调查统计。以瓶窑区每亩平均产量和平均收益作为估算的依据，可将安溪北里主要农产物的产值大致计算出来，如表2-1-3-2所示。

表2-1-3-2　1930年第十都安溪北里农产物年收益表

农产物	面积(亩)	每亩每年平均收益(元)	收益(元)
稻	1 174.661	7.70	9 044.89
桑	365.925	5.88	2 151.64
茶	84.817	10.00	848.17
柴	3 366.079	3.00	10 098.24
茅柴	5.913	2.10	12.42
木材	264.043	7.50	1 980.32
竹	1 602.336	7.41	11 873.31

续 表

农 产 物	面积(亩)	每亩每年平均收益(元)	收益(元)
鱼	67.466	11.05	745.50
合计	6 931.240	—	36 754.48

说明：稻田之副产物为油菜籽、蚕豆、麦，平均收益为1.67元。

资料来源：浙江省土地局：《杭县地籍册·十都四图》，杭州市临平区档案馆，档案编号：93-9-76；俞俊民：《杭县土地状况》，《中华农学会报》1935年第135期，第46页。

表中杂粮未计在内，但将稻田的副产物油菜子、蚕豆、麦等的收益计入。与按照经营面积的估算不同。从收益来看，收益最多的是竹，共计11 873.31元；其次为柴，共计10 098.24元；稻田的收益与竹、柴接近。依照前文的分类，还可比较各类农产物收益的比重。统计结果显示，水稻、桑-茶、柴、竹木、鱼占农产物年总收益的比重分别为24.61%、8.16%、27.51%、37.69%、2.03%。①

收益显示的各类农产物的重要性与经营面积显示的重要性不同。按照各类农产物的面积占农地总面积的比重衡量，各类农产物的重要性依次为柴草、竹木、粮食、桑-茶、鱼。而按照收益占各类农产物年总收益的比重衡量，各类农产物的重要性依次为竹木、柴草、粮食、桑-茶、鱼。从收益来看，安溪北里的农业结构略有变化，竹木（尤其是竹子）居于首位，替代了依照面积估算的柴草的地位。稻作的重要性提升，与柴草接近。

在各类农产物中，单位面积收益最高的是鱼，为每亩11.05元；其次为茶，每亩收益为10元；植稻每亩收益为7.7元，均高于柴草单位面积收益数倍。单位面积收益的差异，改变了不同农产物在农业结构中的地位。鱼、桑、茶因其单位面积收益较高，从总收益来看，它们在农业结构中的地位较从经营面积衡量来看有所提升，但从整体上看，安溪北里的农业结构，仍然是以竹木、柴草和粮食组合而成的复合型农业结构。这种结构与瓶窑区稻-桑-柴-竹的农业结构不同，② 主要原因在于，安溪北里桑地的数量偏少，因而在面积结构和收益

---

① 浙江省土地局：《杭县地籍册·十都四图》，杭州市临平区档案馆，档案编号：93-9-76。俞俊民：《杭县土地状况》，《中华农学会报》1935年第135期，第46页。
② 俞俊民：《杭县土地状况》，《中华农学会报》1935年第135期，第46页。

结构中，桑的重要性均明显弱于竹木、柴草和水稻。

上述是从整体上对安溪北里农业结构的观察，这样的农业结构在杭县西北部及西南部山区具有典型性。位于杭县东部的乔司皋亭区（第七都）、临平区（第八都）、西镇五都区（第九都）均处于杭嘉湖平原南端。临平、塘栖等地间有零星的孤山耸立，但其地形属典型的河网平原。位于杭县西南一隅的上泗乡区（第十二都）也属于山区。这一区与瓶窑区（第十都）同为山区，其农业结构也具有相似性，都代表了浙西地区西部山区的农业结构类型。不过，与瓶窑区稻-桑-柴-竹的农业结构略有不同，在上泗乡区的农业结构中茶具有更加重要的地位，形成了稻-茶-竹复合型的农业结构。

大致看来，安溪北里等第十都（瓶窑区）的农业结构与杭县东部平原、西部山区类似，因而在整个杭县具有典型性，即平原和山区都具有复合型的农业结构，这种结构可以概括为"粮食作物＋经济农产物"，其中粮食作物均为水稻，而经济类的农产物可以是桑，也可以是茶，也可以是柴，还可以是竹，或者鱼，即为"水稻＋X"式的农业结构。可见，从杭县整体上来看，不论是平原还是山区，不论自然资源提供的条件的差异如何，以水稻为核心的粮食作物的种植，是农业结构中重要而普遍的组成部分。除了水稻之外，"X"为向市场出售，获取现金收益的农产物，这类农产物体现出农业结构的地域特征，而这些地域特征往往是由自然环境所决定的。第九都（西镇五都区）地跨大运河两岸，地势低洼，河湖密布，在地理上属于典型的河网平原。适于种植水稻和经营渔业。由于蚕桑业的发展，部分土地经过长期的改造，也适于种植桑树。此外，位于该区的塘栖、丁河、宏磻等地，培植了枇杷、青梅、杨梅等水果，又成为杭县乃至整个浙西平原著名的水果产区。近代城镇人口增加、交通运输更趋便捷，也推动了这一地区林果业的发展。因而，第九都形成了水稻-林果为核心的农业结构。第八都（临平区）地处钱塘江北岸沙地向大运河两岸低地的过渡地带，为稻-桑-棉-麻农业区，也可归入"粮食作物＋经济农产物"的种植业结构模式。

尽管与这种"稻＋X"式的农业结构不同，安溪北里的农业结构可以称之为"竹木＋稻"式，即稻的种植在农业结构中居于较为次要的地位，但与东部平原一致的是，这种农业结构也是农户结合当地自然资源特征而做出的选择。

东苕溪上游主要支流——南苕溪、中苕溪和北苕溪河床落差较大，水位随季节性变化明显，多数河段不能通航。随着浅山区和中山区农业垦殖范围的扩大，地表植被逐渐遭到破坏，苕溪各个支流的水文状况趋于恶化，至近代，这一问题已经十分严重。① 不过，瓶窑以下河段，一直保持着通航能力，也是苕溪上游山区竹木外运的主要通道。② 安溪北里位于瓶窑下游，苕溪北岸，所产竹、木、柴、草等农产物可藉由东苕溪外销。这一交通运输优势，再加上丰富的山林资源，成为安溪北里地区形成以竹木-柴草为核心的农业结构的前提条件。

与第八都、第九都类似，在20世纪30年代至40年代的区域经济变迁中，以安溪北里为代表的这一农业区域在经济结构上也发生了若干变化。20世纪40年代后期，仍有若干商品性农产物的经营。如大陆乡竹笋种植面积320亩，年产量十余万斤，销往上海。塘河乡特产为竹笋和水果两项，竹笋种植面积125亩，年产量1 300斤，销往上海。③ 树塘乡茶树种植面积为2 750亩，茶叶年产量为19 250斤，销售于浙江杭州以及其他省市。寿民乡，种植茶树300亩，年产茶叶30 000斤，全部自运销售。④ 但也有大量原为商品性经营的农产物衰退，种植面积下降，变成自给性生产。如大陆乡棉花种植面积50亩，年产棉花1 300斤，全部为自用。⑤ 树塘乡竹笋种植面积30亩，所产竹笋全部用于自食。⑥ 由于商品性农产物的种植与销售萎缩，该区域农村经济趋于衰败之途。

关于20世纪40年代后期这一区域的经济状况，各乡镇政府调查结果显示：山桥乡"曩时尚称富裕，惟战事后，似有一蹶不振之状态"。崇化乡"农村经济全部崩溃，民不聊生"。该乡乡长李峻绅所填的调查表称："本乡因受战时

---

① 《苕溪灾情原委》，《浙江省水利局年刊》1930年，第61页。
② 王怀靖：《余杭县农业报告》，《浙江省农会报》1921年第1卷第4期，第1页。
③ 杭县县政府建设科：《对崇化、大陆、山桥、双桥、塘河、五常、履泰乡农村经济调查》，杭州市临平区档案馆，档案编号：91-3-456。
④ 杭县县政府建设科：《对龙坞、树塘、定山、云泉、寿民、新宁、东清、回龙、周安乡农村经济调查》，杭州市临平区档案馆，档案编号：91-3-458。
⑤ 杭县县政府建设科：《对崇化、大陆、山桥、双桥、塘河、五常、履泰乡农村经济调查》，杭州市临平区档案馆，档案编号：91-3-456。
⑥ 杭县县政府建设科：《对龙坞、树塘、定山、云泉、寿民、新宁、东清、回龙、周安乡农村经济调查》，杭州市临平区档案馆，档案编号：91-3-458。

影响，所产蚕茧仅为战前八分之一，深望政府急施救济。"大陆乡农户大都"贫似破产"。塘河乡因经济凋敝，农民依赖"借贷或抵押"度日。① 新宁乡"农村生产力弱，所出不供自给"。东清乡农村经济"枯竭"，因为"北面堤塘坍陷，时患水灾，缺乏戽水机，年告荒歉"。回龙乡"水旱频仍，年年歉收，再受高利贷之压榨，故每况愈下，生活已极艰苦"。②

由于商品性农产物的市场需求减少，借贷利率上涨，偏重商品经营的种植结构使农业收益受到严重影响，从而导致农家经济状况恶化。对比第八都、第九都"水稻＋X"农业结构在这一时期的遭际，可知由于农业结构的制约，杭县农村普遍面临类似的问题。不过，由于在"水稻＋X"式农业结构中，水稻种植业所占比重不同，而"X"所表示的桑、麻、棉、竹等商品性农产物所面临的市场供需关系不同，地权变化也存在着区域差异。

第二节　地权变动的区域差异

在近代农地产权变化的研究中，学者们讨论了商品经济发展与地权变动的关系。一些研究者将商品经济发展作为地权集中的主要原因。薛暮桥、陈翰笙等的调查显示，由于帝国主义的经济侵略，农村商品经济的发展反而成为农民失去土地的主要诱因。③ 农民失去土地的结果，就是地权向地主手里集中。另一些研究者将商品经济发展作为地权分散的主要原因。郭德宏认为，殖民主义经济的扩张和商品经济的发展引起了地权的分散。④ 还有一些研究者认为近代

---

① 杭县县政府建设科：《对崇化、大陆、山桥、双桥、塘河、五常、履泰乡农村经济调查》，杭州市临平区档案馆，档案编号：91-3-456。
② 杭县县政府建设科：《对龙坞、树塘、定山、云泉、寿民、新宁、东清、回龙、周安乡农村经济调查》，杭州市临平区档案馆，档案编号：91-3-458。
③ 薛暮桥：《中国农村中的土地问题》，《中国农村》1936年第2卷第3期，第56页。薛暮桥：《农产商品化和农村市场》，《中国农村》1936年第2卷第6期，第60页。陈翰笙：《三十年来的中国农村》，《中国农村》1941年第7卷第3期，第4页。
④ 郭德宏：《中国近现代农民土地问题研究》，青岛：青岛出版社1993年版，第59页。

地权分配状况与商品经济是否发展无关。马若孟认为，近代商品经济发展之前，华北农村地权分配已经极为不均了。① 可见，关于农村经济商业化对地权变动的影响问题，学者们之间存在分歧。杭县是农村经济高度商业化发展的典型区域，其地权变动与商品经济的关系有助于深化对这一问题的讨论。如前所述，近代杭县各个不同的区域普遍存在"粮食作物＋经济农产物"的农业结构，农家收益高度依赖农产品市场的供需关系。20世纪30—40年代，由于商品性农产物需求的萎缩，各个区域的商品性农产物的种植面积都在大幅下降，因而导致了农业结构的变化，影响到了农业收入结构及收入数量。本节关注的焦点在于，农业结构性变化是否影响到地权配置，如何影响地权配置。杭县第八都第七图、第九都第五十图、第十都第二十图位于不同的农业区，可以作为稻-桑-棉-麻区、稻-桑-果区和稻-柴-竹区不同农业结构的典型区域。透过对这三个都图农业生产及地权变化的分析，可以观察不同区域农业生产商品化经营的变动，进而分析农业结构变化与地权配置之间的关联。

一、由基尼系数观察地权配置

受到农产商品化程度的影响，不同农业区域农地产权配置结构存在明显不同。我们分别计算1930年和1947年稻-桑-棉-麻区、稻-桑-果区和稻-柴-竹区农户地权配置的基尼系数，进而比较两个年份基尼系数的差异，以判断农产商品化程度对不同农业结构农地产权配置的影响。

（一）稻-桑-棉-麻区农户地权配置的基尼系数

与前述农业结构变化的讨论相一致，对稻-桑-棉-麻农业区的地权变化分析，仍以第八都第七图（临平区东湖乡）作为个案。依据的主要资料为该图之《地籍册》和《地价册》。其中，《地籍册·八都七图》1册；《八都七图地价册》共计5册，记录地块编号自1号至8076号，另有《地价册》1册，记录第八都

---

① ［美］马若孟：《中国农民经济：河北和山东的农民发展，1890—1949》，史建云译，南京：江苏人民出版社1999年版，第249页。

第七图支号地块。本书统计的第八都第七图自然村包括杨家埭、李家角、菖蒲墩、蓝弄里、界牌头、周家埭。①

由第八都第七图抽样地块的统计可知,20世纪30—40年代杭县稻-桑-棉-麻区的土地发生了频繁的权属变化。将地块归户的统计结果显示,大部分农户的地权同样发生了频繁的转移。不论就单个地块来看,还是就农户来看,地权的转移是普遍而频繁的。

抽样统计第八都第七图《地籍册》中记载的1 133个地块,在《地价册》记载中业主未变的地块有246块。《地籍册》的登记时间始于1930年,《地价册》的登记时间为1947年。故可以认为,1947年与1930年相比,业主不变的地块占抽样地块总数的21.71%,业主改变的地块占抽样地块总数的78.29%。从地块数量来看,前后经过十八年时间,第八都第七图接近八成的地块易主。从地块面积来看,业主未变的地块总面积为158.242亩,占抽样地块1 133块总面积(725.268亩)的21.82%。业主改变的地块(885块)面积为567.026亩,占抽样地块总面积的78.18%。和地块数量的变动相近,以面积衡量的地权变动显示,1947年与1930年相比,地权发生转移的土地面积占总面积的比重也接近八成。② 可见,20世纪30—40年代,稻-桑-棉-麻区经过了频繁的地权变化。

上面是就单个地块的权属变化所作的统计。问题是:单个地块如此频繁的地权变动是否引起农户地权配置结构的变化?我们将相关地块归户,并对各个农户所有土地状况作抽样统计。可以进一步判断,在地权频繁变化的情况下,农户的地权配置有否变动。据73个样本农户的统计结果,1930年所有地块数量为602块,总面积为450.983亩。至1947年,这些农户所有地块数量减少为519块,总面积减少为408.160亩。地块数量减少83块,总面积减少42.823亩。地块数量减少13.79%,总面积减少9.50%。1930年,每个农户所有地块数量为8.247块;至1947年,每个农户所有地块数量为7.110块,平均每个农

---

① 界牌头又作界白头、界碑头。该村地处杭县与海宁两县边界,原有界碑,亦为村名之由来。
② 浙江省土地局:《杭县地籍册·八都七图》,杭州市临平区档案馆,档案编号:93-9-6;杭县地籍整理办事处:《八都七图地价册》,杭州市临平区档案馆,档案编号:93-6-31至93-6-35。

户减少地块数量1.167块。1930年,每个农户所有农地面积为6.178亩,1947年,每个农户所有农地面积为5.591亩,平均每户所有土地面积减少约0.587亩,下降幅度约为9.50%。从73个样本农户平均来看,稻-桑-棉-麻区农户所有地块数量和地块面积是趋于下降的。①

如果进一步分析,可知73个样本农户所有地块数量和土地面积有变化与不变两种情况。其中,有4个农户所有农地面积未发生变化,占抽样农户的比重为5.48%。另有69个农户所有土地面积变化。在所有土地面积变化的农户中,又有减少和增加两类。土地面积减少的农户有32个,所有土地面积增加的农户为37个,占全部样本户数的比重分别为43.84%、50.68%。② 由农户数量观察,所有土地面积发生变化的农户数量占样本农户数的比重为94.52%。从归户数据来看,农户普遍存在地权变动。

接下来,对两个时期抽样农户的地权分布作进一步的分析。其中,73个样本农户的统计结果显示,平均每个农户所有农地面积为6.829亩,均值的标准误为0.628亩,中值为5.175亩,众数为1.232亩。所有农地面积最多的农户拥有25.575亩,而所有农地面积最少的农户仅有0.398亩。③ 全部73个抽样农户所有土地面积的分布如图2-2-1-1所示。

由图2-2-1-1可见,1930年样本农户所有农地面积的呈正态分布。分布的偏度为1.331,峰度为1.683。

第八都第七图抽样农户所有土地面积的分布状态可与1947年比较,以发现前后的变化。同样的73个抽样农户,1947年所有土地面积的统计结果显示,各户平均所有农地面积为5.591亩,均值的标准误为0.562亩。抽样农户所有农地面积的中值为4.721亩。所有农地面积最多的农户有地25.069亩,所有农地面积最小的农户为0亩。统计结果还显示,1947年各户所有农地面积亦呈正态分布,如图2-2-1-2。

---

① 浙江省土地局:《杭县地籍册·八都七图》,杭州市临平区档案馆,档案编号:93-9-6;杭县地籍整理办事处:《八都七图地价册》,杭州市临平区档案馆,档案编号:9-6-31至9-6-35。
② 浙江省土地局:《杭县地籍册·八都七图》,杭州市临平区档案馆,档案编号:93-9-6;杭县地籍整理办事处:《八都七图地价册》,杭州市临平区档案馆,档案编号:93-6-31至93-6-35。
③ 浙江省土地局:《杭县地籍册·八都七图》,杭州市临平区档案馆,档案编号:93-9-6。

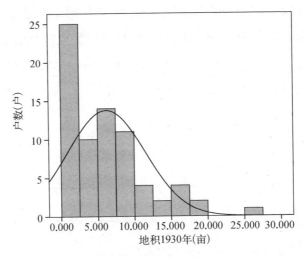

图 2-2-1-1　1930 年第八都第七图抽样农户所有土地面积分布图

资料来源：浙江省土地局：《杭县地籍册·八都七图》，杭州市临平区档案馆，档案编号：93-9-6。

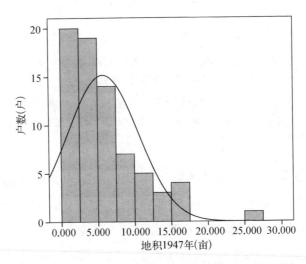

图 2-2-1-2　1947 年第八都第七图抽样农户所有土地面积分布图

资料来源：杭县地籍整理办事处：《八都七图地价册》，杭州市临平区档案馆，档案编号：9-6-31 至 9-6-35。

由图 2-2-1-2 统计可知，1947 年，73 个抽样农户所有土地面积的分布偏度为 1.473 亩，较 1930 年上升 0.142 亩，即上升 10.67%；峰度为 2.718，亦较 1930 年上升，增加数量为 1.035，上升幅度为 61.50%。

下面我们比较1930年与1947年稻-桑-棉-麻区的地权配置结构。以基尼系数作为衡量指标。先看1930年该区抽样农户地权配置的基尼系数。按照基尼系数计算简易公式计算，[①] 1930年，稻-桑-棉-麻区抽样农户地权配置的基尼系数为0.459 1。运用同样的方法，可计算1947年稻-桑-棉-麻区抽样农户地权配置的基尼系数为0.440 6。

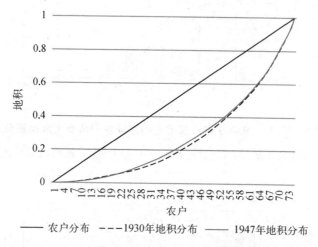

图2-2-1-3　1930年、1947年杭县稻-桑-棉-麻区抽样农户地权配置洛伦兹曲线图

资料来源：浙江省土地局：《杭县地籍册·八都七图》，杭州市临平区档案馆，档案编号：93-9-6；杭县地籍整理办事处：《八都七图地价册》，杭州市临平区档案馆，档案编号：9-6-31至9-6-35。

若将1930年和1947年该区域抽样农户地权配置的洛伦兹曲线放在一幅图中，则两条曲线几乎重叠，这说明20世纪30—40年代，该区域农地产权配置几乎没有发生变化。可以说，地权配置结构十分稳定。

(二) 稻-桑-果区地权配置的基尼系数

对稻-桑-果农业区地权变化的分析，以位于这一区域的第九都（西镇区、五都区，合称五西区）为例。第九都共有57个图（64个乡镇），其中第五十图在行政区划上属于五都区东家桥乡。现存于杭州市临平区档案馆的第九都第五十

---

① 高技：《EXCEL下基尼系数的计算研究》，《浙江统计》2008年第6期，第42页。

图《地籍册》1册，共203页，档案编号93-9-64。第九都第五十图《地价册》共计5册，档案编号自93-6-304至308，登记地块编号为1号至9902号，即地块总数为9902块。本书统计的第九都第五十图的自然村落包括花甲坞、车家坞、石板路、山后、前山、土山埧、东家村、褚家角、太平桥、朱家角、贾家河、郑家墩、前湖埭、北家桥、姚家埧、小桥头。

经过随机抽样，统计第九都第五十图《地籍册》中记载的1008个地块可知，在《地价册》记载中业主未变的地块有258块，业主发生变化的地块750块。1947年与1930年相比，业主不变的地块占样本地块总数的25.59%，业主发生变化的地块占样本地块总数的74.41%。业主未变的地块总面积为129.343亩，占样本地块1008块总面积(506.969亩)的25.51%。业主改变的地块(750块)面积为377.626亩，占样本地块总面积的74.49%。由样本观察，第九都第五十图近四分之三的地块所有权发生了转移。①

在所有权发生变化的地块中，其所有人的变化可区分为多种情形。在1930年的《地籍册》中登记为业主的，在1947年《地价册》中未见登记。这种《地籍册》中登记业主在《地价册》中"消失"的原因，均为业主全部土地转为他人所有。这类业主全部土地发生转移的原因，主要是业主身故，其所有土地由他人继承或购买。在1930年《地籍册》中不曾登记，而在1947年《地价册》中登记有地块，甚至地块数量较多的土地所有人。这一类业主，在1930年至1947年间，购入或继承了较多的土地，因而在1947年的《地价册》登记中，成为拥有农地的业户。另一些为1930年《地籍册》和1947年《地价册》中均有记载的业主。在这些农户之中，只有极少数所有地块数量和土地面积均未发生变化，大多数所有土地数量和面积都发生了或多或少的变动。

下面，我们将《地籍册》《地价册》中的地籍数据"归户"，并对146个农户作样本分析。统计显示，1930年，第九都第五十图146个农户所有地块数量为1307块，总面积为757.541亩。至1947年，这146个农户所有地块数量合

---

① 浙江省土地局：《杭县地籍册·九都五十图》，杭州市临平区档案馆，档案编号：93-9-64；杭县地籍整理办事处：《九都五十图地价册》，杭州市临平区档案馆，档案编号：93-6-304至93-6-308。

计为1547块，总面积为834.941亩。两个年份比较，地块数量增加了240块，农地面积增加了77.400亩。平均每个农户所有地块数量增加1.644块，所有土地面积增加约0.530亩。①

1930年，上述抽样农户每户平均所有农地面积为5.189亩，均值标准误为0.273亩。全部抽样农户所有农地面积的中值为4.833亩，众数为0.161亩，标准差为3.299亩，方差为10.884亩。所有农地面积最多的农户拥有农地19.290亩，所有农地面积最少的农户仅有农地0.161亩。②抽样农户所有农地面积的分布如图2-2-1-4所示。

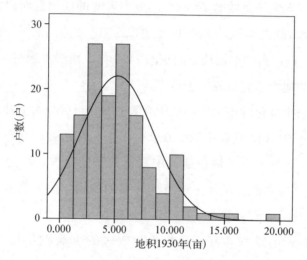

图2-2-1-4　1930年第九都第五十图抽样农户所有土地面积分布图

资料来源：浙江省土地局：《杭县地籍册·九都五十图》，杭州市临平区档案馆，档案编号：93-9-64。

由图2-2-1-4可见，第九都第五十图抽样农户所有土地面积呈正态分布。分布偏度为1.057，峰度为1.867。

下面再看1947年这146户所有土地面积分布的变化。1930年抽样统计的146个农户，至1947年所有土地面积的平均值为5.719亩，相比1930年这些

---

① 浙江省土地局：《杭县地籍册·九都五十图》，杭州市临平区档案馆，档案编号：93-9-64；杭县地籍整理办事处：《九都五十图地价册》，杭州市临平区档案馆，档案编号：93-6-304至93-6-308。
② 浙江省土地局：《杭县地籍册·九都五十图》，杭州市临平区档案馆，档案编号：93-9-64。

农户平均所有土地面积 5.189 亩,增加了 0.530 亩,即增加了 9.27%。中值为 5.348 亩,较 1930 年这些农户所有土地面积的中值 4.833 亩增加了 0.515 亩,即增加了 9.63%。众数为 3.477 亩,较 1930 年增加了 3.316 亩。1947 年,抽样农户中所有农地面积最多的农户拥有农地数量为 15.500 亩,较 1930 年减少了 3.790 亩,而所有农地面积最少的农户拥有农地数量为 0.263 亩,较 1930 年增加了 0.102 亩。1947 年,146 个抽样农户所有土地面积的分布如图 2-2-1-5 所示。

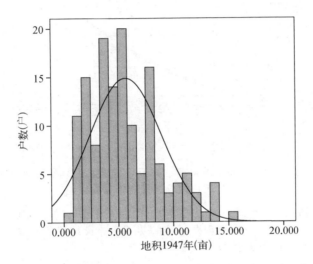

图 2-2-1-5 1947 年第九都第五十图抽样农户所有土地面积分布图

资料来源:杭县地籍整理办事处:《九都五十图地价册》,杭州市临平区档案馆,档案编号:93-6-304 至 93-6-308。

由图 2-2-1-5 可见,146 个抽样农户 1947 年所有土地面积呈正态分布。分布偏度为 0.733,峰度为 0.076,其分布偏度较 1930 年减少 0.324,即下降 30.65%;分布峰度较 1930 年下降 95.93%。相比而言,146 个抽样农户 1947 年所有土地面积的配置较 1930 年更加分散和平均。

基尼系数的统计结果,可以佐证上述判断。按照 1930 年抽样户数 146 户,共有农地面积 757.541 亩计算,可以得到户数和地积累计百分比。按照基尼系数计算简易公式,① 1930 年第九都第五十图抽样农户地权配置的基尼系数即

---

① 高技:《EXCEL 下基尼系数的计算研究》,《浙江统计》2008 年第 6 期,第 42 页。

1−(2×36 620.297−757.541)/(146×757.541)=0.344 6。依照同样的方法，可以计算上述146户1947年农地配置的基尼系数。1947年第九都第五十图抽样农户地权配置的基尼系数为：1−(2×41 847.213−834.941)/(146×834.941)=0.320 3。两个年份地权配置的洛伦兹曲线如图2-2-1-6。

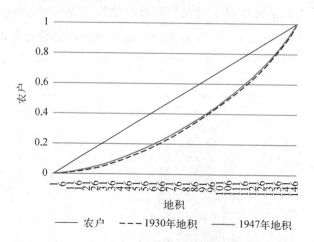

图 2-2-1-6　1930 年、1947 年杭县稻-桑-果区抽样
农户地权配置洛伦兹曲线图

资料来源：浙江省土地局：《杭县地籍册·九都五十图》，杭州市临平区档案馆，档案编号：93-9-64；杭县地籍整理办事处：《九都五十图地价册》，杭州市临平区档案馆，档案编号：93-6-304至93-6-308。

对比1930年146户地权配置的基尼系数可知，1947年这些农户地权配置的基尼系数出现了下降，但仅为微弱下降，仅减少了0.024 3。可视之为地权配置结构的相对稳定。

(三) 稻-柴-竹区地权配置的基尼系数

杭县不同农业区都具有粮食作物和商品性农产物"复合型"农业结构，因所经营的主要经济性农产物不同，在地权配置上也存在差异。问题是：在不同的农业经济区域，产权配置的结构是否发生了同样程度的变化？我们再以位于稻-柴-竹区的第十都第二十图作为个案，分析该农业区域的地权变化。第十都共有26个图(20个乡镇)，第二十图即行政区划之下确桥乡。以该图《地籍册》和《地价册》作为分析的主要依据。其中，《地籍册·十都二十图》1册，档案编号93-9-93；《十都二十图地价册》4册，档案编号自93-6-443至446，登记地块自1号至7678号。本书统计的属于第十都第二十图的自然村落有孙家兜、后村、木桥头、下确桥、天竺兜、西蒋兜、毛家兜、沈家兜、曹家兜、贝家桥、蒋家兜、九房里、计家埧。

抽样统计第十都第二十图《地籍册》中记载的1 011个地块，在《地价册》记载中业主未变的地块有170块。1947年与1930年相比，业主不变的地块占抽样地块总数的16.82%，业主发生变化的地块占抽样地块总数的83.18%。自1930年至1947年18年间，第八都第七图有83.18%的地块易主。业主未变的地块总面积为91.429亩，占抽样地块1 011块总面积（540.008亩）的16.93%。业主改变的地块（841块）面积为448.579亩，占抽样地块总面积的83.07%。①

将第十都第二十图的登记地块"归户"后，我们抽样分析132个农户。1930年，132个农户所有农地数量为1 201块，总面积为1 064.234亩。至1947年，这些农户所有农地数量为1 235块，总面积为975.314亩。两个年份比较，地块数量增加34块，总面积却减少88.92亩。平均每个农户增加地块数量为0.258块，减少农地面积为0.674亩。

进一步，我们比较两个年份抽样农户的相关统计数据，比较其所有地权配置的大致情形。1930年，第十都第二十图抽样农户132户所有农地面积的平均值为8.062亩，均值的标准误为1.618亩，中值为2.876亩。农户所有农地面积最小的为0亩，所有农地面积最多的为151.733亩。各户所有农地面积的分布如图2-2-1-7所示。该图显示，第十都第二十图农户所有土地面积呈正态分布。分布偏度为5.980，峰度为40.743。

对比可知，至1947年，上述132个抽样农户所有土地面积的分配发生了变化。各户所有农地面积的平均值为7.389亩，均值的标准误差为1.685亩。各户所有农地面积的中值为2.933亩，标准差为19.354亩，方差为374.579亩。各户所有农地面积的极小值为0亩，极大值为208.378亩。各户所有土地面积的分布如图2-2-1-8所示。

---

① 浙江省土地局：《杭县地籍册·十都二十图》，杭州市临平区档案馆，档案编号：93-9-93。杭县地籍整理办事处：《十都二十图地价册》，杭州市临平区档案馆，档案编号：93-6-443至93-6-447。

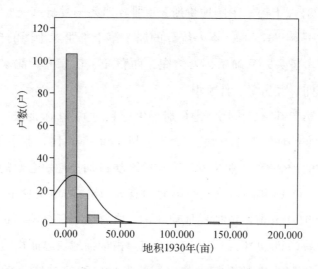

图 2-2-1-7　1930 年第十都第二十图抽样农户所有土地面积分布图

资料来源：浙江省土地局：《杭县地籍册·十都二十图》，杭州市临平区档案馆，档案编号：93-9-93。

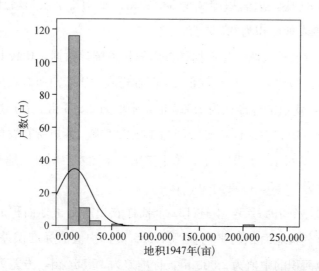

图 2-2-1-8　1947 年第十都第二十图抽样农户所有土地面积分布图

资料来源：杭县地籍整理办事处：《十都二十图地价册》，杭州市临平区档案馆，档案编号：93-6-443 至 93-6-447。

图 2-2-1-8 显示，1947 年第十都第二十图农户所有土地面积呈正态分布。分布偏度为 8.890，分布峰度为 90.430。

与 1930 年这些农户土地的情况相比，1947 年第十都第二十图 132 个抽样农户所有土地面积的平均值较 1930 年减少 0.673 亩，即减少 8.35%；1947 年各抽样农户所有土地面积的中值较 1930 年增加 0.057 亩，即增加 1.98%；标准差较 1930 年增加 0.760 亩，即增加 4.09%；方差较 1930 年增加 28.841 亩，即增加 8.34%。1947 年，第十都第二十图农户所有土地面积分布偏度较 1930 年上升 2.91，即上升了 32.73%；分布峰度较 1930 年增加 49.687，即上升了 121.95%。显示出土地面积的分布更不均衡。

上述统计结果可进一步由基尼系数加以验证。按照基尼系数计算简易公式统计，[①] 1930 年杭县稻-柴-竹区 132 个抽样农户地权配置的基尼系数为 0.688 4。依照同样的方法，可计算 1947 年这些抽样农户所有地权配置情况。经过计算可知，抽样的 132 户 1947 年农地产权配置的基尼系数为 0.662 6。1947 年与 1930 年对比，该区域抽样农户地权配置的基尼系数下降了 0.025 8。呈现出趋向于更加平均配置的态势。

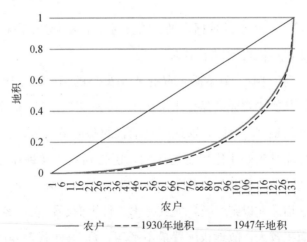

图 2-2-1-9　1930 年、1947 年杭县稻-柴-竹区抽样
农户地权配置洛伦兹曲线图

资料来源：浙江省土地局：《杭县地籍册·十都二十图》，杭州市临平区档案馆，档案编号：93-9-93。杭县地籍整理办事处：《十都二十图地价册》，杭州市临平区档案馆，档案编号：93-6-443 至 93-6-447。

---

① 高技：《EXCEL 下基尼系数的计算研究》，《浙江统计》2008 年第 6 期，第 42 页。

总结上述，可将三个不同农业区域地权配置的前后变化归纳为表2-2-1-1。

表2-2-1-1 三个区域地权配置基尼系数比较表

区域＼年份	1930年	1947年	下降(％)
稻-桑-棉-麻区	0.459 1	0.440 6	4.03
稻-桑-果区	0.344 6	0.320 3	7.05
稻-柴-竹区	0.688 4	0.662 6	3.75

资料来源：浙江省土地局：《杭县地籍册·八都七图》，杭州市临平区档案馆，档案编号：93-9-6；杭县地籍整理办事处：《八都七图地价册》，杭州市临平区档案馆，档案编号：93-6-31至93-6-35；浙江省土地局：《杭县地籍册·九都五十图》，杭州市临平区档案馆，档案编号：93-9-64；杭县地籍整理办事处：《九都五十图地价册》，杭州市临平区档案馆，档案编号：93-6-304至93-6-308；浙江省土地局：《杭县地籍册·十都二十图》，杭州市临平区档案馆，档案编号：93-9-93；杭县地籍整理办事处：《十都二十图地价册》，杭州市临平区档案馆，档案编号：93-6-443至93-6-447。

依据表2-2-1-1中的数据，结合前文对三个区域农地产权配置基尼系数前后变化的对比，可以得到以下结论。

20世纪30—40年代，在农业商品化水平最高的稻-桑-果区，地权配置的平均程度最高，其次为农业商品化水平次于稻-桑-果区的稻-桑-棉-麻区，农业商品化程度最低的稻-柴-竹区，农地产权配置的基尼系数最高。三个区域农地产权配置的差异除受到商业化程度的影响，还受到农业及种植业结构的影响。林果业经营周期较长，收益相对稳定，故在以"稻+林果"为特征的区域，地权配置也最为平均。在以茶、竹，尤其是木、竹为商品性农业经营的稻-柴-竹区，由于林地面积较大，故地权配置最不平均。自30年代至40年代，三个区域的地权配置都出现了趋于平均化的趋势，表现为地权配置基尼系数的下降。但三个区域基尼系数下降的幅度不同，在商品化程度最高的稻-桑-果区，基尼系数下降的幅度最大；而在商品化程度最低的稻-柴-竹区，基尼系数下降的幅度最低；介于两者之间的稻-桑-棉-麻区，基尼系数下降的幅度也居于中间。显示出商品化程度越高，地权配置越趋于平均的变化趋势。

二、农业结构与地权配置

通过整理《地籍册》,并对其中的数据加以统计,既可以认识1930年前后不同区域地权配置的特征,又可以了解各个区域农业结构的差异。再结合1947年《地价册》中有关农地产权的记载,还可以比较前后两个不同年份地权的变化,分析农业结构对地权配置的影响,认识农产品市场波动对农地产权转移的作用。下面我们将以1930年和1947年的地权配置作为主要变量,就农业结构对地权配置产生的不同效应分别作出解析。

(一)稻-桑-棉-麻区两个年份地权配置的相关性

为了分析1930年各户地权配置(主要是所有农地数额)对其1947年地权状况的作用,我们以1947年第八都第七图样本农户所有农地面积为因变量,以这些农户1930年所有农地面积为自变量,作两者的相关性分析。

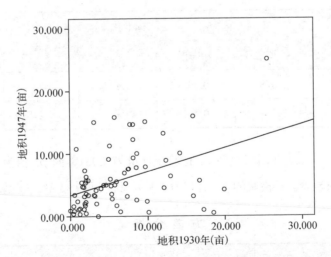

图2-2-2-1 第八都第七图抽样农户1947年地积与1930年地积相关关系图

资料来源:浙江省土地局:《杭县地籍册·八都七图》,杭州市临平区档案馆,档案编号:93-9-6;杭县地籍整理办公室:《八都七图地价册》,杭州市临平区档案馆,档案编号:93-6-31至93-6-35。

从上图可以看出，杭县第八都第七图样本农户1947年所有农地面积与其1930年所有农地面积之间呈现正线性相关关系。此外，统计结果还显示了两个变量之间线性相关的程度。

模 型 概 要

R	R 方	调整 R 方	估计值的标准误
0.423	0.179	0.168	4.380

由模型概要可知，相关系数 $R=0.423$，显示两个变量之间具有中等程度的线性相关关系。$R^2=0.179$，说明自变量的变化可以解释大约18%的因变量的变化。依据统计结果，可建立如下一元线性回归方程：

$$y=3.337+0.378x$$

上列模型中，y 表示因变量1947年各户所有地积数量，x 表示自变量1930年各户所有地积数量。

系 数

项　目	未标准化系数		标准化系数	t	$Sig.$
	B	标准误	$Beta$		
地积1930年	0.378	0.095	0.423	3.961	0.000
（常数）	3.337	0.781		4.275	0.000

对于上列一元线性回归模型，t 检验统计量为3.961，而 p -值为0.000，所以该检验结果很显著。F 检验的 p -值亦为0.000，说明两个变量之间呈现线性关系。

方 差 分 析

项　目	平方和	df	均　方	F	$Sig.$
回归	301.053	1	301.053	15.689	0.000
残差	1 381.553	72	19.188		
总计	1 682.606	73			

F 检验和 t 检验的结果均证明模型假设成立。可以说，1947 年第八都第七图农户所有农地面积受到了 1930 年各户所有农地面积的影响，1947 年各户所有农地数量的差异，在一定程度上取决于它们 1930 年所有农地数量的不同。而且，在 1930 年所有农地数量较多的农户，在 1947 年也拥有面积更大的农地。也就是说，两个年份相比，那些在 1930 年所有农地面积较多的农户，更易于扩大其所有的农地面积。但这种相关性是否导致农地产权的集中，还需要作进一步的分析。

农户所有土地面积趋向集中的机制在于，那些所有土地面积越多的农户，其新增农地数量也会越多，递增过程呈现累进趋势。对于该区域的农户来说，就是那些所有农地面积增加的农户，其新增农地面积因其原有农地面积的多少而呈现出递增趋势。下面我们将进一步观察，1947 年与 1930 年相比，农户所有土地面积增加或减少的数量多少，是否与他们 1930 年所有农地面积的差异有关。

以 1947 年与 1930 年相比各户所有农地增减数量为因变量，以 1930 年各户所有农地面积为自变量，可得图 2-2-2-2。

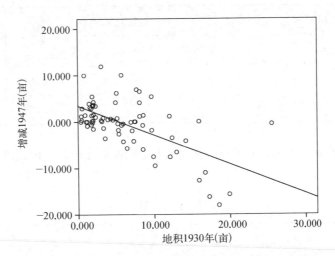

图 2-2-2-2　第八都第七图抽样农户 1947 年地积增减
数量与 1930 年地积相关关系图

资料来源：浙江省土地局：《杭县地籍册·八都七图》，杭州市临平区档案馆，档案编号：93-9-6；杭县地籍整理办事处：《八都七图地价册》，杭州市临平区档案馆，档案编号：93-6-31 至 93-6-35。

从图 2-2-2-2 可以看出，1947 年与 1930 年相比，第八都第七图农户所有土地面积的增减变化与他们 1930 年所有农地面积之间呈现负线性相关关系。

模 型 概 要

R	R 方	调整 R 方	估计值的标准误
0.611	0.374	0.365	4.402

依据模型概要可知，相关系数 $R=0.611$，显示两个变量之间呈现较强线性相关关系。$R^2=0.374$，说明 1930 年地积数量可以大约解释 1947 年农地面积 37% 的增减变化。以 y 表示 1947 年与 1930 年相比各户所有农地面积的增减数量，以 x 表示各户 1930 年所有农地面积，可建立如下一元线性回归方程：

$$y=3.416-0.630x$$

对于上列一元线性回归模型，t 检验统计量为 -6.509，而 p -值为 0.000，所以该检验结果很显著。统计结果如下表所示。

系 数

项 目	未标准化系数		标准化系数	t	$Sig.$
	B	标准误	$Beta$		
地积 1930 年	−0.630	0.097	−0.611	−6.509	0.000
（常数）	3.416	0.797		4.286	0.000

F 检验的 p -值也是 0.000，同样说明检验结果很显著。相关统计数据如下表所示。

方 差 分 析

项 目	平方和	df	均 方	F	$Sig.$
回归	820.821	1	820.821	42.367	0.000
残差	1 375.567	71	19.374		
总计	2 196.388	72			

F 检验和 t 检验均很显著，可以判定模型假设成立。因此，可以说在第八都第七图，那些在 1930 年所有农地面积较多的农户，在 1947 年农地增加或减

少的数量较少。

这是将农地的增加和减少作为一个变量统计的结果,进一步,还可以计算在那些所有农地面积增加的农户中,其所有农地面积增加的数量是否与其1930年所有农地面积具有相关关系。

1947年与1930年相比,第八都第七图73个样本农户中,有37户所有农地数量及面积增加。1930年,37个农户所有农地数量为221块,至1947年,他们所有的农地数量为324块,较前增加103块,即数量增加46.61%。1930年,平均每个农户所有农地数量为6块,1947年,平均每个农户所有农地数量为9块,平均每个农户所有地块数量增加3块,增幅为50%。前后比较,37户农家所有的农地面积由1930年的150.879亩,增加到1947年的260.277亩,增加109.398亩,增幅为72.51%。1930年,平均每个农户所有农地面积为4.078亩,1947年,平均每个农户所有农地面积为7.035亩,平均每个农户增加农地面积2.957亩,增幅为72.51%。

所有农地数量增加的农户以孙顺富为典型。1930年,该户所有的农地共计3块,包括2块桑地、1方鱼荡,面积合计3.105亩。1947年,他家所有的农地数量增加至13块,包括9块桑地、2块稻田和2方鱼荡,面积合计15.036亩。两个年份相比,农地数量增加11.931亩,增幅达384.251%。与孙顺富类似,孙根发也属农地数量增加的农户。1930年,该户所有农地4块,包括稻田2块、鱼荡2方,面积合计5.105亩,1947年,他家所有的农地数量增加至13块,包括田地9块、鱼荡4方,面积合计11.271亩。两个年份相较,农地面积增加6.166亩,增幅达120.784%。张文达也属于所有农地面积增加的农户。1930年,张文达所有农地数量为8块,包括稻田2块、桑地6块,面积合计3.947亩。1947年,他家所拥有的农地数量增加为9块,面积增加为4.422亩。[①]两个年份相比,该户所有农地面积增加了0.475亩,即增加了12.03%。

以1930年各户所有农地面积为自变量,以各户1947年较1930年增加的农地面积为因变量,可得图2-2-2-3。

[①] 浙江省土地局:《杭县地籍册·八都七图》,杭州市临平区档案馆,档案编号:93-9-6;杭县地籍整理办事处:《八都七图地价册》,杭州市临平区档案馆,档案编号:93-6-31至93-6-35。

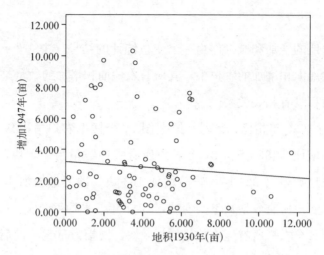

图 2-2-2-3　第八都第七图抽样农户 1947 年地积增加
数量与 1930 年地积相关关系图

资料来源：浙江省土地局：《杭县地籍册·八都七图》，杭州市临平区档案馆，档案编号：93-9-6；杭县地籍整理办事处：《八都七图地价册》，杭州市临平区档案馆，档案编号：93-6-31 至 93-6-35。

由图 2-2-2-3 可以看出，因变量 1947 年增加的农地面积与自变量 1930 年农地面积之间缺乏线性关系。

模 型 概 要

R	R 方	调整 R 方	估计值的标准误
0.022	0.000	−0.027	3.060

由模型概要可知，相关系数 $R=0.022$，显示两者之间几乎不相关。而 $R^2=0.000$，也说明自变量的线性变化不能解释因变量的变化。

F 检验 p-值为 0.896，说明该检验结果不显著，故线性相关关系不成立。

方 差 分 析

项 目	平方和	df	均 方	F	$Sig.$
回归	0.162	1	0.162	0.017	0.896
残差	336.984	36	9.361		
总计	337.146	37			

t 检验统计量为 -0.132，也说明模型假设不成立。

系　　数

项　目	未标准化系数		标准化系数	t	Sig.
	B	标准误	Beta		
地积1930年	-0.019	0.141	-0.022	-0.132	0.896
（常数）	3.064	0.770		3.977	0.000

统计结果显示，1947年与1930年相比，稻-桑-棉-麻区农户所有农地增加的数量与他们1930年所有农地面积不具有线性相关关系。换言之，各农户1930年所有农地面积的差异，并不是影响其1947年农地面积增加值的因素。

接下来，观察所有农地面积减少的农户。自1930年至1947年，32个农户所有的农地数量减少。孙六毛是所有农地面积减少的农户之一。1930年，该户所有农地数量为13块，包括稻田4块、桑地5块、荒地1块、鱼荡3方，面积合计12.120亩。至1947年，他所有的农地数量为7块，包括稻田2块，桑地等5块，面积合计4.499亩。两个年份相比，该户农地面积减少了7.621亩，减少幅度为62.880%。孙广兴亦为所有农地面积减少的农户。1930年，该户所有农地数量为16块，包括秧田1块、鱼荡1方、桑地14块，面积合计5.586亩。至1947年，他家所有的农地数量为9块，均为桑地，面积合计2.442亩。两个年份相比，该户农地面积减少了3.144亩，减少幅度为56.284%。王良奎，1930年所有农地数量为10块，包括稻田2块、桑地6块、水草1块、鱼荡2方，面积合计4.787亩。1947年，他所有的农地数量减少至7块，包括稻田2块、桑地5块，面积合计3.535亩。两个年份相比，该户农地面积减少了1.252亩，减少幅度为26.154%。孙荣坤，1930年所有农地数量为20块，包括稻田1块、桑地13块、竹地1块、鱼荡5方，面积合计12.980亩。1947年，该户所有的农地数量为13块，包括稻田1块、桑地10块、鱼荡2方，面积合计6.368亩。与1930年相比，该农户所有农地面积减少6.612亩，减少幅度为50.940%。[①]

[①] 浙江省土地局：《杭县地籍册·八都七图》，杭州市临平区档案馆，档案编号：93-9-6；杭县地籍整理办事处：《八都七图地价册》，杭州市临平区档案馆，档案编号：93-6-31至93-6-35。

包括上述孙六毛、孙广兴、王良奎、孙荣坤等户在内,1930年至1947年,抽样73个农户中,有32户所有农地块数及面积减少。1930年,他们所有的农地数量为362块,1947年,减少为176块,减少了186块,减少幅度为51.38%。1930年,每个农户平均所有农地数量约11块;1947年,每个农户平均所有农地数量减少为约6块,平均每个农户减少农地数量5块,即每个农户平均所有农地面积减少45.45%。两个年份比较,他们所有的农地面积由289.823亩,下降为137.602亩,萎缩了152.221亩,下降幅度为52.52%。1930年,平均每个农户拥有农地面积9.06亩;1947年,平均每个农户拥有农地面积4.30亩。自1930年至1947年,平均每个农户减少土地面积4.76亩,下降幅度为52.53%。

我们需要分析农地面积减少的农户1930年所有农地面积是否影响其1947年农地面积减少数量。以各户1947年相对于1930年农地面积的减少数量为因变量,以各户1930年所有农地面积为自变量,可得图2-2-2-4。

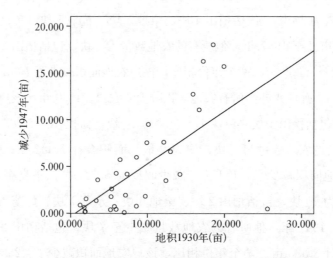

图2-2-2-4 第八都第七图抽样农户1947年地积减少
数量与1930年地积相关关系图

资料来源:浙江省土地局:《杭县地籍册·八都七图》,杭州市临平区档案馆,档案编号:93-9-6;杭县地籍整理办事处:《八都七图地价册》,杭州市临平区档案馆,档案编号:93-6-31至93-6-35。

由图2-2-2-4可以看出,1947年各户农地减少量与1930年各户所有农地面积之间呈现正线性相关关系。

模 型 概 要

R	R 方	调整 R 方	估计值的标准误
0.663	0.440	0.421	3.902

由模型概要可知，相关系数 $R=0.663$，决定系数 $R^2=0.440$，说明这里的自变量可以大约解释 44% 的因变量的变化。

系 数

项 目	未标准化系数		标准化系数	t	Sig.
	B	标准误	Beta		
地积 1930 年	0.562	0.116	0.663	4.856	0.000
（常数）	−0.325	1.255		−0.259	0.797

以 y 表示 1947 年与 1930 年相比农户所有土地面积减少的数量，以 x 表示 1930 年各户所有农地面积，可建立如下一元线性回归方程：

$$y=-0.325+0.562x$$

t 检验的统计量为 4.856，而 p-值为 0.000，所以该检验结果很显著，说明上述模型假设成立。F 检验的 p-值亦为 0.000，所以该检验结果很显著。

方 差 分 析

项 目	平方和	df	均 方	F	Sig.
回归	358.979	1	358.979	23.579	0.000
残差	456.733	30	15.224		
总计	815.712	31			

F 检验和 t 检验的值都显示两个变量呈现线性相关关系，即 1930 年所有土地面积越多的农户，之后减少的土地面积越多。这一模型假设成立，显示出在稻-桑-棉-麻区，农地产权配置具有趋向于分散的趋势。

由 1947 年与 1930 年相比所有农地面积变化的农户考察可知，那些所有农地面积增加的农户所增加的地积数量与其 1930 年所有农地面积没有相关关系，而那些所有农地面积减少的农户所减少的农地面积却与其 1930 年所有地积具有线性相关关系。换言之，在所有农地面积增加的农户中，其增加的数额未必与其 1930 年所有农地面积相关，但那些所有农地面积减少的农户，其减少的农地数量却与其 1930 年所有农地面积正相关。这种正相关关系成为稻-桑-棉-麻区农地配置的分散机制。

问题是：农户农地增加幅度与其原有农地规模有没有相关关系，即是否农户所有农地总面积越大，越易于增加其农地面积？37 个农地面积增加的农户中，孙富春 1930 年没有农地，1947 年增加至 1 块农地，不作统计。将其他 36 户两个年份所有土地面积增加的情形相比，农地增加数量与原有农地的关系可以图 2-2-2-5 表示。

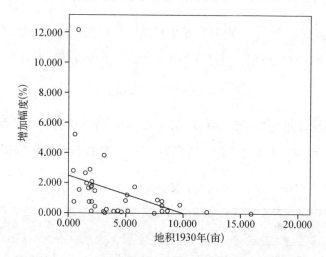

图 2-2-2-5　第八都第七图抽样农户 1947 年地积增加幅度与 1930 年地积相关关系图

资料来源：浙江省土地局：《杭县地籍册·八都七图》，杭州市临平区档案馆，档案编号：93-9-6；杭县地籍整理办事处：《八都七图地价册》，杭州市临平区档案馆，档案编号：93-6-31 至 93-6-35。

由图 2-2-2-5 可以看出，1947 年与 1930 年相比，各户所有农地面积的增长幅度与 1930 年所有农地面积之间呈现负线性相关关系。

模 型 概 要

R	R 方	调整 R 方	估计值的标准误
0.407	0.165	0.142	2.010

由模型概要可知，相关系数 $R=0.407$，两个变量之间呈现中等程度线性相关。决定系数 $R^2=0.165$，说明自变量可以大约解释 17% 的因变量的变化。

系 数

项 目	未标准化系数		标准化系数	t	$Sig.$
	B	标准误	$Beta$		
地积 1930 年	−0.248	0.094	−0.407	−2.634	0.012
（常数）	2.485	0.523		4.751	0.000

以 y 表示 1947 年较 1930 年农地面积增加的幅度，以 x 表示 1930 年的农地面积，可以建立如下一元线性回归方程：

$$y=2.485-0.248x$$

t 检验的统计量为 −2.634，而 p-值为 0.012，所以该检验结果显著，说明模型假设成立。

方 差 分 析

项 目	平方和	df	均 方	F	$Sig.$
回归	28.017	1	28.017	6.936	0.012
残差	141.380	35	4.039		
总计	169.396	36			

F 检验的 p-值亦为 0.012，检验结果显著，也说明模型假设成立。

上述统计分析显示，农地面积的增幅与农地面积具有弱相关关系，相关系数为 0.391。即随着农地面积的上升，农地面积的增幅下降，两者为负相关关系。这种关系说明，在 20 世纪 30—40 年代的第八都第七图，所有农地面积较多的农户，其农地面积增加的幅度反而较少。在这里，那些拥有农地面积较小的农户，其农地面积的增幅反而更大。

上面是对1947年农地面积增加幅度与1930年农地面积数量之间的回归分析。除此之外，还需要对农地面积减少幅度与1930年农地面积数量之间的关系作出分析。以前者为因变量，以后者为自变量，可得图2-2-2-6。

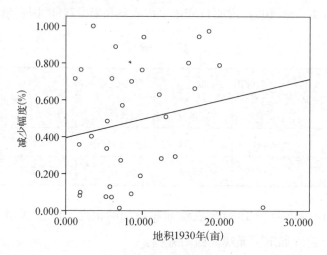

图2-2-2-6　第八都第七图抽样农户1947年地积减少幅度与1930年地积相关关系图

资料来源：浙江省土地局：《杭县地籍册·八都七图》，杭州市临平区档案馆，档案编号：93-9-6；杭县地籍整理办事处：《八都七图地价册》，杭州市临平区档案馆，档案编号：93-6-31至93-6-35。

由上图可以看出，1947年与1930年相比，各户农地面积减少的幅度与1930年各户所有农地面积之间并不具有线性相关关系。

模 型 概 要

R	R方	调整R方	估计值的标准误
0.189	0.036	0.003	0.324

由模型概要可知，相关系数$R=0.189$，低于0.300，可知两变量之间仅为弱线性相关。而决定系数$R^2=0.036$，说明自变量可以大约解释不到4%的因变量的变化。此外，t检验统计量为1.052，而p-值为0.301，说明检验结果不显著。

系　　数

项　目	未标准化系数		标准化系数	t	Sig.
	B	标准误	Beta		
地积1930年	0.010	0.010	0.189	1.052	0.301
（常数）	0.395	0.104		3.789	0.001

F 检验的 p-值为 0.301，也说明检验结果不显著，两个变量之间不具有线性相关关系。

方　差　分　析

项　目	平方和	df	均　方	F	Sig.
回归	0.116	1	0.116	1.107	0.301
残差	3.151	30	0.105		
总计	3.267	31			

F 检验和 t 检验的结果均说明模型假设不成立，两个变量之间不存在线性相关关系。

前文述及，农户所有土地增加面积以及增加幅度，均与原有农地面积具有相关关系。同样，1947年与1930年相比，农户所有农地减少的幅度，与该农户1930年所有农地面积具有相关关系。

以往研究成果认为，在这一时期，那些所有农地面积较少的农户，抵抗自然灾害、市场波动以及租税压力的能力偏弱，因而最容易失去其仅有的少量农地。[①]

[①] 薛暮桥：《中国农村中的土地问题》，《中国农村》1936年第2卷第3期，第56页。薛暮桥：《农产商品化和农村市场》，《中国农村》1936年第2卷第6期，第60页。陈翰笙：《三十年来的中国农村》，《中国农村》1941年第7卷第3期，第4页。夏明方：《民国时期自然灾害与乡村社会》，北京：中华书局2000年版，第234页。苏新留：《略论民国时期河南水旱灾害及其对乡村地权转移的影响》，《社会科学》2006年第11期，第124页。黄正林：《近代黄河上游区域地权问题研究》，《青海民族研究》2010年第3期，第101页。谢开键、朱永强：《清至民国天柱农村地区土地买卖原因探析——以清水江文书为中心的考察》，《贵州大学学报（社会科学版）》2013年第5期，第97页。

杭县第八都第七图的统计数据说明,在杭县临平区东湖乡并不如此。反而是那些拥有农地面积较大的农户,所有农地萎缩的风险更大,其农地面积减少的幅度也更大。可见,自然灾害、租税压力、市场波动所造成的消极影响,对于农地数量更少的农户不一定更加严重。事实恰恰相反。在杭县这类生产高度商业化的农业区域,市场萎缩、赋税增加和租佃政策等重压之下,所有农地面积较多的农户,可能遭受更多的损失,因而失去更多的土地,这是20世纪30—40年代杭县地权配置趋向于分散的因素之一。

(二)稻-桑-果区两个年份地权配置的相关性

在20世纪30—40年代的稻-桑-果农业区,农地地权经过了频繁的变化,必然导致地权在农户之间的转移。由基尼系数反映出来的地权配置结构稳定的背后,是农户之间地权的重新配置过程。有鉴于此,我们需要知道,农户所有地权的增加与减少,对地权配置结构产生了哪些具体效应。换言之,1947年农地面积较多的农户,是否仍然是1930年农地面积较多的那些农户呢?以第九都第五十图86个抽样农户1930年的农地面积为自变量,以他们1947年的农地面积为因变量,可得图2-2-2-7。

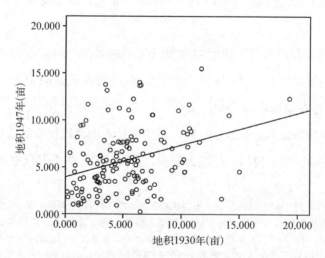

图2-2-2-7 第九都第五十图抽样农户1947年地积与1930年地积相关关系图

资料来源:浙江省土地局:《杭县地籍册·九都五十图》,杭州市临平区档案馆,档案编号:93-9-64;杭县地籍整理办事处:《九都五十图地价册》,杭州市临平区档案馆,档案编号:93-6-304至93-6-308。

图 2-2-2-7 表明，一个农户 1930 年所有的农地面积在一定程度上决定着其 1947 年所有的农地面积，两者呈正相关关系。相关系数 $R=0.341$，说明两个变量之间具有中等偏弱强度的线性相关。决定系数 $R^2=0.116$，说明自变量仅可以解释大约 12% 的因变量的变化。

模 型 概 要

R	R 方	调整 R 方	估计值的标准误
0.341	0.116	0.110	3.111

以 y 代表 1947 年地积，以 x 代表 1930 年地积，可以得到下列一元线性回归方程：

$$y=3.950+0.341x$$

对上列回归模型进行 t 检验，统计量为 4.353，p-值为 0.000，说明检验结果显著，模型假设成立。

系 数

项 目	未标准化系数		标准化系数	t	$Sig.$
	B	标准误	$Beta$		
地积 1930 年	0.341	0.078	0.341	4.353	0.000
（常数）	3.950	0.481		8.210	0.000

F 检验的 p-值亦为 0.000，说明 1947 年地积与 1930 年地积具有线性相关关系。

方 差 分 析

项 目	平方和	df	均 方	F	$Sig.$
回归	183.416	1	183.416	18.946	0.000
残差	1 394.031	144	9.681		
总计	1 577.446	145			

F 检验和 t 检验的结果均显示两个变量之间的线性相关关系成立。在第九都第五十图，农户 1947 年所有农地面积在一定程度上是由其 1930 年所有农地面积数量所决定的。

那么，1947 年与 1930 年相比，各户所有农地面积的增减数量，是否也受到其 1930 年所有农地面积的制约？可以 1947 年统计的农地面积的增减数量为因变量，以 1930 年各户所有农地面积数量为自变量，作进一步的统计分析。

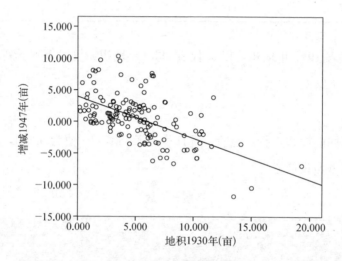

图 2-2-2-8　第九都第五十图抽样农户 1947 年地积增减数量与 1930 年地积相关关系图

资料来源：浙江省土地局：《杭县地籍册·九都五十图》，杭州市临平区档案馆，档案编号：93-9-64；杭县地籍整理办事处：《九都五十图地价册》，杭州市临平区档案馆，档案编号：93-6-304 至 93-6-308。

由图 2-2-2-8 可以看出，因变量 1947 年与 1930 年相比地积增减数量与自变量 1930 年地积之间呈现负线性相关关系。

模 型 概 要

R	R 方	调整 R 方	估计值的标准误
0.574	0.330	0.325	3.111

由模型概要可知，两个变量之间的相关系数 $R=0.574$，说明它们之间具有中等强度的线性相关关系。决定系数 $R^2=0.330$，说明自变量可以大约解释 33% 的因变量的变化。

系　　数

项　目	未标准化系数		标准化系数	t	Sig.
	B	标准误	Beta		
地积 1930 年	−0.659	0.078	−0.574	−8.415	0.000
（常数）	3.950	0.481		8.210	0.000

以 y 表示 1947 年与 1930 年相比各户地积增减数量，以 x 表示 1930 年地积数量，可得到如下一元线性回归方程：

$$y=3.950-0.659x$$

对于以上回归模型，t 检验统计量为 −8.415，而 p -值为 0.000，所以该检验结果很显著，说明模型假设成立。

方　差　分　析

项　目	平方和	df	均　方	F	Sig.
回归	685.558	1	685.558	70.817	0.000
残差	1 394.031	144	9.681		
总计	2 079.589	145			

F 检验的 p -值也是 0.000，说明上述模型假设成立。

F 检验和 t 检验均显示线性相关关系成立，由此可判定，1947 年与 1930 年相比，各户农地面积增减的数量一定程度上取决于各户 1930 年所有农地面积的数量。而且，1930 年农户所有农地面积越大，1947 年统计的农地面积变化也越显著。

上述统计包括了增加和减少两种变化。我们更希望了解在农地面积增加的农户中，其1947年农地面积的增加与1930年所有农地面积数量之间的关联。以农地面积增加的农户1947年所有农地面积为因变量，以他们1930年所有农地面积为自变量，可得图2-2-2-9。

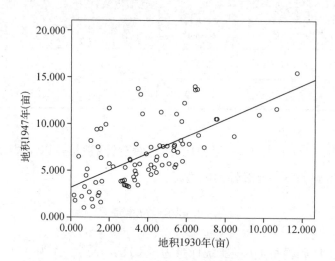

图2-2-2-9 第九都第五十图土地增加农户1947年地积与1930年地积相关关系图

资料来源：浙江省土地局：《杭县地籍册·九都五十图》，杭州市临平区档案馆，档案编号：93-9-64；杭县地籍整理办事处：《九都五十图地价册》，杭州市临平区档案馆，档案编号：93-6-304至93-6-308。

从图2-2-2-9可以看出，1947年与1930年相比，第九都第五十图农地面积增加的86个农户中，其1947年所有农地面积与1930年农地面积之间呈现正线性相关关系。

模 型 概 要

R	R 方	调整 R 方	估计值的标准误
0.643	0.414	0.407	2.583

由模型概要可知，相关系数 $R=0.643$，说明两个变量之间具有较强线性相关关系。决定系数 $R^2=0.414$，说明这里的自变量可以大约解释 41% 的因变量变化。

系　　数

项　目	未标准化系数		标准化系数	t	Sig.
	B	标准误	Beta		
地积 1930 年	0.916	0.119	0.643	7.704	0.000
（常数）	3.212	0.533		6.026	0.000

以 y 表示 1947 年地积，以 x 表示 1930 年增积，可建立如下一元线性回归方程：

$$y=3.212+0.916x$$

对于上列线型回归模型，t 检验统计量为 7.704，而 p-值为 0.000，所以该检验结果很显著，说明上述模型假设成立。

方　差　分　析

项　目	平方和	df	均　方	F	Sig.
回归	396.084	1	396.084	59.352	0.000
残差	560.573	84	6.673		
总计	956.657	85			

F 检验的 p-值也是 0.000，同样说明检验很显著，认可两个变量之间存在线性关系。由上述统计结果可知，对于所有农地面积增加的农户而言，其 1947 年所有农地面积很大程度上取决于其 1930 年所有农地面积的数量。

对那些农地面积减少的农户，可作同样的统计分析。以他们 1947 年所有农地面积为因变量，以他们 1930 年所有农地面积为自变量，可得图 2－2－2－10。

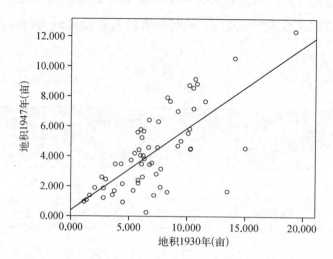

图 2-2-2-10 第九都第五十图土地减少农户 1947 年地积与 1930 年地积相关关系图

资料来源：浙江省土地局：《杭县地籍册·九都五十图》，杭州市临平区档案馆，档案编号：93-9-64；杭县地籍整理办事处：《九都五十图地价册》，杭州市临平区档案馆，档案编号：93-6-304 至 93-6-308。

从图 2-2-2-10 可以看出，在所有农地面积减少的农户中，1947 年所有农地面积与 1930 年农地面积之间呈现正线性相关关系。

模 型 概 要

R	R 方	调整 R 方	估计值的标准误
0.716	0.512	0.504	1.866

由模型概要可知，相关系数 $R=0.716$，说明两个变量呈现较强线性相关关系。决定系数 $R^2=0.512$，说明这里的自变量可以大约解释 51% 的因变量变化。

系　数

项　目	未标准化系数		标准化系数	t	Sig.
	B	标准误	Beta		
地积 1930 年	0.544	0.070	0.716	7.803	0.000
(常数)	0.405	0.553		0.732	0.467

以 y 表示 1947 年地积，以 x 表示 1930 年地积，可以建立如下一元线性回归方程：

$$y = 0.405 + 0.544x$$

以上列回归模型的 t 检验统计量为 7.803，而 p-值为 0.000，所以该检验结果显著，说明上述模型假设成立。

方　差　分　析

项　目	平方和	df	均　方	F	Sig.
回归	211.957	1	211.957	60.888	0.000
残差	201.903	58	3.481		
总计	413.860	59			

F 检验的 p-值也是 0.000，检验结果显著，说明上述模型假设成立。F 检验和 t 检验统计量的结果均较显著，两个变量呈现线性相关关系。

通过以上统计分析可知，一个农户 1930 年所有的农地面积直接决定着 1947 年他所有的农地面积，而且，1930 年农地面积较多的那些农户，至 1947 年，他们所有的农地面积仍然较多。若进一步观察，可以发现各个农户所有农地面积的增加值并不与他们所有农地面积成正相关关系。以 1930 年的各农户所有的农地面积为自变量，以 1947 年他们已经增加的农地面积为因变量，可分析两者的相关性，如图 2-2-2-11 所示。

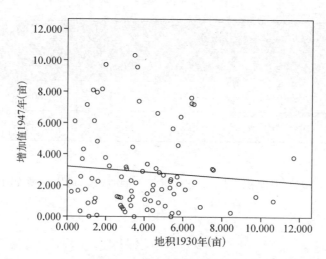

图 2-2-2-11　第九都第五十图抽样农户 1947 年地积增加
数量与 1930 年地积相关关系图

资料来源：浙江省土地局：《杭县地籍册·九都五十图》，杭州市临平区档案馆，档案编号：93-9-64；杭县地籍整理办事处：《九都五十图地价册》，杭州市临平区档案馆，档案编号：93-6-304 至 93-6-308。

从图 2-2-2-11 可以看出，1947 年农地面积的增加值与 1930 年农地面积之间缺乏线性相关关系。

模 型 概 要

R	R 方	调整 R 方	估计值的标准误
0.077	0.006	−0.006	2.583

由模型概要可知，相关系数 $R=0.077$，说明两个变量几乎不线性相关。决定系数 $R^2=0.006$，说明农户 1930 年所有农地面积不能解释 1947 年农地面积增加值的变化。

F 检验的 p-值是 0.480，没有足够的理由说明两个变量之间具有线性相关关系。

方 差 分 析

项 目	平方和	df	均 方	F	Sig.
回归	3.360	1	3.360	0.503	0.480
残差	560.573	84	6.673		
总计	563.932	85			

t 检验统计量为 -0.710，亦说明两个变量之间缺乏线性相关关系。

系 数

项 目	未标准化系数		标准化系数	t	Sig.
	B	标准误	Beta		
地积 1930 年	-0.084	0.119	-0.077	-0.710	0.480
（常数）	3.212	0.533		6.026	0.000

F 检验和 t 检验均显示两个变量之间不具有线性相关关系。这一结果说明，第九都第五十图即五都区东家桥乡农户 1930 年所有农地面积并不影响他们之后所有农地增加的数量。以 1947 年作为节点的统计说明，1930 年农户所有农地面积的多少，与 1947 年农地面积的增加值不相关。

在第九都第五十图抽样统计的 146 户中，有 86 户的农地数量和面积是增加的。1930 年《地籍册》的登记显示，当年这 86 户共有农地 556 块，至 1947 年，他们拥有的农地数量为 990 块，较 1930 年增加了 434 块，增幅为 78.058%。1930 年，这 86 个农户拥有的农地面积为 328.827 亩，1947 年，他们拥有的农地面积为 577.333 亩，较 1930 年增加了 248.506 亩，增幅为 75.573%。1930 年，平均每个农户拥有农地数量为 6.465 块，至 1947 年，每个农户拥有农地数量为 11.512 块，前后 18 年间，平均每个农户拥有的地块数量增加了 5.047 块，增幅为 78.067%。1930 年，平均每个农户拥有的农地面积为 3.824 亩，1947 年，这些农户平均拥有的农地面积为 6.713 亩，平均每个农户拥有的农地面积较前增加了 2.889 亩，增幅为 75.549%。①

所有农地数量及面积增加的农户可以车家坞村的丁法寿为例。该户 1930 年拥有农地数量为 11 块，其中包括稻田 3 块、桑地 3 块、果地 3 块、鱼荡 2 方，面积合计 5.73 亩。1947 年，该户拥有农地数量增加至 14 块，其中稻田 2 块、桑地和果地 9 块、鱼荡 3 块，面积合计 10.304 亩。1947 年与 1930 年相比，农地数量增加 3 块，农地面积增加 4.574 亩，增幅为 79.825%。小桥头村的陈建春也属农地面积增加的农户。1930 年，该农户拥有农地数量 7 块，其中包括桑地 4 块、枇杷地 1 块、梅地 1 块、豆地 1 块，面积合计 4.899 亩。1947 年，该户拥有农地数量增加为 9 块，其中包括稻田 3 块、桑地和林果地 6 块，面积合计 6.662 亩。与 1930 年相比，面积增加 1.763 亩，增幅为 35.987%。港北村的何掌财，1930 年拥有农地 8 块，包括豆田 2 块、果树地 4 块、桑地 1 块、鱼荡 1 方，面积合计 4.025 亩。1947 年，该户拥有农地数量 10 块，其中桑地和果树地 7 块、稻田 3 块，合计面积 5.128 亩。与 1930 年相比，该户所有农地面积增加 1.103 亩，增幅约为 27.404%。②

单从农地增加的农户来看，其原有的农地面积也是影响其以后农地增加数量与增加幅度的影响因素。下面以 1930 年各户所有的农地面积为自变量，1947 年与 1930 年相比 146 个农户所有农地增加或减少的幅度作为因变量，分析两者的相关关系。

先看 1947 年农地面积增加幅度与 1930 年农地面积之间的关系，以前者为因变量，以后者为自变量，统计结果如图 2-2-2-12 所示。

从图 2-2-2-12 可以看出，各个农户所有农地面积的上升幅度与原有农地面积之间呈现负线性相关关系。

---

① 浙江省土地局：《杭县地籍册·九都五十图》，杭州市临平区档案馆，档案编号：93-9-64；杭县地籍整理办事处：《九都五十图地价册》，杭州市临平区档案馆，档案编号：93-6-304 至 93-6-308。

② 浙江省土地局：《杭县地籍册·九都五十图》，杭州市临平区档案馆，档案编号：93-9-64；杭县地籍整理办事处：《九都五十图地价册》，杭州市临平区档案馆，档案编号：93-6-304 至 93-6-308。

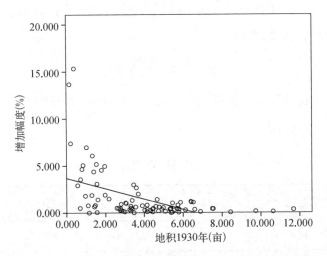

图 2-2-2-12　第九都第五十图抽样农户 1947 年地积增加
幅度与 1930 年地积相关关系图

资料来源：浙江省土地局：《杭县地籍册·九都五十图》，杭州市临平区档案馆，档案编号：93-9-64；杭县地籍整理办事处：《九都五十图地价册》，杭州市临平区档案馆，档案编号：93-6-304 至 93-6-308。

模 型 概 要

R	R 方	调整 R 方	估计值的标准误
0.504	0.254	0.246	2.265

由模型概要可知，相关系数 $R=0.504$，说明两个变量之间呈现中等强度的线性相关关系。决定系数 $R^2=0.254$，说明这里的自变量可以大约解释 25% 的因变量的变化。

系　数

项　目	未标准化系数		标准化系数	t	Sig.
	B	标准误	Beta		
地积 1930 年	−0.558	0.104	−0.504	−5.354	0.000
（常数）	3.691	0.467		7.896	0.000

以 y 表示 1947 年各户所有农地面积的增幅，以 x 表示 1930 年所有农地面积，可建立如下一元线性回归方程：

$$y = 3.691 - 0.558x$$

对于上列回归模型，t 检验统计量为 -5.354，而 p -值为 0.000，检验结果显著，说明模型假设成立。

方 差 分 析

项 目	平方和	df	均 方	F	$Sig.$
回归	147.109	1	147.109	28.663	0.000
残差	431.114	84	5.132		
总计	578.223	85			

F 检验的 p -值为 0.000，检验结果显著，说明两个变量呈现线性关系。可见，在第九都第五十图，40 年代末与 30 年代初相比，一个农户所有农地面积的增加，与他 1930 年所有农地面积具有中等程度的负相关关系。他在 20 世纪 30 年代初所有的农地面积越大，则之后近 20 年间，他所有农地面积增加的数量越小。可见，这类农户所有农地面积的变动是该区域地权配置趋向于分散而不是趋向于集中。

统计结果显示，农户所有农地面积的增长幅度与原有面积呈负相关关系，相关系数为 -0.504，说明两者具有中等强度的相关性。一个农户所有农地面积增加的幅度，在一定程度上取决于其原有农地的面积。原有农地面积越大，其农地面积增加的幅度越小。一些有关近代中国农村地权变化的研究认为，农地产权向地主手里集中。地主往往利用经济、政治、社会乃至文化资源，剥夺少地农户的土地所有权，结果造成无地或少地农户数量的增加。不过，从第九都第五十图的统计结果来看，拥有农地面积较多的农户，其农地面积增加的趋势反而较低，并不支持拥有农地面积越大的农户越易于获得更多农地的看法，即农地所有权并非加速向拥有土地面积较多的农户集中。

第九都第五十图农地产权的变化，还可从农地数量及面积减少的农户作出分析。第九都第五十图样本农户中，有 58 户 1947 年农地面积较 1930 年减少。

车家坞的丁金生、北家桥的范金生、土山埧的沈锦寿等农户可作为所有农地数量和面积减少的例子。1930年，车家坞的丁金生拥有农地数量为10块，其中稻田3块、豆田1块、桑地3块、松树地2块、鱼荡1方，面积合计7.143亩。1947年，该户拥有的农地数量减少为6块，其中稻田2块、桑地及松树地4块，面积合计1.396亩。与1930年相比，该农户所有的农地面积减少5.747亩，减少幅度为80.456%。1930年，北家桥的范金生拥有的农地数量为23块，包括稻田2块、菜地2块、枇杷地6块、梅地10块等，面积合计8.519亩。1947年，该户拥有的农地数量为21块，其中稻田3块、果树地及菜地16块、杂地1块，另有1块地目不详，面积合计7.668亩。与1930年相比，该农户所有农地面积减少0.851亩，减少幅度为9.989%。1930年，土山埧的沈锦寿拥有农地18块，包括菜地1块、梅树地5块、枇杷树地3块、桑树地6块、松树地3块，面积合计5.739亩。1947年，该户拥有农地13块，其中桑树和果树等地10块、稻田2块、山杂地1块，面积合计5.596亩。与1930年相较，该户拥有农地面积减少0.143亩，减少幅度为2.492%。[1]

包括上述3个个案，在第九都第五十图抽样统计的146户中，有60户所有农地面积是减少的。1930年，这60个农户所有的农地数量为751块。1947年，他们所有的农地数量为557块。与1930年相比，减少了194块，减少幅度为25.832%。1930年，这些农户所有的农地面积为428.714亩。1947年，他们所有的农地面积为257.608亩。与1930年相比，减少了171.106亩，减少幅度为39.911%。如果按照这些农户平均计算，1930年，平均每个农户所有的农地数量为12.517块，1947年，平均每个农户所有的农地数量为9.283块，减少了3.234块，减少幅度为25.837%。1930年，平均每个农户所有的农地面积为7.145亩，1947年，平均每个农户所有的农地面积下降为4.293亩，减少了2.852亩，减少幅度为39.916%。[2]

---

[1] 浙江省土地局：《杭县地籍册·九都五十图》，杭州市临平区档案馆，档案编号：93-9-64；杭县地籍整理办事处：《九都五十图地价册》，杭州市临平区档案馆，档案编号：93-6-304至93-6-308。

[2] 浙江省土地局：《杭县地籍册·九都五十图》，杭州市临平区档案馆，档案编号：93-9-64；杭县地籍整理办事处：《九都五十图地价册》，杭州市临平区档案馆，档案编号：93-6-304至93-6-308。

下面对这些农户农地面积减少的数量与1930年农地面积之间的关系作进一步的分析。以1947年农地面积的减少值作为因变量,以1930年农地面积作为自变量,得到图2-2-2-13。

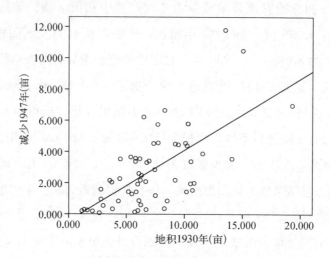

图2-2-2-13　第九都第五十图抽样农户1947年地积减少数量与1930年地积相关关系图

资料来源:浙江省土地局:《杭县地籍册·九都五十图》,杭州市临平区档案馆,档案编号:93-9-64;杭县地籍整理办事处:《九都五十图地价册》,杭州市临平区档案馆,档案编号:93-6-304至93-6-308。

从图2-2-2-13可以看出,1947年农地面积的减少数量与1930年农地面积之间呈现正线性相关关系。

模 型 概 要

R	R 方	调整 R 方	估计值的标准误
0.659	0.435	0.425	1.842

由模型概要可知,相关系数 $R=0.659$,两个变量之间呈现较强线性相关关系。决定系数 $R^2=0.435$,说明这里的自变量可以大约解释44%的因变量的变化。

系　　数

项　目	未标准化系数		标准化系数	t	Sig.
	B	标准误	Beta		
地积1930年	0.456	0.069	0.659	6.623	0.000
（常数）	−0.456	0.547		−0.832	0.409

以 y 表示1947年较1930年各户农地面积减少的数量，以 x 表示1930年各户所有农地面积，可以得到如下一元线性回归方程：

$$y = -0.456 + 0.456x$$

对于上列回归模型，t 检验统计量为6.623，而 p-值为0.000，该检验结果显著，说明模型假设成立。

方　差　分　析

项　目	平方和	df	均　方	F	Sig.
回归	148.868	1	148.868	43.867	0.000
残差	193.438	57	3.394		
总计	342.306	58			

F 检验的 p-值也是0.000，检验结果显著，说明两个变量之间呈现线性关系。在农地面积减少的农户中，1947年第九都第五十图各户的农地面积与1930年各户的农地面积之间具有正相关性，相关系数为0.456，为中等程度的相关关系。在20世纪30—40年代的五都区东家桥乡，拥有农地面积越大的农户，农地面积减少的可能性越高。

值得注意的是，随着农户所有农地面积的增加，其面积减少的幅度也越大，但两者之间的关系并不如绝对数量变化的相关性强。

由图2-2-2-14可以看出，1947年与1930年相比，在农地面积减少的农户中，农地面积下降的幅度与1930年各户所有农地面积之间呈现微弱的线性相关关系。

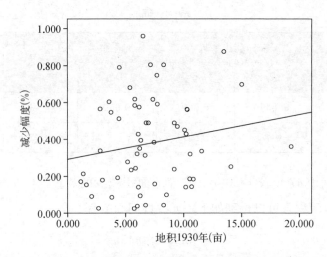

图 2-2-2-14　第九都第五十图抽样农户 1947 年地积减少
幅度与 1930 年地积相关关系图

资料来源：浙江省土地局：《杭县地籍册·九都五十图》，杭州市临平区档案馆，档案编号：93-9-64；杭县地籍整理办事处：《九都五十图地价册》，杭州市临平区档案馆，档案编号：93-6-304 至 93-6-308。

模 型 概 要

R	R 方	调整 R 方	估计值的标准误
0.175	0.031	0.014	0.240

由模型概要可知，相关系数 $R=0.175$，说明两个变量之间仅有微弱的线性相关关系。决定系数 $R^2=0.031$，说明这里的自变量可以大约解释 3% 的因变量的变化。

以 1947 年相对于 1930 年农地面积减少的幅度为因变量 y，以 1930 年农地面积为自变量 x，则可得到如下一元线性回归方程：

$$y=0.292+0.012x$$

对于上列回归模型，t 检验统计量为 1.355，而 p-值为 0.181，没有充分的理由拒绝原假设，故 x 对 y 的影响不是线性的。

系　　数

项　目	未标准化系数		标准化系数	t	$Sig.$
	B	标准误	$Beta$		
地积 1930 年	0.012	0.009	0.175	1.355	0.181
（常数）	0.292	0.071		4.106	0.000

由方差分析可知，F 检验的 p -值也是 0.181，检验结果不显著，说明上述模型假设不成立，即不支持两个变量之间的线性相关关系。

方　差　分　析

项　目	平方和	df	均　方	F	$Sig.$
回归	0.106	1	0.106	1.836	0.181
残差	3.336	58	0.058		
总计	3.441	59			

第九都第五十图那些农地面积趋于减少的农户，其农地面积减少幅度与原有面积之间不具有线性相关关系。由于减少幅度这一指标包含了面积减少的绝对值与原有面积两个要素，它说明原有面积越大的农户，其所有农地面积减少的概率越大。

由上面的抽样统计分析结果可知，在杭县稻-桑-果农业区域，1947 年各户所有农地面积受到其 1930 年所有农地面积的制约，两者呈正相关关系。但两个年份相较，所有农地面积增加的农户，其 1947 年增加的农地面积却与其 1930 年所有农地面积缺乏相关性，而且，那些 1930 年所有农地面积越多的农户，其 1947 年农地面积增加的数量越少，增加的幅度越小，两者呈现为负相关关系。统计结果显示，在稻-桑-果区，农地产权配置变动的趋势与稻-桑-棉-麻区相似，亦未趋向于集中。

（三）稻-柴-竹区两个年份地权配置的相关性

在稻-柴-竹农业区，抽样农户 1947 年地权配置在多大程度上受其 1930 年所有地权状况的影响？下面我们讨论1947年农户所有土地面积与其1930年所有土地面积之间的相关关系。以位于该区域的瓶窑区下确桥乡（即第十都第二十图）抽样农户1947年所有农地面积为因变量，以他们1930年所有农地面积为自变量，可得图2-2-2-15。

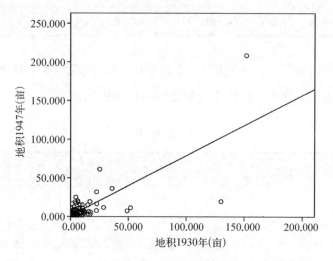

图2-2-2-15　第十都第二十图抽样农户1947年地积与
1930年地积相关关系图

资料来源：浙江省土地局：《杭县地籍册·十都二十图》，杭州市临平区档案馆，档案编号：93-9-93；杭县地籍整理办事处：《十都二十图地价册》，杭州市临平区档案馆，档案编号：93-6-443至93-6-447。

图2-2-2-15显示，农户1947年所有土地面积与1930年所有土地面积之间呈现正线性相关关系。对于两者之间的相关关系的程度、方向，可作进一步分析。

方 差 分 析

项　目	平方和	df	均　方	F	$Sig.$
回归	27 458.435	1	27 458.435	165.172	0.000
残差	21 611.361	130	166.241		
总计	49 069.795	131			

以 1930 年地积为自变量，以 1947 年地积为因变量，统计分析结果如下。

模 型 概 要

R	R 方	调整 R 方	估计值的标准误
0.748	0.560	0.556	12.893

由模型概要可知，相关系数 $R=0.748$，两变量呈现高度线性相关。$R^2=0.560$，说明自变量可以解释大约 56% 的因变量的变化。

以 1947 年地积为因变量，以 1930 年地积为自变量，可建立如下一元线性回归方程：

$$y=1.111+0.779x$$

对于这个一元线性回归模型，t 检验统计量为 0.000；F 检验的 p-值为 0.000，结果显著。t 检验和 F 检验统计量的值均显示 1947 年地积与 1930 年地积呈现线性关系，说明模型假设成立。

系　　数

项　目	未标准化系数		标准化系数	t	Sig.
	B	标准误	Beta		
地积 1930 年	0.779	0.061	0.748	12.852	0.000
（常数）	1.111	1.224		0.908	0.366

第十都第二十图 132 个农户的统计资料显示，这些农户 1947 年的农地面积与他们 1930 年的农地面积之间具有正相关关系，相关系数为 0.779，显示两者之间具有较强程度的相关性。这说明，1947 年各农户所有农地的面积很大程度上取决于他们 1930 年所拥有的农地面积。

1947 年与 1930 年相比，农户所有农地增加或减少的面积与 1930 年所有农地面积具有相关性。以 132 个农户 1930 年统计所有的农地面积为自变量，以 1947 年统计他们所有农地增加或减少的面积为因变量，统计分析如下。

方 差 分 析

项 目	平方和	df	均 方	F	Sig.
回归	2 219.587	1	2 219.587	13.352	0.000
残差	21 611.361	130	166.241		
总计	23 830.947	131			

由模型概要可知，相关系数 $R=0.305$，两变量呈偏弱相关，可得图2-2-2-16。

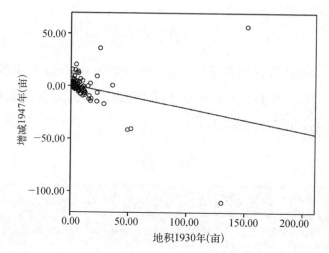

图2-2-2-16 第十都第二十图抽样农户1947年农地增减数量与1930年地积相关关系图

资料来源：浙江省土地局：《杭县地籍册·十都二十图》，杭州市临平区档案馆，档案编号：93-9-93；杭县地籍整理办事处：《十都二十图地价册》，杭州市临平区档案馆，档案编号：93-6-443至93-6-447。

图2-2-2-16显示，1947年第十都第二十图抽样统计农户农地增加面积与1930年所有农地面积为负相关关系。常数为1.111，系数为-0.221。以1947年各户所有农地增加或减少的数量为因变量，以他们1930年所有农地面积为自变量。可估计线性回归模型如下：

$$y=1.111-0.221x$$

其中，相关系数-0.221，说明两者之间具有弱线性相关关系。

系　　数

项　　目	未标准化系数		标准化系数	t	Sig.
	B	标准误	Beta		
地积1930年	-0.221	0.061	-0.305	-3.654	0.000
（常数）	1.111	1.224		0.908	0.366

t 检验统计量为-3.654，p-值为0.000，说明该检验结果显著，1947年农户所有土地增减变化和1930年农户所有土地面积这两个变量之间呈现线性关系。

这一数据说明，20世纪30—40年代，在第十都第二十图，农户农地变化（包括增加与减少）与其1930年所有农地面积有一定程度的相关性。一个农户1930年所有农地面积越多，在之后近二十年间所有农地增减的面积越小。换言之，农地越多的农户，农地产权越稳定。

据模型概要，再以决定系数来衡量。决定系数 $R^2=0.093$，说明自变量大约解释9.3%的因变量变化，即1947年与1930年相比，农户所有农地面积的增减变化，其中9.3%可由其1930年所拥有的土地数量得到解释。

模　型　概　要

R	R方	调整R方	估计值的标准误
0.305	0.093	0.086	12.893

这一统计分析包括农户所有农地面积的增加和减少，只能显示出整体变化的态势，还不能显示1930年至1947年农户所有农地面积增加或者减少，与他们在1930年所有农地面积之间的关联。下面分两种情况，再作分析。

在132个抽样统计的农户中，农地数量及农地面积增加的农户有63个。1930年，这63个农户所有农地数量为427块。1947年，他们所有的农地数量为829块，较1930年增加了402块，增幅为94.145%。1930年，63个农户所有农地的总面积为393.548亩。1947年,他们所有的农地面积合计为715.205亩,较1930年增加321.657亩,增幅为81.733%。按农户平均计算,1930年,平均每个农户所有的地块数量为6.778块,1947年,平均每个农户所有的地块数量为13.159块,平均每个农户所有的地块数量增加6.381块,增幅为94.143%。1930年,平均每个农户所有的农地面积为6.247亩。1947年,平均每个农户所有的农地面积为11.532亩,较1930年增加5.285亩,增幅为84.601%。[①]

以孙家塘村的孙志福为例。1930年,该户所有农地数量为8块,其中包括豆田3块、桑地3块、竹地2块,面积合计为7.602亩。1947年,该户所有农地数量为16块,包括稻田5块、桑地及竹地8块、坟地2块(其中1块为孙志福、孙其昌共有)、水荡1方,面积合计为11.406亩。前后两个年份比较,该户所有农地面积增加了3.804亩,增幅为50.039%。再如家住贝家桥村的李士梅。1930年,该户所有农地数量为11块,包括豆田3块、桑地6块、竹地1块、坟地1块,面积合计为7.258亩。1947年,李士梅所有农地数量为15块,包括农田6块、桑地及竹地7块、杂地1块、坟地1块,面积合计为10.280亩。两个年份比较,该户所有农地面积增加3.022亩,增幅为41.637%。家住天竺兜村的陈进发也属农地面积增加的农户。1930年,他家所有的农地数量为12块,包括豆田4块、桑地7块、坟地1块,面积合计为4.675亩。1947年,他家所有的农地数量为17块,包括桑地10块、农田7块(其中1块面积0.66亩,与陈进高共有),面积合计为9.248亩。两个年份相比,他家所有的农地面积增加4.573亩,增幅为97.818%。[②]

接下来,我们分析他们所有农地面积增加数量与原有农地面积之间的关系。以1930年各个农户所有的农地面积为自变量,以1947年与1930年相比增加的农地面积为因变量,可得图2-2-2-17。

---

① 浙江省土地局:《杭县地籍册·十都二十图》,杭州市临平区档案馆,档案编号:93-9-93;浙江省土地局:《十都二十图地价册》,杭州市临平区档案馆,档案编号:93-6-443至93-6-447。

② 浙江省土地局:《杭县地籍册·十都二十图》,杭州市临平区档案馆,档案编号:93-9-93;杭县地籍整理办事处:《十都二十图地价册》,杭州市临平区档案馆,档案编号:93-6-443至93-6-447。

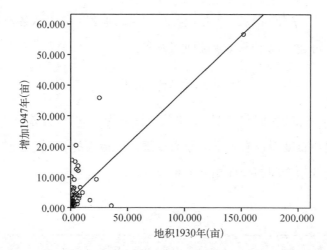

图 2-2-2-17　第十都第二十图抽样农户 1947 年农地增加
数量与 1930 年地积相关关系图

资料来源：浙江省土地局：《杭县地籍册·十都二十图》，杭州市临平区档案馆，档案编号：93-9-93；杭县地籍整理办事处：《十都二十图地价册》，杭州市临平区档案馆，档案编号：93-6-443 至 93-6-447。

由图 2-2-2-17 可以看出，1947 年各户地积增加数量与 1930 年所有的地积数量之间呈现正线性相关关系。至于两者之间相关关系的密切程度，进一步统计的结果显示，相关系数 $R=0.789$，显示两者之间具有较强的线性相关关系。

模 型 概 要

R	R 方	调整 R 方	估计值的标准误
0.789	0.622	0.616	5.500

决定系数 $R^2=0.622$，说明 1930 年的地积大约可以解释 62% 的所有土地面积增加。

系　　数

项　目	未标准化系数		标准化系数	t	Sig.
	B	标准误	Beta		
地积 1930 年	0.356	0.036	0.789	10.023	0.000
（常数）	2.922	0.728		4.014	0.000

以 y 表示 1947 年与 1930 年相比各户增加的地积，x 表示各户 1930 年所有的农地面积，可建立以下一元线性回归方程：

$$y = 2.922 + 0.356x$$

对于上述一元线性回归模型，t 检验统计量为 0.000。方差分析的结果还显示，在因变量与自变量没有关系的原假设下，F 检验的 p-值为 0.000，检验结果显著，两个变量之间的线性相关关系成立。

方 差 分 析

项 目	平方和	df	均 方	F	Sig.
回归	3 038.828	1	3 038.828	100.466	0.000
残差	1 845.090	61	30.247		
总计	4 883.919	62			

对于一元线性回归模型，F 检验和 t 检验是等价的，两个统计量的值都显示出 1947 年农地增加量和 1930 年地积数量之间呈现线性相关关系，模型假设成立。因此，可以得出结论，即在 20 世纪 30—40 年代的瓶窑区下确桥乡，农地面积越多的农户，其农地面积增加的数量也较多。

1947 年与 1930 年相比，在第十都第二十图抽样统计 132 个的农户中，农地数量及农地面积减少的农户也是 63 个。1930 年，这些农户所有的农地数量为 754 块。1947 年，他们所有的农地数量为 381 块，减少 373 块，降幅为 49.469%。1930 年，他们所有农地的面积合计为 664.276 亩。1947 年，他们所有的农地面积为 250.501 亩，与 1930 年相比，减少了 413.775 亩，减少幅度为 62.290%。按农户平均计算，1930 年，每个农户所有的地块数量为 11.968 块。1947 年，每个农户所有的地块数量为 6.048 块。两个年份比较，每个农户所有的地块数量减少 5.920 块，减少幅度为 49.465%。1930 年，平均每个农户所有的农地面积为 10.544 亩。1947 年，平均每个农户所有的农地面积为 3.976 亩。两个年份比较，平均每个农户所有的农地面积减少了 6.568 亩，减少幅度为62.291%。①

家住九房里的姚德掌是所有农地面积减少的农户之一。1930年,他家所有的农地数量为13块,包括稻田6块、桑地5块、树地2块,面积合计为8.074亩。1947年,该农户所有的农地数量为9块,包括稻田3块、桑地及树地6块,面积合计为5.059亩。与1930年相比,农地数量减少4块,农地面积减少3.015亩,减少幅度为37.342%。家住和尚桥的蒋海祥,1930年,所有农地数量为14块,包括稻田4块、桑地6块、树地3块、竹地1块,合计面积为5.945亩。1947年,蒋家所有的农地数量为9块,包括稻田2块、桑地及树地4块、杂地1块、坟地2块,合计面积为4.723亩。与1930年相比,该户所有农地数量减少5块,农地面积减少1.222亩,减少幅度为20.555%。家住木桥头的孙加福,在1930年所有农地数量为9块,包括豆田2块、桑地5块、树地2块,合计面积为8.303亩。1947年,该户所有的农地数量为7块,包括田1块、桑地及树地4块、杂地1块、水荡1方,合计面积为5.697亩。与1930年相比,农地数量减少2块,农地面积减少2.606亩,减少幅度为31.386%。② 1947年与1930年相比,在所有农地数量减少的农户中,大部分农户所有的农地面积相应减少。也有少部分农户,拥有的农地块数增加,但拥有的农地面积却是减少的。

先看1947年与1930年相比农地面积减少的这些农户,其1947年所有农地面积与1930年所有农地面积之间的关联。以1930年所有农地面积为自变量,以1947年所有农地面积为因变量,分析结果如图2-2-2-18。

该图显示,63个农地面积减少的农户,其1947年农地面积与1930年农地面积具有正相关性,相关系数0.721,显示两者之间具有较强的相关关系。这一统计结果说明,在1930年所有农地面积较大的农户,在1947年,他们所有的农地面积仍然较大。尽管在20世纪30—40年代,他们所有的农地面积都是趋于减少的,但到1947年,他们所有农地面积仍然很大程度上取决于他们在

---

① 浙江省土地局:《杭县地籍册·十都二十图》,杭州市临平区档案馆,档案编号:93-9-93;杭县地籍整理办事处:《十都二十图地价册》,杭州市临平区档案馆,档案编号:93-6-443至93-6-447。
② 浙江省土地局:《杭县地籍册·十都二十图》,杭州市临平区档案馆,档案编号:93-9-93;杭县地籍整理办事处:《十都二十图地价册》,杭州市临平区档案馆,档案编号:93-6-443至93-6-447。

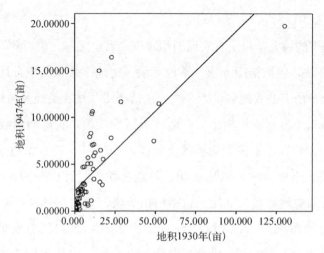

图2-2-2-18 第十都第二十图土地减少农户1947年农地
数量与1930年地积相关关系图

资料来源：浙江省土地局：《杭县地籍册·十都二十图》，杭州市临平区档案馆，档案编号：93-9-93；杭县地籍整理办事处：《十都二十图地价册》，杭州市临平区档案馆，档案编号：93-6-443至93-6-447。

1930年时所有的农地面积。

下面再对1930年农地面积与1947年农地面积减少值的关系作统计分析。以1930年各农户所有农地面积为自变量，以1947年比1930年减少的农地面积作为因变量，得到如图2-2-2-19所示统计结果。

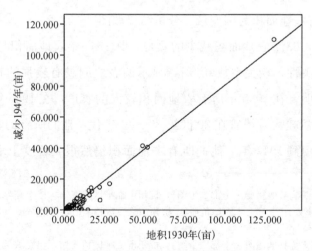

图2-2-2-19 第十都第二十图抽样农户1947年地积减少
数量与1930年地积相关关系图

上图显示，63 个农地面积减少的农户，1947 年统计中显示的农地减少的面积，与 1930 年的农地面积之间存在正相关关系，标准化系数为 0.981，显示两者之间具有强相关性。这一统计结果说明，在农地面积减少的农户中，农地面积减少值较大的农户，恰恰是那些在 1930 年时拥有农地面积较大的农户。换言之，20 世纪 30—40 年代，在瓶窑区的下确桥乡，在农地面积减少的农户中，所有农地面积越多，减少的农地面积也越多。

模 型 概 要

R	R 方	调整 R 方	估计值的标准误
0.981	0.963	0.962	2.988

据模型概要，决定系数 R^2 为 0.963，说明 1930 年各户所有土地面积可以解释约 96% 的地积变化。调整后的 R^2 值也达到 0.962，接近于 1，显示出两者较强的线性相关关系。

统计结果显示，农户 1947 年减少的地积数量与 1930 年该户所有地积数量关系密切，相关系数为 0.830，如下表。

系 数

项 目	未标准化系数		标准化系数	t	Sig.
	B	标准误	Beta		
地积 1930 年	0.830	0.021	0.981	39.692	0.000
（常数）	−2.184	0.436		−5.005	0.000

以 y 表示 1947 年与 1930 年相比各户减少的农地面积，以 x 表示各户 1930 年所有农地面积，可建立如下一元线性回归方程：

$$y = -2.184 + 0.830x$$

上表中还显示出对该回归模型 t 检验的统计量为 0.000，说明两个变量之间呈现线性关系。F 检验的 p-值也是 0.000。如下表。

方 差 分 析

项 目	平方和	df	均 方	F	Sig.
回归	14 069.460	1	14 069.460	1 575.438	0.000
残差	544.761	61	8.931		
总计	14 614.222	62			

t 检验与 F 检验的结果均认可线性回归模型成立，说明 1930 年农户地积数量是导致 1947 年地积减少数量的因素，而且 1930 年地积较少的农户，其减少的数量较多。

问题是，相对于其在 1930 年所有农地的面积，1947 年他们所有农地面积增加的幅度是否与农地面积数量的差异一致？以 1930 年农地面积为自变量，以 1947 年农地面积增加幅度为因变量，可对两者的关联性作一考察。

因曹德法、李再龙、蒋根祥 3 户 1930 年没有自己所有的农地，故这 3 户未作分析。[①] 其余 60 户的统计结果显示，1947 年与 1930 年相比，农地面积增长幅度与 1930 年农地面积具有负相关关系，相关系数为 -0.117，显示两者之间的相关性程度较弱。这一统计结果说明，20 世纪 30—40 年代，瓶窑区下确桥乡农户所有农地面积增加的幅度与农地面积数量的变化趋势不同。一个农户所有农地面积的增加值与其原有农地面积的大小呈正相关关系，即其原有农地面积越大，其农地面积的增加值也越大。与这一关系不同，一个农户所有农地面积的增加幅度与其原有农地面积的大小呈负相关关系，即其原有农地面积越大，其农地面积增加的幅度越小。这一结果说明，拥有农地面积较大的农户，其所有农地面积增加的幅度并不是累进式的，反而是递减式的，即随着农户所有农地面积的增加，增加的幅度趋于萎缩。这一统计结果说明，所有农地面积绝对数量增加的农户，其农地面积的增加幅度却是下降的，实际上是"增中有减，升中有降"，显示出农地产权变化的多重特征和复杂面貌，如图 2-2-2-20 所示。

[①] 浙江省土地局：《杭县地籍册·十都二十图》，杭州市临平区档案馆，档案编号：93-9-93。

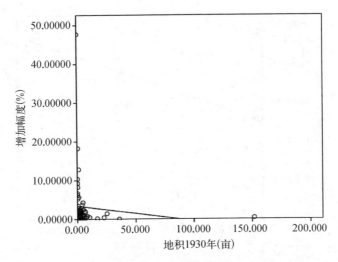

图 2-2-2-20　第十都第二十图抽样农户 1947 年地积增加
幅度与 1930 年地积相关关系图

资料来源：浙江省土地局：《杭县地籍册·十都二十图》，杭州市临平区档案馆，档案编号：93-9-93；杭县地籍整理办事处：《十都二十图地价册》，杭州市临平区档案馆，档案编号：93-6-443 至 93-6-447。

图 2-2-2-20 呈现出农地面积增加值与原有农地面积两个绝对数量之间的相关关系。进一步，还可以分析农地面积减少的幅度与原有农地面积之间的关联。以 1930 年各户所有农地面积为自变量，以 1947 年与 1930 年相比农地减少的幅度为因变量，可得图 2-2-2-21 所示统计结果。

该图显示，1947 年与 1930 年相比，农地减少的幅度和 1930 年各户所有农地面积之间呈正相关关系，标准化系数为 0.193，两者之间呈弱相关关系。这一统计结果说明，在所有农地面积减少的农户中，1930 年时的农地面积越大，在 20 世纪 30—40 年代，其农地面积减少的幅度也越大。

在稻-柴-竹区，1947 年农户所有土地面积随 1930 年所有土地面积增减而增减，而且增减的数量也与 1930 年各户所有土地面积呈正相关关系。在该区域，农户地权配置呈集中趋势，与稻-桑-棉-麻区和稻-桑-果区地权配置趋于分散的趋势正好相反。由于两个年份相比所有土地面积增加的幅度与其原有土地面积呈负相关关系，而减少的幅度与其原有土地面积呈正相关关系，又制约了地权集中的程度，故虽然两个年份前后相较，这一区域农地产权的配置更不均衡，但变动幅度较小。

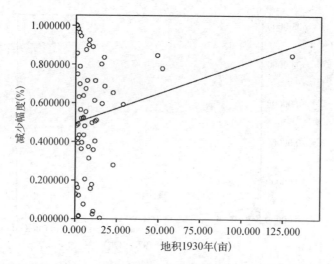

图 2-2-2-21　第十都第二十图抽样农户1947年地积减少
　　　　　　幅度与1930年地积相关关系图

资料来源：浙江省土地局：《杭县地籍册·十都二十图》，杭州市临平区档案馆，档案编号：93-9-93；杭县地籍整理办事处：《十都二十图地价册》，杭州市临平区档案馆，档案编号：93-6-443 至 93-6-447。

表 2-2-2-1　1930—1947年三种不同类型农业区域
　　　　　　抽样农户地权变化决定系数表

区域＼年份	全部抽样农户	农地面积增加的农户	农地面积减少的农户
稻-桑-棉-麻区	0.179	−0.027	0.440
稻-桑-果区	0.116	0.414	0.512
稻-柴-竹区	0.560	0.789	0.962

资料来源：浙江省土地局：《杭县地籍册·八都七图》，杭州市临平区档案馆，档案编号：93-9-6；杭县地籍整理办事处：《八都七图地价册》，杭州市临平区档案馆，档案编号：93-6-31 至 93-6-35；浙江省土地局：《杭县地籍册·九都五十图》，杭州市临平区档案馆，档案编号：93-9-64；杭县地籍整理办事处：《九都五十图地价册》，杭州市临平区档案馆，档案编号：93-6-304 至 93-6-308；浙江省土地局：《杭县地籍册·十都二十图》，杭州市临平区档案馆，档案编号：93-9-93；杭县地籍整理办事处：《十都二十图地价册》，杭州市临平区档案馆，档案编号：93-6-443 至 93-6-447。

由上述1947年抽样农户所有土地产权变化与1930年所有农地产权相关关系的讨论，可以得出以下结论：1947年与1930年相比，杭县农户所有土地产权的变动受到其1930年所有农地数量的制约,而这一制约因素又受到农产品商业化经营的影响。在农业商品化程度较高的稻-桑-果区和稻-桑-棉-麻区,农户1930年所有土地面积对其1947年所有土地数量的制约作用,因受到蚕桑、林果、棉麻生产和销售萎缩的影响而下降。而在农业商品化程度较低的稻-柴-竹区,农户1930年所有农地数量在很大程度上决定了其1947年所有农地数量,不论所有农地面积增加的农户还是所有农地面积减少的农户都是如此。其结果就是三个不同农业区域地权配置的主要决定机制的差异。在商业化程度较高的农业区域,地权配置的决定性因素是农地的经营收益,相较而言,在商业化程度偏低的农业区域,地权配置很大程度上取决于农户已有的农地数量。20世纪30—40年代商品性农产物收益的下降,以及迄至1930年较不均衡的地权配置结构,共同塑造了之后近二十年间地权配置的结构特点:略呈分散的地权结构稳定,以及不均衡的地权配置结构的延续。

第三节 地权变动的农地类型分析

前两节讨论了农业结构的区域差异及其对地权变动的影响,本节再分不同的农业用地讨论地权变化的差异,分析稻田、桑地、棉麻地、果园等不同类型的农业用地地权变化及其与农业经营的关系。为此,我们对杭县第八都第七图、第九都第五十图、第十都第二十图的8 153个地块按样本比重10%随机抽样,然后对抽样地块进行分类,依据不同类型土地的农业经营状况,分别对其中的稻田、桑地、果园等进行考察,观察其所有权变化的情形,讨论粮食作物、经济作物种植与地权变动的关系,以及经济作物经营和地权转移之间相互作用的机制。

一、水稻生产及稻田地权

在杭县的各类农业区域,不论经济性农产物是以桑-果为主、以桑-棉-麻为主,还是以柴-竹为主,水稻的种植在种植业结构中都占有主要地位。本节首先估计水稻单位面积产量及其制约因素,着重分析水稻生产收益,即其单位面积产量的变化,进而讨论这一变化对地权配置的影响。

(一) 水稻亩均产量下降

20世纪30年代以前,杭县只有个别年份的稻谷亩产量超过350斤的一般水平。如抗日战争以前,稻谷最高单位面积产量出现在1923年。这一年,杭县每亩稻谷产量高达500斤,较次者每亩也达稻谷450斤,最差者为每亩稻谷350斤,一般稻谷产量为每亩400斤。当年稻谷单位面积产量增加的主要原因在于前一年水灾后,土壤肥沃,杂草不多,虫害减少,雨水调匀。[①] 但这些导致单位面积产量升高的因素具有特殊性,并非常态。据全县统计数据,抗日战争前,杭县全县"五谷之生产地为五十五万余亩,可产米八十六万余石"[②],平均每亩年产米1.564石。即综合考虑"土质之肥瘠,与年岁之丰歉",平均计算,每亩可产稻米200余斤,为20世纪30年代初杭县水稻亩产常态。[③]

据20世纪30年代中期的调查,杭县全县种植稻田54万亩,年产米86万石,每亩年平均产米约1.6石。[④] 按每石米150斤,亩产量合计为240斤米。按出米率70%计算,亩产量可折合为343斤稻谷。此为全县平均数据,可代表杭县常年产量。杭县山桥乡的实地调查结果显示,30年代上半期,该乡一般年成稻谷产量可分为3等,最高者为每亩稻谷400斤,较次为每亩稻谷350斤,最差者为每亩稻谷300斤。其中,以350斤最为普遍。1934年,杭县发生旱灾,稻谷大幅减产。1935年,每亩约可收获300市斤稻谷,[⑤] 低于20世纪30年代前期的正常水平。

大体而言,在20世纪30年代前期,每亩350斤稻谷为杭县水稻单位面积产量的常态。歉收年份,每亩产量约为300斤稻谷,大致较常年产量减少50

---

① 《杭县经济概况调查》,《浙江经济情报》1936年第1卷第1—5期合刊,第3页。
② 杭县县政府财政科:《粮食贷款与田赋旧欠卷》,杭州市临平区档案馆,档案编号:91-1-135。
③ 铁道部财务司调查科查编:《京粤支线浙江段杭州市县经济调查报告书》,见张研、孙燕京主编《民国史料丛刊(368)》,郑州:大象出版社2009年版,第356页。
④ 徐德瑞:《杭县农业之鸟瞰》,《实业统计》1935年第3卷第5期,第117页。
⑤ 《杭县经济概况调查》,《浙江经济情报》1936年第1卷第1—5期合刊,第3页。

斤，下降幅度约为 14.29%；丰产年份，每亩产量约为 400 斤稻谷，较常年产量提高 50 斤，上升幅度约为 14.29%。

上述是就杭县全县平均而言。这一时期的水稻单位面积产量又有区域差异。以 1934—1935 年为例。在第七都至第十都共计 4 个都中，第七都稻田每亩收获量为稻米 1.06 石，为 4 个都中单位面积产量最低者。第八都稻田每亩收获量为稻米 1.66 石，为 4 个都中单位面积产量最高者。第九都稻田每亩收获量为稻米 1.55 石，第十都稻田每亩收获量为稻米 1.40 石，位于全县各都的中间水平。将 4 个都的水稻单位面积产量平均计算，可知 1934 年杭县稻田平均每亩收获量为米 1.42 石。[①] 稻米亩均产量最高的第八都与亩均产量最低的第七都相比，水稻单位面积产量约高出 56.60%；与全县平均相比，则高出约 16.90%。稻米亩均产量次高的第九都，较全县平均水平高出约 9.15%。

上述 20 世纪 30 年代初杭县水稻单位面积产量可与 20 世纪 40 年代后期调查之单位面积产量加以比较。据 1947 年填报的《杭县丁河乡农业经济调查表》，1946 年丁河乡农田每亩平均产米 1 石，较 1934 年第九都之每亩平均 1.55 石减少 35.48%，[②] 较全县平均 1.42 石减少 29.58%。另据《各乡镇公所议租会议记录（1948 年 9 月至 1949 年 1 月）》，肇和乡 1947 年每亩稻田最高收获为糙米 2.00 石，但当年风雨为灾，估计该乡之第一保至第七保每亩平均收获量为糙米 1.60 石，第八保至第十保每亩平均收获量为 1.50 石，第十一保至第十六保每亩平均收获量为 1.4 石。[③] 各保平均计算，每亩收获糙米 1.50 石，较 1934 年第九都亩均 1.55 石的单位面积产量下降 0.05 石，下降幅度为 3.23%。

据《义桥乡增产调查报告》，20 世纪 40 年代后期，该乡水田一般年成产量

---

① 单位面积收益还受到米价的影响。单位面积产量最高的第八都，稻米的价格最低，为每石 5.398 元；而单位面积产量最低的第七都，稻米的价格最高，为每石 5.953 元。第九都、第十都每石稻米价格介于最高与最低之间，分别为 5.781 元、5.500 元。平均计算，1934 年杭县每石稻米价格为 5.658 元。根据第七都至第十都的稻田平均每亩收益，可得 1934 年杭县稻田平均每亩收益为 10.24 元。不过，由于各区每石稻谷的价格不同，除了产量的差异外，价格因素也是制约亩均收益的因素。参见俞俊民：《杭县土地状况》，《中华农学会报》1935 年第 135 期，第 45—47 页。
② 杭县县政府建设科：《对五西区各乡镇农村经济的调查》，杭州市临平区档案馆，档案编号：91-3-455。
③ 杭县县政府社会科：《各乡镇公所议租会议记录（1948 年 9 月至 1949 年 1 月）》，杭州市临平区档案馆，档案编号：91-3-160。

最好每亩350斤稻谷，次之为300斤（最高数），差的为250斤，分别较30年代上半期水稻亩产量减少50斤。① 下确桥乡，1947年，上田每亩平均产量为270斤米，中田每亩平均产量为190斤米，下田每亩平均产量仅为140斤米。② 与30年代初相较，也有明显减少。大体而言，20世纪40年代后期与30年代前期相比，杭县稻谷亩均最高产量由400斤下降为350斤，减产幅度为12.50%；亩均一般产量由350斤下降为300斤，减产幅度为14.29%；亩均最低产量由300斤下降为250斤，减产幅度为16.67%。③

20世纪30—40年代，杭县水稻单位面积产量具有区域差别和年成差异，丰年、灾年与常年，单位面积产量波动幅度常在10%以上，而不同区域之间，同一年份的水稻单位面积产量相差幅度甚至高达50%以上。从整体上观察，两个不同时期水稻单位面积产量具有共性变化。大体而言，全县水稻单位面积产量趋于减少。以一般年成的单位面积产量估计，20世纪40年代后期与30年代前期比较，稻谷单位面积产量约减少50斤，即下降了16.67%。④

杭县水稻单位面积产量的下降受到多重因素的影响。水稻收获量的多寡在一定程度上取决于单位面积投入的肥料数量。据《义桥乡增产调查报告》称，20世纪30年代上半期，义桥乡农田一般施肥数量为：河泥100担（蚕沙3担及部分绿肥在内），草灰7—8担，菜饼80斤。任何一种施肥方法，一亩水田收获量均可达到稻谷4担左右，按照每担100斤至110斤折算，即400斤至440斤，达到全县常年最高产量，甚至超出全县常年产量14.29%—17.14%。"当时农民经济上宽裕，肥料较足，普通人家有养猪三四只到十来只的，养蚕有七八十匾至二百匾的，因此猪粪、蚕沙都为主要的肥料之一。"⑤ 由于肥料充足，

---

① 中国共产党浙江省杭县委员会：《一九五〇年县委基点乡——义桥、山桥乡的工作计划、报告、调查材料》，杭州市临平区档案馆，档案编号：1-3-7。
② 杭县地籍整理办事处：《省地政局、县地籍处关于征收土地税费、划分标准地价训令》，杭州市临平区档案馆，档案编号：91-3-663。
③ 中国共产党浙江省杭县委员会：《一九五〇年县委基点乡——义桥、山桥乡的工作计划、报告、调查材料》，杭州市临平区档案馆，档案编号：1-3-7。
④ 中国共产党浙江省杭县委员会：《一九五〇年县委基点乡——义桥、山桥乡的工作计划、报告、调查材料》，杭州市临平区档案馆，档案编号：1-3-7。
⑤ 中国共产党浙江省杭县委员会：《一九五〇年县委基点乡——义桥、山桥乡的工作计划、报告、调查材料》，杭州市临平区档案馆，档案编号：1-3-7。

种植水稻可获得较为稳定的单位面积产量。但因劳动投入数量、水旱以及虫害导致的减产等限制因素，施肥增产受到边际效益制约，每亩稻田"不能有过高产量"①。

20世纪40年代下半期，稻田施肥数量较30年代初有所下降。如前面提到的义桥乡，一般年成每亩稻田施肥种类及数量为：河泥50担，或草灰3—4担，或菜饼40斤。稻田施肥数量较20世纪30年代上半期减少一半。因为河泥中缺乏蚕沙等绿肥，河泥的肥力也随之下降。以此之故，在施肥数量下降50%的情况下，由于单位肥料蕴含的肥力下降，稻田中实际投入的肥力，下降幅度甚至超过50%。肥料投入缩减以及单位肥料肥力下降的关键原因，在于"抗日战争中，大批桑树被敌伪砍伐，蚕茧生产量减低2/3，猪、羊等家畜也少养了，肥料也减低将近半数"②。由于肥料数量减少，肥力弱化，水稻的单位面积产量也随之下降。③

20世纪30年代前期，由于农家收入较为充裕，也有资力保持对稻田的投入，水稻单位面积产量较高。在义桥乡这样的稻作地区，至20世纪上半期，稻田的生产力并未达到其上限。如果保持肥力，稻田的单位面积产量仍可增加。杭县其他稻作区域与此类似。时人估计，如果肥料投入增加，再配合良种推广，水稻仍有较大增产余地。即使劳动投入和肥料投入不变，通过改良水稻品种，杭县在其稻田面积保持不变的情况下，所产稻米仍可供全县人民食用，甚至超过需求而略有余裕："据杭县稻麦场研究结果，杭县之气候，不宜种植双季稻，若改用纯系稻种，每亩每年可产谷五百斤，合米二石五斗。稻麦场又就同等人工肥料与面积作比较试验之结果，能使生产增加百分之十三乃至百分之二十，则农民以其因袭之技术程度，倘采用改良稻种之纯系稻，每亩每年之平均产米量，当为一石八斗零八合，乃至一石九斗二升。全县之产米量，当为九十七万六千三百二十石至一百零三万六千八百石。前者民食已可无虞，后者

---

① 中国共产党浙江省杭县委员会：《一九五〇年县委基点乡——义桥、山桥乡的工作计划、报告、调查材料》，杭州市临平区档案馆，档案编号：1-3-7。
② 中国共产党浙江省杭县委员会：《一九五〇年县委基点乡——义桥、山桥乡的工作计划、报告、调查材料》，杭州市临平区档案馆，档案编号：1-3-7。
③ 关于肥料投入下降影响单位面积产量的讨论，可参李学昌、董建波：《近代江南农村经济研究》，上海：华东师范大学出版社2015年版，第172—174页。

则有余米六万余石。"① 但这只是就试验农业成果所作的推算,并未在大田中付诸实施。实际情形恰与设想相反,20世纪40年代后期,随着农村经济的日益衰败,农家收入减少,用于改进农业生产的资金不足,肥料投入因之减少。随着施肥数量减少,水稻单位面积产量也因之下跌。

20世纪40年代后期,水稻的减产还与稻田在水旱情况下容易受灾有关。1946年至1948年三年之间,杭县连续遭受自然灾害侵袭。例如,1946年和1947年,超山乡所植水稻接连遭遇自然灾害,先遇水灾,后遭旱灾,两年均无收成。杭县县政府建设科在该乡的调查显示:"(民国)卅五年度,水灾,无收成。卅六年度,旱灾,无收成。"② 1948年,自然灾害波及杭县大部分乡镇。调查显示,当年"五月,随同涨风俱来的是连绵不断的霪雨。黄梅季下了半个多月的雨,使河水涨起了几丈。澜泥湾堤岸被冲塌数里,于是洪流涌上地面。农民们日夜不息地把水从田里车到河里,还是无济于事,浸没秧苗的面积在二千亩以上。大水退后,新秧补齐,以前为大家厌恶而现在又为大家盼望着的雨水又偏不降下了。田稻被炎阳晒了一个多月,土地发生了龟裂。于是,农民们又在日夜不息地把水从河里车到田里去。更不幸的是,各地又普遍发现了螟虫。农民们明知可以用火油扑灭它,可是因为买不起火油,只好任凭螟虫横行。据一位富有农业经验的人说:'今年的收成至少要打七折,如果再发大水或者旱灾,可能颗粒无收。'"③ 这一年,在遭受水灾、旱灾和虫灾侵害的情况下,杭县各乡镇晚稻产量普遍下跌。据杭县县政府社会科当年所作秋收调查,全县38个乡镇估计收获数量最高者为3.60石稻谷,大部分乡镇每亩平均收获量在1石至2石稻谷之间。对此次调查所得数据加以统计,可知当年晚稻亩均收获量的中值为1.40石谷,众数为1.20石谷,收获量最小者每亩只有0.20石谷,几近绝收。38个乡镇每亩稻谷产量平均为1.44石稻谷,折合259斤,较20世纪40年代后半期常年产量(每亩300斤稻谷)减少41斤,下降幅度

---

① 徐德瑞:《杭县农业之鸟瞰》,《实业统计》1935年第3卷第5期,第123页。这篇文章以平均每人每年食米2.5石,计算杭县人口全年所需食米数量为97万石。
② 杭县县政府建设科:《对五西区各乡镇农村经济的调查》,杭州市临平区档案馆,档案编号:91-3-455。
③ 沙行:《挣扎在死亡线上的杭县农民》,《展望》1948年第2卷第19期,第13页。

约为15.83%。①

由于自然灾害影响收成、肥料使用减少等原因,20世纪40年代后期,杭县稻田的单位面积产量普遍下降。以稻谷的亩均产量作为衡量标准,经过抗日战争,杭县稻田单位面积收获量约下降了16%至30%。农业产量减少,自耕农收入下降。抵御经济恶化的能力较弱的农户,易于失去农地。而典入或购入农地的农户,往往是资力较为雄厚者。如此说来,粮食生产萎缩是一种导致农地产权集中的潜在因素。但自然灾害频仍,肥料供给不足,稻田肥力下降,水稻生产需要更多的资金投入,稻田单位面积产量下降,种种因素又制约着种植水稻的收益,意味着购入稻田的投资价值下降。

20世纪40年代后期与30年代前期相比,水稻单位面积产量下降在于施肥数量减少、抵御自然灾害能力减弱等直接因素,其背后的间接原因在于农家收入水平下降,大部分农户缺乏农业生产资金,没有能力增加肥料投入,也无力减轻自然灾害的损失。同时,商品性农产物市场萎缩,经济作物在种植业中所占比重下降,农户收入转而依赖纯收益相对较低的粮食种植业,又是导致农家现金收入减少的原因。当农家现金收入减少,在急需资金而又告贷无门之时,出典或出售土地就成为筹措现金的方式。将地权抵押或出售作为获得现金的手段,导致频繁的地权转移,作为"不动产"的稻田出现了"动产化"的趋势。

(二)稻田地权的变化

统计第八都第七图、第九都第五十图、第十都第二十图种植水稻的地块可知,明确注明1930年所有人和1947年所有人的地块共计1 058块。本小节通过对比所有权人的变化,分析稻田地权转移的情况。统计结果显示,所有权人不变的稻田有236块,所有权人发生变化的稻田有822块。以地块数量计算,所有权人未变的地块占统计地块总数的22.31%,所有权人变化的地块占统计地块总数的77.69%。所有权人不变的236个地块,总面积为298.521亩,平均每块的面积为1.265亩。所有权人变化的822块稻田,总面积为1 147.836亩,

---

① 杭县县政府社会科:《各乡镇晚稻收割调查表(1948年9月至1948年12月)》,杭州市临平区档案馆,档案编号:91-3-361。

平均每块的面积为1.396亩。

上面是根据地籍所作的统计，下面我们再观察根据农户所作的统计。我们统计了各户在1930年所有农地面积，以及1947年与1930年相比，该户共计转出和转入稻田面积，分析稻田的地权变化与农户所有土地数量之间的关系，如表2-3-1-1所示。

表2-3-1-1　1930年杭县抽样农户所有土地及转出稻田面积表

业主	住址	各户总计（亩）	原有稻田（亩）	转出稻田（亩）	转入稻田（亩）	转出稻田合计（亩）
蔡荣甫	蔡家隈	3.098	0.735	0.735	0.000	0.735
蔡荣叙	蔡家隈	1.352	1.352	1.352	0.000	1.352
蔡荣尧	蔡家隈	6.033	6.033	6.033	0.000	6.033
蔡 埔	蔡家隈	8.732	8.732	8.732	0.000	8.732
曹玉堂	沈家兜	17.550	17.107	17.107	0.000	17.107
方荣财	山前	16.096	9.714	9.714	0.000	9.714
高锦昌	下确桥	148.683	133.579	64.129	21.151	42.978
高瑞棠	下确桥	81.147	74.371	74.371	0.000	74.371
高时哉	下确桥	126.863	89.244	89.244	0.000	89.244
高锡林	下确桥	33.712	29.728	26.124	0.000	26.124
高心乔	下确桥	37.770	31.903	31.807	0.000	31.807
高一心	下确桥	1.340	1.317	1.317	0.000	1.317
高掌叙	下确桥	6.903	6.903	6.903	0.000	6.903
蒋宝财	西蒋兜	0.586	0.289	0.289	0.000	0.289
蒋福宝	西蒋兜	27.342	23.812	23.812	3.274	20.538
蒋福进	西蒋兜	0.428	0.428	0.428	0.000	0.428
蒋海祥	和尚桥	5.945	1.707	1.707	0.000	1.707
蒋见文	蒋家兜	3.575	3.136	3.136	0.000	3.136
蒋寿春	西蒋兜	2.843	1.598	1.598	0.000	1.598

续 表

业　主	住　址	各户总计（亩）	原有稻田（亩）	转出稻田（亩）	转入稻田（亩）	转出稻田合计（亩）
蒋寿海	西蒋兜	23.657	21.021	21.021	4.400	16.621
蒋顺子	西蒋兜	22.764	17.000	3.897	0.000	3.897
蒋有财	西蒋兜	1.757	1.082	1.082	0.000	1.082
蒋有山	东蒋兜	10.063	7.136	7.136	0.000	7.136
蒋有松	西蒋兜	12.771	9.782	9.782	0.000	9.782
蒋有锡	西蒋兜	7.193	5.089	5.089	0.000	5.089
蒋志魁	三　墩	2.145	2.145	2.145	0.000	2.145
梁宝法	土山埧	3.815	2.483	2.483	0.000	2.483
梁福加	山　前	3.329	2.013	2.013	0.000	2.013
梁连福	土山埧	10.595	6.112	6.011	0.000	6.011
茅四宝	车家河	1.671	0.169	0.169	0.000	0.169
沈连法	花家河	1.691	0.165	0.165	0.000	0.165
沈庆福	山　前	14.363	8.754	7.966	0.000	7.966
沈万福	花家河	5.753	5.119	5.119	0.000	5.119
沈香喜	车家河	6.640	4.062	4.062	1.639	2.423
孙顺德	孙家塘	4.048	4.048	4.048	0.000	4.048
孙震坎	孙家塘	12.175	11.242	8.479	0.000	8.479
萧子华	萧家埧	1.350	1.350	1.350	0.000	1.350
徐阿庆	车家河	1.294	0.900	0.900	1.193	−0.293
徐甫林	车家河	5.591	3.197	3.197	0.000	3.197
徐洪照	车家河	6.178	2.660	2.660	0.000	2.660
严德忠	北要埧	6.345	3.989	2.469	1.875	0.594
严福祥	北要埧	51.096	44.588	26.772	0.000	26.772
姚桂福	山　前	1.189	1.189	1.189	0.000	1.189

续 表

业 主	住 址	各户总计（亩）	原有稻田（亩）	转出稻田（亩）	转入稻田（亩）	转出稻田合计（亩）
姚再高	土山垻	8.722	5.052	3.781	0.000	3.781
俞寿福	留 下	3.544	3.544	3.544	0.000	3.544
俞永庆	车家河	3.563	1.366	0.000	0.000	0.000
张德胜	毛家兜	4.661	4.661	4.661	0.000	4.661
张法贵	花甲垻	2.153	0.825	0.000	0.000	0.000
张金福	西 海	3.180	2.393	2.393	0.199	2.194
张聚龙	九房里	6.178	2.363	1.598	0.000	1.598
张坤能	花甲垻	3.098	2.235	2.235	0.000	2.235
张连忠	毛家兜	3.254	2.679	2.679	0.000	2.679
张荣进	毛家兜	25.096	19.579	16.307	0.000	16.307
张有珍	毛家兜	1.622	1.622	1.622	0.000	1.622
张正生	花甲垻	8.298	5.667	2.757	0.000	2.757
张志祥	毛家兜	44.622	36.347	36.347	4.661	31.686
朱阿生	土山垻	3.903	3.903	2.827	3.034	−0.207
朱焕庭	三 墩	29.325	29.325	29.325	0.000	29.325
朱金松	朱家角	2.841	1.513	0.808	1.553	−0.745
朱秀高	和尚桥	9.675	7.789	7.789	0.000	7.789
朱秀元	和尚桥	1.988	1.988	1.988	0.000	1.988
朱正才	郑家墩	5.075	4.108	4.108	0.000	4.108
朱子垻	土山垻	3.339	2.971	2.971	0.000	2.971

资料来源：浙江省土地局：《杭县地籍册·八都七图》，杭州市临平区档案馆，档案编号：93-9-6；杭县地籍整理办事处：《八都七图地价册》，杭州市临平区档案馆，档案编号：93-6-31至93-6-35；浙江省土地局：《杭县地籍册·九都五十图》，杭州市临平区档案馆，档案编号：93-9-64；杭县地籍整理办事处：《九都五十图地价册》，杭州市临平区档案馆，档案编号：93-6-304至93-6-308；浙江省土地局：《杭县地籍册·十都二十图》，杭州市临平区档案馆，档案编号：93-9-93；杭县地籍整理办事处：《十都二十图地价册》，杭州市临平区档案馆，档案编号：93-6-443至93-6-447。

表 2-3-1-1 中列出了五组数据,即 1930 年抽样农户所有农地总面积、1930 年各户所有稻田面积、1947 年与 1930 年相比各户转出与转入的农地面积,以及两个年份相比各户净转出农地面积。接下来,我们进一步观察这一稻田地权变化与各户 1930 年所有地权配置之间的关系。1930 年抽样各户所有农地面积及其经营种类如表 2-3-1-2。

表 2-3-1-2　1930 年杭县抽样农户所有农地面积及经营种类表

业　主	稻田(亩)	其他(亩)	合计(亩)
蔡荣甫	0.735	2.363	3.098
蔡荣叙	1.352	0.000	1.352
蔡荣尧	6.033	0.000	6.033
蔡　埔	8.732	0.000	8.732
曹玉堂	17.107	0.443	17.550
方荣财	9.714	6.382	16.096
高锦昌	133.579	15.104	148.683
高瑞棠	74.371	6.776	81.147
高时哉	89.244	37.619	126.863
高锡林	29.728	3.984	33.712
高心乔	31.903	5.867	37.770
高一心	1.317	0.023	1.340
高掌叙	6.903	0.000	6.903
蒋宝财	0.289	0.297	0.586
蒋福宝	23.812	3.530	27.342
蒋福进	0.428	0.000	0.428
蒋海祥	1.707	4.238	5.945
蒋见文	3.136	0.439	3.575

续 表

业 主	稻田(亩)	其他(亩)	合计(亩)
蒋寿春	1.598	1.245	2.843
蒋寿海	21.021	2.636	23.657
蒋顺子	17.000	5.764	22.764
蒋有财	1.082	0.675	1.757
蒋有山	7.136	2.927	10.063
蒋有松	9.782	2.989	12.771
蒋有锡	5.089	2.104	7.193
蒋志魁	2.145	0.000	2.145
梁宝法	2.483	1.332	3.815
梁福加	2.013	1.316	3.329
蒋连福	6.112	4.483	10.595
茅四宝	0.169	1.502	1.671
沈连法	0.165	1.526	1.691
沈庆福	8.754	5.609	14.363
沈万福	5.119	0.634	5.753
沈香喜	4.062	2.578	6.640
孙顺德	4.048	0.000	4.048
孙震坎	11.242	0.933	12.175
萧子华	1.350	0.000	1.350
徐阿庆	0.900	0.394	1.294
徐甫林	3.197	2.394	5.591
徐洪照	2.660	3.518	6.178
严德忠	3.989	2.356	6.345
严福祥	44.588	6.508	51.096

续　表

业　主	稻田(亩)	其他(亩)	合计(亩)
姚桂福	1.189	0.000	1.189
姚再高	5.052	3.670	8.722
俞寿福	3.544	0.000	3.544
俞永庆	1.366	2.197	3.563
张德胜	4.661	0.000	4.661
张法贵	0.825	1.328	2.153
张金福	2.393	0.787	3.180
张聚龙	2.363	3.815	6.178
张坤能	2.235	0.863	3.098
张连忠	2.679	0.575	3.254
张荣进	19.579	5.517	25.096
张有珍	1.622	0.000	1.622
张正生	5.667	2.631	8.298
张志祥	36.347	8.275	44.622
朱阿生	3.903	0.000	3.903
朱焕庭	29.325	0.000	29.325
朱金松	1.513	1.328	2.841
朱秀高	7.789	1.886	9.675
朱秀元	1.988	0.000	1.988
朱正才	4.108	0.967	5.075
朱子埂	2.971	0.368	3.339

　　资料来源：浙江省土地局：《杭县地籍册·八都七图》，杭州市临平区档案馆，档案编号：93-9-6；浙江省土地局：《杭县地籍册·九都五十图》，杭州市临平区档案馆，档案编号：93-9-64；浙江省土地局：《杭县地籍册·十都二十图》，杭州市临平区档案馆，档案编号：93-9-93。

上表中统计的高时哉、高瑞棠两户，按其实际经营的土地面积计算，出租部分未计在内。我们以1930年各户所有稻田面积为自变量，以其变动（转出）稻田面积为因变量，考察稻田面积变化与原有稻田面积之间的相关性。

以1947年与1930年相比各户转出及转入稻田面积为因变量，以各户1930年所有农地总面积为自变量，可得下表。

模 型 概 要

转出转入合计	系 数	标准误	t	$p>t$	系数的95%置信区间	
稻农总计	0.543 281	0.035 466	15.318	0.001	0.472 362	0.614 200
常数	1.298 588	1.071 640	1.212	0.230	−0.844 289	3.441 466

据上表中统计结果，$t=1.212$，$p=0.230$，可知因变量与自变量在统计上并无显著的线性相关关系。

同样，以各户转出及转入稻田面积为因变量，以各户1930年所有稻田面积为自变量，可得下表。

模 型 概 要

转出及转入合计	系 数	标准误	t	$p>t$	系数的95%置信区间	
所有稻田面积	0.626 334	0.045 569	13.744	0.001	0.535 214	0.717 455
常数	1.820 409	1.154 118	1.577	0.120	−0.487 392	4.128 210

上表统计结果显示，$t=1.35$，$p=0.184$，在统计上并不显著地区别于0，可知因变量与自变量在统计上并无显著的线性相关关系。

由上述统计结果可知，1947年与1930年相比，各户所有稻田数量的变化与他们1930年所有稻田面积缺乏相关关系，也与他们所有农地总面积缺乏相关关系，说明稻田经营收益的变化与其地权变化没有线性相关关系。

二、蚕桑经营及桑地地权

杭县东接海宁,西临余杭,北毗德清、武康,该县及四围各县均为蚕桑业发达之区,素有"丝绸之府"的美誉。近代缫丝工业兴起后,蚕茧需求迅速增加,植桑面积较前更加扩展。时人谈及杭县,称:"蚕桑为本县特产,在国际市场,向著声誉"①。当地农业往往是"稻、桑并重",在个别乡村中,农地用于种植桑树的面积甚至超过稻田。20世纪10—20年代,杭县蚕桑业达到鼎盛时期,尤其是20年代后期,可称极盛。但好景不长,盛极而衰。20年代末30年代初,受到世界经济危机影响,上海、杭州等地缫丝工业萎缩,工业原料市场对蚕茧的需求数量因而减少,同时,手工缫丝业对蚕茧的需求也急剧下跌,蚕桑业因而转趋衰落。经过30年代至40年代的反复波动,至40年代中期,蚕桑业已经跌入谷底。对于杭县这样的蚕桑种植核心区域而言,蚕桑业的兴衰起伏是桑地收益乃至农家生计变化的决定性因素,因而对桑地的地权变化具有重要影响。

(一) 杭县蚕桑业的兴衰

在20世纪20年代杭县蚕桑业全盛时期,全县常年鲜丝产量20万担,价值1 000万元左右。有学者依据丝捐征收数额推算,全县鲜丝产值至少300余万元,外加估计价值约为500万元的自缫土丝,②总计全县土丝产值不低于800万元。故《杭县等设立改良区》一文称:"本县蚕丝事业,向称繁盛之区,又为县民经济出产之大宗。"③如钦履区,"出产以蚕丝及鱼为大宗,稻、麦次之。农民以养蚕为主业,其春蚕鲜茧收获量,每户平均约二担"④。其他如乔司、临平、五都、西镇、瓶窑各区,均为蚕桑业发达的区域。蚕桑业的繁荣持续至20世纪20年代末,叶凤虎《杭县之物产及农村状况》记载了20世纪30年代初土

---

① 杭县县政府:《县政府工作报告、复员经济计划》,杭州市临平区档案馆,档案编号:91-1-81。
② 徐德瑞:《杭县农业之鸟瞰》,《实业统计》1935年第3卷第5期,第119页。
③ 《杭县等设立改良区》,《浙江省建设月刊》1933年第6卷第12期,第37页。
④ 张祝三:《杭县钦履区蚕业概况》,《蚕声》1929年第1期,第33页。

地测丈数据，显示杭县桑地面积为173 102.765亩，稻田面积为540 710.174亩，桑地面积约相当于稻田面积的32.01%，① 约占全县土地总面积的13%。② 全县年产鲜茧数量为19 166担，一部分供给本县境内各缫丝厂缫丝，另一部分转运上海销售，还有一部分由农家缫制土丝。全县各区均有蚕户缫制土丝，销与各机坊作为纺织大绸的原料，年产量估计为1 200担。③ 作为蚕桑业发达区域的杭县，在"丝蚕繁盛时期，全县农村景况，无不欣欣向荣"④。受蚕丝业市场需求旺盛的影响，杭县由养蚕而赢利的农户"与日俱增"⑤。有学者的调查显示，其时杭县"蚕户5万余户，占总户口60%。全县依此为生者，达20万人以上。诚属最重要之生产事业也。"⑥

20世纪30年代初期，中国缫丝业"外被日本蚕丝业之发展，夺取国际市场；内以农民狃于旧习，不知技术上之改进。于是丝价惨跌，销路停滞，产量锐减，品质低劣，以致形成全国整个蚕丝事业之大失败。杭县又得安能外此。据最近之统计全县蚕丝之收数，尚不及百万元"⑦。与20年代蚕桑业极盛时期相比，产值减少约90%。当时调查者感叹道："今昔视之，其农民生计，不寒而栗。"⑧ 至20世纪30年代中期，杭县的蚕桑业衰落更甚。蚕丝、蚕茧、桑业、蚕种滞销，形成连锁效应；丝价、茧价、桑价、种价连续下跌，相互影响；结果，蚕丝、蚕茧、桑叶、蚕种产量大幅下降。徐德瑞《杭县农业之鸟瞰》称："以杭县蚕桑区域之大，育蚕户数之多，历年之改良结果，虽均递有增进，然以视诸全盛时代之收获量与收获价值金额，则渺乎其少。杭县蚕丝之衰落，因丝价惨跌，丝销呆滞，而茧价以跌；茧价惨跌，桑叶价格随之而跌；叶价跌而桑园不肯加工施肥，于是桑叶之产量大减。桑叶之产量减，而养蚕之种量大减。"⑨

---

① 叶风虎：《杭县之物产及农村状况》，《浙江省建设月刊》1934年第7卷第12期，第1页。
② 徐德瑞：《杭县农业之鸟瞰》，《实业统计》1935年第3卷第5期，第119页。
③ 叶风虎：《杭县之物产及农村状况》，《浙江省建设月刊》1934年第7卷第12期，第4页。
④ 叶风虎：《杭县之物产及农村状况》，《浙江省建设月刊》1934年第7卷第12期，第5页。
⑤ 《杭县改良蚕桑模范区二十四年春期育蚕指导工作计划》，《浙江省建设月刊》1935年第8卷第11期，第11页。
⑥ 徐德瑞：《杭县农业之鸟瞰》，《实业统计》1935年第3卷第5期，第119页。
⑦ 徐德瑞：《杭县农业之鸟瞰》，《实业统计》1935年第3卷第5期，第119页。
⑧ 徐德瑞：《杭县农业之鸟瞰》，《实业统计》1935年第3卷第5期，第119页。
⑨ 徐德瑞：《杭县农业之鸟瞰》，《实业统计》1935年第3卷第5期，第121页。

缫丝、养蚕、植桑、育种原为依赖市场发展而形成的专业分工，各个环节均为高度市场化的生产过程，而且环环相扣，相互依存。蚕茧、土丝的滞销导致养蚕数量的减少和桑树种植面积萎缩，连累育种业停滞甚至衰退："养蚕之种量锐减，则种户之竞销益烈；种户之竞销愈烈，而种价益低；种价低则成本减。粗制滥造，蚕体日就虚弱；虚弱代代相传；则其虚弱之程度益增，是农事安全，不堪闻问，于是更增蚕农之损失，而愈促蚕丝之衰落。再加以土种蚕茧，缫折烘折既大，又不能制造高匀度之丝，以适应国际市场之需要，于是蚕丝业一落千丈，而至崩溃之境地。"①

在蚕丝销售数量增加及价格上涨的时期，缫丝、售茧、育蚕、栽桑、育种等各个生产环节相互促进，形成良性循环。及至20世纪30年代上半期，各个紧密相关的生产与经营环节转而发生恶性循环，其中，丝价下跌为最初诱因。故当时学者指出，杭县"蚕丝业之失败衰落，以及蚕丝改良事业前途之障碍，厥为丝价之涨落无常，以及丝销之畅滞无常"。②杭县蚕桑业之命运，主要取决于外部市场的起伏。可以说，蚕丝市场的萎缩形成"连锁效应"，最终导致整个蚕桑行业的濒临崩溃。即使将桑地改种其他作物，亦无法缓解农村经济收入骤减的压力。实际上，桑地改种其他作物并不可行。据徐德瑞《杭县农业之鸟瞰》记载，"杭县桑地，共计17万余亩，以土质论，不宜改种其他作物，即使全体改种，亦决无此广大销路之作物"。③

20世纪30年代中期与该世纪初的全盛时期相较，杭县蚕桑业已经萎缩2/3以上，但这还不是蚕桑业最为没落的时刻。抗日战争期间，蚕茧市场日趋萧条，桑地面积加速萎缩，又加战争时期桑树遭到故意毁坏，桑地面积缩减更甚。据1947年《杭县蚕农有待救济》记载，"蚕丝为本县出产之大宗，全县40万民众，大半赖以为生。惟沦陷敌手八年，所有桑树几为敌伪砍伐殆尽，饲蚕缫丝设备亦多损失"④。

抗日战争胜利之后，蚕桑业市场逐渐恢复，但因物价原因，蚕桑业的生

---

① 徐德瑞：《杭县农业之鸟瞰》，《实业统计》1935年第3卷第5期，第121页。
② 徐德瑞：《杭县农业之鸟瞰》，《实业统计》1935年第3卷第5期，第120页。
③ 徐德瑞：《杭县农业之鸟瞰》，《实业统计》1935年第3卷第5期，第121页。
④ 王正一：《杭县蚕农有待救济》，《工商新闻》1947年第61期，第4页。

产形势愈加严峻。"胜利以还,虽经蚕户艰苦地力图振兴,无如树木非一年两载所能成长,迄兹两年仍无法恢复其生产。往常缫丝数千两之户,事极平常。年来缫丝达千两者,至云幸矣。二蚕秋蚕以苦于蚕食——蚕桑之奇缺,抑且价值高昂,入不敷出,故饲养者绝无仅有。"① 抗日战争结束两年之后的1947年,有调查显示杭县各乡蚕桑业均较抗日战争以前大幅衰落。如超山乡,桑树"经抗战沦陷后,受敌损害,减去一半,现无桑苗,不能种植。"当地农村经济受此消极影响,农民生活"甚困难"。② 东安乡抗日战争前桑树数量为75 000株,战后仅余25 000株,减少50 000株,即减少了三分之二。博陆乡抗日战争前有桑树约18万株,战后仅剩4万株,减少四分之三以上。该乡桑树减少的原因,部分在于日寇挖掘砍伐,肆意破坏;更为主要的原因是,抗日战争后,"丝茧贬价,粮食价高,大部分改种其他作物"③。此外还有一个原因,即缺乏资金,"农民无力栽培,日形荒败"④。抗日战争前的乾元乡,桑树种植面积为3 000亩,战后种植面积为2 000亩,减少1 000亩,原因是"桑虫蛀及卷菜虫害"⑤。小林乡,战前桑树种植面积为1 500亩,战后种植面积为1 000亩,减少500亩,原因为"桑树被虫蛀蚀或卷菜虫吃去叶片"。⑥ 蚕桑业曾经盛极一时的履泰乡,抗日战争前,桑树种植数量为5万余株,战后,剩余3万余株,损失2万余株。五常乡,抗日战争前,桑树种植数量为250万株,战后减少为150万株,减少了40%。塘河乡,抗日战争前,桑树种植面积为430亩,战后减少为140亩,减少了290亩,缩减了67%。山桥乡,抗日战争前,有桑树数量90万株,战后仅剩40万株,前后比较,减少50%以上。

---

① 王正一:《杭县蚕农有待救济》,《工商新闻》1947年第61期,第4页。
② 杭县县政府建设科:《对五西区各乡镇农村经济的调查》,杭州市临平区档案馆,档案编号:91-3-455。
③ 杭县县政府建设科:《对临平、亭趾、东安、博陆、乾元、小林等乡镇农村经济调查》,杭州市临平区档案馆,档案编号:91-3-453。
④ 杭县县政府建设科:《对临平、亭趾、东安、博陆、乾元、小林等乡镇农村经济调查》,杭州市临平区档案馆,档案编号:91-3-453。
⑤ 杭县县政府建设科:《对临平、亭趾、东安、博陆、乾元、小林等乡镇农村经济调查》,杭州市临平区档案馆,档案编号:91-3-453。
⑥ 杭县县政府建设科:《对临平、亭趾、东安、博陆、乾元、小林等乡镇农村经济调查》,杭州市临平区档案馆,档案编号:91-3-453。

原因在于"农村经济崩溃,及战时缺乏农工而致荒芜,故将桑树砍伐为柴,或烧或卖"。① 崇化乡,抗日战争前,有桑树79万株,战后剩余20万株,战后仅为战前的四分之一。"蚕桑因于沦陷期间遭敌伪砍伐及游击部队所砍伐者约二分之一。因受饥饿胁迫,自行砍伐者约四分之一。所存之四分之一,亦荒芜不堪。"② 故《杭县崇化乡农业经济调查表》称:"本乡因遭敌骑踩躏八载,农村经济全部崩溃,民不聊生。"大陆乡,抗日战争前有桑树14万余株,战后仅剩8万余株,减少40%。③ 树塘乡,抗日战争前种植桑树1 668亩,战后仅剩118亩,减少1 550亩,减少93%。新宁乡,抗日战争以前种植桑树160亩,战后仅剩80亩,减少一半。东清乡,抗日战争以前,桑树数量为8万余株,战后仅剩1万余株,较战前少7万余株。周安乡,抗日战争以前,桑树数量为10 000株,战后仅剩4 500株,减少5 500株。④ 桑树种植在乔司只占耕作面积的6%,但在这里,育蚕户数也有1 000户之多。抗日战争前,乔司种植桑树的农地面积有800亩,战后减少为600亩,减少了200亩,减少幅度为25%。翁梅乡,抗日战争前每年桑叶产量为800担,战后每年桑叶产量下降为50担,仅约相当于战前的十六分之一。丁兰乡,战前桑地约有100亩,战后减少为30亩,减少70%。永泰乡,抗日战争以前,桑树种植面积为5 463亩,战后下降为1 821亩,减少三分之一。东平乡,抗日战争以前,种植桑树的数量约为4亿株,战后下降为约2亿株,减少一半。平泾乡,抗日战争以前,桑树种植面积1 000余亩,战后减少为500亩,下降一半以上。⑤ 1947年,小林乡种植桑树1 000亩(占全乡耕作面积的15%),与抗日战争以前相比,桑树的种植面积减少500亩,约减少33%。平均而言,全县40年代后期的桑地面积仅相当于

---

① 杭县县政府建设科:《对崇化、大陆、山桥、双桥、塘河、五常、履泰乡农村经济调查》,杭州市临平区档案馆,档案编号:91-3-456。
② 杭县县政府建设科:《对崇化、大陆、山桥、双桥、塘河、五常、履泰乡农村经济调查》,杭州市临平区档案馆,档案编号:91-3-456。
③ 杭县县政府建设科:《对崇化、大陆、山桥、双桥、塘河、五常、履泰乡农村经济调查》,杭州市临平区档案馆,档案编号:91-3-456。
④ 杭县县政府建设科:《对龙坞、树塘、定山、云泉、寿民、新宁、东清、回龙、周安乡农村经济调查》,杭州市临平区档案馆,档案编号:91-3-458。
⑤ 杭县县政府建设科:《对乔司、翁梅、丁兰、永泰、东平、平泾、忠义、五杭等乡镇农村经济调查》,杭州市临平区档案馆,档案编号:91-3-454。

30年代前期的48.92%，下降幅度约为51.08%。桑地面积减少最多的乡镇，后期与前期相比，桑地面积减少90%，大部分乡镇桑地面积下降幅度为60%。

（二）蚕桑业影响农家生计

植桑养蚕为杭县普遍性的农副业生产，蚕桑业之衰落对于农村经济具有整体性的影响。① 1933年，杭县县长在给浙江省建设厅的呈文中称："近年以来，属县蚕丝事业，一落千丈，以致农村经济，益形凋敝。"② 其中，普通农户生计所受影响更加严重。由于丝价下跌，杭县"蚕丝事业衰落以后，农民收入既已减少……故农村状况日趋穷困，十户农家殆有九户负债"③。

蚕桑业衰落导致杭县桑农的收入减少。徐德瑞分析了蚕丝价格与桑叶价格相互影响的情形：市场对蚕丝的需求下降，导致杭县蚕丝价格下跌，蚕茧价格随之下挫。蚕丝、蚕茧价格降低，影响桑叶售价。桑叶价格下落，桑农无利可图，不愿在桑园中施肥，结果桑叶产量锐减。养蚕数量减少，蚕种业也相应萎缩。④

蚕桑业衰落还影响到杭县土丝业，以丝绵、土丝为家庭副业的农户收入因而下降。蚕丝一项，在杭县各区均有出产，"蚕户所缫土丝，售卖与各机坊纺织大绸"⑤，每年产量约为1 200担。20世纪30年代上半期，由于"丝织销路一落千丈"，⑥杭县土丝生产也陷于困境，"因丝价渐跌，且乡间金融周转不灵，蚕户率多售茧，故缫制土丝渐减"⑦。同时，由杭县各家丝厂生产的生丝数量也趋减少。杭县生丝工业主要集中在塘栖、南塘、祥符桥等处，常年产量总计约为1 840担。"各丝厂所制生丝，均运往欧美销售，如崇裕、大纶等厂出品，均运往欧洲；惠纶及开源等厂，则多运销美洲。"⑧ 由于30年代初国际市场的生

---

① 徐德瑞：《杭县农业之鸟瞰》，《实业统计》1935年第3卷第5期，第119页。
② 《杭县等设立改良区》，《浙江省建设月刊》1933年第6卷第12期，第37页。
③ 叶凤虎：《杭县之物产及农村状况》，《浙江省建设月刊》1934年第7卷第12期，第6页。
④ 徐德瑞：《杭县农业之鸟瞰》，《实业统计》1935年第3卷第5期，第121页。
⑤ 叶凤虎：《杭县之物产及农村状况》，《浙江省建设月刊》1934年第7卷第12期，第4页。
⑥ 《本省社会调查总报告（三）杭县（续）》，《浙江党务》1931年第139、140期，第42页。据该调查，杭州市"国货商品以丝织物（绸缎）为最著名，其中分熟货、生货两种，在昔日发达之时，每年营业达三千万以上。自服制维新，呢绒盛行，丝织销路一落千丈"。
⑦ 叶凤虎：《杭县之物产及农村状况》，《浙江省建设月刊》1934年第7卷第12期，第4页。
⑧ 叶凤虎：《杭县之物产及农村状况》，《浙江省建设月刊》1934年第7卷第12期，第5页。

丝需求下降，这些工厂所产生丝数量也随之下降。

据徐德瑞在当时依据全县桑田数量和桑树培植情况所作的估计，在杭县蚕丝业的全盛时期，全县年产鲜丝约为20万担，价值约为1 000万元。即使依照丝捐收入数量估算，全年蚕丝产值也达到300万余元以上。除此以外，还有农户自制土丝，其价值无精确之统计，估计全年产值至少500万元。至30年代初，由于市场萎缩，市价惨跌，鲜丝和土丝的销售数量均趋减少，产量也随之遽减。据徐德瑞在1933年所作的估计，当年杭县全县蚕丝产值尚不到100万元，仅相当于全盛时期的1/15至1/10。换言之，杭县丝户的收入约只相当于数年前的1/15至1/10。①

据《杭县等设立改良区》报道，"近年以来，属县蚕丝事业，一落千丈，以致农村经济，益形凋敝"②。杭县因其"蚕丝事业，向称繁盛之区，又为县民经济出产之大宗。只以惯用土种，罔求改良，以致出品不能竞进，价值日就衰落……影响一县民生"③。因此，1934年杭县县长叶风虎在《杭县之物产及农村状况》一文中称："本县为蚕桑区域，往昔丝蚕繁盛时期，全县农村景况，无不欣欣向荣。迨丝蚕价跌，蚕丝事业衰落之后，农民收入既已减少，而社会风气反趋奢靡，在消费方面有增无减，故农村状况日趋穷困。"④ 据叶风虎的观察，蚕桑业衰落给杭县农家生计带来深刻变化。他在同一篇文章中称："据平时考察所得，十户农家殆有九户负债。至于农民耕作资金之借贷，与乎款项之周转，一藉典当，二赖富户放款，三由组织合作社向银行借贷。全县现有典当七家，年来亦以满货堆积，无法脱售，资本周转不灵，以致有亏无盈，前途均岌岌堪危。而农民方面，因各种农产价格低落，而衣食既不可缺，以致收支失其平衡，信用无法维持，而整个农村社会之经济现状，顿成拮据混乱之现象。"⑤

20世纪40年代后期的调查显示，抗日战争以前养蚕户数多达40余万户的

---

① 徐德瑞：《杭县农业之鸟瞰》，《实业统计》1935年第3卷第5期，第119页。
② 《杭县等设立改良区》，《浙江省建设月刊》1933年第6卷第12期，第37页。
③ 《杭县等设立改良区》，《浙江省建设月刊》1933年第6卷第12期，第37页。
④ 叶风虎：《杭县之物产及农村状况》，《浙江省建设月刊》1934年第7卷第12期，第6页。
⑤ 叶风虎：《杭县之物产及农村状况》，《浙江省建设月刊》1934年第7卷第12期，第6页。

杭县，桑树已被砍伐殆尽，桑叶供给严重不足，饲蚕工具多数废弃，缫丝设备大半损毁，蚕桑业已经元气大伤。抗日战争胜利后，地方政府也曾致力于蚕桑业的复兴，怎奈桑树培育与生长需要多年时间，农户虽有心恢复桑树种植，但受制于经济拮据，缺乏购置桑苗、培育桑树、增加肥料的资金，故而桑树种植数量难以增加，桑叶的供给无法满足养蚕业的需求。在抗日战争以前，杭县每年缫丝达到数百斤的农户较为常见；在抗日战争结束后的经济恢复时期，杭县养蚕、缫丝之家，每年能够生产的土丝数量达到百斤者已属罕见。蚕桑业生产之衰落情形，由此可见一斑。其对农家经济的影响也至为深刻。1947年，杭县丝价大幅上涨，其原因就在于桑树种植面积锐减，蚕茧供给不足，丝户无茧可缫，蚕丝产量下降。①

（三）桑地地权的变化

蚕桑业收入减少，桑树种植面积萎缩，影响着桑地的地权变化。本小节统计了第八都第七图、第九都第五十图、第十都第二十图共计 2 856 块桑地，对比其 1947 年所有人与 1930 年所有人是否相同。通过比较，分析所有权人发生变化的地块数量与土地面积，并将之与稻田、果园数量和面积作比较。

1947 年与 1930 年相比，桑地所有权不变的地块有 596 块，占全部统计 2 856 块桑地的 20.868%。相应地，所有权人发生变化的桑地块数为 2 260 块，占全部统计桑地数量的 79.132%。所有权人未发生变化的 596 块桑地，总面积为 211.404 亩，占全部统计 2 856 块桑地总面积 1 102.240 亩的 19.179%。所有权人发生变化的桑地总面积为 890.836 亩，占全部统计桑地总面积的 80.821%。桑地所有权改变的地块所占比重，较稻田所有权改变的比重略高。

我们对 2 856 块桑地随机抽样，统计抽样的 283 个地块，其中，1 块桑地 1947 年所有人不详，故未纳入统计。在 282 个有效样本中，业主未变的地块数有 75 块，业主发生变化的地块数有 207 块。业主未变的地块数占抽样地块数的 26.60%，业主发生变化的地块数占抽样地块数的 73.40%。总计 282 个有效样本地块的总面积为 114.119 亩，其中，地块业主未发生变化的地块面积合计

---

① 王正一：《杭县蚕农有待救济》，《工商新闻》1947 年第 61 期，第 4 页。

为35.664亩，占样本地块总面积的31.25%。地块业主发生变化的地块面积合计为78.455亩，占样本地块总面积的68.75%。

上面是按照地块所作的统计，如果将上面的地块"归户"计算，可得到各户桑地转移的情况。（表2-3-2-1）

表2-3-2-1　1930—1947年桑地抽样地块地权变化表

业主	住址	1930年地积（亩）	1930年桑地（亩）	转出桑地（亩）	转入桑地（亩）	转出桑地合计（亩）
贝寿喜	贝家桥	7.585	1.431	0.105	0.000	0.105
贝顺昌	贝家桥	9.443	2.425	2.425	0.000	2.425
贝顺高	贝家桥	3.984	1.306	1.306	0.000	1.306
贝顺玉	贝家桥	9.379	1.539	1.539	0.000	1.539
曹阿和	曹家兜	3.451	0.304	0.304	0.000	0.304
曹德明	沈家兜	22.401	2.094	0.251	0.000	0.251
曹圣标	曹家兜	0.550	0.550	0.550	0.000	0.550
曹叙宝	曹家兜	2.087	0.050	0.050	0.000	0.050
曹玉堂	沈家兜	17.550	0.416	0.416	0.000	0.416
曹长根	曹家兜	0.375	0.375	0.375	0.000	0.375
陈金元	天竹兜	0.075	0.075	0.075	0.000	0.075
褚阿永	褚家塘	0.326	0.063	0.063	0.000	0.063
褚发林	褚家塘	0.210	0.191	0.191	0.000	0.191
褚再富	西蒋兜	10.834	2.140	2.140	0.000	2.140
傅葭青	土山埧	10.081	2.483	2.427	0.000	2.427
高才琴	下确桥	1.332	1.332	1.332	0.000	1.332
高大琴	下确桥	52.306	2.277	1.909	0.000	1.909
高大勋	下确桥	8.630	0.386	0.386	0.000	0.386

续表

业主	住址	1930年地积(亩)	1930年桑地(亩)	转出桑地(亩)	转入桑地(亩)	转出桑地合计(亩)
高奎生（高钱氏）	下确桥	15.116	4.940	4.940	0.000	4.940
高瑞棠	下确桥	133.575	6.823	5.028	0.000	5.028
高胜良（梁）	下确桥	17.514	4.709	4.661	0.000	4.661
高胜元	后村	13.000	1.836	1.836	0.000	1.836
高时哉	下确桥	126.863	18.271	16.535	0.000	16.535
高顺泉	下确桥	1.208	0.855	0.855	0.000	0.855
高心乔	下确桥	37.770	4.121	3.906	0.000	3.906
高掌福	下确桥	60.366	4.878	4.630	0.000	4.630
计顺贵	计家埧	4.972	1.521	0.535	2.150	−1.615
计振法	计家埧	1.437	0.514	0.300	0.000	0.300
蒋凤岐	西蒋兜	24.624	2.870	2.870	0.000	2.870
蒋凤亭	下确桥	18.207	2.777	2.777	0.000	2.777
蒋洪高	蒋家兜	1.923	0.936	0.936	0.000	0.936
蒋胜堂	蒋家兜	0.750	0.750	0.750	0.000	0.750
蒋士德	西蒋兜	1.443	0.995	0.890	0.000	0.890
蒋寿海	西蒋兜	23.657	2.271	2.271	0.961	1.310
蒋顺培	东蒋兜	17.574	1.875	1.875	0.193	1.682
蒋顺子	西蒋兜	22.764	5.369	2.049	0.000	2.049
蒋孝广	木桥头	0.992	0.508	0.508	0.000	0.508
蒋永水	西蒋兜	2.396	0.225	0.225	0.024	0.201
蒋友坤	蒋家兜	2.918	2.918	2.303	0.000	2.303
蒋有财	西蒋兜	1.757	0.472	0.284	0.000	0.284

续 表

业 主	住 址	1930年地积（亩）	1930年桑地（亩）	转出桑地（亩）	转入桑地（亩）	转出桑地合计（亩）
蒋有山	西蒋兜	10.063	2.927	2.927	0.000	2.927
蒋玉宝	西蒋兜	0.217	0.172	0.172	0.000	0.172
蒋掌庆	西蒋兜	1.153	1.014	1.014	0.000	1.014
蒋政昌	沈家兜	0.574	0.574	0.574	0.000	0.574
金永泉	新桥头	0.446	0.446	0.446	0.000	0.446
郎阿蚕	后 村	1.256	0.569	0.072	0.000	0.072
郎福堂	后 村	0.548	0.548	0.548	0.000	0.548
郎广胜	后 村	6.497	1.891	1.310	0.139	1.171
郎金法	后 村	0.859	0.859	0.720	0.000	0.720
郎金有	后 村	2.955	1.207	1.207	0.469	0.738
郎谨其	后 村	5.001	1.756	0.161	0.000	0.161
郎谨哉	后 村	6.367	3.238	3.079	0.000	3.079
郎圣财	后 村	1.077	0.941	0.083	0.000	0.083
郎顺法	后 村	1.011	0.591	0.086	0.000	0.086
郎顺连	后 村	10.294	2.552	2.552	0.000	2.552
郎锡根	后 村	3.902	0.960	0.150	0.000	0.150
郎锡荣	后 村	1.105	0.509	0.099	0.000	0.099
郎雪荣	后 村	2.375	0.586	0.102	0.000	0.102
郎应昌	后 村	0.061	0.061	0.061	0.000	0.061
郎在祥	后 村	32.971	9.699	0.064	0.000	0.064
李德洪	贝家桥	4.069	0.507	0.071	0.000	0.071
李茂林	贝家桥	3.972	1.185	0.114	0.000	0.114
李天云	下婆兜	5.597	1.568	0.510	0.000	0.510
李再根	贝家桥	15.610	1.365	1.365	0.039	1.326

续 表

业 主	住 址	1930年地积(亩)	1930年桑地(亩)	转出桑地(亩)	转入桑地(亩)	转出桑地合计(亩)
李再坤	后 村	10.544	1.772	1.772	0.000	1.772
李再全	后 村	12.108	2.009	1.265	0.000	1.265
梁金福	土山埧	10.931	1.399	0.068	0.994	−0.926
梁金寿	山 前	3.259	0.809	0.809	0.000	0.809
梁连生	山 前	8.168	0.300	0.006	0.000	0.006
陆金元	后 村	10.174	0.547	1.015	0.000	1.015
陆顺喜	木桥头	1.731	1.015	0.607	0.000	0.607
沈春才	浥浪桥	1.004	0.607	0.214	0.000	0.214
沈甫天	花家河	0.214	0.214	0.029	0.000	0.029
沈美堂	花家河	6.373	0.029	1.170	0.000	1.170
沈其昌	车家河	4.963	1.425	1.425	0.000	1.425
沈庆寿	土山埧	0.433	0.083	0.083	0.000	0.083
沈文玉	花家河	4.220	1.190	1.190	0.000	1.190
沈香寿	车家河	5.501	1.228	1.228	0.000	1.228
盛天元	刘古庄	2.773	0.872	0.872	0.000	0.872
孙彩宝	孙家塘	0.311	0.311	0.311	0.000	0.311
孙德富	孙家塘	7.304	2.835	2.835	0.405	2.430
孙德茂	孙家塘	7.469	2.835	0.348	0.405	−0.057
孙德荣	孙家塘	1.800	1.590	0.585	0.000	0.585
孙德贞	后 村	5.415	0.585	1.289	0.000	1.289
孙加宝	孙家兜	1.862	1.355	0.656	0.000	0.656
孙加发	木桥头	16.035	6.296	4.876	0.000	4.876
孙加玉	孙家塘	0.296	0.296	0.296	0.000	0.296
孙进毫	木桥头	14.834	0.852	0.852	0.000	0.852

续 表

业　主	住　址	1930年地积(亩)	1930年桑地(亩)	转出桑地(亩)	转入桑地(亩)	转出桑地合计(亩)
孙志明	孙家塘	0.086	0.086	0.086	0.000	0.086
孙志忠	孙家塘	2.574	1.006	0.878	0.000	0.878
汪顺财	汪家兜	0.646	0.293	0.293	0.000	0.293
汪有财	计家圫	1.587	0.882	0.882	0.000	0.882
王叙林	后　村	17.954	3.162	2.974	0.000	2.974
王御兴	曹家兜	0.402	0.402	0.402	0.000	0.402
徐何长（徐和尚）	车家河	5.610	0.101	0.101	0.851	−0.750
徐见章	车家河	2.454	0.570	0.570	0.101	0.469
徐奎成	车家坞	4.153	0.664	0.664	0.651	0.013
严炳文	北要圫	15.313	4.519	3.972	0.000	3.972
严福祥	北要圫	51.096	4.604	3.920	0.000	3.920
严加龙	北要圫	4.513	2.859	2.401	0.000	2.401
严荣生	北要圫	0.806	0.618	0.195	0.000	0.195
严彰洪	北要圫	28.106	5.528	4.345	0.000	4.345
杨美容（荣）	后　村	3.615	1.665	1.312	0.000	1.312
姚雪春	后　村	1.038	0.733	0.733	0.188	0.545
殷德林	冯家圫	11.987	8.712	8.615	0.391	8.224
张宝元	九房里	0.096	0.035	0.035	0.000	0.035
张宝根	九房里	0.346	0.346	0.035	0.000	0.035
张宝珍	九房里	2.301	0.130	0.130	0.000	0.130
张彩宝	张家社	0.706	0.507	0.507	0.000	0.507
张富才	毛家兜	3.518	1.538	1.287	0.000	1.287
张聚龙	九房里	6.178	1.689	1.540	0.000	1.540

续 表

业 主	住 址	1930年地积(亩)	1930年桑地(亩)	转出桑地(亩)	转入桑地(亩)	转出桑地合计(亩)
张荣进	毛家兜	25.096	3.912	3.912	0.000	3.912
张叙堂	九房里	11.037	2.206	1.417	0.000	1.417
张镛彬	毛家兜	7.744	0.263	0.263	0.000	0.263
张正生	花甲坞	8.298	0.079	0.079	0.000	0.079
张子元	花家河	8.257	0.943	0.233	0.000	0.233
朱凤林	郑家墩	5.965	1.943	0.615	0.000	0.615
朱叙高	朱家角	7.220	0.433	0.034	0.758	−0.724
朱延福	郑家墩	0.325	0.325	0.325	0.000	0.325
朱有炳	和尚桥	4.468	1.417	0.453	0.000	0.453
朱有锡	和尚桥	3.656	0.835	0.835	0.000	0.835

资料来源：浙江省土地局：《杭县地籍册·八都七图》，杭州市临平区档案馆，档案编号：93-9-6；杭县地籍整理办事处：《八都七图地价册》，杭州市临平区档案馆，档案编号：93-6-31至93-6-35；浙江省土地局：《杭县地籍册·九都五十图》，杭州市临平区档案馆，档案编号：93-9-64；杭县地籍整理办事处：《九都五十图地价册》，杭州市临平区档案馆，档案编号：93-6-304至93-6-308；浙江省土地局：《杭县地籍册·十都二十图》，杭州市临平区档案馆，档案编号：93-9-93；杭县地籍整理办事处：《十都二十图地价册》，杭州市临平区档案馆，档案编号：93-6-443至93-6-447。

下面我们从两个不同角度分析影响桑地地权变化的相关因素。其一为1930年各户所有土地面积及桑地面积对其桑地地权变化的影响。我们以各户转出桑地的面积为因变量，以它们原有桑地面积为自变量，分析两者之间的相关关系，如下表。

模型概要

转 出	系 数	标准误	t	$p>t$	系数的95%置信区间	
桑地	1.005 804	0.048 732	20.640	0.001	0.909 311	1.102 297
常数	0.452 435	0.116 128	3.896	0.001	0.222 489	0.682 380

以 y 代表因变量,即农户转出桑地面积;以 x 代表自变量,即各农户1930年原有桑地面积,可得到下列显示自变量与因变量相关关系的回归方程:

$$y=0.452+1.006x$$

整体 F 检验结果显示,F 统计量为425.997,自由度为1和119,$p=0.0000$,意味着 p 小于0.00005,拒绝模型中 x 等于零这一假设,故上列相关关系成立。确定系数 $R^2=0.3782$,说明1930年各户所有桑地面积解释了截至1947年大约38%的桑地转出面积。因变量与自变量相关关系如图2-3-2-1所示。

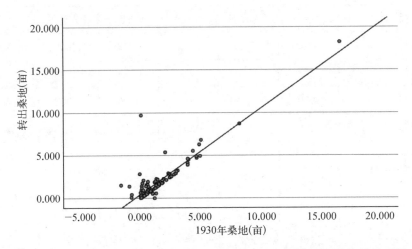

图2-3-2-1 1947年农户转出桑地面积与1930年桑地面积相关关系图

资料来源:浙江省土地局:《杭县地籍册·八都七图》,杭州市临平区档案馆,档案编号:93-9-6;杭县地籍整理办事处:《八都七图地价册》,杭州市临平区档案馆,档案编号:93-6-31至93-6-35;浙江省土地局:《杭县地籍册·九都五十图》,杭州市临平区档案馆,档案编号:93-9-64;杭县地籍整理办事处:《九都五十图地价册》,杭州市临平区档案馆,档案编号:93-6-304至93-6-308;浙江省土地局:《杭县地籍册·十都二十图》,杭州市临平区档案馆,档案编号:93-9-93;杭县地籍整理办事处:《十都二十图地价册》,杭州市临平区档案馆,档案编号:93-6-443至93-6-447。

上述统计结果说明,1947年与1930年相比农户转出桑地的面积,与其1930年所有桑地面积呈正相关关系。1930年所有桑地面积越多的农户,越有可能转出更多的桑地。

其二为各户桑地所占农地比重对其地权变化的影响。在这一部分的分析中,我们需要考虑到自营农地与出租土地的区别。即我们的分析中,将不包括那些用于出租的农地,仅限于用于自营的农地。

依据表2-3-2-1中所列桑地地权变化的农户，我们统计这些农户所有农地面积及其使用状况。以便进一步分析桑地地权变化与各户所有农地数量以及经营结构之间的相关关系。

表2-3-2-2 1930年抽样农户所有农地数量及地目表

业　　主	桑地（亩）	稻田（亩）	水荡（亩）	林竹（亩）	其他（亩）	地积合计（亩）
贝寿喜	1.431	5.280	0.413	0.461	0.000	7.585
贝顺昌	2.425	6.729	0.000	0.289	0.000	9.443
贝顺高	1.306	2.209	0.469	0.000	0.000	3.984
贝顺玉	1.539	7.607	0.000	0.000	0.233	9.379
曹阿和	0.304	2.524	0.000	0.623	0.000	3.451
曹德明	2.094	19.560	0.000	0.747	0.000	22.401
曹圣标	0.550	0.000	0.000	0.000	0.000	0.550
曹叙宝	0.050	1.714	0.000	0.323	0.000	2.087
曹玉堂	0.416	17.107	0.027	0.000	0.000	17.550
曹长根	0.375	0.000	0.000	0.000	0.000	0.375
陈金元	0.075	0.000	0.000	0.000	0.000	0.075
褚阿永	0.063	0.000	0.000	0.263	0.000	0.326
褚发林	0.191	0.000	0.000	0.019	0.000	0.210
褚再富（福）	2.140	7.088	0.990	0.616	0.000	10.834
傅葭青	2.483	2.340	3.398	0.000	1.860	10.081
高才琴	1.332	0.000	0.000	0.000	0.000	1.332
高大琴	2.277	46.302	0.000	1.166	2.561	52.306
高大勋	0.386	7.708	0.480	0.056	0.000	8.630
高奎生（高钱氏）	4.940	10.078	0.000	0.098	0.000	15.116
高瑞棠	6.823	121.445	0.506	3.556	1.245	133.575
高胜良（梁）	4.709	11.207	0.180	0.229	1.189	17.514

续 表

业　主	桑地（亩）	稻田（亩）	水荡（亩）	林竹（亩）	其他（亩）	地积合计（亩）
高胜元	1.836	10.962	0.000	0.202	0.000	13.000
高时哉(再)	18.271	99.880	0.836	6.893	0.983	126.863
高顺泉	0.855	0.000	0.000	0.000	0.353	1.208
高心乔	4.121	31.903	0.000	0.145	1.601	37.770
高掌福	4.878	53.309	0.000	2.179	0.000	60.366
计顺贵	1.521	3.451	0.000	0.000	0.000	4.972
计振法(发)	0.514	0.923	0.000	0.000	0.000	1.437
蒋凤岐	2.870	19.653	1.733	0.000	0.368	24.624
蒋凤亭	2.777	15.100	0.000	0.000	0.330	18.207
蒋洪高	0.936	0.000	0.000	0.987	0.000	1.923
蒋胜堂	0.750	0.000	0.000	0.000	0.000	0.750
蒋士德	0.995	0.289	0.000	0.159	0.000	1.443
蒋寿海	2.271	21.021	0.000	0.365	0.000	23.657
蒋顺培	1.875	15.148	0.551	0.000	0.000	17.574
蒋顺子	5.369	17.000	0.000	0.000	0.395	22.764
蒋孝广	0.508	0.000	0.465	0.019	0.000	0.992
蒋永水	0.225	2.171	0.000	0.000	0.000	2.396
蒋友坤	2.918	0.000	0.000	0.000	0.000	2.918
蒋有财	0.472	1.082	0.000	0.203	0.000	1.757
蒋有山	2.927	7.136	0.000	0.000	0.000	10.063
蒋玉宝	0.172	0.045	0.000	0.000	0.000	0.217
蒋掌庆	1.014	0.000	0.000	0.139	0.000	1.153
蒋政昌	0.574	0.000	0.000	0.000	0.000	0.574
金永泉	0.446	0.000	0.000	0.000	0.000	0.446

续　表

业　主	桑地（亩）	稻田（亩）	水荡（亩）	林竹（亩）	其他（亩）	地积合计（亩）
郎阿蚕	0.569	0.345	0.263	0.079	0.000	1.256
郎福堂	0.548	0.000	0.000	0.000	0.000	0.548
郎广胜	1.891	3.376	0.341	0.889	0.000	6.497
郎金法	0.859	0.000	0.000	0.000	0.000	0.859
郎金有	1.207	1.448	0.000	0.300	0.000	2.955
郎谨其	1.756	3.204	0.000	0.041	0.000	5.001
郎谨哉	3.238	1.666	1.058	0.405	0.000	6.367
郎圣财(胜财)	0.941	0.000	0.000	0.136	0.000	1.077
郎顺法	0.591	0.214	0.000	0.000	0.206	1.011
郎顺连	2.552	6.789	0.356	0.597	0.000	10.294
郎锡根	0.960	2.548	0.000	0.394	0.000	3.902
郎锡荣	0.509	0.596	0.000	0.000	0.000	1.105
郎雪荣	0.586	1.789	0.000	0.000	0.000	2.375
郎应昌	0.061	0.000	0.000	0.000	0.000	0.061
郎在祥	9.699	3.196	15.380	0.000	4.696	32.971
李德洪	0.507	2.936	0.000	0.626	0.000	4.069
李茂林	1.185	1.621	0.915	0.169	0.082	3.972
李天云	1.568	4.029	0.000	0.000	0.000	5.597
李再根	1.365	13.057	0.195	0.512	0.481	15.610
李再坤	1.772	8.164	0.000	0.000	0.608	10.544
李再全	2.009	10.099	0.000	0.000	0.000	12.108
梁金福	1.399	7.696	0.105	1.731	0.000	10.931
梁金寿	0.809	1.215	0.000	0.000	1.235	3.259
梁连生	0.300	5.309	0.548	0.000	2.011	8.168

续表

业　　主	桑地（亩）	稻田（亩）	水荡（亩）	林竹（亩）	其他（亩）	地积合计（亩）
陆金元	0.547	5.386	0.956	0.066	3.219	10.174
陆顺喜	1.015	0.379	0.278	0.059	0.000	1.731
沈春才	0.607	0.000	0.000	0.397	0.000	1.004
沈甫天	0.214	0.000	0.000	0.000	0.000	0.214
沈美堂	0.029	4.051	0.000	0.000	2.293	6.373
沈其昌	1.425	2.993	0.000	0.000	0.545	4.963
沈庆寿	0.083	0.000	0.000	0.000	0.350	0.433
沈香寿	1.228	3.042	0.000	0.000	1.231	5.501
沈文玉	1.190	1.354	0.066	0.000	1.610	4.220
盛天元	0.872	1.646	0.000	0.255	0.000	2.773
孙彩宝	0.311	0.000	0.000	0.000	0.000	0.311
孙德富	2.835	4.469	0.000	0.000	0.000	7.304
孙德茂	2.835	4.160	0.309	0.165	0.000	7.469
孙德荣	1.590	0.000	0.000	0.210	0.000	1.800
孙德贞	0.585	4.830	0.000	0.000	0.000	5.415
孙加宝	1.355	0.446	0.000	0.046	0.015	1.862
孙加发(法)	6.296	2.344	1.785	0.000	5.610	16.035
孙加玉	0.296	0.000	0.000	0.000	0.000	0.296
孙进亳	0.852	8.559	0.251	5.172	0.000	14.834
孙志明	0.086	0.000	0.000	0.000	0.000	0.086
孙志中	1.006	1.568	0.000	0.000	0.000	2.574
汪顺财	0.293	0.000	0.353	0.000	0.000	0.646
汪有财	0.882	0.000	0.326	0.135	0.244	1.587
王叙林	3.162	14.619	0.173	0.000	0.000	17.954
王御兴	0.402	0.000	0.000	0.000	0.000	0.402

续 表

业　主	桑地（亩）	稻田（亩）	水荡（亩）	林竹（亩）	其他（亩）	地积合计（亩）
徐何长	0.101	3.690	0.000	0.000	1.819	5.610
徐见章	0.570	0.743	0.000	0.000	1.141	2.454
徐奎成	0.664	2.536	0.000	0.000	0.953	4.153
严炳文	4.519	8.196	0.950	1.648	0.000	15.313
严福祥	4.604	44.588	0.238	1.666	0.000	51.096
严加龙	2.859	1.298	0.000	0.356	0.000	4.513
严荣生	0.618	0.000	0.000	0.188	0.000	0.806
严彰洪	5.528	20.181	0.789	1.522	0.086	28.106
杨美荣(容)	1.665	1.950	0.000	0.000	0.000	3.615
姚雪春	0.733	0.000	0.000	0.000	0.305	1.038
殷德林	8.712	1.549	0.000	1.726	0.000	11.987
张宝根	0.346	0.000	0.000	0.000	0.000	0.346
张宝元	0.035	0.000	0.000	0.061	0.000	0.096
张宝珍	0.130	1.931	0.000	0.240	0.000	2.301
张彩宝	0.507	0.000	0.000	0.199	0.000	0.706
张富才	1.538	1.726	0.000	0.254	0.000	3.518
张聚龙	1.689	2.363	0.720	1.406	0.000	6.178
张荣进	3.912	19.579	0.000	1.605	0.000	25.096
张叙堂	2.206	8.486	0.000	0.345	0.000	11.037
张镛彬	0.263	7.084	0.000	0.397	0.000	7.744
张正生	0.079	5.667	0.000	0.000	2.552	8.298
张子元	0.943	3.905	0.128	0.049	3.232	8.257
朱凤林	1.943	4.022	0.000	0.000	0.000	5.965
朱叙高	0.433	1.189	4.380	1.218	0.000	7.220
朱延福	0.325	0.000	0.000	0.000	0.000	0.325

续 表

业　主	桑地（亩）	稻田（亩）	水荡（亩）	林竹（亩）	其他（亩）	地积合计（亩）
朱有炳	1.417	1.370	0.000	0.000	1.681	4.468
朱有锡	0.835	2.562	0.000	0.259	0.000	3.656

资料来源：浙江省土地局：《杭县地籍册·八都七图》，杭州市临平区档案馆，档案编号：93-9-6；杭县地籍整理办事处：《八都七图地价册》，杭州市临平区档案馆，档案编号：93-6-31至93-6-35；浙江省土地局：《杭县地籍册·九都五十图》，杭州市临平区档案馆，档案编号：93-9-64；杭县地籍整理办事处：《九都五十图地价册》，杭州市临平区档案馆，档案编号：93-6-304至93-6-308；浙江省土地局：《杭县地籍册·十都二十图》，杭州市临平区档案馆，档案编号：93-9-93；杭县地籍整理办事处：《十都二十图地价册》，杭州市临平区档案馆，档案编号：93-6-443至93-6-447。

表2-3-2-2中"其他"列，所录数据在各个不同的农业区，包括不同的农产物。在第八都第七图，即稻-桑-棉-麻区，主要为棉花、络麻和药材；在稻-桑-果区，主要为果树；在稻-柴-竹区，主要为农产物不详的杂地。

以桑地地权变化面积为因变量，以农户所有土地面积为自变量，可得到两者相关关系的统计数据。如下表。

模 型 概 要

转出桑地	系　数	标准误	t	$p>t$	系数的95%置信区间	
地积合计	0.076 774	0.006 699	11.460	0.000	0.063 508	0.090 039
常数	0.582 231	0.142 279	4.092	0.000	0.300 504	0.863 957

以 y 代表因变量，以 x 代表自变量，则上表中数据可拟合为以下方程：

$$y=0.582+0.077x$$

整体 F 检验结果显示，F 统计量为131.332，自由度为1和119，$p=0.0000$，意味着 p 小于0.000 05，拒绝模型中 x 等于零这一假设，故上列相关关系成立。确定系数 $R^2=0.525$，说明1930年各户桑地面积占其所有农地总面积的比重解释了截至1947年大约53%的桑地转出面积比重，如图2-3-2-2所示。

统计结果说明，农户转出桑地的比重受到该户农业土地面积的制约。农地面积越大的农户，其失去桑地面积越大。

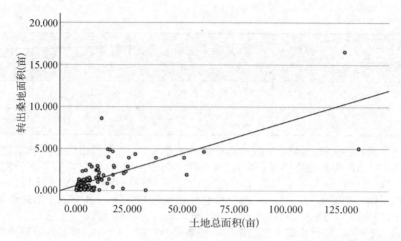

图 2-3-2-2 1947 年转出桑地比重与 1930 年土地面积相关关系图

资料来源：浙江省土地局：《杭县地籍册·八都七图》，杭州市临平区档案馆，档案编号：93-9-6；杭县地籍整理办事处：《八都七图地价册》，杭州市临平区档案馆，档案编号：93-6-31 至 93-6-35；浙江省土地局：《杭县地籍册·九都五十图》，杭州市临平区档案馆，档案编号：93-9-64；杭县地籍整理办事处：《九都五十图地价册》，杭州市临平区档案馆，档案编号：93-6-304 至 93-6-308；浙江省土地局：《杭县地籍册·十都二十图》，杭州市临平区档案馆，档案编号：93-9-93；杭县地籍整理办事处：《十都二十图地价册》，杭州市临平区档案馆，档案编号：93-6-443 至 93-6-447。

三、棉麻种植及棉麻地地权

以农产物的产值而论，水稻、桑树、林果分居杭县各都前三位，因而这三种农产物的单位面积产量及产值，对全县农地的收益具有直接的影响。为了考察经济作物生产及销售状况对农地产权的影响，我们还应考察桑树之外的其他商品性农产物用地的地权变化。在杭县，棉花和络麻也是商品化程度较高的农产物。在第七都和第八都，棉花、络麻种植具有特殊的地位。由于土壤、气候、水利、交通、市场等原因，棉花和络麻的种植较为普遍，且商业化程度较高。虽然以产值衡量，其重要性居于水稻和桑树之后，但棉、麻为这两区主要商品性农产物，也直接影响农地收益。这两个区棉花和络麻种植的变化及其与地权变动的关系，为我们观察商业化背景下农业生产与地权变动的关系提供了另外的案例。分析棉花、络麻种植状况及其对棉麻农地产权的影响，有助于我们理解农地产权的变化与农产品的商业化生产经营之间的关联。

(一) 棉花种植业与农家生计

从杭县全县农地的收益比重来看,棉花并不占有重要地位。不过,在第七都和第八都钱塘江沿岸的各个乡镇,棉花却是主要的经济作物。在个别乡村,棉花是最主要的农作物,其重要性甚至超过稻与桑。故在1934年春完成的杭县农产物生产数量调查中,第七都、第八都均列出了棉花单位面积产量及年收益。在第七都,棉花的单位面积收益甚至高于水稻,可见棉花在这两个区域农村经济中的重要程度。[①]

位于棉花种植区域的乔司镇附近农村所产棉花,运销杭州各个纱厂,作为纺纱业的原料。[②] 产于下沙、乔司一带的棉花,先运至七堡、彭埠等处,由杭州通益公纱厂、三友实业社收购。其他各乡农户种植的棉花经过曝晒、分拣,由彭埠、临平、乔司、翁家埠等地的花行收购。花行收入为籽棉,加工成花衣后,一部分出售给上海、杭州等地的厂商,另一部分由临平、塘栖一带的农户购买,用于纺织土布。[③] 这一部分棉花经过加工后,由农户自行纺纱、织布,或自家使用,或售于商家,形成种植、加工、销售相互依存的棉花行业。这种农业、家庭手工业和商业相互依存的商品性经营,深受市场供需变化的影响。

杭县棉花价格的波动主要受上海棉花市场价格的影响。下面通过上海市场上标准花价格的变化,观察影响杭县棉花种植业变化的价格因素。

表 2-3-3-1 1931—1936年上海棉花(标准花)价格表

年份	价格(元/包)	高 价	低 价	平 均
1931		43.99	37.63	39.95
1932		40.92	36.08	38.70
1933		41.17	37.70	39.01

---

① 第九都至第十二都均未登记棉、麻亩均产量及年收益。参见俞俊民:《杭县土地状况》,《中华农学会报》1935年第135期,第45—47页。
② 杭县县政府建设科:《对乔司、翁梅、丁兰、永泰、东平、平泾、忠义、五杭等乡镇农村经济调查》,杭州市临平区档案馆,档案编号:91-3-454。
③ 杭州市余杭区地方志编纂委员会编:《余杭通志》第二卷,杭州:浙江人民出版社2013年版,第361页。

续 表

年份 价格(元/包)	高 价	低 价	平 均
1934	36.95	34.60	35.70
1935	36.90	31.60	35.12
1936	44.00	37.20	40.16

说明：表中数据为每年8月份价格。
资料来源：《棉花(商业)》，《中行月刊》1936年第13卷第3期，第135页。

自1931年起，上海市场上的棉花价格开始下跌。以每年8月的标准花价格比较，1932年较1931年每包价格下降1.25元，1934年较1933年下降3.31元，1935年较1934年下降0.58元，如图2-3-3-1。

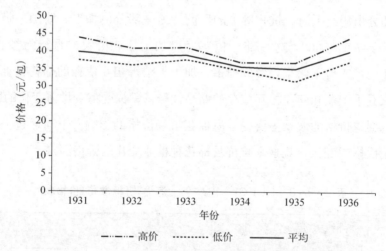

图2-3-3-1 1931—1936年上海棉花(标准花)价格变化图

资料来源：《棉花(商业)》，《中行月刊》1936年第13卷第3期，第135页。

其间，只有1933年8月与1932年8月相比棉花价格有微弱增加，每包标准花价格增加了0.31元。不过，1936年8月与1935年8月相比，棉花价格有明显反弹，一改前几年以下跌为主的趋势，转为上涨，每包标准棉价格上涨了5.04元。由于市场对棉花需求的增加，直到20世纪30年代上半期，杭县棉花种植面积仍在扩展之中。据当时的报道，"杭海沙地，种植最为适宜。本年(引者按：1931年)海塘十堡外新垦沙地，计二万余亩，全种棉花，而塘内棉田，亦略增加"①。不仅新垦滩涂改为棉田，在棉花市场需求增加的影响下，塘内农地也有改种棉花者。这一时期，杭县县政府仍在致力于推广植棉。推动新开垦棉地 35 000 亩，同时，协助植棉贷款、棉种改良、棉花运销等。如百万棉的种植面积，1933 年为 1 700 亩，1934 年增加到 6 550 亩，1935 年，已经达到 15 000 亩。由于种植技术改进、施肥数量增加，棉花单位面积产量也有所增加。1933 年平均每亩籽花产量为 75 斤，1934 年增加至 82 斤。②

这一时期，杭县棉花价格也有明显波动。1930 年，杭县皮棉收购价为每千克 0.767 元，1932 年，杭县皮棉收购价为每千克平均 0.663 元，较 1930 年减少 0.104 元，即下降 13.56%。比较而言，杭县棉絮市场零售价格却略有上涨。1930 年至 1932 年，棉絮平均价格为每千克 1.84 元，1933 年至 1936 年，为每千克 1.92 元。前后相比，每千克棉絮零售价格上涨 0.08 元，即上涨了 4.35%。③

据当时调查，棉花产量的增加以及价格的提高，并无助于棉农家庭生计的改变，原因在于，乔司、下沙一带的棉农多为佃农，"一至棉花收获，即尽充偿债之资，而仍一无所有。其或抵偿不敷，即转落翌年剥削之窠臼。棉农自知无法脱离经济之桎梏，只求本年衣食敷衍过去，遂亦相沿成习，安之若素"④。但当棉花价格下降时，棉农却要普遍承受价格下跌带来的损失。

自 20 世纪 30 年代中期至 40 年代后期，外部市场对棉花的需求整体上是趋于减少的。与需求的减少相应，1936 年 8 月，棉花价格有一次大幅下降，如表 2-3-3-2 所示。

表 2-3-3-2 1936 年 1—8 月上海棉花(标准花)价格表

月份	价格(元/包)	高　价	低　价	平　均
1		41.85	39.60	40.95
2		42.00	39.50	40.80

---

① 杭州育种场:《浙江杭县(国内通讯)》,《中华棉产改进会月刊》1931 年第 1 卷第 1 期，第 18 页。
② 徐德瑞:《杭县农业之鸟瞰》,《实业统计》1935 年第 3 卷第 5 期，第 123 页。
③ 杭州市余杭区地方志编纂委员会编:《余杭通志》第二卷，杭州：浙江人民出版社 2013 年版，第 696 页。
④ 徐德瑞:《杭县农业之鸟瞰》,《实业统计》1935 年第 3 卷第 5 期，第 124 页。

续表

月份\价格(元/包)	高 价	低 价	平 均
3	45.20	41.60	43.55
4	45.25	43.70	44.61
5	43.75	41.05	42.82
6	46.50	43.00	44.37
7	52.50	44.45	48.00
8	44.00	37.20	40.16

资料来源：《棉花(商业)》，《中行月刊》1936年第13卷第3期，第135页。

1936年8月为棉花价格变化的转折点。1936年8月，上海棉花价格大幅下跌。与7月相比，每包标准棉的最高价格下降了8.5元，最低价格下降了7.25元，平均价格下降了7.84元，分别下降了16.19%、16.31%和16.33%。与当年棉花价格较低的2月份相比，除最高价格略有上涨(涨幅为4.76%)外，最低价格和平均价格双双下降，前者下降5.82%，后者下降1.57%，① 如图2-3-3-2所示。

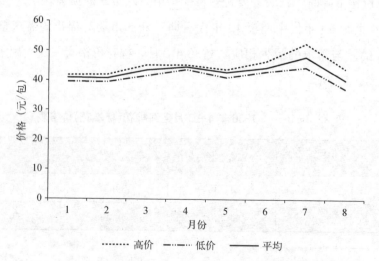

图2-3-3-2 1936年1—8月上海棉花(标准花)价格变化图

资料来源：《棉花(商业)》，《中行月刊》1936年第13卷第3期，第135页。

---

① 《棉花(商业)》，《中行月刊》1936年第13卷第3期，第135页。

之后两年间,棉花价格继续下跌。1938年8月,上海棉花每包标准花的平均价格为37.60元,最高不过38.80元,最低只有34.50元,分别较1936年8月下降了11.82%、7.26%和6.37%。抗日战争期间,日伪推行统制经济政策,压低棉花价格,强行收购。1941年,每千克籽棉价格约相当于0.68千克米价,折合法币为1.45元。① 此一数据可与1930年相比。据当年调查,第七都每千克籽棉平均价格为0.241元,同年,每千克白米平均价格为0.079元,即每千克籽棉价格约相当于3.05千克米价。第八都每千克籽棉平均价格为0.255元,每千克白米平均价格为0.079元,每千克籽棉约相当于3.23千克米价。② 米-棉比价的变化明确显示出种植棉花收入下降,故40年代中期与30年代初相比,杭县棉花种植面积大幅萎缩。20世纪40年代中期,通货膨胀加剧。1946年以后,棉花价格快速上涨。如1947年1月4日,上海棉花(火机花)每市担的价格为18万元,一个月后,已经上涨到25万元。③ 至1948年3月18日,上海棉花(火机花)每市担价格已经上涨至1 440万元,④ 1949年4月15日,上海棉花每市担的价格为2 000 000元金圆。⑤ 尽管价格上涨,但考虑到通货膨胀等因素之后,棉农并不能从棉花价格上涨的过程中获得更多收益。

由棉花价格的变化考察,自20世纪30年代初至40年代中期,棉花价格的大致走势是趋于下降的,个别年份棉花价格略有上升,但不足以改变价格下降的基本趋势。40年代后期,棉花价格短时期内出现暴涨,但基本生活物价同时出现上涨,从商品比价来看,棉花价格反而趋于下降,棉田收益实际上是趋于减少的。故30年代曾经具有商品性质的棉花生产,至40年代末已经"退化"为自给性生产。1947年,临平镇棉花80亩每年产量为1 700斤,所产棉花均为自用。小林乡种植棉花150亩,年产量为800斤,自给自足。⑥ 丁兰乡种植棉花

---

① 杭州市余杭区地方志编纂委员会编:《余杭通志》第二卷,杭州:浙江人民出版社2013年版,第696页。
② 俞俊民:《杭县土地状况》,《中华农学会报》1935年第135期,第45页。
③ 《上海棉花价格》,《公益工商通报》1947年创刊号,第28页。
④ 《上海棉花价格》,《公益工商通报》1948年第3卷第1期,第29页。
⑤ 《上海棉花价格》,《公益工商通报》1949年第5卷第2期,第31页。
⑥ 杭县县政府建设科:《对临平、亭趾、东安、博陆、乾元、小林等乡镇农村经济调查》,杭州市临平区档案馆,档案编号:91-3-453。

100余亩，年产棉花20担，全部用于自给。①

(二) 络麻种植业与农家生计

杭县络麻种植区域主要在临平、乔司、亭趾、塘南、宏磻等地，与植棉区域在临平、乔司交错重叠。络麻是这里的植麻农户直接出售的农产物，同时也是麻区乃至周边农村的农家副业和手工业原料，农户生产的络麻经过初步加工，成为家庭手工业生产原料，制作成麻线、麻绳、麻布等麻制品，由商行收购和转销。② 临平、乔司等市镇上的麻行等商家，多赖此为生。在这里，麻业是集种植业、手工业、商业为一体的商品性经营，因而也深受市场波动的影响。络麻产量及价格的变化不仅直接决定着麻农从络麻销售中获得的收益，还直接决定着他们从相关的副业、手工业中获得的收入，因而决定着整个农家生计状况。

捆生麻主要用于制造绳索和人造丝，是杭县麻区常年运销输出的商品。临平及四周乡镇均为捆生麻的产地，20世纪30年代初，每年产量约为50 000件，其中20 000件经铁路外运。其余30 000件称盆麻，由船只经过水路运往上海，再转销日本。③ 由于销售范围广大，市场需求旺盛，络麻种植区的麻业贸易也随之发展。1927年的统计显示，临平的麻行有周生泰、周生顺、裘顺泰、陈利生、久盛、正泰、公协盛等多家。除了专营络麻的麻商之外，临平的各大米行也都兼营络麻购销。这一时期，杭县络麻购销波动不大，价格也较为稳定。每千克络麻收购价格波动范围在每千克0.092元至0.153元之间，零售价格保持在每千克0.132元。④

麻布是络麻种植区常年生产与销售的另一种麻业产品。在临平、乔司等地，几乎所有的农户都自备麻布织机，自织麻布。20世纪30年代初，临平

---

① 杭县县政府建设科：《对乔司、翁梅、丁兰、永泰、东平、平泾、忠义、五杭等乡镇农村经济调查》，杭州市临平区档案馆，档案编号：91-3-454。

② 杭县县政府建设科：《对乔司、翁梅、丁兰、永泰、东平、平泾、忠义、五杭等乡镇农村经济调查》，杭州市临平区档案馆，档案编号：91-3-454。

③ 陈佐明、范汉俦、刘升如、徐修纲：《物产丰富之临平：沪杭甬线负责运输宣传报告之十六》，《京沪 沪杭甬铁路日刊》1933年第728期，第157页。

④ 杭州市余杭区地方志编纂委员会编：《余杭通志》第二卷，杭州：浙江人民出版社2013年版，第697页。

及四周各乡镇全年麻布产量约为13 000件，运往上海南站，每年约120车至130车。①当地农家自织的麻布分为规布和原机布两类，销售地点也不同。规布主要销往上海，原机布主要销售到浙江省内的嘉兴、湖州，以及江苏的苏州等地，甚至还远销至山东、河北等省，用作商品的包装用布。如销往山东、河北的麻布，即用于包装当地生产的红枣等物品。②销往湖州、嘉兴、松江、苏州等地的麻布，主要用于盛装大米及杂粮。

受到市场需求增加的影响，在20世纪30年代上半期的乔司、临平一带，络麻种植十分普遍，同时，"农家又几无不以织麻为副业……农家之收入，大部即凭乎此"③。可见，生麻加工、麻布织造已经成为临平的标志性行业之一，因而也与当地农家的生计关系紧密。一旦络麻及其手工产品价格下跌，农家生计即受到牵累。1935年，"粗麻价格，较之前年，相差至一半之多。一般农民，虽见无利可图，然困于不能立改他道，再事生产，又无别术，重谋挽救，以资度日"④。在家庭经济陷入窘境的情况下，佃押或出售所有土地即成为筹措资金的方式。不过，由于络麻价格下跌，适于种植络麻的农地价格亦随之下降。此外，受到农家经济普遍恶化的影响，数年之间，当地每亩农地价格已经下跌一半以上。与前两年相比，尽管农地价格下降一半以上，想要求售，也是有价无市。在络麻等农产品以及相应的家庭副业、手工业产品价格下跌，土地价格下跌，土地及农产品的市场需求疲软，而捐税居高不下的经济背景下，麻业商贸自然无力维持往日的繁荣。⑤

抗日战争爆发后，杭县的络麻业也受到战事的影响，曾有短暂的"繁荣"。徐钦锡在《忆临平》一文中写道："络麻、麻布，是临平的特产，因此抗战必需麻袋，都大量的到临平来采购。当沪战发生之后，到处可以看到成群结队的女同胞，在烈阳火威之下，整日埋头，赶缝麻袋，每日必有成千成万的麻袋，从临平转运到前方，加强我抗战的壁垒。"⑥抗日战争初期，杭县的络麻业发展

---

① 陈佐明、范汉俦、刘升如、徐修纲：《物产丰富之临平：沪杭甬线负责运输宣传报告之十六》，《京沪 沪杭甬铁路日刊》1933年第728期，第157页。
② 余杭临平镇志编纂委员会编：《临平镇志》，杭州：浙江人民出版社1991年版，第134页。
③ 焦龙华：《乔司络麻栽培及麻线纺织之概况》，《农村经济》1935年第2卷第6期，第47—49页。
④ 焦龙华：《乔司络麻栽培及麻线纺织之概况》，《农村经济》1935年第2卷第6期，第47—49页。
⑤ 焦龙华：《乔司络麻栽培及麻线纺织之概况》，《农村经济》1935年第2卷第6期，第47—49页。
⑥ 徐钦锡：《忆临平》，《大风》1938年第13期，第6页。

为时极短,昙花一现。杭县失陷后,日伪控制之下的临平,推行统制经济,络麻贸易由日商垄断。日商完全统制收购,粮麻商人陈家荪作为代理人,在杭州设立吉田洋行,并在临平设立日华麻业株式会社。陈家荪是伪临乔区长,又兼任临平维持会会长,他利用这些特殊身份,还获得了日商的支持,在临平低价收购络麻,又专门设立日通公司负责陆路运输,设立利济公司负责水路运输,严禁麻农及其他商家私自运销。日商强行统制收购麻皮、麻筋,致使这些产品的价格低落。日商统制之前,每百斤麻皮可换米 0.5 石以上。在日商统制收购时期,每百斤麻皮的价格仅相当于 0.2 石至 0.25 石大米,价格较前下降 50%至 60%。日商对络麻的垄断经营,导致临平农家络麻手工副业停顿,也使其他以经营络麻及络麻制品的麻行相继倒闭。受日商垄断及统制经济影响,临平一带种植络麻的农户数量虽有所增加,而平均每户种植络麻的面积却大幅减少。一些麻农甚至任其所植络麻在田间枯萎,其中原因就在于络麻价格过低,工价过高,收入不抵成本。据时人的推测,这一时期,包括临平在内,整个沪杭铁路沿线所生产的络麻,每年不过 10 余万担。仅相当于抗日战争爆发前临平一地络麻的产量。可见,抗日战争期间临平络麻种植业萎缩的严重程度。

抗日战争胜利之后,络麻贸易有所恢复,但麻农家庭生计并未好转。1946年春天,中国纺织建设公司运来台麻种子,贷放给农民种植。分布的区域主要集中在临平周边的植麻区,包括乔司、永熟、和睦、翁梅、星亭、东安、丁兰等乡镇。① 据 1947 年 9 月 17 日《中央日报》报道,杭县"临乔区农民大多以植麻为其主要生产,乃自今年入夏以来,苦旱成灾,收成大见逊色,人民生计堪忧"②。自 1946 年起,临平一些麻行相继歇业。如三友合记行,"因无意继续营业,于(1946 年)六月三十日闭歇停业"③。同年,"森昌协……因营业不振,经股东议决,同意于七月一号已告停业"④。此外,停止营业的麻行还有裕丰

---

① 张锦泉:《浙杭临平镇之麻业报导》,《中国棉讯》1947 年第 1 卷第 12 期,第 140 页。
② 《东台检举烟民 杭县豁免麻捐(各地零讯)》,《中央日报》1947 年 9 月 17 日,第 7 版。
③ 杭县县政府:《临平商会、布麻业公会的会议记录及营业税、所得税分配的通知》,杭州市临平区档案馆,档案编号:91-3-497。
④ 杭县县政府:《临平商会、布麻业公会的会议记录及营业税、所得税分配的通知》,杭州市临平区档案馆,档案编号:91-3-497。

春、裕昌恒、鼎泰、甡记、宏泰、丰泰等。①

与30年代上半期相比,至40年代末,杭县络麻种植业已经严重衰退。1947年的调查显示,临平镇络麻每年种植面积150亩,产量为33 000斤。东安乡络麻种植300亩,每年产量为70 000斤。此外,临平镇附近的小林等乡也出产络麻。② 位于同一区域的翁梅乡每年种植络麻150亩,年产生麻158担。③ 不论是络麻种植面积,还是络麻产量,均较30年代上半期大幅下降。

络麻种植面积下降,总产量减少,在市场需求恢复的情况下,络麻价格应该出现上涨,并刺激络麻种植扩展。但受到限价政策制约,客商因而折本。据《商品新闻》报道,1948年杭州络麻登场之际,上海客商大量收购,但受"限价出售"政策的影响,"折本甚大,故客货已绝迹"④。销售停滞,生产减少,杭县植麻农户生计陷入困境。

(三) 棉地、麻地的地权转移

与络麻、棉花种植业萎缩相伴随的是麻地地权的频繁转移。络麻的种植主要限于第七都、第八都,本书统计主要以第八都第七图为个案,故仅对照第八都第七图麻地、棉地地权变化。

我们统计第八都第七图麻地39个地块,1930年的用途均为植麻。至1947年,其中30个地块的地权已经发生转移,9个地块仍为原业主所有。以地块数量计算,占统计数量76.92%的地块的地权发生了变化。权属未变的地块占统计数量的23.08%。39个统计地块总面积为29.693亩,其中,地权未变的地块面积合计为6.157亩,占统计总面积的20.74%。地权发生变化的地块面积合计为23.536亩,占统计总面积的79.26%。⑤

---

① 杭县县政府:《临平商会、布麻业公会的会议记录及营业税、所得税分配的通知》,杭州市临平区档案馆,档案编号:91-3-497。
② 杭县县政府建设科:《对临平、亭趾、东安、博陆、乾元、小林等乡镇农村经济调查》,杭州市临平区档案馆,档案编号:91-3-453。
③ 杭县县政府建设科:《对乔司、翁梅、丁兰、永泰、东平、平泾、忠义、五杭等乡镇农村经济调查》,杭州市临平区档案馆,档案编号:91-3-454。
④ 《汉口白麻高于沪市一倍 杭州络麻客货折本绝迹》,《商品新闻》1948年10月4日,第3页。
⑤ 浙江省土地局:《杭县地籍册·八都七图》,杭州市临平区档案馆,档案编号:93-9-6;杭县地籍整理办事处:《八都七图地价册》,杭州市临平区档案馆,档案编号:93-6-31至93-6-35。

再看棉地地权的变化。我们统计了第八都第七图 40 个植棉地块，其中包括《地籍册》中登记用途为"棉桑"的地块。1947 年与 1930 年相比，这 40 个地块中，有 8 个地块仍为原业主所有，占统计地块数量的 20%，另外有 32 个地块的业主发生了变化，即占统计地块总数 80% 的地块，地权发生了转移。40 个统计地块的总面积为 32.888 亩，其中，业主未发生变化的地块面积合计为 9.508 亩，业主发生变化的地块面积合计为 23.380 亩，前者占统计总面积的 28.91%，后者占统计总面积的 71.09%。①

通过"归户"计算，我们将上列棉、麻地块归入农户名下，进而得到各户麻地、棉地地权变化的数据，如表 2-3-3-3 所示。

表 2-3-3-3 1930—1947 年杭县棉地、麻地地权对照表

业　主	住　址	合计(亩)	棉麻地(亩)	转出麻棉地(亩)
陈兴法	界牌头	10.558	0.518	0.518
郎财宝	界牌头	18.521	0.259	0.259
郎洪法	界牌头	9.719	0.326	0.326
郎锦波	界牌头	0.630	0.630	0.630
郎妙德	界牌头	5.092	0.465	0.465
郎瑞奎	界牌头	1.267	0.836	0.836
郎有财	界牌头	32.971	0.233	0.233
李财根	李家角	8.563	2.509	2.509
沈阿四	菖蒲墩	1.343	0.135	0.135
沈正法	菖蒲墩	3.712	1.204	1.204
孙财发	菖蒲墩	4.696	1.925	1.725
孙曹福	蓝弄里	7.155	0.790	0.790
孙钿富	蓝弄里	1.459	1.459	1.459

① 浙江省土地局：《杭县地籍册·八都七图》，杭州市临平区档案馆，档案编号：93-9-6；杭县地籍整理办事处：《八都七图地价册》，杭州市临平区档案馆，档案编号：93-6-31 至 93-6-35。

续　表

业　主	住　址	合计(亩)	棉麻地(亩)	转出麻棉地(亩)
孙富清	菖蒲墩	9.700	0.623	0.623
孙富学	菖蒲墩	0.840	0.690	0.690
孙富玉	菖蒲墩	3.926	1.426	1.426
孙纪法	菖蒲墩	1.898	1.898	1.898
孙连庆	南　赵	11.627	0.330	0.330
孙其法	菖蒲墩	2.965	1.865	1.865
孙万庆	菖蒲墩	3.197	0.908	0.908
孙文龙	蓝弄里	2.806	0.379	0.379
孙文益	菖蒲墩	0.735	0.735	0.735
孙五斤	菖蒲墩	15.771	1.995	1.995
孙锡金	菖蒲墩	6.619	0.420	0.420
孙兴发	蓝弄里	5.750	0.300	0.300
孙兴钱	菖蒲墩	1.729	1.031	1.031
张妙连	菖蒲墩	9.455	0.911	0.911
张生财	李家角	12.397	4.001	4.001
张文豪	菖蒲墩	10.638	0.334	0.334
张文玉	菖蒲墩	1.863	0.173	0.173
郎宝坤	街白头	2.115	0.435	0.435
郎宝林	界牌头	1.475	0.458	0.458
郎关松	界牌头	28.583	0.240	0.240
郎有财	街白头	32.971	3.900	3.900
李关月	李家角	6.464	0.159	0.159
倪瑞洲	周家埭	3.802	0.938	0.938
沈宝福	槐家埭	5.978	0.735	0.735

续表

业 主	住 址	合计(亩)	棉麻地(亩)	转出麻棉地(亩)
沈关明	菖蒲墩	5.057	0.341	0.341
沈小毛	菖蒲墩	0.540	0.540	0.540
孙初樵	菖蒲墩	7.107	0.735	0.735
孙六毛	菖蒲墩	12.120	0.525	0.525
孙万年	菖蒲墩	17.877	2.198	2.198
孙义毛	菖蒲墩	5.843	0.683	0.683
张妙连	菖蒲墩	11.406	0.124	0.124
张文豪	菖蒲墩	10.638	0.972	0.972
张文山	菖蒲墩	0.518	0.518	0.518
张子根	菖蒲墩	7.756	0.296	0.296
周洪明	周家埭	26.085	2.940	2.940
周连生	周家埭	13.066	3.240	0.525
周瑞春	周家埭	9.163	3.893	3.893
周瑞永	周家埭	20.237	1.967	1.279
周顺光	周家埭	0.761	0.761	0.761
周永财	周家埭	9.873	0.131	0.131
周掌财	周家埭	16.711	1.179	0.912

资料来源：浙江省土地局：《杭县地籍册·八都七图》，杭州市临平区档案馆，档案编号：93-9-6；杭县地籍整理办事处：《八都七图地价册》，杭州市临平区档案馆，档案编号：93-6-31至93-6-35。

我们先看各个转出棉、麻地的农户，1947年与1930年相比转出棉、麻用地的面积，与其1930年所有棉、麻农地面积之间的相关关系。以各户1930年所有棉、麻用地为自变量，以他们转出的棉、麻用地面积为因变量，可得下表。

模 型 概 要

转出麻棉地	系　数	标准误	t	$p>t$	系数的95%置信区间	
棉麻地亩	0.875 915	0.049 180	17.810	0.000	0.777 227	0.974 603
常数	0.059 809	0.071 775	0.833	0.408	−0.084 219	0.203 836

以 y 表示因变量，即转出棉、麻用地的面积；以 x 表示自变量，即各户1930年所有棉、麻用地的面积，可得一元线性回归方程如下：

$$y=0.060+0.876x$$

对于上列回归方程，整体 F 检验结果显示，F 统计量为317.203，自由度为1和52，$p=0.000\,0$，意味着 p 小于0.000 05，拒绝模型中 x 等于零这一假设，故上列相关关系成立。确定系数 $R^2=0.859$，说明1930年各户所有棉、麻用地面积解释了截至1947年大约86%的棉、麻用地转出面积，如图2-3-3-3所示。

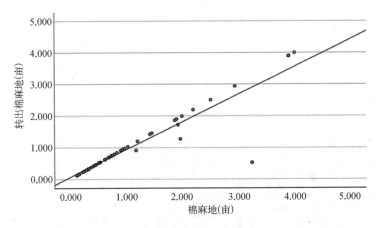

图2-3-3-3　1947年转出棉麻用地面积与1930年各户
所有棉麻用地面积相关关系图

资料来源：浙江省土地局：《杭县地籍册·八都七图》，杭州市临平区档案馆，档案编号：93-9-6；杭县地籍整理办事处：《八都七图地价册》，杭州市临平区档案馆，档案编号：93-6-31至93-6-35。

接下来，我们需要进一步分析上述棉、麻地地权变化的农户，其地权变化与农户所有农地面积之间的关系。以种植棉、麻各户1930年所有农地总面积为自变量，以他们截至1947年转出棉、麻用地面积为因变量，可得下表。

模 型 概 要

转出麻棉地	系　数	标准误	t	$p>t$	系数的95%置信区间	
所有地亩	0.046 343	0.017 501	2.65	0.034	0.002 727	0.066 257
常数	0.691 670	0.185 288	3.733	0.000	0.319 862	1.063 478

依据上表，以 y 表示因变量，即各农户转出棉、麻用地的面积；以 x 表示自变量，即各户 1930 年所有农地总面积，可得下列一元线性回归方程：

$$y=0.692+0.034x$$

对于上列回归方程，整体 F 检验结果显示，F 统计量为 4.748，自由度为 1 和 52，$p=0.0338$，意味着 p 小于 0.05，拒绝模型中 x 等于零这一假设，故上列相关关系成立。确定系数 $R^2=0.084$，说明 1930 年各户所有农地总面积解释了截至 1947 年大约 8% 的棉、麻用地转出面积，如图 2-3-3-4 所示。

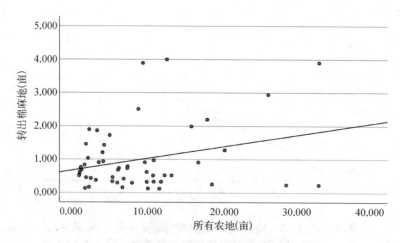

图 2-3-3-4　1947 年转出棉麻用地面积与 1930 年
各户所有农地面积相关关系图

资料来源：浙江省土地局：《杭县地籍册·八都七图》，杭州市临平区档案馆，档案编号：93-9-6；杭县地籍整理办事处：《八都七图地价册》，杭州市临平区档案馆，档案编号：93-6-31 至 93-6-35。

可见，各户 1930 年所有农地面积和棉、麻用地面积均与之后转出棉、麻用地具有正相关关系。相对而言，农户转出棉、麻用地的面积主要取决于其

1930年所有棉、麻用地的数量,可见,棉、麻种植业的经营和收益状况直接影响着农户保有棉、麻用地的数量。1930年所有棉、麻用地更多的农户,在之后的近二十年间转出了更多的棉、麻用地。

20世纪40年代末与30年代初相比,杭县主要农产物的单位面积产量及收益均呈下跌趋势,即从事农地生产与经营的收益是下降的,但因按照用途区分的不同类型的田地收益的差别,稻田、桑地、果园、棉地以及麻地产权的变化呈现出差异性。对比可知,棉地和麻地的地权转移比重均高于稻田,显示出用于商品性农作物生产的土地地权较不稳定。

四、林果栽培及果园地权

杭县土壤肥沃,气候温和,具有适于水果种植的自然地理条件;地近杭州、嘉兴、湖州、上海、苏州等城市,水果的市场需求旺盛;位于河网平原地区,水路交通较为快捷,便于水果运输,故其林果业在近代有所发展。在杭县的个别都图,林果种植用地比重较高,林果种植业在农村经济中扮演着重要的角色。受近代城乡水果市场波动的影响,林果需求及价格多有起伏,影响到果农的收益,并进而制约着林果地产权的变化。但与种稻、植桑等土地不同,果园的地权和经营方式有其独特之处,并对果园的地权配置形成特殊的制约。

(一)果树种植与农家生计

杭县各都均有果树栽培,第七都和第八都以甘蔗种植闻名,第十一都多有梅子和柿子种植,第十二都则以桃子为特产水果。不过,从生产的专业化水平、水果在农产品结构中所占比重来看,全县林果业主要集中于第九都。据20世纪30年代初所做的调查,第七都和第八都商品性水果只有甘蔗,第十一都、十二都的林果只有梅子、柿子、桃子,第十都未登记种植水果年收益,而第九都供给市场的水果产品除甘蔗外,还有梅子、枇杷、柿子、桃子、杨梅、樱桃等。[1]

---

[1] 俞俊民:《杭县土地状况》,《中华农学会报》1935年第135期,第45—47页。

第九都水果种类在杭县各都中为最多，且绝大部分水果的亩均产量和亩均收益也高于其他各区。在杭县第七都至第十二都中，只有第九都的水果位于主要农产物的第二位（第一位为水稻），而在其他各区，水果均未进入主要农产物的前五位。①

在第九都，林果业最为发达的地区当属塘栖。"塘栖……土地肥沃，港汊纷歧"，②"气候温和，物产富饶，而果树之栽培，尤甲于江浙"。③ 故 20 世纪 30 年代初的调查称塘栖"水果产量甚富"，④ 塘栖一带的农户"多以栽培果树为业，梅、樱桃、柑橘等，均有种植"。⑤ 除塘栖镇四郊外，附近的崇贤、丁河、龙旋等乡镇，亦为负有盛名的水果产区。

本节以塘栖一带为例，观察第九都林果业生产及其变化。我们抽样研究第九都第五十图农地 1 668 块，总面积为 956.442 亩。其中，林果地 591 块，总面积为 221.749 亩。从地块数量上看，林果地占抽样地块总数量的 35.432%。从林果种植面积来看，林果地占抽样地块总面积的 23.185%。其中，种植橘树 1 块、种植梅树 243 块、种植枇杷 311 块、种植桃树 20 块、樱桃 13 块、枣树 3 块，面积分别为 0.315 亩、77.841 亩、134.941 亩、5.446 亩、2.613 亩、0.593 亩，占林果地的比重分别为 0.142%、35.103%、60.853%、2.456%、1.178%、0.267%。其中，枇杷种植面积所占比重最高，超过六成；梅树种植面积所占比重位居第二，亦超过三成五。可见，枇杷和梅是第九都第五十图最为主要的两种果树。⑥

枇杷为塘栖地方特产。塘栖及其四乡种植的水果中，也"以枇杷为最多"⑦。"塘栖因河流众多，冬季气候较为温暖，故枇杷在开花时，不致受寒冷

---

① 俞俊民：《杭县土地状况》，《中华农学会报》1935 年第 135 期，第 45—47 页。
② 《浙江塘栖枇杷调查》，《经济旬刊》1936 年第 6 卷第 18 期，第 55 页。
③ 赵丕钟：《塘栖枇杷栽培之现状及其应行改进之方针》，《大众农村副业月刊》1936 年第 1 卷第 4 期，第 1 页。
④ 陈佐明、范汉俦、刘升如、徐修纲：《盛产水果之塘栖：沪杭甬线负责运输宣传报告之十七》《京沪 沪杭甬铁路日刊》1933 年第 729 期，第 167 页。
⑤ 《浙江塘栖枇杷调查》，《经济旬刊》1936 年第 6 卷第 18 期，第 55 页。
⑥ 浙江省土地局：《杭县地籍册·九都五十图》，杭州市临平区档案馆，档案编号：93-9-64。
⑦ 《浙江塘栖枇杷调查》，《经济旬刊》1936 年第 6 卷第 18 期，第 55 页。

之侵害……塘栖土壤,大都为砂质壤土及粘质壤土,极适枇杷之生长。"① 获益于得天独厚的自然条件,塘栖种植枇杷的历史至迟可上溯至明代。经过数百年,果农培育出适应当地环境的优良品种,逐渐扩展为商业化的生产,枇杷栽种范围也逐步扩大。20世纪30年代上半期,塘栖枇杷栽培区域东至前庄,西至毛灯坝(东塘西五里),南至姚家湾(泰山南三里),北至北杨墩。东西相距约二十五里,南北相距约二十里,周围约百里,栽种总面积2万余亩。②其中,"以丁山河、车家河、西家河、北杨墩一带为最盛,每户栽培面积多者至数十亩,少者一二亩,田畴相望,鳞次栉比。"③

除枇杷之外,塘栖一带种植的其他水果还有橘子、樱桃、梅子、甘蔗等。其中,塘栖"梅栽培最盛处,不在镇之本区,而在镇之东南及其附近"④。20世纪30年代中期的调查称:"青梅产于……超山一带,年产廿余万担,运销沪、苏。"⑤ 屯里"所有农户,均以种梅为业,连阡累陌,蔚然称盛。太(或作泰)山,栽培次之,年产四万担左右"⑥。除培植梅树,出产梅子,当地还"以腌梅业为最盛,俗称梅作是也。每届春夏之间,苏州糖果商,麇集于此,设庄收买,搭厂制造……总计塘栖植梅,约占地数千亩,每年出产之梅约值银二十万。在昔梅不值钱,仅以制造糖梅、盐梅类,乃自创制陈皮梅,销路因是大畅,价格随之提高,劣者每担四五元,优者可值七八元"。⑦ 由于腌梅业产品销售范围扩大,梅子销售价格提高,塘栖一带梅树种植业获利颇丰。

由于果树经济价值高,又占农村经济较大比重,在梅子、枇杷等水果销

---

① 赵不钟:《塘栖枇杷栽培之现状及其应行改进之方针》,《大众农村副业月刊》1936年第1卷第4期,第2页。
② 赵不钟:《塘栖枇杷栽培之现状及其应行改进之方针》,《大众农村副业月刊》1936年第1卷第4期,第2页。
③ 《浙江塘栖枇杷调查》,《经济旬刊》1936年第6卷第18期,第55页。另据《塘栖镇的枇杷》一文记载,"该镇枇杷种植区域甚广,东至泉漳约六公里,西至王家庄、东塘亦约六公里,南至柏树湾、姚家湾约五公里,北至德清县境约十公里,纵横二十余公里,农家种枇杷者约十之七八,尤以东、西家河一带为最盛,每户多则数十亩,少则亦一二亩"。参见吴保衡:《塘栖镇的枇杷》,《京沪 沪杭甬铁路日刊》1934年第995期,第49页。
④ 曾勉之:《杭州塘栖之梅》,《园艺》1936年第2卷第11期,第912页。
⑤ 《杭县茶梅产量》,《浙江经济情报》1937年第2卷第13期,第202页。
⑥ 曾勉之:《杭州塘栖之梅》,《园艺》1936年第2卷第11期,第913页。
⑦ 曾勉之:《杭州塘栖之梅》,《园艺》1936年第2卷第11期,第913页。

售旺盛年份，果园成为当地农民主要经济来源之一。在一些村子中，农户由果园所获收益远远超过稻田："如城市经济繁荣，一亩果园收入可抵稻田三四亩……城市消费减低，果园收入亦超过稻田一倍。其占农民经济收入比重亦大。"① 据丁河乡第十村调查，该村全年稻田收入合计稻谷 140 278 斤，可以维持全村人口 3 个月的生活；全年果园（含甘蔗）收入折合稻谷 226 386 斤，可维持全村人口 5 个月生活。此外欠缺的部分，由鱼塘收入（合计稻谷 49 742 斤，维持 2 个月）、杂粮及其他收入补足。可见，该村稻田收益仅能满足全年粮食需求的 25%。鱼塘、果园收入大致可满足全年需求的 58%，其中又以果园收入为主，约可满足全年需求的 42%。果园总收益约相当于稻田的 1.68 倍。② 第十村并非孤例，在整个丁河乡亦是如此。丁河乡田地总面积为 5 800 亩，其中，农地 4 800 亩，农田 1 000 亩。农地占田地总面积的比重达到 82.76%。而在农地使用方面，种植水果的农地面积所占比重最高。③

林果栽植较为特殊。与其他类型的农产物不同，栽培果树的投入-产出周期较长，所需投资也较经营其他农产物为多。不过，果树一旦育成，收益"为时亦久，经济价值颇高"。④ 与水稻、杂粮等农产物比较，果树栽培需要更长的时间。一般果树，从培育幼苗至长成结果，多者需要 10 年，少者亦需要 5—6 年。其间，需要投入人工、肥料，多年积累起来，当为一笔不小的费用。⑤

依据时人的调查，塘栖一带农村种植果树的成本主要包括苗木、肥料、人工等。通常为了节省果树经营时间，同时获得优良品种，农户并不自己培育果树，而是购入幼苗栽植，但也因此导致生产成本增加。⑥ 果树幼苗大部分由苗

---

① 中国共产党浙江省杭县委员会：《塘栖区、塘栖镇关于剿匪、反霸、减租减息、土地改革简报、总结》，杭州市临平区档案馆，档案编号：92-1-61。
② 中国共产党浙江省杭县委员会：《塘栖区、塘栖镇关于剿匪、反霸、减租减息、土地改革简报、总结》，杭州市临平区档案馆，档案编号：92-1-61。
③ 杭县县政府建设科：《对五西区各乡镇农村经济的调查》，杭州市临平区档案馆，档案编号：91-3-455。
④ 中国共产党浙江省杭县委员会：《塘栖区、塘栖镇关于剿匪、反霸、减租减息、土地改革简报、总结》，杭州市临平区档案馆，档案编号：92-1-61。
⑤ 中国共产党浙江省杭县委员会：《塘栖区、塘栖镇关于剿匪、反霸、减租减息、土地改革简报、总结》，杭州市临平区档案馆，档案编号：92-1-61。
⑥ 中国共产党浙江省杭县委员会：《塘栖区、塘栖镇关于剿匪、反霸、减租减息、土地改革简报、总结》，杭州市临平区档案馆，档案编号：92-1-61。

木市场购入，每棵桃树苗价格折合0.05石米，每亩地平均种植30棵，共计需要果苗成本约为400斤稻谷。果园施用肥料主要为河泥，平均每年每亩罱河泥以3天计算，以每工0.05石米计，则每亩每年肥料成本可折合稻谷30斤，10年肥料成本为300斤稻谷。果园管理包括翻地、除草等。以每亩每年除草5工、翻地4工，每工价值0.05石米计算，每年每亩9工共折合稻谷90斤，则10年共需900斤。在不考虑因补苗而额外投入成本的情况下，每亩桃园从育苗到成林结果，投入的成本最低为1 600斤稻谷。① 以第九都1934年桃树平均收益计算，每亩可产桃子9.10担，年收益为8.14元。以当年当地每石米价5.78元折算，一亩桃子年收益相当于1.41石米，约为2.01石即300斤稻谷。换言之，一亩桃园从育苗至成林，所需投入约相当于每亩桃园正常年份5.33年的收益。

经营果树不仅受到栽培投资期长的限制，成林之后，水果产量的年际波动亦十分显著，果树整个生产过程中年收益极不平衡。如前所述，在培植幼苗期间，不仅毫无收益，而且逐年施肥、加工，成本逐步增加。在成林结果初期，由于树体不壮，水果产量不丰，产出亦不抵投入。随着树体成长，水果产量逐年上升。待树体苗壮达到盛产期，水果产量最多。持续数年后，树龄变老，水果产量开始逐渐下降。树龄愈老，产量愈低。其间，水果产量又有大年与小年之分，大年产量较多，小年产量则颇少。即使是在树体最盛、产量最多的时期，亦有单位面积产量的年际波动。② 以枇杷为例，树龄在10年至15年时，每亩枇杷产量仅5—7担。树龄达15年至20年时，每亩产量可增加到10—12担。树龄达20年至30年时，枇杷产量最盛，每亩可以达到15—18担。树龄达到30年至40年时，枇杷产量开始下降，每亩约可产10—12担。③ 果树的生产周期直接影响到其地权变化，主要的作用是保持果园地权的相对稳定。

20世纪30—40年代，塘栖乡村的果园均为家庭经营。种植果树面积较少

---

① 中国共产党浙江省杭县委员会：《塘栖区、塘栖镇关于剿匪、反霸、减租减息、土地改革简报、总结》，杭州市临平区档案馆，档案编号：92-1-61。
② 中国共产党浙江省杭县委员会：《塘栖区、塘栖镇关于剿匪、反霸、减租减息、土地改革简报、总结》，杭州市临平区档案馆，档案编号：92-1-61。
③ 中国共产党浙江省杭县委员会：《塘栖区、塘栖镇关于剿匪、反霸、减租减息、土地改革简报、总结》，杭州市临平区档案馆，档案编号：92-1-61。

的农户，一家老幼参加生产；种植果树面积较大的农户，还需要雇用工人从事园地管理。不论经营规模大小，不论业主属何阶层，均属个体家庭经营。化学肥料、化学药剂、新式农具，一概不加采用。① 果园的家庭经营可以充分利用剩余劳动力，甚至是半劳动力参加生产，从而降低果园的劳动成本。这种经营方式或许如一些学者所论，是以降低单位劳动收益作为代价的，但考虑到果园生产管理的特殊性，这种选择的结果就是将果园的劳动投入降到最低，从而降低了果园经营的成本，也使果园在市场波动中，可以得到相对稳定的纯收益。此为果园在各类土地中地权最为固定的原因。

尽管所需投入数量、收获量的年际变化、生产技术停滞等因素影响塘栖水果种植业的发展，② 但真正导致林果业转变的原因仍为市场波动造成的影响。以梅子销售为例。1932年以后，"社会经济不景气，益以东省被夺，腌梅业未免大受影响"。③ 塘栖植梅业的收入亦随之下跌。经过抗日战争，水果市场需求下降更甚，塘栖林果业较战前大幅衰落。据1947年的调查，崇贤乡"三业农业社（私人创办），栽植果树，战时受伪军摧残，现正整理复兴中"。丁河乡，因为1946年被"大水冲淹，损害惨重，收成大减"。其他各乡水果也"生产减少，经济枯竭"。④ 前文提到的丁河乡第十村，果园经营"对城市的依赖性很大，作为商品作物直接供给城市消费，一部分为厂方收购，装制罐头食品，销售各地，或提取酸精作为化学原料，运销海外，故城乡关系非常密切。去年（1949年——引者按）……交通阻隔，城市消费减少，加之海口封锁，海运不畅，津、京、沪客商绝迹，销路呆滞，致使价格低落，农民生活大受影响，生活困难为历来所仅见"。⑤

---

① 中国共产党浙江省杭县委员会：《塘栖区、塘栖镇关于剿匪、反霸、减租减息、土地改革简报、总结》，杭州市临平区档案馆，档案编号：92-1-61。
② 赵丕钟：《塘栖枇杷栽培之现状及其应行改进之方针》，《大众农村副业月刊》1936年第1卷第4期，第1页。"惜农民墨守旧法，不事改进，且因运输及贩卖方法不善，因此不能获得优良之利益，实深可叹！"
③ 曾勉之：《杭州塘栖之梅》，《园艺》1936年第2卷第11期，第913页。
④ 杭县县政府建设科：《对五西区各乡镇农村经济的调查》，杭州市临平区档案馆，档案编号：91-3-455。
⑤ 中国共产党浙江省杭县委员会：《塘栖区、塘栖镇关于剿匪、反霸、减租减息、土地改革简报、总结》，杭州市临平区档案馆，档案编号：92-1-61。

20世纪40年代后期与30年代前期相比，在劳动、肥料投入大致相当，经营方式保持不变的情况下，影响林果业收益的决定因素即为销售价格。抗日战争后，不论是城市居民的消费，还是以水果为原料的加工工业的需求，都较战前有大幅下降。受到供需关系的影响，杭县水果价格下跌，林果业收益随之减少。

（二）林果地的地权变动

林果业收益波动影响到果园地权变化。通过对688块种植果树的农地的所有人进行统计，比较这些地块1930年所有人与1947年所有人是否变化，可了解这些果地产权的变动。统计显示，668块果地中，有179块的所有权人未发生变化，占统计地块数的26.796%。与之相较，所有权人发生变化的地块数为489块，占统计地块数的73.204%。所有权人未发生变化的179块果地的总面积为64.963亩，占668块果地总面积256.139亩的25.362%。而所有权人发生变化的489块果地总面积，占全部统计地块总面积的74.638%。

将地权发生变化的林果用地"归户"，还可进一步考察经营果园的农户地权变动的情形。下面我们统计第九都第五十图种植果树的农户1930年所有林果用地面积，以及其1947年所有林果用地面积，对比两个年份各户林果用地的数量，计算出转出或转入林果用地的面积，如表2-3-4-1所示。

表2-3-4-1 1930—1947年杭县第九都第五十图林果地权变化表

业 主	住 址	1930年所有地积（亩）	1930年所有林果地（亩）	转出林果地积（亩）	转入林果地积（亩）	转出/入林果地积合计（亩）
丁永福	车家坞	0.912	0.319	0.319	0.000	0.319
范阿春	土山垻	1.388	1.388	0.570	0.000	0.570
范金生	北家桥	1.596	0.061	0.061	0.000	0.061
范小毛	土山垻	5.808	1.321	0.131	0.000	0.131
范有富	土山垻	13.003	6.577	6.577	0.131	6.446
范正元	土山垻	6.452	1.216	0.173	0.000	0.173

续 表

业 主	住 址	1930年所有地积(亩)	1930年所有林果地(亩)	转出林果地积(亩)	转入林果地积(亩)	转出/入林果地积合计(亩)
方荣财	山 前	16.096	3.809	2.191	0.000	2.191
方余庆	山 前	0.226	0.098	0.098	0.000	0.098
方再春	山 前	2.975	0.368	0.368	0.000	0.368
傅阿春	土山埧	0.364	0.364	0.364	0.000	0.364
傅凤春	土山埧	1.315	0.236	0.236	0.000	0.236
傅福元	土山埧	0.430	0.269	0.269	0.000	0.269
傅雪春	土山埧	1.433	1.433	1.433	0.000	1.433
傅寅山	土山埧	0.214	0.169	0.169	0.000	0.169
傅再春	土山埧	0.713	0.713	0.713	0.000	0.713
何大荣	贾家坞	10.518	0.532	0.532	0.000	0.532
何桂春	前河埭	0.908	0.908	0.908	0.000	0.908
何来和	贾家河	0.069	0.069	0.069	0.000	0.069
何寿章	车家坞	1.332	0.961	0.961	0.000	0.961
贾寿福	贾家坞	0.083	0.083	0.083	0.000	0.083
李彩顺	东家桥	8.150	2.137	0.045	0.000	0.045
梁宝法	土山埧	3.815	0.664	0.428	0.000	0.428
梁宝南	山 前	8.991	3.342	3.342	0.000	3.342
梁宝生	土山埧	5.426	1.876	1.876	0.000	1.876
梁宝文	土山埧	4.423	1.688	1.688	0.000	1.688
梁本寿	土山埧	4.299	0.583	0.583	0.000	0.583
梁福加	山 前	3.329	1.253	0.551	0.000	0.551
梁金福	土山埧	10.931	1.702	1.702	0.000	1.702
梁金魁	土山埧	5.560	2.676	1.573	0.000	1.573
梁金龙	山 前	8.680	1.458	0.850	0.000	0.850

续 表

业　主	住　址	1930年所有地积(亩)	1930年所有林果地(亩)	转出林果地积(亩)	转入林果地积(亩)	转出/入林果地积合计(亩)
梁金寿	山　前	3.259	1.235	1.235	0.000	1.235
梁连福	土山埧	10.595	3.513	0.135	0.000	0.135
梁敏加	土山埧	7.754	1.850	1.850	0.000	1.850
梁明加	山　前	0.458	0.142	0.142	0.000	0.142
梁寿春	山　前	3.703	2.149	2.149	0.000	2.149
梁永宝	土山埧	3.086	0.321	0.321	0.000	0.321
梁再高	山　前	0.273	0.273	0.273	0.000	0.273
梁章生	山　前	3.861	2.547	1.249	0.255	0.994
梁振加	土山埧	0.544	0.544	0.544	0.000	0.544
梁正加	山　前	1.557	1.011	0.777	0.000	0.777
梁子祥	土山埧	0.255	0.255	0.255	0.000	0.255
茅庆祥	车家河	7.005	3.141	3.141	0.000	3.141
茅仁魁	车家河	5.073	1.320	1.320	0.000	1.320
茅四宝	花甲坞	1.671	0.969	0.969	0.000	0.969
倪寿明	北家桥	0.280	0.280	0.280	0.000	0.280
沈凤山	车家河	0.378	0.378	0.378	0.000	0.378
沈凤春	土山埧	0.381	0.235	0.235	0.000	0.235
沈甫天	花家何	3.806	1.328	1.328	0.000	1.328
沈贵生	山　前	6.400	4.889	4.889	0.000	4.889
沈贵寿	山　前	5.191	2.802	2.802	0.000	2.802
沈桂生	土山埧	0.967	0.218	0.218	0.000	0.218
沈洪生	太平桥	0.743	0.743	0.743	0.000	0.743
沈洪顺	北家桥	3.059	0.362	0.362	0.000	0.362
沈金寿	车家河	1.848	1.758	1.758	0.000	1.758

续 表

业 主	住 址	1930年所有地积(亩)	1930年所有林果地(亩)	转出林果地积(亩)	转入林果地积(亩)	转出/入林果地积合计(亩)
沈锦寿	土山堨	3.189	1.069	1.069	0.661	0.408
沈魁洪	北家桥	2.131	1.328	1.328	0.000	1.328
沈来生	太平桥	9.377	0.293	0.293	0.000	0.293
沈连法	花家河	1.691	0.785	0.098	0.000	0.098
沈美生	花甲坞	1.766	0.806	0.806	0.000	0.806
沈美堂	花家河	2.221	0.278	0.278	0.000	0.278
沈美章	花家河	0.424	0.424	0.424	0.000	0.424
沈其昌	车家河	0.433	0.350	0.350	0.000	0.350
沈庆福	山 前	14.363	4.509	4.509	0.000	4.509
沈庆寿	山 前	5.148	1.224	1.224	0.000	1.224
沈寿庆	花甲坞	5.878	3.459	1.150	0.000	1.150
沈万福	车家河	5.753	0.326	0.326	0.000	0.326
沈文富	花家河	5.643	1.017	1.017	0.000	1.017
沈文玉	土山堨	4.220	1.062	0.244	0.000	0.244
沈香宝	车家河	6.167	1.862	0.671	0.000	0.671
沈香泉	车家河	10.310	3.197	3.197	0.000	3.197
沈香寿	车家河	5.501	1.231	0.368	0.000	0.368
沈香喜	车家河	6.640	1.937	1.434	0.000	1.434
沈叙福	土山堨	6.088	2.026	0.825	0.000	0.825
沈叙林	花甲坞	0.769	0.105	0.105	0.000	0.105
沈叙堂	花甲坞	4.870	1.043	1.043	0.000	1.043
沈友法	土山堨	1.133	0.416	0.416	0.000	0.416
沈有法	山 前	0.392	2.220	0.392	0.000	0.392

续 表

业　主	住　址	1930年所有地积(亩)	1930年所有林果地(亩)	转出林果地积(亩)	转入林果地积(亩)	转出/入林果地积合计(亩)
沈再寿	车家河	0.194	0.113	0.113	0.000	0.113
沈长生	车家河	0.394	0184	0.184	0.000	0.184
沈掌生	山　前	0.045	0.045	0.045	0.000	0.045
沈子法	朱家谷	5.179	1.134	0.349	0.000	0.349
沈子祥	车家河	0.528	0.506	0.506	0.000	0.506
唐贵寿	唐家坞	0.428	0.428	0.428	0.000	0.428
唐锦元	东家桥	2.123	0.345	0.345	0.000	0.345
唐生元	东家桥	0.793	0.793	0.793	0.000	0.793
唐友发	唐家坞	0.041	0.041	0.041	0.000	0.041
汪茂山	小桥头	0.453	0.453	0.453	0.000	0.453
吴东生	栅　口	6.404	3.256	3.256	0.000	3.256
吴凤林	栅　口	0.227	0.179	0.179	0.000	0.179
吴茂林	栅　口	5.183	2.033	2.033	0.000	2.033
吴锡生	栅　口	6.167	1.861	1.861	0.000	1.861
徐阿庆	车家河	1.294	0.394	0.394	0.383	0.011
徐宝春	车家河	0.105	0.105	0.105	0.000	0.105
徐财春	车家坞	1.303	1.303	0.600	0.000	0.600
徐大春	车家坞	0.293	0.293	0.293	0.000	0.293
徐大清	车家河	1.897	0.112	0.112	0.000	0.112
徐法高	车家河	2.557	1.219	1.219	0.000	1.219
徐福清	车家河	1.045	0.779	0.779	0.000	0.779
徐福庆	车家坞	1.836	1.320	1.320	0.000	1.320
徐甫春	车家河	1.100	0.387	0.387	0.143	0.244

续 表

业　主	住　址	1930年所有地积(亩)	1930年所有林果地(亩)	转出林果地积(亩)	转入林果地积(亩)	转出/入林果地积合计(亩)
徐甫桂	车家河	0.796	0.188	0.188	0.000	0.188
徐甫林	车家河	5.591	2.394	2.394	0.000	2.394
徐富春	车家坞	0.937	0.789	0.789	0.000	0.789
徐富桂	车家河	5.105	0.180	0.180	0.000	0.180
徐富林	车家坞	1.882	1.125	1.125	0.000	1.125
徐富庆	车家坞	0.274	0.274	0.274	0.000	0.274
徐何长	车家河	5.610	1.819	1.819	0.608	1.211
徐洪照	车家河	4.126	1.466	1.466	0.000	1.466
徐见章	车家河	2.454	1.141	1.141	1.050	0.091
徐金春	车家坞	4.369	0.619	0.619	0.000	0.619
徐金青	车家河	1.133	1.133	1.133	0.000	1.133
徐康成	车家河	5.379	1.069	1.069	0.000	1.069
徐来生	车家河	2.175	1.788	1.203	0.000	1.203
徐龙生	车家坞	1.909	0.233	0.233	0.000	0.233
徐茂松	车家河	5.148	0.998	0.998	0.000	0.998
徐生宝	车家河	2.126	0.426	0.426	0.000	0.426
徐寿福	车家河	4.585	1.479	0.232	0.000	0.232
徐文德	车家坞	3.012	0.398	0.398	0.000	0.398
徐文元	车家河	0.511	0.383	0.383	0.000	0.383
徐有章	车家坞	5.007	0.465	0.465	0.000	0.465
徐掌福	车家河	5.777	0.848	0.848	0.000	0.848
姚荣林	山　前	0.247	0.247	0.247	0.000	0.247
姚永年	土山堧	3.305	1.476	1.476	0.000	1.476

续 表

业 主	住 址	1930年所有地积(亩)	1930年所有林果地(亩)	转出林果地积(亩)	转入林果地积(亩)	转出/入林果地积合计(亩)
姚永新	山 前	0.188	0.188	0.188	0.000	0.188
姚永兴	土山埧	1.628	1.047	0.258	1.547	−1.289
姚再春	土山埧	7.198	1.467	1.467	0.000	1.467
姚再高	土山埧	8.722	2.882	2.394	0.000	2.394
姚章林	山 前	0.420	0.420	0.420	0.000	0.420
姚振高	土山埧	7.696	1.707	1.707	0.000	1.707
张阿本	木桥头	3.791	2.459	2.459	0.000	2.459
张阿文	车家河	0.060	0.060	0.060	0.000	0.060
张炳然	土山埧	3.188	1.800	1.800	0.000	1.800
张法林	花甲坞	0.786	0.703	0.342	0.000	0.342
张法元	土山埧	0.308	0.300	0.300	0.000	0.300
张法正	花甲坞	2.522	0.533	0.533	0.000	0.533
张贵林	吴家桥	1.485	0.206	0.206	0.000	0.206
张贵庆	土山埧	1.542	1.023	1.023	0.000	1.023
张洪年	花甲坞	6.349	2.096	2.096	0.000	2.096
张金生	花甲坞	5.380	1.840	1.840	0.000	1.840
张连奎	花甲坞	2.559	1.202	1.053	0.149	0.904
张连舟	花甲坞	4.345	0.128	0.128	0.000	0.128
张茂春	车家河	1.622	0.893	0.893	0.000	0.893
张茂林	花甲坞	3.687	1.662	1.538	0.383	1.155
张年庆	花甲坞	0.154	0.154	0.154	0.000	0.154
张寿春	花甲坞	2.793	0.843	0.843	0.000	0.843
张文甫	花甲坞	1.370	1.336	1.336	0.000	1.336

续 表

业　主	住　址	1930年所有地积(亩)	1930年所有林果地(亩)	转出林果地积(亩)	转入林果地积(亩)	转出/入林果地积合计(亩)
张文富	花甲坞	1.306	0.172	0.172	0.000	0.172
张文龙	土山埧	3.287	0.120	0.120	0.000	0.120
张文相	土山埧	0.246	0.052	0.052	0.000	0.052
张文玉	花甲坞	0.257	0.248	0.248	0.000	0.248
张先高	花甲坞	3.589	2.851	2.851	0.000	2.851
张应财	花甲坞	1.226	1.140	1.140	0.000	1.140
张应芳	土山埧	1.523	0.720	0.720	0.000	0.720
张源庆	花甲坞	3.307	0.984	0.984	0.000	0.984
张云轩	花甲坞	0.508	0.146	0.146	0.000	0.146
张再香	花家河	4.248	0.548	0.548	0.000	0.548
张振泉	土山埧	0.956	0.956	0.956	0.000	0.956
张正法	花甲坞	0.540	0.540	0.540	0.000	0.540
张正生	花甲坞	8.298	2.552	0.470	0.000	0.470
张子年	土山埧	0.879	0.488	0.488	0.000	0.488
张子元	花甲坞	8.257	1.924	1.249	0.000	1.249
郑宝连	郑家墩	0.334	0.334	0.334	0.000	0.334
郑春生	郑家墩	0.607	0.383	0.383	0.000	0.383
郑贵荣	郑家墩	0.427	0.427	0.427	0.000	0.427
郑满锡	郑家墩	9.273	1.070	0.277	0.000	0.277
郑正荣	郑家墩	1.538	0.360	0.360	0.000	0.360
朱宝华	郑家墩	0.659	0.596	0.596	0.000	0.596
朱福寿	土山埧	2.990	0.964	0.964	0.000	0.964
朱根发	朱家角	0.075	0.075	0.075	0.000	0.075

续 表

业 主	住 址	1930年所有地积(亩)	1930年所有林果地(亩)	转出林果地积(亩)	转入林果地积(亩)	转出/入林果地积合计(亩)
朱洪福	郑家墩	3.968	0.713	0.713	0.000	0.713
朱洪坤	朱家角	2.008	1.748	0.180	0.041	0.139
朱洪寿	郑家墩	3.013	0.469	0.469	0.000	0.469
朱金生	朱家角	3.601	1.355	1.355	0.713	0.642
朱金寿	朱家角	2.701	0.345	0.345	0.000	0.345
朱金松	朱家角	2.841	0.570	0.413	0.646	−0.233
朱金玉	朱家角	0.316	0.316	0.316	0.000	0.316
朱连庆	郑家墩	0.015	0.015	0.015	0.000	0.015
朱士明	郑家墩	6.311	0.934	0.934	0.000	0.934
朱寿法	郑家墩	3.053	0.218	0.218	0.000	0.218
朱寿贵	土山埧	2.228	1.369	1.369	0.000	1.369
朱锡章	郑家墩	0.473	0.094	0.094	0.000	0.094
朱叙高	朱家角	1.192	0.955	0.830	0.718	0.112
朱义春	郑家墩	4.831	1.508	1.508	0.000	1.508
朱永财	唐家坞	3.207	0.203	0.203	0.000	0.203
朱永连	土山埧	0.881	0.270	0.270	1.260	−0.990
朱玉掌	土山埧	1.140	1.140	1.140	0.000	1.140
朱子埂	土山埧	3.339	0.368	0.368	0.000	0.368

资料来源：浙江省土地局：《杭县地籍册·九都五十图》，杭州市临平区档案馆，档案编号：93-9-64；杭县地籍整理办事处：《九都五十图地价册》，杭州市临平区档案馆，档案编号：93-6-304至93-6-308。

截至1947年，各户转出林果用地面积与1930年所有土地之间具有相关性。以各户1930年所有土地积为自变量，以截至1947年各户转出林果地积为因变量，两者相关关系的统计结果如下表所示。

模型概要

转出林果地积	系　数	标准误	t	$p>t$	系数的95％置信区间	
1930年所有土地	0.180 355	0.018 156	9.933	0.000	0.144 534	0.216 175
常数	0.293 629	0.078 741	3.729	0.000	0.138 284	0.448 974

据上表，以 y 表示因变量，即截至1947年各户转出林果地积；以 x 表示自变量，即1930年各户所有地积，可建立如下一元线性回归方程：

$$y=0.294+0.180x$$

t 检验统计量为26.703，p-值为0.000，检验结果显著，说明上述模型假设成立。上表所示统计结果，可显示为图2-3-4-1。

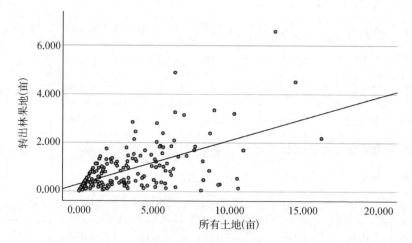

图2-3-4-1　1947年杭县农户转出林果地面积与1930年所有土地面积相关关系图

资料来源：浙江省土地局：《杭县地籍册·九都五十图》，杭州市临平区档案馆，档案编号：93-9-64；杭县地籍整理办事处：《九都五十图地价册》，杭州市临平区档案馆，档案编号：93-6-304至93-6-308。

上述统计结果说明，1930年以后，经营林果的农户所有果园面积减少与其原有土地面积呈正相关关系。拥有土地面积越大的农户转出林果用地的面积也越大。接着，我们分别统计各户所有果地、稻田、桑地、水荡等农地面积，从其所有土地面积和农业经营结构两个角度,分析其果地地权转移的农业结构因素。我们先统计各户原有果地及合计农地数量,如表2-3-4-2所示。

表2-3-4-2 果地地权转移的农户1930年所有农地面积表

业　主	稻田(亩)	果地(亩)	桑地(亩)	水荡(亩)	其他(亩)	合计(亩)
丁永福	0.593	0.319	0.000	0.000	0.000	0.912
范阿春	0.000	1.388	0.000	0.000	0.000	1.388
范金生	1.535	0.061	0.000	0.000	0.000	1.596
范小毛	3.345	1.321	0.703	0.439	0.000	5.808
范有富	5.493	6.577	0.000	0.810	0.123	13.003
范正元	2.667	1.216	2.246	0.323	0.000	6.452
方荣财	9.714	3.809	0.921	0.804	0.848	16.096
方余庆	0.000	0.098	0.000	0.128	0.000	0.226
方再春	0.000	0.368	0.000	1.448	1.159	2.975
傅阿春	0.000	0.364	0.000	0.000	0.000	0.364
傅凤春	0.000	0.236	1.079	0.000	0.000	1.315
傅福元	0.000	0.269	0.000	0.000	0.161	0.430
傅雪春	0.000	1.433	0.000	0.000	0.000	1.433
傅寅山	0.000	0.169	0.045	0.000	0.000	0.214
傅再春	0.000	0.713	0.000	0.000	0.000	0.713
何大荣	9.142	0.532	0.844	0.000	0.000	10.518
何桂春	0.000	0.908	0.000	0.000	0.000	0.908
何来和	0.000	0.069	0.000	0.000	0.000	0.069
何寿章	0.371	0.961	0.000	0.000	0.000	1.332
贾寿福	0.000	0.083	0.000	0.000	0.000	0.083
李彩顺	5.559	2.137	0.046	0.000	0.408	8.150

续表

业　主	稻田(亩)	果地(亩)	桑地(亩)	水荡(亩)	其他(亩)	合计(亩)
梁宝法	2.483	0.664	0.060	0.000	0.608	3.815
梁宝南	3.616	3.342	1.515	0.000	0.518	8.991
梁宝生	2.300	1.876	1.105	0.000	0.145	5.426
梁宝文	2.626	1.688	0.109	0.000	0.000	4.423
梁本寿	3.050	0.583	0.533	0.133	0.000	4.299
梁福加	2.013	1.253	0.063	0.000	0.000	3.329
梁金福	7.696	1.702	1.399	0.105	0.029	10.931
梁金魁	0.960	2.676	0.583	0.646	0.695	5.560
梁金龙	6.616	1.458	0.606	0.000	0.000	8.680
梁金寿	1.215	1.235	0.809	0.000	0.000	3.259
梁连福	6.112	3.513	0.837	0.133	0.000	10.595
梁敏加	3.837	1.850	2.067	0.000	0.000	7.754
梁明加	0.000	0.142	0.000	0.000	0.316	0.458
梁寿春	0.000	2.149	1.519	0.000	0.035	3.703
梁永宝	2.648	0.321	0.117	0.000	0.000	3.086
梁再高	0.000	0.273	0.000	0.000	0.000	0.273
梁章生	0.593	2.547	0.000	0.000	0.721	3.861
梁振加	0.000	0.544	0.000	0.000	0.000	0.544
梁正加	0.000	1.011	0.428	0.000	0.118	1.557
梁子祥	0.000	0.255	0.000	0.000	0.000	0.255
茅庆祥	3.841	3.141	0.023	0.000	0.000	7.005
茅仁魁	2.934	1.320	0.819	0.000	0.000	5.073
茅四宝	0.169	0.969	0.270	0.263	0.000	1.671

续 表

业　主	稻田（亩）	果地（亩）	桑地（亩）	水荡（亩）	其他（亩）	合计（亩）
倪寿明	0.000	0.280	0.000	0.000	0.000	0.280
沈凤山	0.000	0.378	0.000	0.000	0.000	0.378
沈凤春	0.146	0.235	0.000	0.000	0.000	0.381
沈甫天	2.280	1.328	0.029	0.000	0.169	3.806
沈贵生	0.623	4.889	0.070	0.548	0.270	6.400
沈贵寿	1.706	2.802	0.346	0.330	0.007	5.191
沈桂生	0.449	0.218	0.300	0.000	0.000	0.967
沈洪生	0.000	0.743	0.000	0.000	0.000	0.743
沈洪顺	0.885	0.362	1.812	0.000	0.000	3.059
沈金寿	0.000	1.758	0.000	0.000	0.090	1.848
沈锦寿	0.889	1.069	1.231	0.000	0.000	3.189
沈魁洪	0.000	1.328	0.803	0.000	0.000	2.131
沈来生	9.084	0.293	0.000	0.000	0.000	9.377
沈连法	0.165	0.785	0.141	0.000	0.600	1.691
沈美生	0.840	0.806	0.000	0.000	0.120	1.766
沈美堂	0.630	0.278	1.170	0.143	0.000	2.221
沈美章	0.000	0.424	0.000	0.000	0.000	0.424
沈其昌	0.000	0.350	0.083	0.000	0.000	0.433
沈庆福	8.754	4.509	0.623	0.120	0.357	14.363
沈庆寿	0.000	1.224	3.849	0.000	0.075	5.148
沈寿庆	2.363	3.459	0.045	0.000	0.011	5.878
沈万福	5.119	0.326	0.233	0.000	0.075	5.753
沈文富	2.859	1.017	0.634	0.000	1.133	5.643
沈文玉	1.354	1.062	1.190	0.066	0.548	4.220

续表

业　主	稻田(亩)	果地(亩)	桑地(亩)	水荡(亩)	其他(亩)	合计(亩)
沈香宝	3.554	1.862	0.751	0.000	0.000	6.167
沈香泉	5.037	3.197	2.061	0.000	0.015	10.310
沈香寿	3.042	1.231	1.228	0.000	0.000	5.501
沈香喜	4.062	1.937	0.038	0.581	0.022	6.640
沈叙福	3.181	2.026	0.026	0.855	0.000	6.088
沈叙林	0.000	0.105	0.000	0.000	0.664	0.769
沈叙堂	2.840	1.043	0.844	0.143	0.000	4.870
沈友法	0.000	0.416	0.717	0.000	0.000	1.133
沈有法	1.241	0.392	0.511	0.000	0.076	2.220
沈再寿	0.000	0.113	0.068	0.000	0.013	0.194
沈长生	0.000	0.184	0.210	0.000	0.000	0.394
沈掌生	0.000	0.045	0.000	0.000	0.000	0.045
沈子法	3.436	1.134	0.609	0.000	0.000	5.179
沈子祥	0.000	0.506	0.022	0.000	0.000	0.528
唐贵寿	0.000	0.428	0.000	0.000	0.000	0.428
唐锦元	1.778	0.345	0.000	0.000	0.000	2.123
唐生元	0.000	0.793	0.000	0.000	0.000	0.793
唐友发	0.000	0.041	0.000	0.000	0.000	0.041
汪茂山	0.000	0.453	0.000	0.000	0.000	0.453
吴东生	1.629	3.256	0.797	0.722	0.000	6.404
吴风林	0.000	0.179	0.048	0.000	0.000	0.227
吴茂林	2.428	2.033	0.000	0.722	0.000	5.183
吴锡生	4.306	1.861	0.000	0.000	0.000	6.167
徐阿庆	0.900	0.394	0.000	0.000	0.000	1.294

续 表

业 主	稻田(亩)	果地(亩)	桑地(亩)	水荡(亩)	其他(亩)	合计(亩)
徐宝春	0.000	0.105	0.000	0.000	0.000	0.105
徐财春	0.000	1.303	0.000	0.000	0.000	1.303
徐大春	0.000	0.293	0.000	0.000	0.000	0.293
徐大清	0.964	0.112	0.000	0.821	0.000	1.897
徐法高	1.192	1.219	0.146	0.000	0.000	2.557
徐福清	0.266	0.779	0.000	0.000	0.000	1.045
徐福庆	0.368	1.320	0.000	0.148	0.000	1.836
徐甫春	0.203	0.387	0.510	0.000	0.000	1.100
徐甫桂	0.608	0.188	0.000	0.000	0.000	0.796
徐甫林	3.197	2.394	0.000	0.000	0.000	5.591
徐富春	0.000	0.789	0.000	0.148	0.000	0.937
徐富桂	4.344	0.180	0.581	0.000	0.000	5.105
徐富林	0.608	1.125	0.000	0.149	0.000	1.882
徐富庆	0.000	0.274	0.000	0.000	0.000	0.274
徐何长	3.690	1.819	0.101	0.000	0.000	5.610
徐洪照	2.660	1.466	0.000	0.000	0.000	4.126
徐见章	0.743	1.141	0.570	0.000	0.000	2.454
徐金春	2.779	0.619	0.971	0.000	0.000	4.369
徐金青	0.000	1.133	0.000	0.000	0.000	1.133
徐康成	3.506	1.069	0.651	0.131	0.022	5.379
徐来生	0.199	1.788	0.000	0.188	0.000	2.175
徐龙生	0.000	0.233	0.431	1.245	0.000	1.909
徐茂松	1.979	0.998	0.521	1.650	0.000	5.148
徐生宝	1.081	0.426	0.619	0.000	0.000	2.126

续 表

业　主	稻田(亩)	果地(亩)	桑地(亩)	水荡(亩)	其他(亩)	合计(亩)
徐寿福	2.093	1.479	0.312	0.701	0.000	4.585
徐文德	2.265	0.398	0.101	0.000	0.248	3.012
徐文元	0.000	0.383	0.128	0.000	0.000	0.511
徐有章	3.451	0.465	1.091	0.000	0.000	5.007
徐掌福	4.441	0.848	0.488	0.000	0.000	5.777
姚荣林	0.000	0.247	0.000	0.000	0.000	0.247
姚永年	0.353	1.476	0.000	1.221	0.255	3.305
姚永新	0.000	0.188	0.000	0.000	0.000	0.188
姚永兴	0.581	1.047	0.000	0.000	0.000	1.628
姚再春	4.891	1.467	0.671	0.169	0.000	7.198
姚再高	5.052	2.882	0.000	0.120	0.668	8.722
姚章林	0.000	0.420	0.000	0.000	0.000	0.420
姚振高	4.118	1.707	0.000	1.871	0.000	7.696
张阿本	0.233	2.459	0.645	0.454	0.000	3.791
张阿文	0.000	0.060	0.000	0.000	0.000	0.060
张炳然	1.388	1.800	0.000	0.000	0.000	3.188
张法林	0.000	0.703	0.083	0.000	0.000	0.786
张法元	0.000	0.300	0.000	0.000	0.008	0.308
张法正	1.696	0.533	0.000	0.293	0.000	2.522
张贵林	1.279	0.206	0.000	0.000	0.000	1.485
张贵庆	0.000	1.023	0.009	0.510	0.000	1.542
张洪年	2.381	2.096	1.384	0.000	0.488	6.349
张金生	2.473	1.840	0.477	0.000	0.590	5.380
张连奎	1.313	1.202	0.044	0.000	0.000	2.559

续 表

业 主	稻田(亩)	果地(亩)	桑地(亩)	水荡(亩)	其他(亩)	合计(亩)
张连舟	3.691	0.128	0.124	0.233	0.169	4.345
张茂春	0.354	0.893	0.375	0.000	0.000	1.622
张茂林	1.380	1.662	0.645	0.000	0.000	3.687
张年庆	0.000	0.154	0.000	0.000	0.000	0.154
张寿春	1.163	0.843	0.025	0.000	0.762	2.793
张文甫	0.000	1.336	0.034	0.000	0.000	1.370
张文富	0.795	0.172	0.339	0.000	0.000	1.306
张文龙	3.039	0.120	0.128	0.000	0.000	3.287
张文相	0.000	0.052	0.194	0.000	0.000	0.246
张文玉	0.000	0.248	0.009	0.000	0.000	0.257
张先高	0.000	2.851	0.308	0.000	0.430	3.589
张应财	0.000	1.140	0.086	0.000	0.000	1.226
张应芳	0.728	0.720	0.075	0.000	0.000	1.523
张源庆	1.561	0.984	0.042	0.000	0.720	3.307
张云轩	0.000	0.146	0.062	0.000	0.300	0.508
张再香	1.562	0.548	0.000	2.138	0.000	4.248
张振泉	0.000	0.956	0.000	0.000	0.000	0.956
张正法	0.000	0.540	0.000	0.000	0.000	0.540
张正生	5.667	2.552	0.079	0.000	0.000	8.298
张子年	0.000	0.488	0.000	0.000	0.391	0.879
张子元	3.905	1.924	0.943	0.128	1.357	8.257
郑宝连	0.000	0.334	0.000	0.000	0.000	0.334
郑春生	0.000	0.383	0.224	0.000	0.000	0.607
郑贵荣	0.000	0.427	0.000	0.000	0.000	0.427

续　表

业　主	稻田(亩)	果地(亩)	桑地(亩)	水荡(亩)	其他(亩)	合计(亩)
郑满锡	7.456	1.070	0.747	0.000	0.000	9.273
郑正荣	1.178	0.360	0.000	0.000	0.000	1.538
朱宝华	0.000	0.596	0.063	0.000	0.000	0.659
朱福寿	2.026	0.964	0.000	0.000	0.000	2.990
朱根发	0.000	0.075	0.000	0.000	0.000	0.075
朱洪福	3.255	0.713	0.000	0.000	0.000	3.968
朱洪坤	0.000	1.748	0.260	0.000	0.000	2.008
朱洪寿	2.316	0.469	0.228	0.000	0.000	3.013
朱金生	2.197	1.355	0.049	0.000	0.000	3.601
朱金寿	2.161	0.345	0.195	0.000	0.000	2.701
朱金松	1.513	0.570	0.758	0.000	0.000	2.841
朱金玉	0.000	0.316	0.000	0.000	0.000	0.316
朱连庆	0.000	0.015	0.000	0.000	0.000	0.015
朱士明	4.831	0.934	0.546	0.000	0.000	6.311
朱寿法	2.760	0.218	0.075	0.000	0.000	3.053
朱寿贵	0.859	1.369	0.000	0.000	0.000	2.228
朱锡章	0.000	0.094	0.379	0.000	0.000	0.473
朱叙高	0.000	0.955	0.237	0.000	0.000	1.192
朱义春	2.269	1.508	1.054	0.000	0.000	4.831
朱永财	3.004	0.203	0.000	0.000	0.000	3.207
朱永连	0.611	0.270	0.000	0.000	0.000	0.881
朱玉掌	0.000	1.140	0.000	0.000	0.000	1.140
朱子埂	2.971	0.368	0.000	0.000	0.000	3.339

资料来源：浙江省土地局：《杭县地籍册·九都五十图》，杭州市临平区档案馆，档案编号：93-9-64；杭县地籍整理办事处：《九都五十图地价册》，杭州市临平区档案馆，档案编号：93-6-304至93-6-308。

以各农户 1930 年所有林果农地面积为自变量,以各户截至 1947 年转出林果用地面积为因变量,可以分析两者之间的相关关系,如下表。

模 型 概 要

转出林果地积	系　数	标准误	t	$p>t$	系数的95%置信区间	
1930 年所有林果地	0.820 103	0.030 712	26.703	0.000	0.759 512	0.880 695
常数	0.021 005	0.043 824	0.479	0.000	−0.065 454	0.107 464

以 y 表示因变量,即各农户转出林果用地面积;以 x 表示自变量,即各农户 1930 年所有林果用地面积。依据上表,可得到下列方程:

$$y=0.02+0.82x$$

整体 F 检验结果显示,F 统计量为 713.030,自由度为 1 和 185,$p=0.000\,0$,意味着 p 小于 0.000 05,拒绝模型中 x 等于零这一假设,故上列相关关系成立。确定系数 $R^2=0.794$,说明 1930 年各户所有林果地面积解释了截至 1947 年大约 79% 的林果地转出面积,如图 2-3-4-2 所示。

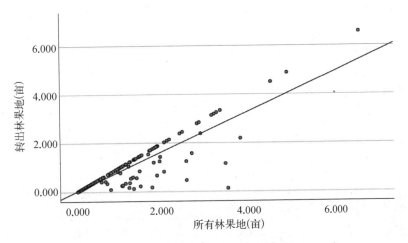

图 2-3-4-2　1947 年转出林果地面积与 1930 年所有林果地面积相关关系图

资料来源:浙江省土地局:《杭县地籍册·九都五十图》,杭州市临平区档案馆,档案编号:93-9-64;杭县地籍整理办事处:《九都五十图地价册》,杭州市临平区档案馆,档案编号:93-6-304 至 93-6-308。

由上述统计结果可知,农户所有果地的增减变化并不意味着果地地权向个别农户,尤其是地主手里集中。实际上,占总面积70%以上的果地的地权流动,结果是果地的地权分散,而且,主要分散为一般自耕农所有。

依据上表中所列各户所有果地占其所有农地总面积的比重,我们可以进一步分析地权变动的果地所占比重与果地在各户农地中所占比重之间的相关关系,如表2-3-4-3所示。

表2-3-4-3 林果地权变化的农户1930年农业结构表

业　主	稻田(%)	果地(%)	桑地(%)	水荡(%)	其他(%)
丁永福	65.02	34.98	0.00	0.00	0.00
范阿春	0.00	100.00	0.00	0.00	0.00
范金生	96.18	3.82	0.00	0.00	0.00
范小毛	57.59	22.74	12.10	7.56	0.00
范有富	42.24	50.58	0.00	6.23	0.95
范正元	41.34	18.85	34.81	5.01	0.00
方荣财	60.35	23.66	5.72	5.00	5.27
方余庆	0.00	43.36	0.00	56.64	0.00
方再春	0.00	12.37	0.00	48.67	38.96
傅阿春	0.00	100.00	0.00	0.00	0.00
傅凤春	0.00	17.95	82.05	0.00	0.00
傅福元	0.00	62.56	0.00	0.00	37.44
傅雪春	0.00	100.00	0.00	0.00	0.00
傅寅山	0.00	78.97	21.03	0.00	0.00
傅再春	0.00	100.00	0.00	0.00	0.00
何大荣	86.92	5.06	8.02	0.00	0.00
何桂春	0.00	100.00	0.00	0.00	0.00
何来和	0.00	100.00	0.00	0.00	0.00

续 表

业 主	稻田(%)	果地(%)	桑地(%)	水荡(%)	其他(%)
何寿章	27.85	72.15	0.00	0.00	0.00
贾寿福	0.00	100.00	0.00	0.00	0.00
李彩顺	68.21	26.22	0.56	0.00	5.01
梁宝法	65.09	17.40	1.57	0.00	15.94
梁宝南	40.22	37.17	16.85	0.00	5.76
梁宝生	42.39	34.57	20.36	0.00	2.67
梁宝文	59.37	38.16	2.46	0.00	0.00
梁本寿	70.95	13.56	12.40	3.09	0.00
梁福加	60.47	37.64	1.89	0.00	0.00
梁金福	70.41	15.57	12.80	0.96	0.27
梁金魁	17.27	48.13	10.49	11.62	12.50
梁金龙	76.22	16.80	6.98	0.00	0.00
梁金寿	37.28	37.90	24.82	0.00	0.00
梁连福	57.69	33.16	7.90	1.26	0.00
梁敏加	49.48	23.86	26.66	0.00	0.00
梁明加	0.00	31.00	0.00	0.00	69.00
梁寿春	0.00	58.03	41.02	0.00	0.95
梁永宝	85.81	10.40	3.79	0.00	0.00
梁再高	0.00	100.00	0.00	0.00	0.00
梁章生	15.36	65.97	0.00	0.00	18.67
梁振加	0.00	100.00	0.00	0.00	0.00
梁正加	0.00	64.93	27.49	0.00	7.58
梁子祥	0.00	100.00	0.00	0.00	0.00
茅庆祥	54.83	44.84	0.33	0.00	0.00

续　表

业　主	稻田(%)	果地(%)	桑地(%)	水荡(%)	其他(%)
茅仁魁	57.84	26.02	16.14	0.00	0.00
茅四宝	10.11	57.99	16.16	15.74	0.00
倪寿明	0.00	100.00	0.00	0.00	0.00
沈凤山	0.00	100.00	0.00	0.00	0.00
沈凤春	38.32	61.68	0.00	0.00	0.00
沈甫天	59.91	34.89	0.76	0.00	4.44
沈贵生	9.73	76.39	1.09	8.56	4.22
沈贵寿	32.86	53.98	6.67	6.36	0.13
沈桂生	46.43	22.54	31.02	0.00	0.00
沈洪生	0.00	100.00	0.00	0.00	0.00
沈洪顺	28.93	11.83	59.24	0.00	0.00
沈金寿	0.00	95.13	0.00	0.00	4.87
沈锦寿	27.88	33.52	38.60	0.00	0.00
沈魁洪	0.00	62.32	37.68	0.00	0.00
沈来生	96.88	3.12	0.00	0.00	0.00
沈连法	9.76	46.42	8.34	0.00	35.48
沈美生	47.57	45.64	0.00	0.00	6.80
沈美堂	28.37	12.52	52.68	6.44	0.00
沈美章	0.00	100.00	0.00	0.00	0.00
沈其昌	0.00	80.83	19.17	0.00	0.00
沈庆福	60.95	31.39	4.34	0.84	2.49
沈庆寿	0.00	23.78	74.77	0.00	1.46
沈寿庆	40.20	58.85	0.77	0.00	0.19
沈万福	88.98	5.67	4.05	0.00	1.30

续 表

业 主	稻田(%)	果地(%)	桑地(%)	水荡(%)	其他(%)
沈文富	50.66	18.02	11.24	0.00	20.08
沈文玉	32.09	25.17	28.20	1.56	12.99
沈香宝	57.63	30.19	12.18	0.00	0.00
沈香泉	48.86	31.01	19.99	0.00	0.15
沈香寿	55.30	22.38	22.32	0.00	0.00
沈香喜	61.17	29.17	0.57	8.75	0.33
沈叙福	52.25	33.28	0.43	14.04	0.00
沈叙林	0.00	13.65	0.00	0.00	86.35
沈叙堂	58.32	21.42	17.33	2.94	0.00
沈友法	0.00	36.72	63.28	0.00	0.00
沈有法	55.90	17.66	23.02	0.00	3.42
沈再寿	0.00	58.25	35.05	0.00	6.70
沈长生	0.00	46.70	53.30	0.00	0.00
沈掌生	0.00	100.00	0.00	0.00	0.00
沈子法	66.34	21.90	11.76	0.00	0.00
沈子祥	0.00	95.83	4.17	0.00	0.00
唐贵寿	0.00	100.00	0.00	0.00	0.00
唐锦元	83.75	16.25	0.00	0.00	0.00
唐生元	0.00	100.00	0.00	0.00	0.00
唐友发	0.00	100.00	0.00	0.00	0.00
汪茂山	0.00	100.00	0.00	0.00	0.00
吴东生	25.44	50.84	12.45	11.27	0.00
吴凤林	0.00	78.85	21.15	0.00	0.00
吴茂林	46.85	39.22	0.00	13.93	0.00

续表

业　主	稻田(%)	果地(%)	桑地(%)	水荡(%)	其他(%)
吴锡生	69.82	30.18	0.00	0.00	0.00
徐阿庆	69.55	30.45	0.00	0.00	0.00
徐宝春	0.00	100.00	0.00	0.00	0.00
徐财春	0.00	100.00	0.00	0.00	0.00
徐大春	0.00	100.00	0.00	0.00	0.00
徐大清	50.82	5.90	0.00	43.28	0.00
徐法高	46.62	47.67	5.71	0.00	0.00
徐福清	25.45	74.55	0.00	0.00	0.00
徐福庆	20.04	71.90	0.00	8.06	0.00
徐甫春	18.45	35.18	46.36	0.00	0.00
徐甫桂	76.38	23.62	0.00	0.00	0.00
徐甫林	57.18	42.82	0.00	0.00	0.00
徐富春	0.00	84.20	0.00	15.80	0.00
徐富桂	85.09	3.53	11.38	0.00	0.00
徐富林	32.31	59.78	0.00	7.92	0.00
徐富庆	0.00	100.00	0.00	0.00	0.00
徐何长	65.78	32.42	1.80	0.00	0.00
徐洪照	64.47	35.53	0.00	0.00	0.00
徐见章	30.28	46.50	23.23	0.00	0.00
徐金春	63.61	14.17	22.22	0.00	0.00
徐金青	0.00	100.00	0.00	0.00	0.00
徐康成	65.18	19.87	12.10	2.44	0.41
徐来生	9.15	82.21	0.00	8.64	0.00
徐龙生	0.00	12.21	22.58	65.22	0.00

续　表

业　主	稻田(%)	果地(%)	桑地(%)	水荡(%)	其他(%)
徐茂松	38.44	19.39	10.12	32.05	0.00
徐生宝	50.85	20.04	29.12	0.00	0.00
徐寿福	45.65	32.26	6.80	15.29	0.00
徐文德	75.20	13.21	3.35	0.00	8.23
徐文元	0.00	74.95	25.05	0.00	0.00
徐有章	68.92	9.29	21.79	0.00	0.00
徐掌福	76.87	14.68	8.45	0.00	0.00
姚荣林	0.00	100.00	0.00	0.00	0.00
姚永年	10.68	44.66	0.00	36.94	7.72
姚永新	0.00	100.00	0.00	0.00	0.00
姚永兴	35.69	64.31	0.00	0.00	0.00
姚再春	67.95	20.38	9.32	2.35	0.00
姚再高	57.92	33.04	0.00	1.38	7.66
姚章林	0.00	100.00	0.00	0.00	0.00
姚振高	53.51	22.18	0.00	24.31	0.00
张阿本	6.15	64.86	17.01	11.98	0.00
张阿文	0.00	100.00	0.00	0.00	0.00
张炳然	43.54	56.46	0.00	0.00	0.00
张法林	0.00	89.44	10.56	0.00	0.00
张法元	0.00	97.40	0.00	0.00	2.60
张法正	67.25	21.13	0.00	11.62	0.00
张贵林	86.13	13.87	0.00	0.00	0.00
张贵庆	0.00	66.34	0.58	33.07	0.00
张洪年	37.50	33.01	21.80	0.00	7.69
张金生	45.97	34.20	8.87	0.00	10.97

续　表

业　主	稻田(%)	果地(%)	桑地(%)	水荡(%)	其他(%)
张连奎	51.31	46.97	1.72	0.00	0.00
张连舟	84.95	2.95	2.85	5.36	3.89
张茂春	21.82	55.06	23.12	0.00	0.00
张茂林	37.43	45.08	17.49	0.00	0.00
张年庆	0.00	100.00	0.00	0.00	0.00
张寿春	41.64	30.18	0.90	0.00	27.28
张文甫	0.00	97.52	2.48	0.00	0.00
张文富	60.87	13.17	25.96	0.00	0.00
张文龙	92.46	3.65	3.89	0.00	0.00
张文相	0.00	21.14	78.86	0.00	0.00
张文玉	0.00	96.50	3.50	0.00	0.00
张先高	0.00	79.44	8.58	0.00	11.98
张应财	0.00	92.99	7.01	0.00	0.00
张应芳	47.80	47.28	4.92	0.00	0.00
张源庆	47.20	29.76	1.27	0.00	21.77
张云轩	0.00	28.74	12.20	0.00	59.06
张再香	36.77	12.90	0.00	50.33	0.00
张振泉	0.00	100.00	0.00	0.00	0.00
张正法	0.00	100.00	0.00	0.00	0.00
张正生	68.29	30.75	0.95	0.00	0.00
张子年	0.00	55.52	0.00	0.00	44.48
张子元	47.29	23.30	11.42	1.55	16.43
郑宝连	0.00	100.00	0.00	0.00	0.00
郑春生	0.00	63.10	36.90	0.00	0.00
郑贵荣	0.00	100.00	0.00	0.00	0.00

续 表

业 主	稻田(%)	果地(%)	桑地(%)	水荡(%)	其他(%)
郑满锡	80.41	11.54	8.06	0.00	0.00
郑正荣	76.59	23.41	0.00	0.00	0.00
朱宝华	0.00	90.44	9.56	0.00	0.00
朱福寿	67.76	32.24	0.00	0.00	0.00
朱根发	0.00	100.00	0.00	0.00	0.00
朱洪福	82.03	17.97	0.00	0.00	0.00
朱洪坤	0.00	87.05	12.95	0.00	0.00
朱洪寿	76.87	15.57	7.57	0.00	0.00
朱金生	61.01	37.63	1.36	0.00	0.00
朱金寿	80.01	12.77	7.22	0.00	0.00
朱金松	53.26	20.06	26.68	0.00	0.00
朱金玉	0.00	100.00	0.00	0.00	0.00
朱连庆	0.00	100.00	0.00	0.00	0.00
朱士明	76.55	14.80	8.65	0.00	0.00
朱寿法	90.40	7.14	2.46	0.00	0.00
朱寿贵	38.55	61.45	0.00	0.00	0.00
朱锡章	0.00	19.87	80.13	0.00	0.00
朱叙高	0.00	80.12	19.88	0.00	0.00
朱义春	46.97	31.22	21.82	0.00	0.00
朱永财	93.67	6.33	0.00	0.00	0.00
朱永连	69.35	30.65	0.00	0.00	0.00
朱玉掌	0.00	100.00	0.00	0.00	0.00
朱子埂	88.98	11.02	0.00	0.00	0.00

资料来源：浙江省土地局：《杭县地籍册·九都五十图》，杭州市临平区档案馆，档案编号：93-9-64；杭县地籍整理办事处：《九都五十图地价册》，杭州市临平区档案馆，档案编号：93-6-304至93-6-308。

以转出林果地面积占农户所有林果地总面积的比重为因变量,以各农户所有林果地面积占其所有农地总面积的比重为自变量,可以讨论两者之间的相关关系,如下表。

模 型 概 要

转出果园比重	系 数	标准误	t	$p>t$	系数的95%置信区间	
林果地比重	0.982 322	0.042 714	22.998	0.000	0.898 054	1.066 591
常数	−5.951 785	2.575 905	−2.311	0.022	−11.033 710	−0.869 861

以 y 表示因变量,x 表示自变量,可得到下列方程:

$$y = -0.034 + 0.010x$$

整体 F 检验结果显示,F 统计量为528.904,自由度为1和185,$p=0.0000$,意味着 p 小于0.000 05,拒绝模型中 x 等于零这一假设,故上列相关关系成立。确定系数 $R^2=0.7408$,说明1930年各户所有林果地面积所占比重解释了截至1947年大约74%的林果地转出面积比重,如图2-3-4-3所示。

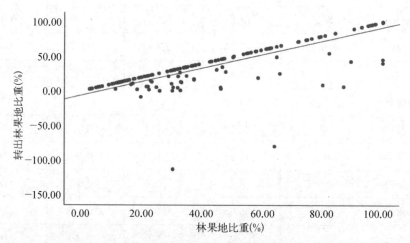

图2-3-4-3 转出林果地比重与林果地占农户所有
农地总面积比重相关关系图

资料来源:浙江省土地局:《杭县地籍册·九都五十图》,杭州市临平区档案馆,档案编号:93-9-64;杭县地籍整理办事处:《九都五十图地价册》,杭州市临平区档案馆,档案编号:93-6-304至93-6-308。

上述统计结果说明，农户转出果园与该户的农业结构具有正线性相关关系，即那些林果地占其所有农地面积的比重越高的农户，越有可能转出所有的林果地。

统计数据显示的相关关系，可由个案分析得到进一步的解释。我们以丁河乡第十村为例再作分析。1950年土地改革前夕的调查显示，丁河乡第十村果园占有（使用）分散在农民手里。全村果园用地283.372亩，地主占有仅30.018亩（占全村10.6%），其余253.264亩（占全村89.4%）概归农民（富、中、贫）所有。与地主所有土地相比，其他阶层所有土地数量巨大而且分散，土地占有并不集中。①

从地权的配置来看，果园大半属中、贫农所具有，地、富及其他阶层占有极少。② 调查结果显示，丁河乡第十村各阶层占有果园土地的数量，由高到低排序，依次为中农、贫农、地主、富农、雇农："中农占有果园最多，质量亦佳。全村中农43户，173人，占有果园117.97亩（占全村41.5%），每人平均占有0.603亩，略微超出全村平均数（全村平均数为0.4407亩）……贫农占有次之，每人平均不足全村平均数。全村贫农97户，377人，占有果园111.834亩（占全村39.4%），每人平均占有0.293亩，不足全村平均数……地主占有数量虽不多，但平均则特高。全村地主2户，14人，占有30.018亩（占全村10.6%），每人平均占有2.143亩，为全村平均0.4407亩的四倍强，居全村各阶层之冠……富农占有仅高于雇工，平均数则超出全村平均数。全村富农2户，15人，占有果园9.6亩（占全村3.4%），每人平均占有0.64亩，超出全村平均数，且高过雇工三倍……雇工占有数量最少，种类单一，质地亦差。雇工5户，8人，仅占有枇杷1.4亩（占全村0.5%），占全村枇杷园的0.58%，数量最少，每人平均0.175亩……其他阶层（手工业者12户，39人；宗教职业者4户，9人；游民3户，8人）19户，56人，占有果园12.55亩（占全村4.6%），每人平均占有0.224亩，仅为全村平均数的二分之一。"③ 分散于各个阶层的果园，

---

① 中国共产党浙江省杭县委员会：《塘栖区、塘栖镇关于剿匪、反霸、减租减息、土地改革简报、总结》，杭州市临平区档案馆，档案编号：92-1-61。
② 中国共产党浙江省杭县委员会：《塘栖区、塘栖镇关于剿匪、反霸、减租减息、土地改革简报、总结》，杭州市临平区档案馆，档案编号：92-1-61。
③ 中国共产党浙江省杭县委员会：《塘栖区、塘栖镇关于剿匪、反霸、减租减息、土地改革简报、总结》，杭州市临平区档案馆，档案编号：92-1-61。

占有权与使用权是合一的,既无租出果园,也无租入果园。其中原因,主要在于"果园经营需要时间较长,从育苗到结实,少则五六年,多则须十年,所花成本较大,经济价值亦高,因此地主不愿出租园地,中、贫农亦不愿租入农地而植果树,全村283.372亩果园而无一亩有租佃关系"。① 由丁河乡第十村的调查结果可知,果园的所有权相对稳定,且与使用权统一。即使地权有所流转,但发生于各个阶层之间,并未出现向少数业主集中的现象。

丁河乡第十村的果园地权配置在杭县具有典型性,显示出该县果地产权配置的一般特征。作为本节依据的《杭县丁河乡十村果园情况初步调查及其报告——土改参考资料之三(1950年7月)》,完成于1950年7月31日,是提交给杭县县委及浙江省农会的果园土地关系调查报告。调查者在这份报告中说明,在杭县"水果区调查,我们择定塘栖区丁河乡十村。该村属平原区水网地带,水道纵横,灌溉便利,土地肥沃,出产富饶,其基本特点一般可代表塘栖、临平及四维之一部,概括本县整个水果区"。②

大体而言,用于经营商品性农产物的土地的地权更不稳定。其中,果园为例外。果物的商品率虽高于棉花、络麻,但因水果生产与经营的特殊性,果园的地权反而最为稳定。果园地权的配置形态说明,高度商品化的经营并不必然导致地权集中。农业商品化经营对地权的影响,还需结合农产特点、土地收益、经营方式等因素作出具体分析。

小结

在杭县,稻-桑-棉-麻、稻-桑-果和稻-柴-竹三个农业区域,由东向西依次展开,自杭州湾畔延伸到天目山区,显示出该县不同的农业结构类型。尽管这

---

① 中国共产党浙江省杭县委员会:《塘栖区、塘栖镇关于剿匪、反霸、减租减息、土地改革简报、总结》,杭州市临平区档案馆,档案编号:92-1-61。
② 中国共产党浙江省杭县委员会:《塘栖区、塘栖镇关于剿匪、反霸、减租减息、土地改革简报、总结》,杭州市临平区档案馆,档案编号:92-1-61。

三个区域的农业均以"稻+X"的粮-经作物多种经营作为其结构共性，但各个区域也因应自然环境、人地关系、交通状况、市场格局等因素，形成了适合区域条件的独特结构。它们的结构性差异主要表现为商品性农产物种植面积及收益的不同。这种不同决定着三个区域农业经济商品化程度的差别，进而影响着三个区域的地权配置及其变化。

在这三个区域中，稻-桑-果区农业的商业化程度最高，其次为稻-桑-棉-麻区，稻-桑-竹区的商业化程度最低。与三种不同农业结构的商业化程度差异相关，20世纪40年代后期与30年代初期相比，三个区域的地权变化也存在明显的差别。通过对1947年和1930年两个年份数据的比较分析，可以观察到三个区域这一时期地权配置发生的不同变化。三个区域的地权均是趋向于分散的，但地权分散的幅度存在差异。地权分散幅度依区域农业商业化程度的不同而变化。在两个商业化程度较高的农业区域，地权分散幅度较高，而在商业化程度较低的稻-柴-竹区，地权分散幅度最低。1947年与1930年相比，稻-桑-果区农地配置的基尼系数下降了7.05%，稻-桑-棉-麻区农地配置的基尼系数下降了4.03%，而在稻-柴-竹区，农地配置的基尼系数仅下降3.75%。

以户均所有农地面积增减的数量而论，两个年份相比，稻-柴-竹区地权配置的偏度增加2.910，为三个区域中户均所有农地面积配置偏度上升最多的区域。稻-桑-棉-麻区地权配置的偏度增加0.142，为次高的区域。稻-桑-果区地权在农户之间配置的偏度减少0.324。三个商业化程度不同的农业区域，地权配置偏度的变化幅度依次减弱，显示出地权配置平均程度的差别。农业商品化程度越高的地区，地权配置偏度越小。而农业商品化程度越低的地区，地权配置偏度越高。

这三个区域样本农户地权配置的峰度变化也存在明显差别。1947年与1930年相比，稻-柴-竹区样本农户所有农地的分布峰度上升了49.687，稻-桑-棉-麻区样本农户所有农地的分布峰度上升了1.035，而稻-桑-果区样本农户所有农地的分布峰度下降了1.791。这些差异表明，自20世纪30年代初至40年代后期，在农业商品化程度较低的稻-柴-竹区，地权配置依旧维持其较高的不平均程度，而在农业商品化程度较高的稻-桑-果区，地权配置趋向于平均。

可见，农产品的商业化经营对地权变化具有明显影响，农业的商业化加剧了地权的流转，但地权频繁转移的结果并不是地权的集中，而是地权的分散。从单个农户观察所见的农地产权加速流转，由整个区域观察，则为地权配置结构的相对稳定。由于地权分散与集中机制的相互作用，整体上呈现为地权配置机制的动态均衡。

比较稻田、桑地、果园、棉地、麻地五种类型地块所有权变化的比重，可知用于种植林果的土地，其地权在五类用途的土地中最为稳定，31.58%的地块所有权未发生变化，由于平均每块果地的面积较大，故有占果地总面积39.84%的果地所有权未发生变化。依所有权变化的地块数量来看，在五类土地中，所有权最不稳定的为种植络麻的土地，有80%的地块所有权人发生了变化。依所有权发生变化的土地面积来衡量，则最不稳定的是棉地，占植棉土地总面积79.26%的棉田所有权人发生了变化。可见，种植棉花、络麻的耕地地权最不稳定，也从侧面说明在稻-桑-棉-麻农业区域，地权的转移比重最高。

一块农地的收益多寡既取决于这块农地的面积，还取决于在这块农地上生产的农产物。而农产物的收益，既取决于单位面积产量，还取决于农产物的单价。就经济作物而言，出售于市场的农产品价格，直接影响一块农地上所获得的现金收入。因此，对于一个农户来说，如果其所有农地面积不变，而农地的类型发生了变化，或者是他所经营的农产物的结构发生了变化，其收益也会相应发生变化。农户所有农地面积增加或减少，再加上农产物价格变化等因素，则会极大地影响农户在其农地上获得的收益数量。20世纪30—40年代，蚕茧、棉花和络麻的市场需求出现巨大波动，尤其是日伪统治时期，战争破坏导致工业原料需求下降，统制经济政策减少桑、棉、麻种植收入等，都制约着桑、棉、麻生产的净收益。这是农地转移较为频繁的因素之一。与之相比，林果业也面临着市场萎缩、收益减少的问题，但果园的产权在各类农地中却是最为稳定的。原因在于果园的投入-产出周期较长，约计20年的长期投资，通常40年的生长周期，使果园产权变化对产品市场的反应远不如桑、棉、麻"灵敏"。与商品性农产物市场变化的趋势相反，这一时期稻米的价格连续上涨，这成为影响稻田地权转移的推动因素之一，同时也是农户努力维持其稻田地权的动因之一。其结果是，在所有的地权变化中，稻田地权既不像果园那样稳定，也不像种植棉花、络麻的农地那样波动，而是介于农地和果园之间，同样证实单位面积收益波动对地权转移的影响。

整体观察，不论是稻田、桑地还是棉麻地，杭县农村地权的频繁转移显示出农地的"动产化"趋势。土地市场活跃，地权转移频繁，出典或售卖土地成为农户筹措资金的普遍途径。然而，这种地权的高度流动性，并未导致地权集中，而是促使地权配置趋向于均衡，其结果就是地权结构的相对稳定。

第三章 地权变动：价格与利率

土地交易是地权变动的主要方式，而土地价格又是影响土地交易的主要制约因素，故本章对地权变动的市场分析将以价格作为切入点，首先考察土地价格变化与地权转移之间的关系。进一步，再由农产品价格、雇工工资、借贷利息等影响土地价格的变量，分析影响地权变动的市场因素。

第一节 地价与米价

物价显示商品供给与商品需求关系，农地的价格也是土地供给与土地需求关系的反映。由于农地的价格又受到农地生产力的影响，在考察农地价格时，还需要分析农产品价格。本节由农地价格的变化入手，进而对田地亩均产值及其变化作出估计，以探讨农产品价格的变化对地价的直接作用，以及对地权转移的间接影响。

一、稻米价格

土地价格是由一定土地每年所得的地租依照平均利润率折算的价格，地租的数量取决于土地的收益，农产品价格的起伏又直接影响着土地收益。因此，农产品价格的变化对地价具有直接的影响。关于近代杭县农产品价格，缺乏连续的统计数据，所可得到的是1932年和1935年的截面数据，以及1932年至1937年的连续数据，且主要限于个别农产品价格，仅可赖以估计价格变化的大致趋势。考虑到杭县以杭州为其农产品集散的主要市场，杭州城市农产品价格在一定程度上折射出杭县农产品价格的变化，故在回顾杭县农产品价格变化时，同时参酌杭州农产品价格的统计数据。由于稻谷是杭县最主要的农产品，也是市场上交易数额最大的农产品，下面我们主要围绕稻米价格展开分析。

杭州粮食市场上稻米价格的变化影响周边农村的粮食价格。20世纪30年代初，杭县与杭州市合计人口总数82万余人，全年生产粳稻约200万担，合米100万石，以每人每年消费稻米2.5石计算，每年尚需输入粳米约100万石。粳米来源主要为无锡、吴兴及钱塘江上游之兰溪，还有少部分来自安徽。[①] 这些源地不同的稻米与杭县、杭州两地年产量相当，约占两地居民消费量的一半，足以影响杭县稻米价格。另据1946年8月下旬浙江田赋粮食管理处之调查，杭州市居民粮食消费皆以食米为主，"重要米市在城北湖墅，距武林门约五六里，缘其水道交通便利，如运河、苕溪、上塘河、余杭塘河均交汇于斯，故为米粮贸易之中心……湖墅米市，除供给杭州本地消费之食米外，同时复为绍兴、萧山、富阳一带之米粮供给地。苏、皖及嘉、湖两属运来食米，均以湖墅为终点，然后再转运闸口过江分散"。[②] 其中，杭州米店进货，除由位于湖墅的米行购进一部分，其余则"向四乡收购"。[③] 我们以杭州物价作为判断杭县物价变化的主要参照，这也是依据之一。

20世纪20年代初至40年代末，杭县米价数据如表3-1-1-1所示。

表3-1-1-1 1922—1949年杭县米价表

年(月.日)	品　名	每石价格(元)	备　注
1922(1)	白米	10.00	
1923(9)	罗尖	9.50	

[①] 铁道部财务司调查科查：《京粤支线浙江段杭州市县经济调查报告书》，见张研、孙燕京主编《民国史料丛刊(368)》，郑州：大象出版社2009年版，第319页。
[②] 《杭州粮食运销》，《粮情旬报》1947年第263期，第1页。
[③] 《杭州粮食运销》，《粮情旬报》1947年第263期，第3页。

续 表

年(月.日)	品 名	每石价格(元)	备 注
1924	糙米	10.00	
1926(3)	糙米	11.00	
1927(7)	顶米	15.20	
1928(11)	罗尖	11.60	
1930(6)	中白米	12.25	
1930(9)	中白米	9.40	
1931(6)	中白米	10.07	
1931(12)	中白米	10.76	
1932(6)	中白米	11.22	
1933(1)	中白米	10.00	
1934(3)	中白米	8.00	
1934(7)	中白米	25.00	
1935(2)	一号尖米	8.53	
1935(4)	一号尖米	8.40	
1935(8)	一号尖米	7.37	
1935(10)	一号尖米	6.69	
1936(5)	洋尖米	11.00	
1937(9)	白米	6.40	
1937(10)	白米	8.43	
1938(5)	白米	14.60	
1939	白米	33.33	
1940(3)	白米	31.87	
1940(5)	白米	40.00	
1940(8)	白米	45.33	

续　表

年(月.日)	品　名	每石价格(元)	备　注
1941(1)	白米	38.67	
1941(3)	白米	45.07	
1941(4)	白米	49.17	
1941(7)	白米	71.83	
1941(10)	白米	63.33	
1941(12)	白米	70.00	
1942(4)	白米	340.00	储备券元
1943(3)	白米	600.00	
1943(10)	糙米	600.00	
1944(6)	白米	5 500.00	
1945(11)	白米	6 800.00	
1945(12)	白米	9 100.00	
1946(8.3)	特号米	47 000.00	
1946(8.3)	二号米	43 000.00	
1946(9.9—9.10)	中熟米	42 500.00	
1946(9.19—9.20)	中熟米	43 200.00	
1946(9.28—9.30)	中熟米	42 600.00	
1946(10.5—10.10)	中熟米	49 500.00	
1946(10.19—10.20)	中熟米	48 500.00	
1946(11.2—11.20)	中熟米	50 000.00	
1946(11.25—11.30)	中熟米	51 000.00	
1946(12.1—12.10)	中熟米	52 000.00	
1946(12.11—12.30)	中熟米	51 000.00	
1947(1.1—1.10)	中熟米	51 500.00	

续　表

年(月.日)	品　名	每石价格(元)	备　注
1947(1.23—1.30)	中熟米	53 000.00	
1947(2.10)	中熟米	60 000.00	
1947(2.19—2.20)	中熟米	82 000.00	
1947(2.24—2.28)	中熟米	78 000.00	
1947(3.20)	中熟米	76 000.00	
1947(4.10)	中熟米	100 000.00	
1947(4.15—4.20)	中熟米	116 000.00	
1947(4.30)	中熟米	145 000.00	
1947(5.10)	中熟米	200 000.00	
1947(5.14—5.20)	中熟米	210 000.00	
1947(5.30—5.31)	中熟米	320 000.00	
1947(6.8—6.20)	中熟米	280 000.00	
1947(6.37.0)	中熟米	290 000.00	
1947(7.4—7.10)	中熟米	270 000.00	
1947(7.16—7.31)	中熟米	250 000.00	
1947(8.15—8.20)	中熟米	200 000.00	
1947(8.30—8.31)	中熟米	210 000.00	
1947(9.9—9.10)	中熟米	425 000.00	
1947(9.20)	中熟米	365 000.00	
1947(9.30)	中熟米	340 000.00	
1947(10.10)	中熟米	450 000.00	
1947(10.19—10.20)	中熟米	520 000.00	
1947(10.31)	中熟米	510 000.00	
1947(11.20)	中熟米	550 000.00	

续　表

年(月.日)	品　名	每石价格(元)	备　注
1947(11.30)	中熟米	650 000.00	
1947(12.10)	中熟米	700 000.00	
1947(12.18—12.20)	中熟米	880 000.00	
1947(12.31)	中熟米	950 000.00	
1948(1.9—1.10)	中熟米	980 000.00	
1948(1.17—1.20)	中熟米	1 050 000.00	
1948(1.30—1.31)	中熟米	1 230 000.00	
1948(2.8—2.10)	中熟米	1 290 000.00	
1948(2.20)	中熟米	1 460 000.00	
1948(2.28—2.29)	中熟米	1 900 000.00	
1948(3.9—3.10)	中熟米	2 350 000.00	
1948(3.20)	中熟米	2 950 000.00	
1948(3.29—3.31)	中熟米	3 200 000.00	
1948(4.17—4.20)	中熟米	3 500 000.00	
1948(4.27—4.30)	中熟米	3 600 000.00	
1948(5.10)	中熟米	4 700 000.00	
1948(5.20)	中熟米	5 400 000.00	
1948(5.30—5.31)	中熟米	6 700 000.00	
1948(6.10)	中熟米	6 500 000.00	
1948(6.19—6.20)	中熟米	9 000 000.00	
1948(6.30)	中熟米	15 000 000.00	
1948(7.10)	中熟米	19 000 000.00	
1948(7.18—7.20)	中熟米	31 000 000.00	
1948(7.30—7.31)	中熟米	33 000 000.00	

续 表

年(月.日)	品　名	每石价格(元)	备　注
1948(8.20)	中熟米	59 000 000.00	
1948(8.26—8.31)	中熟米	19.00	金圆券
1948(9.8)	白萝尖	21.80	金圆券
1948(12.24)	一号白米	270.00	金圆券
1949(1.7)	高糙团	530.00	金圆券
1949(1.20)	糙团	920.00	金圆券
1949(4.21)	机萝尖	1 560 000.00	金圆券
1949(4.21)	白粳	1 580 000.00	金圆券
1949(4.22)	白粳	1 900 000.00	金圆券
1949(4.22)	白尖	1 880 000.00	金圆券
1949(5)	白粳	440 000 000.00	金圆券

说明：1石=150市斤。原文以"担"为单位者，换算为以"石"为单位。[①]

资料来源：余杭市金融志编纂委员会：《余杭市金融志》，北京：中华书局2002年版，第44页。余杭县粮食志编纂组：《余杭县粮食志》，余杭：内部资料1990年版，第93页。

由于各种统计的基期不同，相关数据在时间上缺乏连续性，本节分为两个时段讨论米价的变化。即以抗日战争为界线，分为抗日战争以前和抗日战争以后两个时期。

先看抗日战争以前杭县及杭州米价的变化。1912年至1921年，杭县中等白米每石售价在银元7元至9元之间波动，价格相对平稳。1922年，每石白米售价上涨至10元。1923年，上涨至11元以上。据《民国日报》，1923年9月，"余杭新米现已稍旺，惟存太空，米价坚定，萝尖每石9.50元，米肆门市，高白米每石11.80元"[②]。1928年11月9日，白萝尖每石11.60元，次米每石11.30元，三号

---

① 每石稻米折合斤数，不同的地方折算标准略有差异。如余杭县折算标准为每石大米计156斤。参见余杭县农业局农业志编纂委员会编：《余杭县农业志》，余杭：内部资料1988年印行，第58页。

② 余杭县粮食志编纂组编：《浙江省余杭县粮食志》，余杭：内部资料1990年印行，第87页。

米每石 10.40 元，起价白米每石 8.80 元。1931 年至 1932 年，中等白米每石价格在 10 元至 11 元之间浮动。① 余杭县每石籼谷全年各月平均收购价格，1930 年为 5.57 元，1931 年降为 4.83 元，1932 年再降为 4.35 元，1933 年降至 3.06 元，1934 年回升至 3.89 元，1935 年恢复至 4.69 元，1936 年再降至 4.08 元。②

1912 年至 1937 年，杭县大米零售价年平均为每千克 0.123 元，年际波动较大。1917 年，籼米每千克 0.073 元；1927 年，每千克 0.203 元。后者是前者的将近 3 倍。③《抗战前价格参考资料》（第三辑）收入了若干年份杭州的物价数据。据其中收录的 1932 年至 1935 年稻米零售价格可知，1932 年杭州市羊尖、晚米、糯米、香粳四种大米的年平均价格分别为每石 10.80 元、11.70 元、13.50 元和 12.10 元，将这四种稻米的价格平均计算，可知当年杭州稻米的年平均价格为每石 12.0 元。④

下面观察 1935 年杭州市米价统计数据。为了与 1932 年的数据比较，我们选择尖米、晚米、糯米、香粳四个品种的稻米价格。其中，尖米价格为五个品种的尖米价格的算术平均值，糯米价格为杜糯、客糯、阴糯的算术平均值。因为各个品种的尖米和糯米销售数量不详，两个品种的米价都未考虑加权值。经过计算，五个品种尖米的年平均价格为每担 10.9 元，三个品种糯米的年平均价格为每担 11.1 元。香粳、晚米的年平均价格分别为每担 11.6 元和 11.1 元。以上 4 种稻米的年平均价格为每担 11.175 元。⑤ 因为 1932 年稻米价格是按照容量单位"石"计算的，1935 年稻米价格是按照重量单位"担"计算的，若欲将两者加以比较，须统一计算口径。按照每石稻米 150 斤的折算率，则 1935 年每石稻米的价格应为 16.763 元。1932 年每石的价格是以银元计算的，而 1935 年每石米的价格是以法币计算的，由《浙江省实施法币办法》（1935 年 11 月 5 日公布）可知，"银币与钞币价格一律相等，不得有丝毫差价"，⑥ 则 1935 年稻米

---

① 余杭县粮食志编纂组：《浙江省余杭县粮食志》，余杭：内部资料 1990 年印行，第 87 页。
② 余杭县粮食志编纂组：《浙江省余杭县粮食志》，余杭：内部资料 1990 年印行，第 89 页。
③ 杭州市余杭区地方志编纂委员会编：《余杭通志》第二卷，杭州：浙江人民出版社 2013 年版，第 696 页。
④ 中华人民共和国商业部物价局编：《抗战前价格参考资料》第三辑，北京：国家图书馆出版社 2012 年版，第 322—323 页。
⑤ 中华人民共和国商业部物价局编：《抗战前价格参考资料》第三辑，北京：国家图书馆出版社 2012 年版，第 310—311 页。
⑥《浙江省实施法币办法》，《杭州市银行业同业公会季刊》1936 年第 1 期，第 30 页。

价格比 1932 年价格增加 4.763 元，即上涨了 36.69%。

以上为两个截面的数据，下面再看多年连续的数据。《杭州零售物价指数》显示出包括稻米在内的食料类商品的价格变化趋势。该表共计统计商品 51 项，其中，食料类 29 项，服用类 9 项，燃料类 7 项，杂项类 6 项。将表中 1937 年前 6 个月的价格总指数平均，得到当年的价格指数为 89.72。同样，可得到 1937 年食料类商品的价格指数为 105.09。[1]

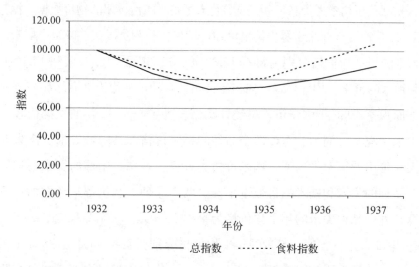

图 3-1-1-1　1932—1937 年杭州食料类商品价格指数图

资料来源：浙江省商务管理局、浙江省政府建设厅：《杭州零售物价指数》，《实业部月刊》1937 年第 2 卷第 8 期，第 305 页。

由图 3-1-1-1 可知，杭州食料类商品的价格指数自 1932 年之后趋于下跌，1934 年跌至最低点，自 1934 年之后，逐步上涨，至 1937 年上涨至最高点。而且，食料类商品的上涨幅度高于总指数。这一结果与前述余杭县稻米价格年际变化趋势和杭州市两个年份对比显示的稻米价格变化趋势一致。上述统计数据显示出的米价变化趋势，得到个案资料的印证。据《余杭县整顿田赋意见书》，"余邑农民众多，半恃蚕桑，半恃耕种。今(1934 年)春，蚕事歉收，金融枯竭，方期农作有秋，兆民利赖。不料新谷登场，米价步跌，价格之贱，为数十年来所未有"[2]。

---

[1] 浙江省商务管理局、浙江省政府建设厅：《杭州零售物价指数》，《实业部月刊》1937 年第 2 卷第 8 期，第 305 页。
[2] 《余杭县整顿田赋意见书》，《浙江财政月刊》1934 年第 7、8、9 期，第 368 页。

杭县稻米价格变化与杭州相同,如表 3-1-1-2 所示。

表 3-1-1-2 1933—1936 年杭县农村物价指数表

年(月) \ 商品	稻谷	小麦	棉花	耕牛	大豆	洋油
1933(1)					100	100
1933(10)	100	100	100	100		
1934(1)	89					
1934(10)			100	68		
1935(1)	150	100			105	70
1935(4)					200	60
1935(7)					125	60
1935(10)	97	107	95	100	120	80
1936(1)	100	63	111	80	88	
1936(4)	157	193			161	83
1936(7)	146	130		89	133	100
1936(10)	123	159	83	107	164	112

资料来源:《全国各县乡村物价指数表·浙江省》,《农情报告》1937 年第 5 卷第 1 期,第 19—29 页。

以 1933 年 1 月为基期,即价格指数为 100,则 1934 年 1 月杭县稻谷价格指数为 89,1935 年 1 月为 150,1935 年 10 月下落至 97。1936 年 1 月,上升至 100,1936 年 4 月,上涨至 157,7 月,回落至 146,1936 年 10 月,再降为 123。①

为了便于比较,可将 1935 年的价格指数作算术平均,得到当年价格指数为 124。采用同样的方法,得到 1936 年的价格指数平均值为 112。这样,我们可以比较 1933 年至 1936 年共计 4 个年份的稻谷价格指数,分别为 100、89、124、112。经过了先下降后上升再下降的过程,其变化趋势与杭州食料类商品

① 《浙江省六十县县乡村物价指数》,《浙江工商》1936 年第 1 卷第 3 期,第 68 页。

价格指数的变化趋势一致。

大体看来，20世纪30年代初至30年代中期，杭县稻米价格指数经过了下降与上升的交替变化。不管是杭州市的粮食价格指数，还是杭县的稻谷价格指数，均显示出1934年为此一时期价格指数起伏变化的波谷。之前数年，稻米价格逐年下跌。之后数年，稻米价格逐渐回升。此一时期，物价虽有起伏，但与抗日战争以后的时期相比，物价仍可算是较为平稳。[1]《杭县志稿》亦谓："当民国二十六年以前，石米市价恒不出十元以外。中稔之岁，普通农户往往卖新丝、籴陈谷，只须添购三四个月食粮，便可自给自足。"[2]

抗日战争爆发后，杭州市物价调查停止。自1937年起，财政部浙江所得税办事处曾开展物价调查，但调查地点囿于宁波、金华等县，杭县和杭州均不在其列。[3] 因此，抗日战争期间杭县物价统计数据较为缺乏。我们以杭县之邻县余杭为例，观察物价变化的趋势，如表3-1-1-3所示。

表3-1-1-3　1941年8月余杭县日用品物价指数表

项 目	指 数	项 目	指 数
总指数	357.4	茶叶	150.0
米	860.0	棉布	392.8
面粉	356.0	棉花	173.9
糖	446.9	煤油	306.3
猪肉	274.6	肥皂	433.3
素油	217.5	木柴	300.0
盐	377.8		

说明：1940年1月物价指数为100。
资料来源：《三十年八月份浙江省重要县镇日用品物价指数表》，《浙光》1941年第8卷第9、10期，第17页。

---

[1] 徐世治：《廿九年浙江省重要日用品物价调查简报》，《浙光》1941年第7卷第17期，第13页。
[2] 姚寿慈：《杭县志稿》卷十四"实业"，杭州：浙江古籍出版社2018年版，第6册，第2页。
[3] 徐世治：《廿九年浙江省重要日用品物价调查简报》，《浙光》1941年第7卷第17期，第13页。

按照简单算术平均,以1940年1月为基期,即物价指数为100,则余杭县1941年8月物价指数为357.4。在各类常用商品中,米价指数高达860.0,为总指数的2.4倍。远远超出其他各种商品,为棉布的2.19倍,为煤油的2.81倍,为猪肉的3.13倍。

抗日战争胜利后,物价剧烈上涨。以杭州中等熟米价格为例。抗日战争胜利之初,每石售价为3 000元,至1945年11月,已超过8 000元。之后数月,米价稍有回落。至1946年2月,涨风再起。5月,每石平均价格已突破40 000元,较抗日战争胜利之初跃增12倍多。6月至9月间,新谷次第登市,粮价上下波动于42 000元至43 000元之间。9月以后,供应渐减,涨风又炽,至1946年底,每石价格超过50 000元,较抗日战争胜利之初,增加15倍以上。至1947年1月,米市货源匮乏,市场上米粮短缺,加以各类商品价格齐涨,每石米的价格突破60 000元,较抗日战争胜利初期,上涨18倍以上。① 以中熟米价格为例,如表3-1-1-4所示。

表3-1-1-4　1945—1947年杭州中熟米价格及指数表

年(月)	价格(元/石)	指　数
1945(9)	3 137	100.0
1945(10)	3 390	108.1
1945(11)	8 095	258.0
1945(12)	7 590	242.0
1946(1)	8 407	268.0
1946(2)	17 100	545.1
1946(3)	24 067	767.2
1946(4)	28 657	913.5
1946(5)	46 820	1 301.3

---

① 《杭州粮食运销》,《粮情旬报》1947年第263期,第3页。

续 表

年(月)	价格(元/石)	指 数
1946(6)	41 967	1 337.8
1946(7)	43 873	1 368.6
1946(8)	41 980	1 338.2
1946(9)	42 047	1 340.4
1946(10)	46 793	1 491.6
1946(11)	46 927	1 495.9
1946(12)	51 140	1 630.2
1947(1)	60 604	1 931.9

资料来源:《杭州粮食运销》,《粮情旬报》1947年第263期,第3页。

抗日战争胜利之初的1945年9月,每石中熟米的价格为3 137元。至1947年1月,已经上涨至60 604元。若以1945年9月指数为100,则1947年1月已经达到1 931.9。

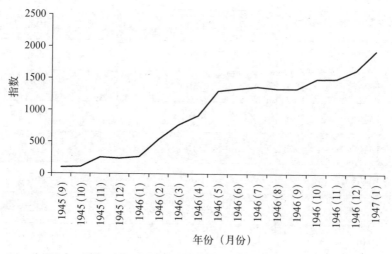

图3-1-1-2　1945—1947年杭州中熟米价格指数变化图

资料来源:《杭州粮食运销》,《粮情旬报》1947年第263期,第3页。

同样，1945年11月，杭县食米每千克平均价格为90.67元，与1937年上半年相比，上涨了707倍。1946年12月，每千克中等食米平均价格为786.67元，与1945年11月相比，又上涨了7.68倍。1947年12月，每千克中等籼粳米平均价格已经上涨至10 400元。至1948年8月20日金圆券发行前夕，每千克白米平均价格达到716 700元。与1947年12月相比，米价上涨了67.9倍。① 如果以1937年1—6月为基期，则20世纪40年代后期粮食价格的上涨幅度更为显著。

表3-1-1-5　1947年杭州市粮食零售价格表

月份 \ 品名	上等籼粳米（市斗）	中等籼粳米（市斗）	次等籼粳米（市斗）	中等机制面粉（市斤）	中等黄豆（市斗）
1	6 733.33	6 466.67	6 033.33	836.67	5 600.00
2	9 833.33	9 033.00	8 266.67	1 193.33	9 600.00
3	9 266.67	8 800.00	8 300.00	1 200.00	11 000.00
4	12 466.67	11 433.33	10 433.33	1 600.00	15 000.00
5	30 500.00	29 500.00	27 500.00	2 866.67	26 333.33
6	36 000.00	32 667.00	30 000.00	3 600.00	28 667.00
7	34 667.00	32 667.00	30 667.00	3 367.00	27 667.00
8	36 667.00	34 000.00	31 000.00	3 300.00	32 000.00
9	40 000.00	37 667.00	35 333.00	3 733.00	36 433.00
10	53 000.00	51 000.00	49 000.00	5 800.00	46 000.00
11	59 000.00	57 000.00	55 000.00	6 100.00	47 333.00
12	80 000.00	78 000.00	76 000.00	9 000.00	75 333.00

说明：价格单位：元。
资料来源：《三十六年杭州市零售物价各月平均指数》，《浙江经济月刊》1948年第4卷第3期，第105页。

---

① 杭州市余杭区地方志编纂委员会编：《余杭通志》第二卷，杭州：浙江人民出版社2013年版，第696页。

考虑到与前述所做比较一致,这里仅计算籼、粳米的价格指数。将上等、中等、次等3类籼粳米的各月价格平均,得到1947年价格指数的平均值为32 330.59,为1937年1—6月平均价格的3万多倍。

与杭州米价变化趋势一致,杭县乡村的稻米价格也大幅上涨。据《对五西区各乡镇农村经济的调查》,1947年6月,丁河乡每担米的价格为35万元。1947年7月,义桥乡每担米的价格亦为35万元。1947年6月,宏磻、四维两乡每担米的价格均为30万元。1947年12月,超山乡每担米的价格已经上涨到110万元。① 杭县县政府田粮处档案记录了1946年9月以后杭县的米价数据,如表3-1-1-6所示。

表3-1-1-6 1946—1948年杭县城区中等熟米平均市价表

年	月	旬	中等熟米平均市价(元/石)
1946	9	上	41 850
1946	9	中	42 830
1946	9	下	42 980
1946	10	中	49 300
1946	10	下	48 500
1946	11	上	49 850
1946	11	中	50 000
1946	11	下	51 000
1946	12	上	52 000
1946	12	中	50 500
1946	12	下	51 000
1947	1	上	51 500

---

① 杭县县政府建设科:《对五西区各乡镇农村经济的调查》,杭州市临平区档案馆,档案编号:91-3-455。

续 表

年	月	旬	中等熟米平均市价(元/石)
1947	1	中	51 900
1947	1	下	52 800
1947	2	上	57 650
1947	2	中	78 700
1947	2	下	79 250
1947	3	上	76 400
1947	3	中	76 000
1947	4	上	85 800
1947	4	中	114 000
1947	4	下	128 000
1947	5	上	173 000
1947	5	中	207 000
1947	5	下	268 500
1947	6	上	290 000
1947	6	中	275 000
1947	6	下	284 000
1947	7	上	274 000
1947	7	中	250 000
1947	7	下	250 000
1947	8	上	250 000
1947	9	上	317 000
1947	9	中	351 500
1947	9	下	356 500

续　表

年	月	旬	中等熟米平均市价(元/石)
1947	10	上	421 000
1947	10	中	528 000
1947	10	下	514 500
1947	11	上	508 000
1947	11	中	521 000
1947	11	下	615 000
1947	12	上	650 000
1947	12	中	831 000
1948	1	上	956 500
1948	1	中	1 069 700
1948	1	下	1 144 500
1948	2	上	1 262 000
1948	2	中	1 347 000
1948	2	下	1 700 000
1948	3	上	2 265 000
1948	3	中	2 840 000
1948	3	下	3 200 000
1948	4	上	3 115 000
1948	4	中	3 455 000
1948	4	下	3 520 000
1948	5	上	4 050 000
1948	5	中	5 130 000
1948	6	中	8 320 000

续 表

年	月	旬	中等熟米平均市价(元/石)
1948	6	下	12 150 000
1948	7	上	17 450 000
1948	7	中	28 700 000
1948	7	下	32 727 272
1948	8	上	35 900 000
1948	8	中	50 700 000

资料来源：杭县县政府田粮处：《县政府造送配发员工食米名册及中等熟米市价旬报表》，杭州市临平区档案馆，档案编号：91-1-264。

上表所列中等熟米平均市价为每旬10天或11天平均价格。1946年9月上旬至1948年8月中旬，计价货币为法币。自1948年8月下旬开始，以金圆券作为计价货币，每石中等熟米每旬平均市价为19.243元。自1946年9月至1948年8月两年间，每石中等熟米平均市价上涨了1 210倍。

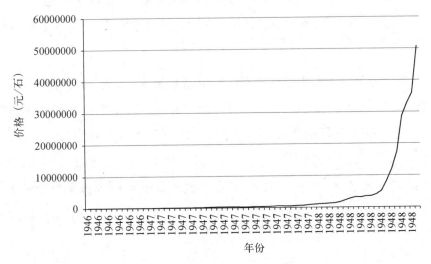

图3-1-1-3 1946—1948年杭县城区中等熟米平均市价变化图

资料来源：杭县县政府田粮处：《县政府造送配发员工食米名册及中等熟米市价旬报表》，杭州市临平区档案馆，档案编号：91-1-264。

由此，我们大致可以勾勒出 20 世纪 30 年代初至 40 年代末稻米价格变化的基本趋势。在 20 世纪 30 年代上半期（实际上是到 1934 年），稻米的价格指数只是有短期的下降，且下降幅度不大。自 1934 年之后，稻谷价格即进入上涨的过程。尤其是抗日战争胜利后，随着通货膨胀的加剧，粮食价格迅速上涨。

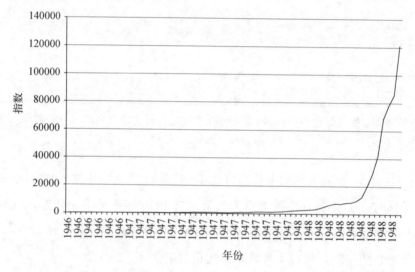

图 3-1-1-4　1946—1948 年杭县城区中等熟米价格指数变化图

资料来源：杭县县政府田粮处：《县政府造送配发员工食米名册及中等熟米市价旬报表》，杭州市临平区档案馆，档案编号：91-1-264。

若 1946 年 9 月上旬中等熟米平均市价指数为 100，则 1948 年 8 月中旬价格指数为 121 147。1948 年 8 月 21 日金圆券发行，每千克白米价格为金圆券 0.27 元。但金圆券的使用并未能稳定米价。1949 年 1 月之后，米价暴涨。1 月底，杭县每千克白米价格为金圆券 22.67 元，与 1948 年 8 月 21 日金圆券发行首日相比，上涨了 89.96 倍。1949 年 2 月底，每千克白米价格为金圆券 180 元；3 月底，为金圆券 1 026.67 元。4 月 11 日，每千克白籼米平均价格达到金圆券 5 733 元。与 1 月底相比，上涨了 252 倍。[①]

[①] 杭州市余杭区地方志编纂委员会编：《余杭通志》第二卷，杭州：浙江人民出版社 2013 年版，第 696 页。

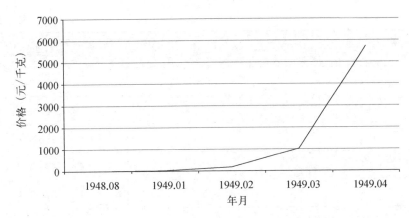

图 3-1-1-5　1948—1949 年杭县米价变化图

资料来源：杭州市余杭区地方志编纂委员会编：《余杭通志》第二卷，杭州：浙江人民出版社 2013 年版，第 696 页。

包括稻米在内的商品价格的急剧上涨，导致生活费用的快速上升。我们以杭县、余杭两县及杭州市工人生活费指数为例加以观察。以 1937 年 1 月至 6 月的平均生活费指数为 100，1946 年 1 月至 1948 年 8 月的生活费指数如表 3-1-1-7 所示。

表 3-1-1-7　1946—1948 年杭县、余杭县及
杭州市工人生活费指数表

年　份	月　份	指　数
1946	1	318 354
1946	2	313 061
1946	3	342 497
1946	4	370 898
1946	5	519 735
1946	6	683 959
1946	7	656 367
1946	8	568 714
1946	9	526 898

续 表

年 份	月 份	指 数
1946	10	673 346
1946	11	683 959
1946	12	758 377
1947	1	992 775
1947	2	1 376 938
1947	3	1 366 915
1947	4	1 589 900
1947	5	2 523 500
1947	6	3 058 400
1947	7	3 581 700
1947	8	2 894 000
1947	9	4 996 800
1947	10	7 529 400
1948	1	9 124 877
1948	2	13 015 277
1948	3	20 381 072
1948	4	25 121 460
1948	5	32 864 431
1948	6	70 188 734
1948	8	400 156 271

说明：1937年1—6月平均指数＝100。

资料来源：余杭市金融志编纂委员会编：《余杭市金融志》，北京：中华书局2002年版，第43页。

1946年1月，杭县生活费指数是1937年6月的3 000多倍。到1948年1月，已经上涨到90 000多倍。至1948年8月，再上涨到4 000 000多倍。

20 世纪 30—40 年代以稻谷为主的粮食(乃至农产品)价格的上涨,在 20 世纪上半期杭县的物价历史上有其特殊性。20 世纪 10 年代初,当地市场上农副产品价格虽有上下波动,但波动幅度往往在 10% 以内。1921 年至 1930 年,农业连遭灾害,军阀混战,交通阻滞,农副产品价格平均上升 50% 左右。1930 年,稻米每石价格为 18 元。1931 年以后,进口稻米数量增加,稻米价格回落,每石跌至 20 世纪 10 年代初的水平。1936 年,杭县农副产品价格约相当于 1930 年的 69.92%。抗日战争期间,农业生产受到严重破坏,商品流通不畅,货币贬值,物资供应紧张,物价直线上升。至 1941 年底,每石大米价格上涨 10 倍。1945 年,每石大米价格上涨至 50 万元法币。抗日战争胜利后,通货膨胀更趋严重,物价变化以时辰计算,早晚相差可达数倍。① 对于战后米价上涨的原因,杭县县参议会议长骆献臣认为,杭县"战后人口未见减少,而各市镇米业商号之存粮则较战前仅十分之一二。塘栖一镇战前各米号存粮多者至一千余石,少亦五六百石,今全镇米号四十余家,无一家有存一百石以上者。资本显已短绌,至不可数计;购力亦已薄弱,至不可言述。一镇如是,他镇当非例外。故每遇各地粮价高涨,民食倍见恐慌。每至青黄不接之时,尤趋严重"②。

大致而言,在 20 世纪的最初 20 年,稻米价格虽有波动,但相对稳定。1921 年至 1930 年为稻米价格上涨时期。20 世纪 30 年代上半期,为稻米价格回落时期。这一时期,虽然个别年份因发生自然灾害,水稻减产。但由于输入稻米数量增加,米价有所下降。尤其是抗日战争初期,商人抛售粮食,米价大幅下挫。20 世纪 30 年代中期至 40 年代末,复为稻米价格持续上涨时期。

二、农地价格

地价是影响地权变动的直接因素。在土地作为商品可以自由买卖的情况下,土地价格由买卖双方协商议定。尽管受到交易双方社会关系、政策法律等因素的制约,但主要受供需关系等因素左右,最终取决于土地的市场行情。因

---

① 杭州市余杭区地方志编纂委员会编:《余杭通志》第二卷,杭州:浙江人民出版社 2013 年版,第 696 页。
② 杭县县政府财政科:《粮食贷款与田赋旧欠卷》,杭州市临平区档案馆,档案编号:91-1-135。

此，一个区域在一定时期内的地价上涨会刺激土地加速流转，从而导致地权的加速转移；相反，地价下跌会导致土地交易频度下降，地权转移因而减速。在地价相对稳定的情况下，地权转移亦相对平稳。由于地价的长期变化受到人口分布、物价涨跌、土地市场供给等因素的影响，故地价的变动也可折射出相关经济与社会因素的变化。我们先观察20世纪30—40年代杭县农地价格的变化，然后分析农地价格变化对地权转移的影响。

杭县农地价格因各区域土质、人口、交通、地理等的差异而不同。杭县西南部地处山区，东北部主要为平原。两个区域在土壤类型、人口密度、交通条件等方面有较大差别，平原地区因土壤肥沃、人口稠密、交通便捷，地价高于西南地区。20世纪30年代初，地处东北平原区域的塘栖、临平一带，上等田、中等田、下等田每亩价格分别比西南地区高30%、43%、33%，上等地、下等地每亩价格分别比西南地区高14%和50%。①

表 3-1-2-1 20世纪30年代初杭县地价表　　　　　　单位：元

田地等则 区域地价	东　北	西　南
上等田	100	70
中等田	70	40
下等田	30	20
上等地	70	60
中等地	40	40
下等地	20	10
上等山	20	
中等山	10	
下等山	3	

资料来源：铁道部财务司调查科查编：《京粤支线浙江段杭州市县经济调查报告书》，见张研、孙燕京主编《民国史料丛刊(368)》，郑州：大象出版社2009年版，第357页。

---

① 铁道部财务司调查科查编：《京粤支线浙江段杭州市县经济调查报告书》，见张研、孙燕京主编《民国史料丛刊(368)》，郑州：大象出版社2009年版，第357页。

杭县不同区域农地平均价格的差异与单位面积的收益不同有关，而两个地区农地单位面积收益的不同，又与商品性农产物的经营关系密切。尽管地价存在差异，但两个区域地价变化的趋势相同。20世纪30年代初，随着商品性农产物价格下跌，两个区域的土地价格均趋于下降。受麻业以及整个农村经济萧条的影响，临平、乔司一带的农地价格大幅下挫。据调查，1933年，乔司当地的农地价格，每亩平均还在70元左右。之后两年之间，主要的商品作物络麻及其加工产品的价格大幅下跌，同时，捐税不断增加，农地价格因之急速下降。1935年，乔司一带的农地价格已经下降至每亩30元。与前两年相比，农地价格下降一半以上，即便价格大幅下跌，但想要求售，也是有价无市。络麻产品销售停滞，导致络麻手工业生产萎缩，络麻种植业无利可图，用于种植络麻的土地价格因之下跌。① 麻制品贸易、络麻种植、土地价格、土地交易形成恶性循环，均趋于下降或萧条。可见，在农产品价格下跌，土地收益减少，因而地价下跌的情况下，地权的转移反而趋向于停滞。

这一时期，杭县地价变化在浙西地区具有一定的代表性。有研究显示，1924年至1934年，浙西农村地价总体上呈现出下降态势，10年间，浙西农村地价下跌38.77%。其中，1924年至1926年三年间，农村地价下跌较为缓慢。20年代后期至30年代初期，地价下跌呈现加速趋势。② 《浙江之"二五"减租》记载了1924年至1934年11年间余杭县地价变化，可资对照。据余杭县黄伟、安乐、免涵、朱家舍、石凉亭、安仁、后王、白社等乡村的调查，1924年至1934年共计11年间，上等田、中等田、下等田地价均呈下降态势。其中，每亩上等田的平均价格由1924年的70元，下降至1934年的32.14元；每亩中等田的平均价格由1924年的50.25元，下降至1934年18.57元；每亩下等田的价格由1924年的26.25元，下降至1934年的10.17元。③ 可见，20世纪20年代中期至30年代中期地价呈现下跌趋势。其中，20年代中期至20年代末，

---

① 焦龙华：《乔司络麻栽培及麻线纺织之概况》，《农村经济》1935年第2卷第6期，第47—49页。
② 盛媛：《民国时期浙江农村土地价格变动初探（1912—1936）》，《浙江万里学院学报》2005年第1期，第51页。
③ 余杭市土地志编纂委员会编：《余杭市土地志》，北京：中国大地出版社1999年版，第184页。

地价下跌过程有起伏波动,地价整体上趋于下降的过程伴随着个别年份的回升;20年代末至30年代上半期,地价连年下跌,如图3-1-2-1所示。

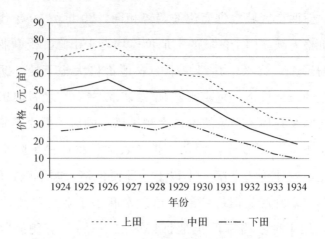

图 3-1-2-1 1924—1934 年余杭县地价变化图

资料来源:余杭市土地志编纂委员会编纂:《余杭市土地志》,北京:中国大地出版社 1999 年版,第 184 页。

上图显示,1929 年上田价格大幅下降,而中田、下田价格均有小幅回升。1929 年以后,不论是上田、中田还是下田,价格连年下降。以 1929 年为分界点,1924 年至 1929 年,上田每亩价格下降 10.61 元,中田每亩价格下降 0.86 元,下田每亩价格上涨 5 元,涨跌幅度分别为 15.16%、1.71% 和 19.05%;1934 年与 1929 年相比,上田每亩价格下降 27.15 元,中田每亩价格下降 30.82 元,下田每亩价格下降 21.08 元,下降幅度分别为 45.71%、62.40% 和 67.46%。①

浙西地区农村地价变化与浙江全省的一般趋势一致。浙江全省范围内数十个县的陈报数据显示,20 世纪 30 年代上半期,浙江省各县田、地、山、荡、园等不同类型的土地价格虽然有上升,但也有下降,各种土地均以价格下降者为最多。此次田、地、山、荡、园等各种土地的陈报县数不同。田的陈报县数为 60 个,其中田价上涨的县数 5 个,田价下降的县数 54 个,田价下降的县份占统计县数的 90%。地的陈报县数为 59 个,其中地价上涨的县数 10 个,地价下降的县数 42 个,地价下降的县份占统计县数的 71.2%。山的陈报县数为 55

---

① 余杭市土地志编纂委员会编:《余杭市土地志》,北京:中国大地出版社 1999 年版,第 184 页。

个，其中山价上涨的县数 11 个，山价下降的县数 31 个，山价下降的县份占统计县数的 56.4%。荡、园的统计县数分别为 33 个、44 个，其中价格下降的县数分别占统计县数的 66.7%、68.2%。综合田、地、山、荡、园 5 类土地，价格上涨的县数占全部统计县数的 15.1%，价格下降的县数占全部统计县数的 70.5%，价格不变的县数占全部统计县数的 14.4%。5 年总计，土地价格下降的县数是上涨县数的 4.67 倍。① 可见，自 1929 年至 1934 年，各县中等土地每亩平均价格虽有涨跌，但主要趋势是下降而不是上升。

从土地价格上涨的县份来看，其田价由 1929 年的一般地价每亩 72 元上涨至 1934 年的每亩 87 元，每亩地价上涨 20.8%。一般地价由每亩 91.5 元上涨至 114.8 元，上涨了 25.5%。一般山价由每亩 12.27 元上涨至 17.18 元，上涨了 40.0%。水荡一般价格由每亩 9.70 元上涨至 11.00 元，上涨了 12.8%。园地一般价格由每亩 69.75 元上涨至 85.37 元，上涨了 22.4%。将 5 种农地价格上涨率平均计算，可知少数农地价格上涨的县份，其地价平均上涨了 24.3%。在地价下降的县份中，田价由 1929 年的每亩平均 78.25 元下降至 1934 年的 52.07 元，下降率为 33.4%。一般地价由每亩平均 48.12 元下降至 29.86 元，下降率为 37.9%。山地的一般地价由每亩平均 29.08 元下降至 18.34 元，下降了 37.0%；水荡的一般地价由每亩平均 25.04 元下降为 16.95 元，下降了 32.3%；园地的一般地价由每亩平均 57.63 元下降为 37.46 元，下降了 32.6%。平均计算，一般地价下降了 34.6%。②

表 3-1-2-2　1929—1934 年浙江省土地价格升降表

土地种类	价格上涨者（一般地价）			价格下降者（一般地价）		
	1929 年	1934 年	上涨率(%)	1929 年	1934 年	下降率(%)
田	72.00	87.00	20.8	78.25	52.07	33.4
地	91.50	114.80	25.5	48.12	29.86	37.9

---

① 《各省农村经济概况统计摘要（续第十四期）（六）浙江省（4）土地价格变迁》，《内政调查统计表》1934 年第 15 期，第 13 页。
② 《各省农村经济概况统计摘要（续第十四期）（六）浙江省（4）土地价格变迁》，《内政调查统计表》1934 年第 15 期，第 13 页。

续 表

土地种类	价格上涨者(一般地价)			价格下降者(一般地价)		
	1929年	1934年	上涨率(%)	1929年	1934年	下降率(%)
山	12.27	17.18	40.0	29.08	18.34	37.0
荡	9.70	11.00	12.8	25.04	16.95	32.3
园	69.75	85.37	22.4	57.63	37.46	32.6
平均	51.04	63.07	24.3	47.62	30.94	34.6

说明：上表中均系各县之中等土地每亩平均价格。
资料来源：《各省农村经济概况统计摘要(续第十四期)(六)浙江省(4)土地价格变迁》，《内政调查统计表》1934年第15期，第13页。

  从全国范围来看，浙江省的地价变动趋势具有典型性。20世纪30年代上半期，全国各省农村土地价格之平均指数也呈持续下降之势。以1931年水田、平地、山地价格指数各为100；1932年水田价格指数为95，平地价格指数为93，山地价格指数为94；1933年，水田89，平地87，山地88；1934年，水田82，平地83，山地82；1935年，水田81，平地83，山地82。根据上述数字，农村地价变化可视为逐年下跌，直至1936年末，始略显稳定，然已较1931年跌落18%。[①] 浙江省各县地价的变化与全国平均变化趋势相似，其中，浙西地区地价下降幅度高于全国平均水平。

  关于20世纪40年代后期杭县的地价，有《地价册》之登记，看似有精确的统计数据，但《地价册》中登记的"地价"是作为征税依据的地价，而不是土地实际交易的地价。如第八都第七图界牌头村，全部荡地仅有两种价格，即每亩20 000元或24 000元。所有荒地的单位价格均为每亩20 000元。农田的价格亦只有两种，即每亩40 000元和每亩30 000元，其中，每亩价格30 000元者占多数。所有农地的价格也是每亩20 000元，地块的坐落、肥力、灌溉条件等差异，以及业户的个体差异，均未反映在地价之中。然而，在实际交易中，每一个地块的价格取决于各种经济与社会要素，因而即使自然条件相似的

---

① 《农村地价逐年下跌》，《华北合作》1939年第5卷第2期，第8页。

地块，也不会有如此完全同一的单价。①

1946年6月，杭县标准地价评议委员会第一次会议，将全县土地分为宅、田、农、荡、山农、山杂六类，分别等级评定标准地价。其中，农田被划分为甲、乙、丙、丁、戊、己六等，每亩标准地价分别为50 000元、40 000元、30 000元、20 000元、10 000元和5 000元。农地被区分为甲、乙、丙三等，每亩标准地价分别为30 000元、20 000元和10 000元。荡地被划分为甲、乙、丙、丁四等，每亩标准地价分别为40 000元、20 000元、10 000元和5 000元。山农地不分等级，每亩标准地价10 000元。山杂地不分等级，每亩标准地价2 000元。② 杭县标准地价评议委员会对地价的区分，较《地价册》划分更为具体，等则更细，但仍为"标准地价"，目的仍然是将地价作为征税依据，并非实际交易的地价。以1947年5月土地交易契约为证，当月，洪金山将"祖遗民田坐落杭县拾壹都捌图第三二五九号又第三二四六号面积二亩三分四厘六毫，又地面积一亩零四厘三毫（土名荒圩），凭中出卖与洪处为业，三面言定，时值估价洋法币四百万元正"③，折算每亩价格为1 180 289元，实际远远超过"标准地价"。故本章有关地价的讨论，不取《地价册》中有关地价的记载，也不采用地价评议委员会确定的标准地价，而采用佃业纠纷案件中记载的地价数据。我们找到了一份1935年12月花果地交易的契约，其主要内容如下：

> 立卖契人戚福庆今因急用，情愿央中将自己祖遗花果地，计有二亩整，坐落拾壹都廿八图被字号，情愿出卖到处为业。三面言过，议定产价洋弍拾圆正，其洋立契之日同中一并交清，归身用度。此系正行交易，亦非重叠交关，通族共晓，上下咸知……④

见于土地契约中的类似地价信息还有：1937年6月，下确桥高叙林、高掌

---

① 杭县地籍整理办事处：《省地政局、县地籍处关于征收土地税费，划分标准地价训令》，杭州市临平区档案馆，档案编号：91-3-663。
② 杭县地籍整理办事处：《八都七图地价册》，杭州市临平区档案馆，档案编号：93-6-31。
③ 杭县地籍整理办事处：《土地证、田契》，杭州市临平区档案馆，档案编号：91-3-603。
④ 杭县地籍整理办事处：《土地证、地契》，杭州市临平区档案馆，档案编号：91-3-603。

福将第十都第二十图其所有 5636 号征田计 6.345 亩售予陈中和,价格为 600 元整,平均每亩售价为 94.56 元。① 1943 年 8 月 5 日,朱连贵将其坐落于第十一都第三图第 6544 号地块出售,面积 1.988 亩,售价国币为 3 600 元正,折合每亩地价为国币 1 810 元。② 1947 年 11 月,第七都第三图(丁兰乡)第 2359 号地块由所有人霍天喜出售予陈仁根,面积为 1.568 亩,价格为法币 2 000 000 元,每亩平均价格为 1 275 510 元。③ 由这些土地买卖契约可知,实际交易价格远远超出所谓"标准地价"。

现藏于杭州市临平区档案馆的杭县佃业纠纷档案共计 20 卷,收录各乡佃业纠纷案件卷宗。这些佃业纠纷多为经乡公所调解未能成立,转呈杭县佃业仲裁委员会的案件,应视为杭县佃业纠纷案件之一部分。这些纠纷围绕的几个关键问题包括:永佃权、业主的收益权、佃户的优先承买权、"二五"减租等。其中记载的相关数据包括租额(包括押租、板租)、地价等。透过这些信息,可以单独分析租额,也可以单独分析地价,还可以分析租额与地价之间的关系。由于 20 世纪 40 年代后期地价资料缺乏,我们在这里利用佃业纠纷卷宗中记载的地价数据,估计杭县地价等的变化。如 1946 年,纤石乡第八保一亩稻田的价格为 5.50 石米。1947 年,该乡第二保一亩稻田的价格为 4.26 石米。同年,第八都第七图、第十都第一图一亩稻田的价格分别为 2.30 石米和 3.00 石米。另外,第十都第一图第七保一亩稻田的价格为 2.00 石米。④ 我们将这些散见于土地纠纷等案卷中的地价记录加以汇总,可知 20 世纪 40 年代后期杭县地价平均每亩约为 3.412 石米。这一每亩土地平均价格可与 30 年代初的数据比较。1932 年,杭县地价如表 3-1-2-3 所示。

---

① 杭县地籍整理办事处:《土地证、地契》,杭州市临平区档案馆,档案编号:91-3-603。
② 杭县地籍整理办事处:《土地证、地契》,杭州市临平区档案馆,档案编号:91-3-603。
③ 杭县地籍整理办事处:《土地证、地契》,杭州市临平区档案馆,档案编号:91-3-603。
④ 杭县县政府社会科:《袁楚三、高华祝等佃业纠纷案(1947 年)》,杭州市临平区档案馆,档案编号:91-3-319;杭县县政府社会科:《骆忻甫与张毛毛等佃业纠纷案(1946 年至 1947 年)》,杭州市临平区档案馆,档案编号:91-3-320;杭县县政府社会科:《陈大兴等诉王文高等侵占地产、损害农作物案(1947 年)》,杭州市临平区档案馆,档案编号:91-3-321;杭县县政府社会科:《俞惠珍与陈珍贵等佃业纠纷(1947 年)》,杭州市临平区档案馆,档案编号:91-3-322;杭县县政府社会科:《乡民借高利贷、二五减租、佃业纠纷(1948 年 10 月至 1949 年 4 月)》,杭州市临平区档案馆,档案编号:91-3-362。

表 3-1-2-3　1932 年杭县地价调查表

项　别		每亩地价（元）	每亩负担田赋总额	地价折合稻米（石）	田赋折合稻米（石）
最高价格	田	100	1.00	8.95	0.09
	地	200	1.11	17.90	0.10
	山	10	0.10	0.89	0.01
	荡	10	0.48	0.89	0.04
最低价格	田	30	0.37	2.68	0.03
	地	2	0.01	0.18	0.00
	山	2	0.27	0.18	0.02
	荡	5	0.48	0.45	0.04
平　均		44.88	0.48	4.02	0.04

资料来源：《浙江省各县地价调查表（杭县）民国二十一年一月》，《浙江财政月刊》1932 年第 5 卷第 3、4、5 期，第 439 页。

表 3-1-2-3 中，最高价格与最低价格的田、地、山、荡平均地价为 44.88 元，按 1932 年的米价每石 11.175 元折合稻米约为 4.02 石。单以稻田价格而论，则最高价格与最低价格平均为每亩 65 元，按每石稻米价格 11.175 元折合稻米约为 5.82 石。两相比较，可见 20 世纪 40 年代后期与 30 年代初期相比，杭县地价每亩平均下跌 2.41 石米，下降幅度达到 70.67%。

20 世纪 20 年代，杭县农产品价格上涨，同时，这一过程也伴随着地价的上涨。随着土地价格的上涨，租佃率上升，佃农数量增加。"地价高涨，贫贱之农民无力购地，土地遂多入于富有之手，而佃农亦增矣。"[①] 自 30 年代初至 30 年代中期，随着商品性农产物及其副产品市场萎缩和价格下跌，农地收益减少，土地价格下降。由于土地经营收益减少，经营农地利润下滑，土地交易停滞，地权转移减缓，因而抑制了地权的集中。20 世纪 40 年代后期，虽然农产品价格上涨，但由于苛捐杂税上升，土地的租税负担加重，再加上租佃纠纷增加，拥有土地的经济收益减少，导致地权转移趋缓，也抑制了地权的集中。有研究者认为，地价

① 陈鸿根：《我国租佃问题之鸟瞰》，《实业统计》1934 年第 2 卷第 5 期，第 46 页。

下跌加快了地权向少数业主手里集中。① 纵观 20 世纪 30—40 年代杭县农村经济与地权变化，先是经济性农产物市场萎缩(自 30 年代初开始)导致的农地收益减少抑制了地权集中，后是苛捐杂税增加和"二五"减租政策导致的农地收益减少抑制了地权集中，两种性质不同的因素，引起了相似的后果，均导致地价下跌，成为阻抑地权集中的因素。有学者将地权交易中的买方区分为两类：一类是将土地作为投资的地主，另一类是购买土地用于家庭经营的小农。前者是否购买土地取决于由土地上所得的利润，后者是否购买土地取决于其资力。② 无论是减租政策对地租率的限制，还是农村经济凋敝导致的土地收益率下降，都成为制约地权集中的因素，其结果呈现为地权的相对稳定。有研究者认为，民国时期土地价格的下跌导致地权集中。③ 这一论断在杭县无法得到证明。因为若此论断成立，则随着地价的下降，杭县农地产权应趋向于集中。事实上，20 世纪 40 年代末与 30 年代初相比，虽然地价有明显下降，但杭县地权配置大致保持稳定，甚至略有分散。这说明，土地价格下降更有可能是导致地权趋于分散的因素。

第二节 雇工工资

雇工工资从两个方面影响农地的收益。对于雇工经营的农户来说，雇工工资作为其劳动成本，直接影响着单位面积收益。对于自耕的农户来说，工价既是劳动成本，也是机会成本。本节将运用杭县、杭州市以及周边各县的工价数

---

① 有学者对浙江全省的地价变动与地权关系作了研究，认为地价下跌加快了地权的集中："浙江是水田区域中的一省，所有水田区域中农业经济的特性，在浙江大多具备，如经营上的集约性、农场的狭小、租佃关系的普遍等。民初以后，租税日渐繁重，农作物的价格又时有波动，少地或无地的农民靠租种土地来维持生活已属不易，在地价上涨的时候，贫苦农民无力购买，而地价下跌的时候，农民又不愿购买，因此，这一时期，农地价格变动带来的最明显的后果就是地权集中的进一步加剧。"参见盛媛：《民国时期浙江农村土地价格变动初探(1912—1936)》，《浙江万里学院学报》2005 年第 1 期，第 51 页。
② 孔雪雄：《中国近年地价低落与减租之关系》，《浙江省建设月刊》1936 年第 10 卷第 4 期，第 10 页。
③ 盛媛：《民国时期浙江农村土地价格变动初探(1912—1936)》，《浙江万里学院学报》2005 年第 1 期，第 51 页。

据,考察工价与地权变化之间的关系。

一、农业雇工及其工资

地权由拥有土地面积较大的地主或自耕农向无地或少地的农户转移是导致地权分散的机制之一,而无地或少地的佃农、半自耕农获得土地的前提是拥有一定数量的资金积累,充当农业雇工以获得收入是他们积累资金的重要途径。农业雇工工资上涨有助于这类农户积聚资本,进而购入土地。如前文所述,在地价下跌的周期内,如果雇工工资出现上涨,则无地或少地农户购入土地的条件更加充分。下面我们对比杭县农业雇工数量及其工资数额的前后变化,估计农业雇工及其工资对地权配置的影响。

杭县的农业雇工多为无地或少地农民,他们或由外乡流徙而来,依靠劳动收入维持生活;或为本土贫民,受雇从事农业生产。农业雇工整体上工资微薄,但不同的农业雇工收入又有差异。收入的多寡主要取决于雇工的劳动力种类和雇佣形式。按照雇佣时间长短区分,杭县的雇工形式主要有长工、短工、包工三种。长工又称长年,雇佣时间以年计算。按照杭县雇佣长工的习惯,由雇主、雇工双方面议,协定劳动内容、时间、报酬。[①] 短工又可分为多种,其中的月工又称忙工、零工,一般是农忙季节雇佣,工资按日计酬。[②] 包工又称估工,依照特定农业生产计工,依所需工数支付报酬。开荒、插秧、除草、掘地等农作,均可包工完成。[③]

在杭县农村,普遍存在着上述各种类型的农业雇佣劳动。如皋塘区,每百户农家雇长工者占17%,雇短工者占12%,每年支付雇工工资合计882元,平均每户支出雇工工资数额30.41元。[④] 再如皋城乡,"多数农家每年雇佣好几十天短工,雇佣长工的富农也很多"[⑤]。在这里,"长工底工资都是按月计算的。

---

① 《杭县经济概况调查》,《浙江经济情报》1936年第1卷第1至5各期合刊,第4页。
② 杭州市余杭区地方志编纂委员会编:《余杭通志》第二卷,杭州:浙江人民出版社2013年版,第4页。
③ 杭州市余杭区地方志编纂委员会编:《余杭通志》第二卷,杭州:浙江人民出版社2013年版,第4页。
④ 浙江大学农学院推广部:《西湖博览会与职业教育第三章农村之部:丙、杭州市皋塘区之百户:(八八)皋塘区百户农家雇工状况》,《教育与职业》1930年第110期,第79页。
⑤ 刘端生:《杭县臬(皋)城乡沿山居民的生活》,《中国农村》1935年第1卷第6期,第89页。引者按:标题中的"臬城乡"为"皋城乡"之误,文中作"皋城乡"。

这并不是说就是每月每月雇佣,普通都是半年为期,而工资以每月每日计算罢了。上半年工资较高,下半年工资较低……计算长工全部工资,通行两种办法:一种是毛估估,通年大概工作几月,就作几月算,普通以十个月计算的较多。也有一种办法,是按日扣算的,就是把长工实际工作总日数加起来,再付给工资,其请假及游玩的日子,一律扣除,不给工资,但仍有饭吃"[1]。可见,杭县乡村具有多种形式的农业雇佣劳动,雇佣双方都可根据各自需要灵活作出选择,因而也形成不同种类和数额的雇工工资。

1928年,杭县皋亭乡农业雇工工资因雇工性质不同而有差异,其中,长工每月3元至5元,月工每月5元至7元,短工每工0.22元。[2] 折合为日工,则长工每工0.10元至0.17元;月工每工0.17元至0.23元。其中,长工平均日工资较低,月工和短工平均日工资较高。长工、月工、短工平均计算,日工资约为0.16元至0.21元。按照1927年稻米零售价格每千克0.203元折算,[3] 长工日工资约合稻米0.493千克至0.837千克。月工日工资约合稻米0.837千克至1.133千克。短工每工工资约合稻米1.084千克。各类农业雇工平均计算,日工资约合稻米0.788千克至1.034千克,取其中间值,即0.911千克。

上面所示仅为皋亭乡农业雇工工资的一般水平。除了区域间的差异,还有劳动力不同造成的差别。青壮年农业雇工的工资通常高于全县农业雇工的平均工资水平。表3-2-1-1显示出1928年杭县各类壮劳力雇工的工资数额。

表3-2-1-1 1928年杭县雇工(壮劳力)工资表

雇工类别 \ 工资类别	最高(元)	普通(元)	最低(元)
年给	92.00	75.00	64.00
月给	7.60	6.20	5.40

---

[1] 刘端生:《杭县臬(皋)城乡沿山居民的生活》,《中国农村》1935年第1卷第6期,第89页。
[2] 林志豪:《杭县皋亭乡农村状况(续)》,《国立浙江大学农学院周刊》1928年第1卷第33期,第264页。
[3] 杭州市余杭区地方志编纂委员会编:《余杭通志》第二卷,杭州:浙江人民出版社2013年版,第696页。

续 表

雇工类别＼工资类别	最高（元）	普通（元）	最低（元）
日给（常日）	0.35	0.32	0.15
日给（忙日）	0.55	0.47	0.35

说明：伙食均由雇主供给。

资料来源：《浙江省各县雇农工资一览表》，《浙江省建设厅月刊》1929年第30期，第1页。

表中的调查结果显示，壮劳力农业雇工的工资远较平均水平为高。杭县长工（壮劳力）最高年工资为92.00元，最低年工资为64.00元，普通为75.00元。折算为日工资，分别为0.25元、0.18元、0.21元。按照杭州市1927年稻米价格折算，分别为1.232千克、0.887千克、1.034千克。月工最高月工资为7.6元，最低为5.4元，普通为6.2元。折算为日工资，分别为0.25元、0.18元、0.21元。按照1927年杭州市稻米价格折算，与长工相同。日工又可区分为常日和忙日。常日最高日工资为0.35元，最低为0.15元，普通为0.32元。按照1927年杭州市零售稻米价格折算，分别为1.724千克、0.739千克、1.576千克。忙日最高日工资为0.55元，最低为0.35元，普通为0.47元。按照1927年杭州市零售稻米价格折算，分别为2.709千克、1.724千克、2.315千克。不论是长工、月工、日工，伙食均由雇主供给。[1] 如果计入伙食部分，这类雇工的工资应较数据显示的更高。

表3-2-1-2　1930年西湖区农业劳动者平均工资表

工 种	平均日工工资（元）	平均月工工资（元）	平均年工工资（元）	平均工作时间（小时）
男工	0.33	5.00	46.00	10
女工	—	1.50	—	10

资料来源：杭州市政府社会科：《西湖区农业劳动者平均工资》，《市政月刊》1930年第3卷第4期，第21页。

---

[1]《浙江省各县雇农工资一览表》，《浙江建设厅月刊》1929年第30期，第1页。

雇工工资不仅存在区域差异、年际变化，还存在男工和女工的性别差异。如在西湖区，同为月工工资，女工工资仅相当于男工的30%。①

20世纪30年代初，杭县农业雇工工资，平时每工约0.5元，忙工每日0.8元。② 1933年，杭县第五区农业长工仅有男工，每年饭食由田主或佃户供给，约可得40元至80元，短工则淡月每工0.33元，忙月每工0.50元，饭食统须由雇主供给。长工收入折合为日工资，约为每工0.11元至0.22元。③ 按照1932年杭州稻米年平均价格每石12.00元折算，则这一年杭县第五区农业长工日工资约为0.688千克至1.375千克稻米。④ 1934年，浙江省地方自治专修学校的学生在全省63个县的2 582个乡对农业雇工工资做了调查。其中，在杭县调查10个乡，结果显示该县长工工资平均每年上等为70.00元，中等为50.00元，下等为40.00元。折算为日工资，分别为0.19元、0.14元、0.11元，平均为0.15元。短工工资因季节不同而有差异，自1月份至12月份，各月平均日工资分别为0.23元、0.23元、0.33元、0.33元、0.43元、0.43元、0.53元、0.53元、0.23元、0.23元、0.23元、0.23元。农忙与农闲季节平均，全年平均日工资为0.33元。⑤ 当年，杭县发生蝗虫灾害，为消灭蝗虫，县府指示各乡雇工挖掘卵块，每工工资为0.50元。显然，此为忙工工资。⑥ 1935年，皋城乡长工工资为上半年每月6.00元，下半年每月5.00元。每年以10个月计算，合计为55元。按照12个月平均，每月工资为4.58元。短工（日工）工资为每日0.33元，闲时每工0.25元，甚至0.20元。农忙时短工工资上涨，每工工资多达0.40元。尤其是炒茶工，每工工资高达0.50元。⑦ 1936年，农村长工普通每月工资5.0元，折合日工资约为0.17元。⑧ 按照1935年杭州市每石稻米平均价格16.763元折算。

---

① 《西湖区农业劳动者平均工资》，《市政月刊》1930年第3卷第4期，第21页。
② 叶凤虎：《杭县之物产及农村状况》，《浙江省建设月刊》1934年第7卷第12期，第8页。
③ 《杭县第五区概况》，《浙江省地方自治专修学校校刊》1933年第6、7期，第36页。
④ 中华人民共和国商业部物价局编：《抗战前价格参考资料》第三辑，北京：国家图书馆出版社2012年版，第322—323页。
⑤ 杨开渠：《浙江省农村工人工资之研究》，《新中华》1935年第3卷第6期，第34—37页。
⑥ 《指示杭县调查飞蝗（工作概况）》，《浙江省建设月刊》1934年第7卷第9期，第23页。
⑦ 刘端生：《杭县臬（皋）城乡沿山居民的生活》，《中国农村》1935年第1卷第6期，第89页。
⑧ 《杭县经济概况调查》，《浙江经济情报》1936年第1卷第1—5期合刊，第4页。

依照 1934 年杭县全县平均每石稻米价格 5.658 元，可将杭县农业雇工工资折合为稻米计算，如表 3-2-1-3 所示。

表 3-2-1-3　1928—1943 年杭县雇工工资表

类型 年份	长 工	月 工	短 工	
			忙 工	普 通
1928	0.024	0.035		
1930			0.141	0.088
1933	0.029	0.058		0.088
1934	0.025		0.094	0.041
1935	0.027		0.088	0.044
1936	0.030			0.088
1943	0.016			0.030

说明：表中雇工工资数额折合为日工，按照石米/日计算。

资料来源：叶凤虎：《杭县之物产及农村状况》，《浙江省建设月刊》1934 年第 7 卷第 12 期，第 8 页；《杭县第五区概况》，《浙江省地方自治专修学校校刊》1933 年第 6、7 期，第 36 页；《杭县经济概况调查》，《浙江经济情报》1936 年第 1 卷第 1—5 期合刊，第 4 页；杭州市余杭区地方志编纂委员会编：《余杭通志》第二卷，杭州：浙江人民出版社 2013 年版，第 696 页。

1934 年的调查者认为，尽管各个不同地域雇工工资存在差别，雇工工资也存在季节性的波动，从以往一二十年农业雇工工资的长期变化来看，浙江省雇工工资是逐步上涨的，杭县也不例外。[①] 20 世纪 20 年代直至 30 年代初，杭县农业雇工工资的上涨与农村经济的发展有关。《纪杭县地丁银有感》一文慨叹农业雇工工资之上涨，认为雇工工资上涨，导致农业成本增加，农业收益下降："杭地各乡，近年生活程度，受城市影响，亦渐增高，每大洋一元，仅工作三天。雇工多，虽丰收亦得不偿失矣！"[②]

[①] 杨开渠：《浙江省农村工人工资之研究》，《新中华》1935 年第 3 卷第 6 期，第 41 页。
[②] 吉翁：《纪杭县地丁银有感》，《钱业月报》1933 年第 13 卷第 7 期，第 74 页。

大致可以看出，20世纪30年代初至30年代中期，杭县长工工资是递增的，月工工资也有所增加。普通短工的工资保持不变。在雇工工资上涨的情况下，业主雇工经营的成本上升，为了降低成本，可选择将土地出租，收取地租。但在30年代上半期推行"二五"减租的政策背景下，地租率难以提高，政策也旨在抑制业主权利。在这种情况下，雇工工资上涨就成为制约地权集中的因素。而由于雇工工资增加，长工、短工等增加了通过出雇劳动积累财富，甚至购入土地的机会。因此，在限制租佃、抑制地租的政策背景下，雇工工资上涨成为导致地权分散的因素。

20世纪40年代中期与30年代中期相比，长工工资和普通短工工资都有大幅下跌，均下降50%以上。1943年，杭县短工每天得大米2—2.5千克，或法币0.5—0.8元。余杭县长工年收入一般折合大米600千克，劳力差的270千克。[①] 折合为日工资分别为1.67千克、0.75千克，分别折合0.022石、0.010石，平均为0.016石。在其他因素不变的情况下，雇工工资下降有利于增加农业收益，可以刺激地主更多地购入土地，从而导致地权的集中，但在田赋及其附加迅速增长的情况下，所有土地面积的增加，往往意味着更加沉重的赋税负担。20世纪40年代中期开始，加速恶化的通货膨胀使有资力者财富严重缩水，从而抵销了雇工工资下跌可能产生的地权集中效应。

由以上的统计分析可知，20世纪30年代至40年代，杭县农业雇工工资经历了先升后降的变化。20世纪30年代上半期，农业雇工工资上涨。20世纪40年代中期，杭县农业雇工工资较30年代中期大幅下降。结合前述产量与物价分析可知，40年代后期与30年代初期相比，杭县稻米单位面积产量下跌了20%左右，而稻米价格却有大幅上涨。稻米为杭县农家唯一的粮食作物，稻米价格上涨意味着劳动成本的上升；而单位面积产量下降则表明农业收益的下降。在农业劳动成本上升的情况下，雇工市场的需求降低，其结果就是雇工工资的下跌。雇工工资下降对于雇工经营的农户来说，有助于增加农地收益，其作用是促进地权的集中。但农业收成的减少，又降低了农地收益，抑制农户

---

① 杭州市余杭区地方志编纂委员会编：《余杭通志》第四卷，杭州：浙江人民出版社2013年版，第138页。

购置田地的需求,不利于地权的集中。因此,劳动成本降低的地权集中效应被其他导致地权分散的因素削弱,使20世纪30年代至40年代的地权配置大致保持稳定。

二、手工业和工业雇工工资

杭县手工业和工业雇工分为长工和短工,长工工资按年或按月计算,短工工资按日计算。在工厂出现之前,不论是长工还是短工,均无书面契约,雇佣双方也没有任何约束。工厂发展之后,工业雇工始有明确而具体的规约。在一些手工业行业中,学徒习惯上应遵循严格的师徒关系,通常期限为3年。① 下面我们区分工业和手工业的不同行业,分别考察雇工工资,然后对比不同时期雇工工资的变化。

杭县近代工业肇始于19世纪末20世纪初,20世纪10年代中期以后厂数增加较快,主要行业为缫丝、丝织、粮食加工等。20世纪10年代后期,天章丝织厂工人工资,按件计资,每人每日可织七八尺,约可得工资1元。② 纬成织绸有限公司工资,亦为按件计值,每人每日可织八尺或九尺,每尺所得工资,分上、中、下三等,上等每尺可得0.15元,中等0.08元,下等0.65元。③ 折合日工资,即上等为1.2元—1.35元、中等为0.64元—0.72元、下等为0.52元—0.585元。平均即0.76元—0.89元,再取其均值,即每人每日可得工资0.83元。此为丝织业之织工工资,高于其他行业。如裕兴机器面厂工人人均月工资10元左右,④ 平均日工资额约为0.33元,远低于丝织业织工工资。各业平均计算,工业工人平均日工资约为0.79元。⑤ 以每石白米10元计算,则这一时期工业工人平均日工资折合白米0.079石。

---

① 忍先:《国货调查:浙西各县工商业之一瞥:一、杭县》,《商业月报》1929年第9卷第7期,第2页。
② 朱翰、陈烈勋:《浙江杭县新事业之现状》,《清华学报》1917年第2卷第4期,第114页。
③ 朱翰、陈烈勋:《浙江杭县新事业之现状》,《清华学报》1917年第2卷第4期,第115页。
④ 朱翰、陈烈勋:《浙江杭县新事业之现状》,《清华学报》1917年第2卷第4期,第117页。
⑤ 朱翰、陈烈勋:《浙江杭县新事业之现状》,《清华学报》1917年第2卷第4期,第117页。

表 3-2-2-1 1926—1930 年杭州各业男工每月平均工资表

类别	年份				
	1926	1927	1928	1929	1930
棉织类	14.73	14.46	16.40	14.12	18.16
缎类	15.00	15.00	21.000	22.50	22.50
丝织品杂类	17.20	22.82	21.62	23.00	26.87
漂染类	7.16	9.72	9.87	9.72	9.60
造纸类	10.50	10.50	13.50	16.50	16.50
医药类	9.50	9.50	11.00	18.50	13.50
玻璃类	26.10	26.10	26.10	26.10	26.10
皮革类	16.00	18.00	18.00	20.00	22.00
烛皂类	6.00	6.00	6.50	7.00	7.50
电镀类	8.00	8.00	10.00	10.00	10.00
火柴类	18.60	28.80	28.80	28.80	28.80
矿冶类	25.00	25.00	25.00	25.00	25.00
牛乳类	8.00	8.00	9.50	11.50	11.50
淀粉及制品类	12.00	13.50	14.00	14.00	15.00
碾米类	20.00	21.000	24.00	24.000	24.00
制帽类	9.00	12.00	15.00	15.00	15.00
成衣类	9.60	9.60	12.00	12.00	13.50
藤竹器类	9.00	10.50	12.00	13.50	13.50
金银器类	11.40	11.40	13.30	15.00	24.00
机械制造类	15.40	16.00	19.60	21.40	23.00
文具类	6.00	6.00	7.50	9.00	9.00
印刷类	18.00	20.00	20.00	26.00	26.00
装花类	12.30	13.80	15.00	16.50	16.50

续 表

类 别	年 份				
	1926	1927	1928	1929	1930
雕刻类	12.60	13.50	18.00	21.00	21.00
石工类	13.80	11.76	15.15	18.30	27.30
油漆类	3.00	6.60	7.50	9.00	9.00
砖瓦类	12.00	13.50	13.50	15.00	15.00
水泥类	10.50	12.00	12.00	15.00	15.00
锯木类	10.50	10.50	12.00	13.50	13.50
毛刷类	4.50	6.00	6.00	7.20	7.20
绳索类	6.60	7.80	7.80	9.00	9.00
扇类	6.00	6.60	7.80	9.60	9.60
皮件类	10.50	10.50	12.00	13.50	13.50
平均	11.95	13.17	14.59	16.07	16.90

说明：表中工资单位为元。
资料来源：《杭州历年每月平均工资统计表》，《全国工人生活及工业生产调查统计报告书》1930年，第28—32页。

表3-2-2-1中收录了杭州市33个行业男工1926年至1930年的平均月工资。从表中数据可见，大部分行业工资呈逐年递增趋势。33个行业平均计算，1926年，男工月工资为11.95元，1927年为13.17元，1928年为14.59元，1929年为16.07元，1930年为16.90元。折算为日平均工资，则1926—1930年分别为0.39元、0.43元、0.48元、0.53元、0.56元。[①] 按照当年米价折算，则这些年份的日平均工资折合白米，分别为0.036石、0.037石、0.041石、0.049石、0.053石。总起来看，20世纪20年代后期，杭州市33个工业行业男工平均日工资是趋于增加的。折合为白米计算的日平均工资，后一年比前

---

① 《杭州历年每月平均工资统计表》，《全国工人生活及工业生产调查统计报告书》1930年，第28—32页。

一年环比增长幅度分别为2.78%、10.81%、19.51%和8.16%。

20世纪30年代初,杭县各业劳工工资差别甚大。手工业中,泥水、木匠等每工约0.78元。各工厂工资,如造纸厂及纺织厂,最高者每工2元余,最低者约0.5元,平均1.75元。火柴厂最高者每工1.3元,最低者约0.33元,平均0.84元。各丝厂最高者每工约1元,最低者约0.2元,平均0.6元。①另据铁道部财务司调查科所做的调查,工业各业工资,"有以件计[者],有以日计者,亦有以月计者"②,将计件与计日工资折合为月工资,各业工资最高者为平均每月50元,最低者3元,普通平均每月在10元至16元之间。其中,"各业工资最高者为缫丝业、丝织业、纺纱业、火柴业、玻璃业、机器业等。次高者为针织业、染炼业、制冰业、制药业、翻砂业、造船业、营造业、建筑业等。最低为榨油业、电镀业、印刷业及石粉业等"③。平均计算,手工业和工业工人日工资额为0.99元。④以1932年6月份杭州市中白米平均价格每石11.22元计算,则这一时期的日平均工资折合白米0.088石。

表3-2-2-2 1934年杭州男工月工资表

业　　别	工资(元)	业　　别	工资(元)
藤器业	11.00	丝织业	34.52
竹器业	16.10	纸伞业	9.00
铁工业	29.37	扇作业	19.00
火柴业	31.46	冰糖业	19.00
烛皂业	14.00	煤球业	5.30

---

① 叶凤虎:《杭县之物产及农村状况》,《浙江省建设月刊》1934年第7卷第12期,第8页。
② 铁道部财务司调查科查编:《京粤支线浙江段杭州市县经济调查报告书》,见张研、孙燕京主编《民国史料丛刊(368)》,郑州:大象出版社2009年版,第363页。
③ 铁道部财务司调查科查编:《京粤支线浙江段杭州市县经济调查报告书》,见张研、孙燕京主编《民国史料丛刊(368)》,郑州:大象出版社2009年版,第363页。
④ 男工与女工工资也有差别,各业又不同,普通为男女工资之比为5:2,"即男工每月五十元者,女工为二十元"。铁道部财务司调查科查编:《京粤支线浙江段杭州市县经济调查报告书》,见张研、孙燕京主编《民国史料丛刊(368)》,郑州:大象出版社2009年版,第363页。

续 表

业　别	工资(元)	业　别	工资(元)
棉纺织业	24.20	香作业	14.30
织毛巾业	48.06	全县各业平均	21.18

资料来源：《杭州工人工资(民国二十三年)》，《劳工月刊》1936年第5卷第1期，第5页。

至1934年，杭州各工业(手工业)行业月工资较1930年有所增加，13个行业男工平均月工资为21.18元。[①] 折合为日工资计算，平均每天工资为0.70元。以1934年3月杭州中白米每石平均价格8.00元计算，平均日工资折合中白米0.087石。1936年，杭县使用机器之工厂，男工普通每日0.6元，女工0.3元。作坊工人每日0.3元，木匠每日0.65元，泥水匠每日0.65元，挑夫苦力每日约有0.4元。[②] 当年，杭县皋亭乡木匠、泥水匠每工0.36元，裁缝每工0.38元，其膳食尚需由主人供给之。[③] 平均计算，手工业和工业工人日工资额为0.46元。以1935年杭州市每石白米价格平均7.75元计算，则日平均工资折合白米0.059石。[④]

依据以上数据，可知20世纪30年代中期以前，杭县手工业和工业工人平均日工资经过了先升后降的变化过程。20世纪10年代末至30年代初，杭县手工业和工业工人平均日工资约上涨了25.32%。30年代上半期，手工业和工业工人平均日工资下降，至1936年，下降了一半以上。

表3-2-2-3　1948年杭州市各业工资数额及折合白米数量表

业　别	类　别	工资数额(金圆)		折合白米(千克)	备　注
机器铁工	临时	高	1.416	0.382 3	每日
		低	0.472	0.127 4	每日

---

① 《杭州工人工资(民国二十三年)》，《劳工月刊》1936年第5卷第1期，第5页。
② 《杭县经济概况调查》，《浙江经济情报》1936年第1卷第1—5期合刊，第4页。
③ 林志豪：《杭县皋亭乡农村状况(续)》，《国立浙江大学农学院周刊》1928年第1卷第33期，第264页。
④ 本节所引各项米价数据来源，均见于本章第一节第一目。

续 表

业 别	类 别		工资数额(金圆)	折合白米(千克)	备 注
机器铁工	长工	高	0.385	0.104 0	每日
		低	0.354	0.095 6	由厂供膳宿
电气	长工	高	162.840	43.966 8	每月
		低	40.120	10.832 4	每月
	临工	高	0.885	0.239 0	每日
		低	0.650	0.175 5	每日
丝织	力织	组	1.581 2	0.426 9	每日,此系该组标准工资
	牵绩	组	1.739 32	0.469 6	每匹,此系该组标准工资
	整机	组	2.36	0.637 2	上、下两部,此系该组标准工资
经纬丝料	摇双经丝	每两	0.047 2	0.012 7	
	纺单头	每件	0.732	0.197 6	
	摇纡上	每件	0.732	0.197 6	
	纺线缦	每件	0.732	0.197 6	
	开马达	每件	0.732	0.197 6	
西式木器	甲等	每日	2.678	0.723 1	
	乙等	每日	2.457	0.663 4	

资料来源:《杭州市各业工资一览》,《杭州市政季刊》1948年第1卷第2期,第5页;杭州市余杭区地方志编纂委员会编:《余杭通志》第二卷,杭州:浙江人民出版社2013年版,第696页。

按照1948年发行金圆券后,杭县每千克白米价格0.27元折算,[①] 上述各业工资可折合为白米数量。表中电气业长工工资为按月计算,折合为日工资,

---

① 杭州市余杭区地方志编纂委员会编:《余杭通志》第二卷,杭州:浙江人民出版社2013年版,第696页。

最高为1.4656千克白米,最低为0.3611千克白米。因暂无法计算计件工资工人之日工资数额,仅统计上表中载明日工资数额之工人工资,得到各业11个日工资数据,平均计算,日工资数量折合白米为平均0.4331千克。杭州1935年手工业和工业工人平均日工资折合白米为2.0582千克。1948年与1935年比较,折合为白米计算的杭州工人日平均工资收入下降了78.96%。

表3-2-2-4 20世纪20—40年代农业、工业雇工日平均工资比较表

年 份	农业长工工资(石米)	工业雇工工资(石米)	说 明
1928	0.024	0.041	
1933	0.029	0.088	
1934	0.025	0.087	
1935	0.027	0.059	
1936	0.030		
1943	0.016		
1948		0.006	

资料来源:叶风虎:《杭县之物产及农村状况》,《浙江省建设月刊》1934年第7卷第12期,第8页;《杭县第五区概况》,《浙江省地方自治专修学校校刊》1933年第6、7期,第36页;《杭县经济概况调查》,《浙江经济情报》1936年第1卷第1—5期合刊,第4页;《杭州历年每月平均工资统计表》,《全国工人生活及工业生产调查统计报告书》1930年,第28—32页;《杭州市各业工资一览》,《杭州市政季刊》1948年第1卷第2期,第5页;杭州市余杭区地方志编纂委员会编:《余杭通志》第二卷,杭州:浙江人民出版社2013年版,第696页。

对比工业雇工工资和农业雇工(长工)工资的变化趋势可知,以20世纪20年代为统计起点,农业雇工工资的增长一直持续到30年代中期,而自30年代初期起,工业雇工工资便趋于下降。将40年代中后期下降后的工资与之前较高工资相比,可知农业雇工工资减少了约50%,而工业雇工工资减少了约90%。前后相比,尽管农业和工业雇工工资都趋于下降,但工业雇工工资下降的幅度远远超过农业雇工工资。

农产品的生产需要劳动投入,因而土地与劳动的关系也是影响地价的因素

之一。对于农地地权的变化来说,工价在多个方面起着作用。对于自耕的农户来说,工价意味着机会成本。近代杭县工业、手工业以及商业的发展,使农村劳动力乃至半劳动力在农业之外增加了较以往更多的就业机会,农户可以选择增加农地数量,继续留在第一产业从事农业生产,也可以选择将农业的剩余劳动力投入第二产业或者第三产业,在一定程度上,这种选择取决于三次产业中的劳动工资。不管是农业雇工,还是工商业工人及雇员工资的增长,都有利于农村过剩劳动力积聚资本,从而提高他们购买农地的可能性。因此,工价的上涨无疑是促使农地产权分散的因素。这是就机会成本而言。单从农业内部来看,雇工工资的增加,将会增加农地的经营成本,结果就是农地纯收益的减少,也会抑制农地集中经营的动机,从而导致地权的分散。而工业工资、商业工资的上涨,还会吸引农业剩余劳动力离开土地,转往工商业相对集中的城市和市镇生活,当"离村"转变成"迁移",农业雇工的价格也会相应上涨,农地的纯收益亦因之下降,结果就是地价的下跌以及地权的分散。可以说,工价的上涨对于地权的变化来说,是一种分散机制。

第三节 借贷与地权

土地产权的变动受到资本市场变化的制约。农地产权变化与借贷的关系可从两个方面来看。一方面,对于一些出售农地的农户,其出售农地的原因,在于急需用款而又不能从借贷市场上获得信用贷款,因而不得不通过将所有农地出典或出售,以产权抵押获得所需现金。另一方面,对于那些购入农地的农户,其购入农地的现金,一部分来自借贷,对于这些农户来说,是否能够借得现金、以何种利率借得现金,是决定其能否购入土地、购入多少土地的重要因素。不管是从农地的出售方来看,还是从农地的购入方来看,农地的交易都受到金融市场的制约。本节将分析地权转移与借贷之间的关系,通过对金融市场、借贷利率等的研究,分析它们对地权交易的影响,进而评估金融市场对于杭县农地产权变化的作用。

一、借贷及抵押借贷

近代之前，杭县即有广泛的民间借贷，主要限于邻里、亲属、同行之间的互通有无。清末，典当、钱庄两业出现，专营借贷。同时，民间借贷中的兜会、标会等也有所发展。① 20世纪20—30年代，杭县农村金融市场上的贷方主要有银行、信用合作社、典当、米行、丝行、花行、麻行、富裕农户等，包括中国银行、交通银行等商业银行在内的杭县近代金融机构主要经营汇兑，另有钱庄20余家，亦以汇兑作为主要经营项目。此外，浙江兴业、地方实业等银行以经营借贷为主要业务，但注重信用放款。1927年，（杭州）市（杭）县分治后，原来设置于杭县之金融机构多划归杭州市辖，杭县近代金融机构仅有开泰和庆元两家钱庄，均设于临平，专营存款、押款及信用放款。② 其中，钱庄与银行的业务大致相同，"以存款、放款、划汇为主，买卖债券及经收公债等为辅"③。钱庄的营业对象以工商业为主，同时办理个人存款业务。其放款形式分为浮放、长放、同业拆放、往来透支四种。④ 之后，近代金融机构屡有兴废，至20世纪30年代中期，"杭县金融机关，计有办理农业放款之商业银行二家，官立放款机关一所，钱庄一家"⑤。

20世纪30年代，杭县曾经建立信用合作社等金融机构，目的在于缓解农村金融短绌的困境。据1935年的统计，杭县共计设有合作社155家，包括消费合作社1家、利用合作社1家、运销合作社5家、生产合作社32家、信用合

---

① 余杭市金融志编纂委员会编：《余杭市金融志》，北京：中华书局2002年版，第120—121页。
② 吴保衡：《杭县之工业与金融机关》，《京沪 沪杭甬铁路日刊》1935年第1226期，第88页。
③ 铁道部财务司调查科查：《京粤支线浙江段杭州市县经济调查报告书》，见张研、孙燕京主编《民国史料丛刊(368)》，郑州：大象出版社2009年版，第426页。
④ 余杭市金融志编纂委员会编：《余杭市金融志》，北京：中华书局2002年版，第123页。"所谓浮放，即活期、短期放款；长放系指三对月、六对月，间有一至二个月的定期放款；同业拆放，即钱业之间互相调剂资金，也称同业拆借；往来透支，即事先商定一个透支额度(借款额度)，在此额度内，往来存欠，由客户自行掌握，按实计息。钱庄通汇点一般为杭州、嘉兴、硖石、绍兴及县区之间，资本较多的钱庄，通汇宁波、上海等较远地区……钱庄在经营中，对货币贬值采取了各种对策，每天下午营业终了前，都要精确计算资金余缺……如物价看涨，则挤出资金去购买黄金、棉纱、大米等实物。反之，即将实物抛售，换成货币，绝不使资金闲置。"
⑤ 《杭县经济概况调查》，《浙江经济情报》1936年第1卷第1—5期合刊，第3页。

作社116家。其中，信用合作社占合作社总数的74.84%。全部155家合作社共有社员5 196户，其中，信用合作社社员为3 572户，占全部合作社社员总数的68.75%。各类合作社股本面额合计为21 330元，其中，信用合作社股本面额共计18 400元，占86.26%。总计五类合作社每位社员平均实缴股本约为4.11元，信用合作社每户社员平均股本面额为5.15元。由于合作金融资本不足，参与的社员户数占农户总数的比重偏低，其实际作用因而受到制约。以户数而论，1935年，全县户数共计为87 668户，信用合作社社员户数仅占全县户数的4.07%。① 由于社员户数所占比重偏低，信用合作社难以缓解农村金融窘境，杭县农村经济及金融状况艰困异常。② 例如，1929年，浙江省政府曾经拨出农贷专项资金，交由中国农工银行杭州分行向杭县境内发放农贷，以资赈济。这批农贷资金均以农村信用合作社作为放款对象，并未直接贷给农民个人。这也是当年农村信用社数量迅速增加的原因。至当年末，杭县共发放农业贷款20 205元。至1933年，这项贷款的逾期率达到53.55%。其原因之一，就在于农村经济破产，农民无力偿还。③ 此外，由于钱庄以商业借贷为主，银行贷款数量偏少，它们对杭县农业借款的影响也十分有限。如1946年，浙江省农民银行向杭县、余杭两县发放收复区农贷三期，合计借款总额850万元（折米170石），期限仅有一年。同时，发放小型农田水利贷款170万元（折米34石），用于修理运河塘堤。1947年，中国银行杭州分行向杭县发放粮食贷款1亿元（折稻谷400石），支持粮商由外地收购粮食，期限也仅有8个月。1948年，浙江省农民银行又向杭县发放化肥贷款（硫酸铵340吨）。这些由银行发放的农贷，实际上是代理政府发放的赈济性、补助性贷款，数额不大。再加上这些贷款都是直接贷给乡、保信用合作社，而不是直接贷给农户，得益者大多为商人、乡绅和地主。这些人将所获农贷用于囤积居奇，真正需要贷款的贫苦农户难以受益。④

由于银行、钱庄的业务侧重于汇兑，而信用合作社参加户数较少，此类近

---

① 《杭县经济概况调查》，《浙江经济情报》1936年第1卷第1—5期合刊，第3页。
② 《杭县之物产及农村状况》，《浙江省建设月刊》1934年第7卷第12期，第8页。
③ 余杭市金融志编纂委员会编：《余杭市金融志》，北京：中华书局2002年版，第124页。
④ 余杭市金融志编纂委员会编：《余杭市金融志》，北京：中华书局2002年版，第125页。

代金融机构对农户借贷的直接作用有限，相较而言，典当行、米行、丝行等扮演着农村金融主要贷方的角色。20世纪30年代初的调查者已经注意到，典当是农村普遍存在的短期借贷方式，与农民关系最为密切的是农产品典当。农户生产的稻谷、糙米、蚕丝等均可以在典当行中质当，按照利率与赎期获得现金。① 除了典当，在农村放债的商家还有贩售农产品的米行、丝行等。以米行为例，因为稻米为各地最为重要的农产品，且与农家生活消费关系紧密，以经营稻米为主业的米行因此获得了普遍参与农业金融活动的机会。米行除贱买贵卖、放米赊粮外，多兼营贷款，常常贷出银洋，收米作息，从中牟利。②

典当行和米行、丝行等商行出于营利之目的，放贷抵押借款，而作为借款一方的农户也有对资金的迫切需求。在家庭小规模经营与租佃制度下的农户，秋收后常将大多数新谷粜去，以所获收入缴纳田租或田赋，偿还借款（来年春天再另行筹借新的资本用于当年经营）。此时，农村中有大量稻米亟待销售，谷米供给充足，价格必然低落。米行趁谷价低落之机，囤积谷米。数月之后，小农将自存新谷吃完，家无存粮，需要到市场上购进米谷。由于市场需求增加，粮价大幅上涨，借粮与赊粮这两种形式的借贷便应运产生。③ 米行通常在冬间放米，次年春间至秋收后还欠；或春间放米，当年秋收后还欠。归还的本钱和利息或以米谷计算，或以银洋计算。米行除以较高利率贷出米谷之外，又向农户赊米，因为农户在吃完自家存米的时候，正逢一年中米价腾贵时节，米行之前所得米谷已获重利，此刻再向农户赊米，收取定额利息，可谓利上加利。④

米行等商行借贷利息虽较银行、钱庄、信用社等金融机构为高，但借贷手续简便，故而这一时期杭县农民生活及生产资金之借贷，以及平时所需其他款项之周转，大都依赖典当和商行的放款，组织合作社直接向银行借贷反而成为较少使用的方式。⑤

从借方的农户来看，农业生产与借贷业之间的关系至为密切，可以说，两

---

① 韩德章：《浙西农村之借贷制度》，《社会科学杂志》（北平）1932年第3卷第2期，第142页。
② 韩德章：《浙西农村之借贷制度》，《社会科学杂志》（北平）1932年第3卷第2期，第142页。
③ 韩德章：《浙西农村之借贷制度》，《社会科学杂志》（北平）1932年第3卷第2期，第142页。
④ 韩德章：《浙西农村之借贷制度》，《社会科学杂志》（北平）1932年第3卷第2期，第142页。
⑤ 叶凤虎：《杭县之物产及农村状况》，《浙江省建设月刊》1934年第7卷第12期，第6页。

者之间具有相互依存关系。杭县永仁乡与良熟乡的调查显示,农民每遇经济困难,多向他人借款。借款的用途主要为两项。其一为购买食粮(稻米),其二为购买肥料(肥料)。这两项借款的时间多发生在端午节前后。在络麻收获之后,即以出售络麻所获收入偿还借款。如果络麻收成不佳,不足以偿还借款,则在12月份借款偿还。农家经济的维持有赖于借款的支持。如果端午节前后的借款是向米行借得的,农民通常是到距离这两乡较近的乔司镇上的店铺借款。最普通的借款对象是米行,借款的方式是赊购粮食和豆饼,并约定以络麻作为抵押。当络麻收割时,米行就派人到借款之户征收。收购价格是当时的市场价格,秤则由米行自己带来。米行以低价收购,来年出售,可获得差价。络麻收获季节约在8月份,至次年3月,价格可增加1/3。[1] 在杭县农村的民间借贷中,"兜会""标会"为其主要形式。不论是"头会"还是"会脚",发起或参与兜会的亲朋好友,主要是为了获得购买食粮、修缮房屋、治疗疾病、婚丧嫁娶等所急需的资金。此类兜会往往以一年为期,每人每月出费约值0.1石至0.5石米价。兜会有计息者,也有不计息者。如果计息,若收7—8元,还款往往为10元,即年利息为20%至30%。以当地普遍利率衡量,实际上具有高利贷性质。[2]

借贷对维持桑农、茧农和丝户的生产都是必不可少的环节,显示杭县金融业与农业之间关系密切。而农产品的购销贸易是农业与金融业之间关系的纽带。经营农产品购销的杭州米市、茶市与茧市,每年所需资金巨大,各个商店所需之流动资金,多向银行或钱庄借贷。[3] 杭县银钱业从其性质上看,主要是商业金融,重在为商品集散提供资金支持。金融业对农业的影响,主要是商家用于购买农产品,从而对农业产生间接的影响,银钱业向农业的贷款,极少直接用于改进农业生产。即使被农家借贷而投资于农业的那些款项,也主要是商家用于预买农产品的部分。从农产品集散功能来看,金融业的发展强化了其在商业中的这一作用。故时人论及当年的农村经济衰败,往往认为农村金融枯竭是其原因之一。

在经济作物的经营中,借贷较为普遍。借方即需要借入款项的农户,往往

---

[1] 王焕美:《杭县第四区十三村农村调查》,《浙江省建设月刊》1933年第7卷第3期,第17页。
[2] 余杭市金融志编纂委员会编:《余杭市金融志》,北京:中华书局2002年版,第121页。
[3] 《本省社会调查总报告(三)杭县(续)》,《浙江党务》1931年第139、140期,第43页。

依赖借贷作为生产与生活资金调剂使用的手段。预卖或预押作物是农户的一种借贷方式。春间农民需用流动资本购置种子、肥料、戽水灌田的时候,正值家无存粮,又须以高涨的价格购入粮米,往往到告贷无门的地步,所以有预卖与预押作物两种贷款形式。前者是先行借得银洋,日后以收获的作物代偿借款本利。后者是以尚未收获的作物,作为借款的抵押,如届期本利未能清付,即由债主前来收获变卖。① 农产品抵押借贷直接影响农户的生产与生活,进而对地权变更造成间接影响。如果农户在农产品抵押借款中实现赢利,则农业积累增加,进而为其购入土地提供了可能性。一旦因为农产品抵押借款发生亏损,则农业收入减少不仅影响基本生活,甚至可能导致土地的典当或出售。

对于农户来说,农产品抵押借贷只是其金融活动的一种形式。一旦农产品抵押借贷出现亏损,下一步极有可能的是土地抵押借贷。《浙江杭县农工银行七年营业纪略》称,该行"开办以来,各乡农户,以田园茶山等来做押款者,日见增多,入冬尤盛"②。杭县的高利借贷,通常为抵押借贷,以告贷者拥有可以抵押的房产、田契等为前提,放贷者除了专以高利借贷为生的高利贷者,多为富商、乡绅、地主。在这种借贷关系中,告贷者大多为家庭经济陷入困局的农户,借贷的时间往往是农作物青黄不接之际,借贷的原因常常是遭遇灾荒、身患疾病、办理丧葬、婚嫁或修建房屋而急需资金。由于需求具有"刚性"而又时间紧迫,不得不接受苛刻的借贷条件。在借贷期限上,大多为春贷秋还。在借贷利率上,一般月息为2分至3分,此外,还有"对合利"(即加倍利)、"出门利"(借款先扣利息)、"利滚利"(利加利计算复息)等名目。③ 由于借贷期限仅有数月,利息沉重,又兼告贷者生计窘迫,结果往往导致债台高筑,最终失去抵押田产的所有权。在杭县皋城乡,"普通借贷都得用产业抵押,有种抵押契约,田由贷主耕种,上面写着'田不起租,银不起息',似与典当类似。但是该田由债户耕种时,并不按田亩之大小以缴租,仍是依借钱之多寡而起息。纯粹典当的形式,在此地是没有的"④。

---

① 韩德章:《浙西农村之借贷制度》,《社会科学杂志》(北平)1932年第3卷第2期,第142页。
② 《浙江杭县农工银行七年营业纪略》,《银行周报》1919年第3卷第16期,第19页。
③ 余杭市金融志编纂委员会编:《余杭市金融志》,北京:中华书局2002年版,第121页。
④ 刘端生:《杭县泉(皋)城乡沿山居民的生活》,《中国农村》1935年第1卷第6期,第88页。

那么，土地抵押借贷是否导致地权转移，进而导致地权集中呢？土地抵押借贷导致地权集中的条件有两个：一是用于抵押借贷的土地比例足以影响地权集中；二是用于抵押借贷的土地最终失去产权，并向拥有土地较多的"大户"手中集中。下面就土地抵押借贷再作进一步的分析。

据当时学者对浙西地区的调查，"农民的土地资本占全部农业成本中的最高成数……所以，拿田产作借款的抵押品是最妥当的。田地抵押借款的特质，即系债务人与债权人签订契约，债务人借得银洋之后，那块作抵的田地仍归债务人去耕种管业，债权人除在债务人没有清偿债款以前，按期收取利息外，对于这块作抵押的田要暂负监视的义务，即倘债务人要将这块田地另行典卖抵借，债权人随时有干涉之权。直到在契约规定的条件之下，债务人不能履行偿债的义务时，这块田地得由债权人没收，直接执契管业，或添补找价，重立卖绝契，改作卖绝。处理的方法，依契约上的规定，或视当地固有的习惯而定"。① 从浙西各村调查的表册有关典田原因的解释来看，除富阳县的农村以放垦新地为由而将田出典耕种外，差不多都是小农因经济窘迫而有将田出典之举。所以浙西农村里的田地典当制度，实应作为农村金融问题看待，与田地抵借具有相同的性质。②

契约押款虽然只是长期信用借贷的方式之一，但因涉及抵押，遂常与买卖发生连带关系。田地抵押借款的条件往往十分苛重，田地抵借之利率通常高至月利2％或年利20％。借方一经举债，即有丧失田产的危险。③ 对比前述之利率变化可知，田地抵押借贷的利率远远高于农产品抵押借贷利率。故有学者认为，田地典当之动机不一定出之于借贷，条件苛刻的田地抵押借贷，虽指定回赎年月，却又预先写立绝卖文契，已经假定负债者没有回赎的机会。④ 因此，土地抵押借贷成为农地地权转移的方式。如前所述，金融市场上的贷方主要是商行和富户，此类由借方向贷方的地权转移，就可能成为农地产权的集中机制。

---

① 韩德章：《浙西农村之借贷制度》，《社会科学杂志》（北平）1932年第3卷第2期，第146—148页。
② 韩德章：《浙西农村之借贷制度》，《社会科学杂志》（北平）1932年第3卷第2期，第158页。
③ 韩德章：《浙西农村之借贷制度》，《社会科学杂志》（北平）1932年第3卷第2期，第184页。
④ 韩德章：《浙西农村之借贷制度》，《社会科学杂志》（北平）1932年第3卷第2期，第185页。

20世纪30年代初的调查者认为,杭县金融枯竭,农村经济破产的后果之一,是农地产权的集中。"所谓农村问题者,实以土地问题为中心。浙省素称土地肥沃,民殷物阜,近年因捐税的繁重,负担的不均,暨外来农产物之倾销,与夫高利贷剥夺,而天灾人祸又纷至沓来,少数资本家率携资趋集城市,于是农村金融,更鲜流通,多数农民,欲求高利贷而不可得,其加于农田之维持费,遂逐渐减少,何能望物产之丰收?益以谷贱伤农之结果,终岁辛苦,不得一饱,势不得不别求生计,农村崩溃现象,因斯以成。"① 按照俞俊民的这一段话,则杭县农村地主迁移城市居住,再加上国民政府限制不在地主的产权,则农地产权应趋于集中。原因在于农村金融枯竭,所有农地较少之农户,难以抵御农村经济凋敝之消极影响,易于失去数量本就不多的农地。而这些难以借到贷款的农户所失去的农地,就流入经济较为殷实的农户手中,因而出现农地集中的趋势。故此,农村金融枯竭是一种导致农地集中的机制。

现存于杭州市临平区档案馆的20世纪40年代后期土地纠纷卷宗,包括数十宗涉及土地产权变更的业佃纠纷案件,从中可以观察因借贷而发生的地权转移案例。以吴寅地权抵押纠纷案为例,据该案卷宗,抗日战争之前,周保和向吴寅借款160元法币,以农田15.788亩作为抵押。抗日战争爆发后,借贷双方均迁避后方。抗日战争胜利后,吴寅向周保和追讨欠款,但周保和未能归还。并在产权登记时,向杭县地籍整理处申请登记。吴寅以保全债权为理由,要求杭县地籍整理处扣发周保和之土地所有权状。② 在申请书中,详细载明周保和抵押的地块坐落、地号、面积等,如表3-3-1-1所示。

表3-3-1-1 周保和抵押借贷土地表

都　图	地　号	面积(亩)
七都十图	第1518号	5.415
七都十图	第3519号	2.175

---

① 俞俊民:《浙江土地问题》,《杭州民国日报》1934年元旦特刊,第28页。
② 杭县地籍整理办事处:《王品泉、吴寅兴、陈良甫等土地纠纷材料》,杭州市临平区档案馆,档案编号:91-3-708。

续 表

都　图	地　号	面积(亩)
七都十图	第 3200 号	2.595
七都十图	第 2141 号	3.653
七都十图	第 1617 号	1.950
合　　计		15.788

资料来源：杭县地籍整理办事处：《王品泉、吴寅兴、陈良甫等土地纠纷材料》，杭州市临平区档案馆，档案编号：91-3-708。

该项土地抵押纠纷在于周保和既未清偿欠款，亦未将抵押土地转移给贷方吴寅。此类纠纷案例在20世纪40年代后期的杭县较为常见，大都涉及地权或佃权抵押借贷，其结果往往是债权转化为地权，对于贷方而言，则意味着失去土地所有权或使用权。

从短期的因素来看，农产品抵押借贷取决于农业生产的季节性和农产品的商业化生产。从长期的因素来看，农产品抵押借贷又受到市场波动的影响。在农产品市场需求旺盛的时期，商业资本和金融资本都深入农村，从农产品市场上获取商业利润或贷款利息，从而与农户之间建立借贷关系。对于农户来说，这样的借贷既可用于生产，亦可用于消费，并以自有之农产品作为抵押，获得更多的商业机会。在农产品贸易发展时期，农业生产者、商业资本、金融资本都可在市场上获得自己的一份利润。然而，当农产品市场萎缩，农产品生产获利减少，之前膨胀的商业资本和金融资本继续寻求其利润，自然会挤压农产品生产者的利润空间。在这种情况下，不论是地主还是佃户，或者是所谓的"自耕农"，都会降低购买土地的意愿，加之借贷利率上涨，购入土地的资金来源减少，地权更不易出现较快流转，也不会向地主手中持续单向流动。换言之，农产品抵押借贷的债权并未造成土地产权的明显集中。

二、借贷利率的变化

贷款利率因贷款数额之大小、贷款期限之长短、贷款之用途、抵押之有无等不同情形，而各有高低之别。但从长时期来看，借贷利率仍呈现出整体上的起伏变化。杭县以杭州为金融中心，其借贷利率的变化深受杭州借贷市场的影响。杭县金融业利率，一般以杭州市利率行情为基数。[①] 我们参照杭州金融市场借贷利率考察杭县借贷利率的变化。

表 3-3-2-1　1929 年杭州市借贷利率表

月　份	欠息（分）	存息（分）	息差（分）
1	0.600 00		
2	0.600 00	0.150 000	0.450 000
3	0.750 00	0.450 000	0.300 000
4	1.050 00	0.100 000	0.950 000
5	0.700 00		
6	0.600 00		
7	0.600 00		
8	0.600 00		
9	1.102 50	0.522 500	0.580 000
10	1.650 00	1.050 000	0.600 000
11	1.975 00	1.425 000	0.550 000
12	1.800 00	1.200 000	0.600 000
全年平均利息	1.002 29	0.408 125	0.594 165

资料来源：《杭州市借贷利率》，《市政月刊》1931 年第 4 卷第 7 期，第 9 页。

上表显示出 1929 年杭州市借贷利率。由表中数据可知，杭州借贷利息存在季节波动。9 至 12 月借贷利息较高，最大值出现在 11 月。全年平均借贷利息为 1.002 29 分。折合年利率约为 13.03%。

[①] 余杭市金融志编纂委员会编：《余杭市金融志》，北京：中华书局 2002 年版，第 52 页。

表3-3-2-2 1930年杭州市借贷利率表

月　份	欠息(分)	存息(分)	息差(分)
1	0.600 000		
2	0.600 000		
3	0.600 000		
4	0.750 000	0.150 000	0.600 000
5	1.717 500	1.097 500	0.620 000
6	1.725 000	1.125 000	0.600 000
7	1.037 500	0.417 500	0.620 000
8	0.600 000		
9	0.600 000		
10	0.600 000		
11	0.750 000	0.150 000	0.600 000
12	1.870 000	1.050 000	0.820 000
全年平均利息	0.954 170	0.332 500	0.621 670

资料来源:《杭州市借贷利率》,《市政月刊》1931年第4卷第7期,第9页。

与1929年相比,1930年杭州市的借贷利率略有下降,各月平均利息较1929年下降4.8%。折合年利率为12.40%,较前一年下降0.63%。

杭州郊区农村借贷利率普遍高于杭州市区。1930年,西湖区借贷利率高者平均2.000分,为杭州借贷平均利率的2.096倍;低者平均1.500分,亦为杭州借贷平均利率的1.572倍。

表3-3-2-3 1930年杭州市西湖区农户借贷利息表

方　式	利息(分)	期　限	方　法
摇会	——	每年二周	协商
典当	2.0	18个月	物质典押

续 表

方 式	利息(分)	期 限	方 法
典押借款	1.5—2.0	长期	不动产契据典押
信用借款	1.5—2.0	长期	订立借票

资料来源：杭州市政府社会科：《西湖区农户借贷概况》，《市政月刊》1930年第3卷第4期，第21页。

杭县农村借贷利率受杭州市区和郊区金融状况的影响，且较杭州市区和郊区更高。1928年，杭县皋亭乡"私人借贷，利息普通为二分，多者三分以上。惟自……惩办重利盘剥农民者条例公布后，银家不再加多"。① 20世纪30年代中期，"杭县……农村贷借普通年息一分五厘，月息二分，典押月息二分。因近都市之故，高利贷尚不多见"。② 虽然如此，但相较于杭州市平均1分的借贷利率，皋亭乡的农户借贷利率仍为城市借贷利息的2—3倍。

1932年发生"一·二八"事变，上海、杭州等地经济遭受重创，工商业放款较往年萎缩，杭县茶市、茧市均对资金需求减少，③借贷利率因而下降。

表3-3-2-4　1932年杭县借贷利率表

贷 方	月利率(%)	备 注
典当(余杭县)	1.6—1.8	
典当(杭县)	2.0	贷借
银行	2.0	典押
米店	2.0	以棉花作抵押
个人	2.0—3.0	皋亭乡

资料来源：韩德章：《浙西农村之借贷制度》，《社会科学杂志》(北平)1932年第3卷第2期，第141—143页。

---

① 林志豪：《杭县皋亭乡农村状况(续)》，《国立浙江大学农学院周刊》1928年第1卷第33期，第264页。
② 《杭县经济概况调查》，《浙江经济情报》1936年第1卷第1—5期合刊，第3页。
③ 《交通银行分支行所在地金融物产调查录》，《交行通信》1933年第3卷第4期，第96页。

1932年的统计显示，不管是银行、米店还是典当借贷，在有抵押的前提下，杭县借贷利率一般为2分，与西湖区1930年借贷利率相当，仍高于杭州市平均利率的1倍以上。总起来看，在20世纪30年代上半期，杭县抵押借贷的利率波动不大。银行的"农村贷借普通年息一分五厘，月息二分，典押月息二分"。① 以杭县棉花种植区为例。该区域"无大富亦无大贫，遇有无米为炊时，则向米店先行借贷，以棉花作抵押品，待棉花上市，即行归还，约计每月二分起息"。② 长期借贷的月息为1.5%，而短期借贷的月息为2%。1933年，"钱庄存放利率，按淡旺季节和银根松紧而定。第一季度利率较低，4月以后，丝茶登场，利息也随之提高，普通日折4—6分。6—7月较低，10月以后逐步加高。大抵年利率存息8—9厘，欠息1分5厘、1分6厘"。③

杭县的利率水平，可参照浙西地区的一般水平加以观察。在浙西多数县份，借贷月利率大都在1.5%与2.0%之间。月利最低者为1.2%，最高的亦不过4.0%，其中以月利率2.0%为较普遍。通行年利的农村不多，年利一律为20%，折算为月利，则平均每月利息为1.7%。④ 可见，杭县农村借贷利率与浙西各县一般水平接近。另据典当业利率的相关记载，按照国民政府的规定，当物利息无论当价大小，利率应以长年20%作为标准，可酌收手续费。杭县典当业同业公议，当息以长年20%为准，粮食典质按月息1分6厘至2分计算，利率随期限稍作浮动，期限越短，利息越低。大致而言，典当业月利率稳定在1.5%至2.0%之间，与一般借贷利率相近。钱庄业放贷利率折算为月息，在0.60%至2.25%之间，具体数额因银根松紧和商业淡旺季节变化而有波动，又因长放、同业拆借、往来透支等不同名目而有差异。⑤

20世纪40年代后期与30年代上半期相比，杭州以及杭县借贷利率均有大幅上涨。1948年，杭州农贷利率为8分5厘，⑥ 约为30年代上半期的3—4倍。由于金价上涨，贷款利率上升，杭县乡村借贷利息亦随之增加。1948年，杭县

---

① 《杭县经济概况调查》，《浙江经济情报》1936年第1卷第1—5期合刊，第3页。
② 周同文：《杭县六七八堡棉农概况》，《浙江省建设月刊》1936年第9卷第8期，第14页。
③ 余杭市金融志编纂委员会编：《余杭市金融志》，北京：中华书局2002年版，第52页。
④ 韩德章：《浙西农村之借贷制度》，《社会科学杂志》（北平）1932年第3卷第2期，第142页。
⑤ 余杭市金融志编纂委员会编：《余杭市金融志》，北京：中华书局2002年版，第164页。
⑥ 马华：《杭州农贷利率共计八分五厘》，《金融日报》1948年7月5日，第2版。

崇化乡农产品抵押借款的利率达到70%至80%，约为30年代上半期的4倍。以借入时的春夏之交至还贷时的秋收时节计算，则6个月的借贷期中，平均每月利息达到11.67%至13.33%。按月平均，为30年代上半期平均水平的4—7倍。当年11月16日，崇化乡农会给县政府的呈文称："本年风雨失调，田禾收获不良，而各农户又因工本浩大，曾向殷户借贷青苗谷，自借入时至秋收止，无论月期，凡借米壹石，归还则须米壹石七、八斗之谱。如是高利贷，足使农民等生计更陷艰困，虽亦曾经钧府令饬止高利贷有案，然于穷乡僻处，仍有是项陋规存在。且因年岁荒歉关系，变本加厉。"① 从长期趋势看，自20世纪30年代初至40年代末，典当业、钱庄业利率均逐步上涨。如1946—1947年，钱庄业放款利率为日息5%。1948年，日息增加至7%—16%。1949年4月，放款日息高达80%。② 与20世纪30年代上半期的利率比较可知，20世纪40年代后期杭县农村借贷利率上涨数倍。高达70%—80%的短期借贷利率，足以使小农家庭生计陷于困顿。

为了避免农民因为土地抵押借贷而失去地权，杭县政府在具体的政策实施中，偏向于限制高利贷，但其效果已如前文所言，并未能抑制攀升的利率。纤石乡的抵押借贷利率甚至更高。借米半年利率高达100%，按月平均，则每月利率达到16.67%。据杭县纤石乡第十五保第三甲乡民吴秀华给县政府的呈文，"本县境内，一般有米者，年例，及届五、六月之间，将米出借与贫民，每借一石，至秋收，高利倍还二石之巨。有出借据者，连同利率被逼写进在内。该放者，善用奸恶笔据，以吸收贫民脂膏。故贫民饱受放者威胁者，在在皆是，类多仿佛哑口难言"。③

负担高利率的借方多为缺地少地的贫户，而贷方往往为家有余粮的富裕农户。1950年杭县土地改革前夕的调查显示，东家桥乡较为富裕的农户，大多从事钱粮放贷。如庞阿坤借给庞掌泉银洋30元，两年还75元，平均年利息率为

---

① 杭县县政府社会科：《乡民借高利贷、二五减租、佃业纠纷(1948年10月至1949年4月)》，杭州市临平区档案馆，档案编号：91-3-362。
② 余杭市金融志编纂委员会：《余杭市金融志》，北京：中华书局2002年版，第165页。
③ 杭县县政府社会科：《乡民借高利贷、二五减租、佃业纠纷(1948年10月至1949年4月)》，杭州市临平区档案馆，档案编号：91-3-362。

58.33%，月利息为 4.86%。朱福保现金放贷的利息为每月 10%，实物放贷的利息是"夏放一担，秋还担半"。① 即半年借贷利率为 50%，按月平均，借贷利率约为 8%。"春天青黄不接时，农民向地主借粮，春借米 1 石，秋还 1.8 石。杭县农村流传一首民谣：农民头上三把刀，租重、利高、税似毛；农民面前三条路，逃荒、上吊、坐监牢。"②

由于土地抵押借贷的利率上涨，高利贷成为贫穷农户的沉重负担，因而成为导致地权转移的机制。"地主多趁农民急需钱用时，以高利率借钱给农民，并以土地抵押，不能按时归还债务时，则利上滚利。有的农户无力偿还债务，最终以土地抵债。"③ 因高利贷导致的土地转移，往往是地权由缺地或少地的农户向富裕农户手中流动。无论放高利贷者是米行、丝行、典当、钱庄，还是乡村富裕农户，借方若以土地作为抵押，若不能按约定时间偿还借款时，债权即直接转换为地权。《挣扎在死亡线上的杭县农民》一文称：

> 素称鱼米之乡的杭县，自从胜利以来（引者按：抗日战争），经过征实、抽丁和地主的剥削，数十万农民已经被迫得接近了死亡的边缘。杭县农民所生产的是米和丝，去年秋收时米价是四十八万一石，农民除了缴付每亩五斗六升租额所剩下来的一点粮食，为了维持眼前的生活，便顾不得以后的日子，早就在那时候以低价脱售了。到了今年新丝登场，他们才纷纷以丝易米，以致造成丝价步趋下泻，粮食突飞猛涨的现象。平时一百两丝可以换三担多米，到了那个时候，连换二担米都不可能了。即使这样，他们还算不幸中的佼佼者，大多数的农民在青黄不接的现在，还得向地主借高利贷，目前借一担，到秋收时还三担，农民们就这样被剥削得贫穷到不能再贫穷。④

---

① 中国共产党浙江省杭县委员会：《塘栖区、塘栖镇关于剿匪、反霸、减租减息、土地改革简报、总结（1949—1950 年）》，杭州市临平区档案馆，档案编号：92-1-61。
② 杭州市余杭区地方志编纂委员会编：《余杭通志》第二卷，杭州：浙江人民出版社 2013 年版，第 4 页。
③ 杭州市余杭区地方志编纂委员会编：《余杭通志》第二卷，杭州：浙江人民出版社 2013 年版，第 4 页。
④ 沙行：《挣扎在死亡线上的杭县农民》，《展望》1948 年第 2 卷第 19 期，第 13 页。

对于杭县的农户来说，20世纪40年代因借贷而致贫的风险较之30年代明显增高。在日益贫困而又借贷无门的情况下，失去土地就成为这些农户唯一的结局。其时，农民失去土地的普遍原因在于"农民方面，因各种农产价格均低落，而衣食既不可缺，以致收支失其平衡，信用无法维持"。① 其结果就是地权发生转移。不过，由于农村金融紧缩，出售农地者虽然增加，但购买者也趋于减少，供过于求，价格下跌。②

债权转化为产权的情况分为两种。一种是当债权人借款给债务人时，债务人以田产照证作抵押，双方言明回赎日期。回赎日期过后，按照契约，债务人的田产当为债权人所有。但债务人仍将田产申请登记为己产。向地籍整理处申请处理的案件，都属此类。此为产权上附有债权的案件。另一种是业主为了偿还借款而出售其所有之土地。此为债权与产权之间接转换。以上两种情况，都表明土地产权变化与金融借贷之间有着密切的关系。而两者关系的差异足以影响地权转移的方向与速度。20世纪40年代后期与30年代初期相比，由于借贷利率的成倍上涨，作为主要债务群体的乡村贫户失去土地的风险亦随之大为增加，从而导致地权加速流动，并向富裕农户手中转移。由于富裕农户在乡村阶层结构中所占比重较低，这一地权转移势必导致地权向少数农户手中集中。可见，20世纪30—40年代利率变化成为地权的集中机制。不过，上涨的借贷利率具有双重作用。在放贷利率上升的情况下，拥有资力者需要权衡：是将自己富余的资产用于购买土地，还是用于放贷以获得利息。由于20世纪40年代后期农地赋税较30年代初更加繁重，地租率却受到政府限制，不管是自营还是出租，农地的收益率都较30年代上半期有所下降，从而又对地主购买农地产生抑制作用，限制了地权的过分集中。从这个角度来看，与其说利率上涨是一种地权集中机制，还不如说是一种地权结构稳定机制。

---

① 叶凤虎：《杭县之物产及农村状况》，《浙江省建设月刊》1934年第7卷第12期，第6页。
② 孔雪雄：《中国近年地价低落与减租之关系》，《浙江省建设月刊》1936年第10卷第4期，第10页。

小结

地权变动受到多重因素的制约,其中,影响土地交易的市场因素起着关键作用。20世纪30—40年代,土地价格、雇工工资和借贷利率等是影响杭县地权的主要市场因素。

与20世纪20年代受地价上涨影响,地权趋向于集中的情形不同,30年代初开始,杭县农地价格进入下降的周期,这一地价下降趋势一直持续到40年代末。这一时期,作为主要农产物的稻米价格持续上涨,但作为农家主要现金收入来源的商品性农产物却大幅减产。商品性农产物市场萎缩,单位面积收益减少,同时,田赋和附加逐年提高,均抑制了农户增加土地的意愿。但在市场波动的影响下,农户经营时有亏损,家庭生计缺乏弹性,而又难以通过其他途径获得必需的资金,出典或出售土地就成为陷入窘境的农户维持生计的不二选择。可见,这一时期杭县高达70%以上的地权变动率,并不能证明土地市场的活跃,反倒意味着农家经济的拮据,显示出大多数农户的收入处于波动之中,为了维持生计,不得不通过转移地权以获得资金。

在频繁的土地转移过程中,出现土地集中的现象,需要同时满足两个条件,即缺地少地的农户净转出土地多于其转入土地,而且,拥有较多土地的农户净转入土地多于其转出土地。这一时期,土地价格下降往往伴随着土地收益的减少,在这种情况下,无地或少地的农民因为收益和积累减少,难以增加购入土地的数量。同时,土地价格下降意味着出售土地的收益减少,此时土地市场虽然活跃,土地频繁转手,但地权并未出现持续的单向流动。同时,杭县地权的变化也未导致明显的土地分散现象。发生地权分散,需要同时满足两个条件,即缺地少地的农户净转入土地多于其转出土地,同时,拥有较多土地的农户净转出土地多于其转入土地。从杭县地权变化的整体过程来看,在土地价格、借贷利率、雇工工资、粮食价格等多重因素的制约下,这两种"极端"的地权变化模式都不是起决定作用的机制。在农业生产、商品市场、要素市场、人口结构、土地政策等的影响下，占主导地位的是具有均衡作用的稳定机制。从杭县地权变化与地价变化的对应关系来看，地价下跌并未导致地权集中，不过，也并未导致地权分散。实际上，在地价波动的情况下，土地市场交易频繁，地权呈现多向流动。这时，既不是产权的分散效应，也不是产权的集聚效应，而是产权的稳定效应在发挥主要作用。

第四章 农地产权与社会结构

农地产权既是农户之间的经济关系，也是他们之间的社会关系，它同时受到区域经济结构和社会结构的制约。杭县不同区域经济结构对地权配置及其变动的影响已在前文中讨论，本章将对地权变动的社会结构因素展开分析，主要探讨户口结构、土地继承关系、农家生计、社会流动等对地权的影响。

第一节 户口数量与地权配置

地权变动的社会结构分析需要作两个方面的双向关系研究。一方面，人口数量、人口年龄结构、人口职业结构、人口城乡结构等因素都影响着地权的变化，对于农户来说，家庭人口数量、家庭成员的年龄结构、家庭成员的职业结构、家庭成员的社会流动以及家庭所处的生长周期会直接影响其地权的变化。另一方面，地权的变动也制约着家庭规模、家庭结构以及社会阶层结构。一个区域的地权变动，既是该区域人口年龄结构、职业结构、阶层结构等变化的结果，又是社会结构变化的因素。本节将考察人口变化在杭县农地产权配置中的作用，先估计杭县人口数量及其构成的变化，进而评估农户家庭生计、农村人口流动，然后探讨这些因素变化与地权变动的关系。

一、户口数量及农业户口的比重

对农地产权配置具有直接影响的是农业户口。我们先观察20世纪30—40年代杭县人口变化的一般趋势，然后再聚焦于若干年份的人口变化，由全县户口总量变动推断农业户口变动，进而将之作为农地产权配置的影响因素加以分析。

《浙江省各县市历年人口数·杭县》一文记载，1927年，杭州特别市与杭县市县分治。分治后，杭县人口为390 351人。1931年统计，全县人口数量为390 372人。1932年，全县人口数量增加为393 401人。1933年，杭县人口数量增加为402 643人。1928年至1933年6年时间，杭县人口数量连年增长。① 共计增加人口总数为12 292人，年均增加2 049人，年均增长率为5.25‰。经过数年持续增长，至1936年，杭县人口数达到30年代的最高点，为402 643人。②

表4-1-1-1　1928—1947年杭县户口数量表

年　份	人口（人）	男性（人）	女性（人）
1928	390 351	214 425	175 926
1930	391 509	213 550	177 959
1931	390 372	215 800	174 572
1932	393 401	216 194	177 207
1934	395 720	216 135	179 585
1935	399 934	219 041	180 893
1936	402 643	221 314	181 329
1944	372 594	205 019	167 575

① 《浙江省各县市历年人口数·杭县》，《内政统计月报》1948年第4、5、6期，第4页。
② 《浙江省各县市历年人口数·杭县》，《内政统计月报》1948年第4、5、6期，第4页。

续 表

年 份	人口（人）	男性（人）	女性（人）
1945	333 721	179 185	154 536
1946	335 440	180 499	154 941
1947	350 706	187 995	162 711

说明：1930年男、女人口为估算值，依据是1931年至1946年性别比例平均值。
资料来源：《杭县经济概况调查》，《浙江经济情报》1936年第1卷第1—5期合刊，第3页；《浙江省各县市历年人口数·杭县》，《内政统计月报》1948年第4、5、6期，第4页；姚寿慈：《杭县志稿》卷五"人口"，杭州：浙江古籍出版社2018年版，第3册第4—5页、第18页。

抗日战争期间，杭县人口数量减少。1944年与1936年相比，人口减少30 049人，减少了7.46%；1945年，统计人口数量为333 721人。与1936年相比，减少61 999人，减少了15.67%。

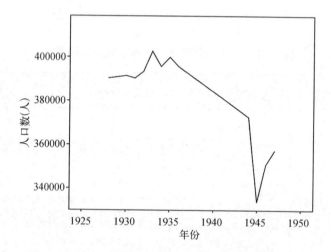

图4-1-1-1　1928—1947年杭县人口数量变化图

资料来源：《杭县经济概况调查》，《浙江经济情报》1936年第1卷第1—5期合刊，第4页；《浙江省各县市历年人口数·杭县》，《内政统计月报》1948年第4、5、6期，第4页；姚寿慈：《杭县志稿》卷五"人口"，杭州：浙江古籍出版社2018年版，第3册，第4—5页、第18页。

抗日战争结束后，部分流亡人口回归，杭县人口数略有增加。1946年，统计人口数量335 440人，较1945年增加1 719人。因人口数量恢复缓慢，1946

年人口数量仅相当于1944年人口总数的94.126%，相当于1936年(统计人口数量最多的年份)人口数量的92.068%。1947年，人口数量较1946年有所增加，达到350 706人，仍远未恢复到抗日战争爆发前一年的水平，甚至比1928年(杭州、杭县分治后第一年)还少39 645人。不同来源的统计数据，对20世纪30至40年代杭县人口变化的具体数量估计不同，但不管是哪类数据，20世纪40年代末与30年代初相比，杭县人口减少是各类资料显示的共同趋势，二十余年间，全县人口数量下降了10.16%。

接下来分析户数变化。户数的变化之所以重要，是因为户是土地经营的基本单元，也是土地登记的基本单位。在《地籍册》和《地价册》中，每个地块的所有权人均是按照户主姓名登记的。

表4-1-1-2 1928—1946年杭县户数变化表

年　份	户数(户)	年　份	户数(户)
1928	84 951	1935	87 668
1930	84 639	1936	91 075
1931	84 956	1944	69 709
1932	85 615	1945	52 596
1933	87 626	1946	84 884
1934	86 365		

资料来源：《杭县经济概况调查》，《浙江经济情报》1936年第1卷第1—5期合刊，第3页；《浙江省各县市历年人口数·杭县》，《内政统计月报》1948年第4、5、6期，第4页；姚寿慈：《杭县志稿》卷五"人口"，杭州：浙江古籍出版社2018年版，第3册第4—5页、第18页。

关于户数，统计数据较口数缺乏，但可根据已有户数估算户均人口数量，对户数作出估计。如1930年户均人口为4.63人，[1] 1935年户均人口为4.56人，1946年户均人口为4.13人，户的平均规模具有缩小的趋势。我们以

---

[1] 俞俊民：《杭县土地状况》，《中华农学会报》1935年第135期，第39页。

1930年与1935年户均人口的平均值，估计这两年之间其他年份的户数；以1935年与1946年户均人口的平均值，估计这两个年份之间其他年份的户数。以此补充统计中缺失的数据。经过估算，杭县户数变化态势如图4-1-1-2所示。

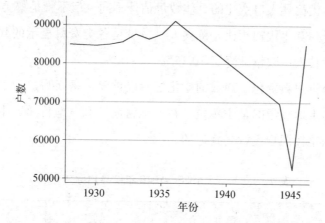

图4-1-1-2　1928—1946年杭县户数变化图

资料来源：《浙江省各县市历年人口数·杭县》，《内政统计月报》1948年第4、5、6期，第4页。

大致看来，20世纪20年代后期至30年代中期，杭县的户数是趋于增加的。由1928年的84 951户，逐渐增加到1936年的91 075户。30年代中期至40年代中期，户数大幅减少，至1945年，全县户数减少为52 596户。户口统计结果表明，20世纪30年代初至40年代末，杭县户口变化过程大致可区分为三个不同的阶段。30年代前期为杭县户口数量增加的时期。30年代中期至40年代末期为杭县户口数量减少的时期。40年代中期至40年代末为户数恢复的时期。

尽管人口变化对地权的作用主要取决于人口数量的变化，但并不限于人口数量的影响，人口变化对地权的作用机制还取决于人口结构、农村人口流动等因素。考虑到户口中农户的比重直接影响地权的配置，下面我们重点分析全县户口构成的变化，尤其是考察户口中农户的数量和比重的变化。

先看全县人口统计的结果。20世纪30年代初的杭县土地调查始于1930年，统计成果发表于1934年。统计结果显示，其时杭县户口总数为84 639户，

391 509 口。其中,农民户数为 70 639 户,人数为 327 800 口。农民人口占全县总人口的 83.72%,农户数占全县总户数的 83.46%。①

上述结果可由各区及个别乡镇的人口统计数据加以佐证。如臬城乡,位于临平(在其东北)、塘栖(在其西北)、乔司(在其南)之间,"全乡住民,除最少数失业游民外,其他均各有职业,计务农者占十分之八,经商、在外求学者,占十分之一,手工业(木匠、裁缝、泥水匠等)、僧尼,以及其他者,占十分之一。至于妇女,大多在家,司烹饪、饲畜等,亦有帮做农事者,其年幼小者,及贫苦者,为人放牧牛羊,或为佣工,以维生活"②。该乡农户占人口总数的比重为 80%,与全县整体统计结果接近。③

再看杭县第五区的统计数据。第五区为钦履区与调露区合并而成。1933 年的调查显示,该区户数共计 9 705 户,人数共计 43 244 口。④ 其中,农业人口 36 312 人,工业人口 3 200 人,商业人口 3 046 人,其他行业人口 686 人,分别占第五区人口总数的 83.97%、7.40%、7.04% 和 1.59%。⑤ 原始调查所做分类较细,包括党、政、军、警、农、工、商、学、自由职业、其他等。本文按照农、工、商、其他的区分标准,将各种职业分类合并,得到上述统计结果。其中,所谓其他,多为依赖农业为生的人口,除明确登记为自由职业、宗教等从业者 686 人,其余均计入农业人口。上述人口数量及其比重数据,即经过调整后计算的结果。

再看第四区(即第七都乔司皋亭区)两个乡的统计。永仁乡全乡总计 296 户。其中,依赖农业为生者有 205 户,占总户数 69.26%;从事工业及手工业者 89 户,占 30.07%;以经商为主业者有 2 户,略高于 0.67%,⑥ 如表 4-1-1-3 所示。

---

① 俞俊民:《杭县土地状况》,《中华农学会报》1935 年第 135 期,第 39 页。
② 林志豪:《杭县皋亭乡农村状况》,《国立浙江大学农学院周刊》1928 年第 1 卷第 32 期,第 253 页。
③ 从事商业等第三产业者占 10%,从事手工业等第二产业者占 10%。值得注意的是,此统计中的在业人口,显然未包括被认为"无业"的农户家庭人口。如果在农业人口中计入这部分人口,农业人口的比重将比数据显示者有所增加。
④ 王省三:《杭县第五区概况》,《浙江省地方自治专修学校校刊》1933 年第 6、7 期,第 35 页。
⑤ 王省三:《杭县第五区概况》,《浙江省地方自治专修学校校刊》1933 年第 6、7 期,第 35 页。
⑥ 王焕美:《杭县第四区十三村农村调查》,《浙江省建设月刊》1933 年第 7 卷第 3 期,第 12 页。

表 4-1-1-3　1933 年永仁乡人口职业结构表

村　别	农	工	商	合计户数
张家浜	30	27	0	57
钱家桥	30	22	0	52
西洋村	40	10	0	50
西马村	30	26	0	56
四家歌	22	0	0	22
四家桥	19	4	2	25
成家弄	34	0	0	34
合　计	205	89	2	296

说明：1. 本表各村职业户数，系直接询问解答人而得。2. 人口数无法调查，本表所填的数目，乃系间接采集的。(以 1932 年度第四区公所调查之人口总数，再以现在调查的总户数除之，则每户平均人数为 4.85 人，此数乘户数即等于人口数。)

资料来源：王焕美：《杭县第四区十三村农村调查》，《浙江省建设月刊》1933 年第 7 卷第 3 期，第 13 页。

表 4-1-1-3 中所谓"工"，即受雇做工者，包括农业雇工。这部分人口仍可视为第一产业人口。如果对比良熟乡所谓"业工者"全部为"雇农"，可推测永仁乡 89 户以务"工"为业者主要为"雇农"，则只有经商户为真正的非农业户。以 89 户务"工"户中有一半为雇农，则以农为业的户数为 250 户，占统计 7 村总户数的 84.46%。[①] 与第五区及杭县全县农业户口平均数值相当。

第四区良熟乡全乡总户数为 259 户，计 1 256 人。其中，以业农为生者 222 户，占总户数 85.71%，业工者有 36 户，占 13.90%，经商者有 1 户，占 0.39%。良熟乡所谓的"业工者"，皆为雇农，属第一产业人口。该乡农户主要的职业，"仍在养蚕、种麻"。[②] 如表 4-1-1-4 所示。

---

① 王焕美：《杭县第四区十三村农村调查》，《浙江省建设月刊》1933 年第 7 卷第 3 期，第 13 页。
② 王焕美：《杭县第四区十三村农村调查》，《浙江省建设月刊》1933 年第 7 卷第 3 期，第 15 页。

表 4-1-1-4　1933 年良熟乡人口职业结构表

项别 村别	职业的户数			总户数
	农	工	商	
安兜村	23	2	0	25
庙东村	39	10	1	50
安角里	37	13	0	50
底田坂	50	0	0	50
孟家村	41	9	0	50
六家村	32	2	0	34
合 计	222	36	1	259

资料来源：王焕美：《杭县第四区十三村农村调查》，《浙江省建设月刊》1933 年第 7 卷第 3 期，第 15 页。

从个别地区统计的结果来看，以劳动人口统计的职业结构，降低了依赖农业为生的人口占总人口的比重。如果计入那些被认为是"无业"，但实际上依赖农业为生的人口，则农业人口的比重应高于上述统计的 80% 的平均值。综合全县及各区个别乡镇的统计，大致可以判断，20 世纪 30 年代初杭县农业人口的比重超过 80%，但不会高于 85%。可将这一估计与 20 世纪 40 年代后期杭县的农业人口数据作一比较。成书于 1949 年的《杭县志稿》统计了 1946 年全县各业人口比重，如表 4-1-1-5 所示。

表 4-1-1-5　1946 年杭县人口职业统计表

业 别	人 数	比重(%)
农	246 913	91.96
矿	380	0.14
工	5 273	1.96
商	10 436	3.89
交通运输	459	0.17

续 表

业 别	人 数	比重（%）
公务	1 438	0.54
自由职业	1 284	0.48
人事服务	1 878	0.70
其他	429	0.16
合计	268 490	100.00

资料来源：姚寿慈：《杭县志稿》卷五"人口"，杭州：浙江古籍出版社2018年版，第3册，第18页。

原表格中列有"无业"一栏，其中既有确属无业者，亦包括未具劳动力或者未明确从事其他各业的人员，其中多数为农民家庭人口，主要依赖农业为生，故调整至农业人口项下。统计结果，农业人口比重较高，达到91.96%。如果按照20世纪30年代初杭县农业人口比重83.4%的统计结果对比，20世纪40年代后期杭县农业人口的比重上升了8.56%。

20世纪40年代末与30年代初相比，杭县户口数量减少。自1936年至1947年，杭县人口数量大约减少12.89%。从理论上说，人口数量的减少有利于缓解人口对农业的压力。但由于人口职业结构的变化，杭县农业人口的比重上升了8.56%，再考虑到农地单位面积收益下降，人口数量的减少并不足以缓解人口对土地的压力。即人口职业结构的变化在一定程度上抵消了人口数量减少的效应。

二、户口变化与地权配置

学术界普遍认为户口变化影响地权配置，但对其影响却有两种相反的判断。一些学者认为人口增加导致地权趋向分散，另一些学者则认为人口增加促使地权趋向集中。[①] 20世纪30年代初至40年代后期人口总量的减少和农业人

---

① 张佩国：《制度与话语：近代江南乡村的分家析产》，《福建论坛（人文社会科学版）》2002年第2期，第43页。

口比重的上升，对杭县的户均及人均田地面积具有直接的影响。不过，农业户数增减与农地产权配置的相关性还受到其他因素的制约。

1927年之前，杭县土地面积的统计，均包括杭州城区的土地。1927年，杭州市与杭县分治后，县市面积分开统计。1928—1929年统计，杭县平地、山地、道路、河湖、沙涂面积分别为1 206 241亩、392 574亩、17 279亩、164 157亩、9 720亩，合计总面积为1 789 971亩。其中，平地又分为水田、平原旱地、山坡旱地，面积分别为844 369亩、241 248亩、120 624亩。[①] 1930年的调查显示，杭县共有耕地面积878 380亩，折合585.5平方千米，耕地面积占全县总面积的62.6%。[②] 另据当年土地申报数据，杭县全县田、地、山、荡合计总面积为1 317 543亩，其中，田557 620亩、地442 646亩、山159 653亩、荡157 624亩。[③] 1933年，统计杭县征粮田亩数为1 153 381亩，其中，田、地、山、荡分别为614 679亩、285 966亩、175 585亩、78 151亩。1934年，浙江省民政厅测丈队调查清丈结果显示，全县土地面积为1 403 106亩，折合935.40平方千米。1936年，浙江省民政厅公布的杭县田、地、山、荡面积分别为751 384亩、305 149亩、302 173亩、92 162亩，共计1 450 868亩。[④]

当时的调查者注意到，杭县地块面积十分狭小。面积合计为878 380亩的耕地，由总计约738 000个地块组成。平均每个地块的面积为1.190亩。按照田地用途分类统计，各种类型田地的面积又有大小之别。农田每块的平均面积为1.640亩，农地每块的平均面积为0.580亩。其中，果地每块平均面积为0.590亩，桑地0.460亩。茶地多为山地或坡地，面积较大，平均每块2.190亩。棉地大都为沿江沙地，平均每块6.190亩。此外，池荡、林地、竹地，每块平均面积分别为1.290亩、2.290亩、1.240亩。[⑤] 除了不同类型土地平均每块面积有很大不同，杭县不同区域的地块平均面积也有明显差异。例如，西镇

---

① 余杭市土地志编纂委员会编：《余杭市土地志》，北京：中国大地出版社1999年版，第73页。
② 俞俊民：《杭县土地状况》，《中华农学会报》1935年第135期，第37页。
③ 余杭市土地志编纂委员会编：《余杭市土地志》，北京：中国大地出版社1999年版，第74页。原文田数有误，据总面积等重新计算。
④ 余杭市土地志编纂委员会编：《余杭市土地志》，北京：中国大地出版社1999年版，第74页。
⑤ 俞俊民：《杭县土地状况》，《中华农学会报》1935年第135期，第38页。

区农地数量达 8 万余块，每块平均面积仅 0.356 亩。而五都区农田有 71 400 余块之多，平均每块面积为 1.000 亩。两区虽然相邻，但平均每个地块面积相差近 2 倍。总起来看，杭县平均每个地块面积"异常细小，足证人口之稠密，及自耕农之较多"。①

地块数量的多寡虽不能作为地权所有关系的直接证据，但地块平均面积的缩减、地块数量的增加都折射出地权分散的程度。在诸子均分制下，地块数量的增加意味着土地所有权的逐步分割。而地块面积越分越小的原因之一，正是参与分割的人口越来越多，也就意味着地块分割日趋零碎与人口数量增长之间的正相关关系。1930 年，全县耕地面积为 878 380 亩，总户数 84 639 户，户均耕地面积 10.378 亩。总人口数为 391 509 人，人均耕地面积 2.244 亩。② 1935 年，杭县有农户 91 700 户，户均耕地面积 9.579 亩，总人口数为 39 994 人，人均耕地面积为 2.196 亩。③ 随着户数和人口数的增加，户均耕地面积较 1930 年减少 0.799 亩，人均耕地面积减少 0.048 亩。

上述数据为 20 世纪 30 年代初期和中期的调查结果，可与以后的调查数据作比较。《杭县志稿》卷四（面积）和卷五（人口）统计 1946 年全县耕地面积为 701 550 亩，全县户数为 84 884 户，平均每户耕地面积 8.265 亩。全县人数为 350 836 人，人均耕地面积 2.000 亩。与 1930 年相比，全县户均耕地面积减少 2.113 亩，人均耕地面积减少 0.244 亩。④ 若按 1932 年杭县和余杭县人均耕地 2.22 亩计算，1949 年两县人均耕地为 1.99 亩，相比减少 0.23 亩。⑤ 1951 年土地改革结束时，杭县查出隐瞒田地 54 286 亩，据此可知，1949 年该县人均耕地应略高于统计数据。⑥ 如 1951 年统计人均耕地面积为 2.07 亩，为 20 世纪后

---

① 俞俊民：《浙江土地问题》，《杭州民国日报》1934 年元旦特刊，第 30 页。
② 当年农业人口数量为 327 800 人，农业人口平均耕地面积为 2.68 亩。在农业人口中，劳动力数量为 247 651 人。按劳动力平均，人均耕地面积为 5.9 亩。参见俞俊民：《浙江土地问题》，《杭州民国日报》1934 年元旦特刊，第 28 页。行政院农村复兴委员会：《浙江省农村调查》，南京：行政院农村复兴委员会 1933 年版，第 156 页。1933 年浙江省农村调查，依据各县陈报之农户数量和耕地数据，计算杭县户均耕地面积为 15.800 亩。
③ 《浙江省各县农户数及耕地面积》，《浙江经济月刊》1947 年第 3 卷第 2 期，第 53 页。
④ 姚寿慈：《杭县志稿》卷五"人口"，杭州：浙江古籍出版社 2018 年版，第 3 册，第 8 页。
⑤ 余杭县农业局农业志编纂委员会：《余杭县农业志》，余杭：内部资料 1988 年印行，第 59 页。
⑥ 余杭市土地志编纂委员会编：《余杭市土地志》，北京：中国大地出版社 1999 年版，第 74 页。

半期历年最高。①

对比两个不同时期的耕地和户口数据可知，20世纪40年代末与30年代初相较，杭县耕地面积减少了176 830亩，下降幅度为20.13%；人口总数减少了40 673人，下降幅度为10.39%。由于耕地面积下降的幅度为人口下降幅度的2倍，虽然人口减少，人均耕地面积下降了10.87%；同样，户均耕地面积下降幅度达到20.34%。

如前所述，学界关于近代户口数量变化对地权配置的作用，存在"集中论"与"分散论"两种观点。在杭县，20世纪30年代初至40年代末，户口数量减少，但同一时期并未出现地权结构的明显变化。我们需要进一步了解杭县户口变化与地权变化之间的关系。考虑到40年代末户口与地权关系是30年代初户口与地权关系的延续，我们以40年代末的人地关系作为分析的焦点。

以塘栖区金平乡为例，土地改革前夕，中共杭县县委对该乡人口及土地情况进行了调查，结果如表4-1-2-1所示。

表4-1-2-1　1950年塘栖区金平乡各村土地登记表

村别	自然村数	人口				土地情况							分配平均数
		户数	男	女	合计	自耕亩	租出	租入	占有亩数	每人平均占有	使用亩数	每人平均使用	
1	4	120	250	200	450	1 141.034	59.920	99.451	1 200.954	2.669	1 240.485	2.757	2.20
2	4	141	326	288	614	1 377.236	148.382	87.687	1 525.618	2.485	1 464.923	2.386	2.20
3	6	140	286	224	510	1 249.939	16.931	85.231	1 266.870	2.484	1 335.170	2.618	2.00
4	8	129	252	215	467	998.423	118.533	90.688	1 116.956	2.392	1 089.111	2.332	2.00
5	4	149	338	272	610	1 310.611	34.149	80.074	1 344.760	2.205	1 390.685	2.280	1.80
6	5	132	301	257	558	1 309.810	48.355	93.419	1 358.165	2.434	1 403.229	2.515	1.90
7	4	144	305	245	550	1 055.944	91.139	57.704	1 147.083	2.086	1 113.648	2.025	1.90

① 余杭县农业局农业志编纂委员会编：《余杭县农业志》，余杭：内部资料1988年印行，第59页。

续表

村别	自然村数	人口				土地情况							分配平均数
		户数	男	女	合计	自耕亩	租出	租入	占有亩数	每人平均占有	使用亩数	每人平均使用	
8	4	168	334	297	631	1 521.474	49.206	37.869	1 570.680	2.489	1 559.343	2.471	1.90
17	7	161	328	298	626	1 311.621	47.171	205.686	1 358.792	2.171	1 517.307	2.424	1.80
合计		1 284	2 720	2 296	5 016	11 276.092	613.786	837.809	11 889.878	2.370	12 113.901	2.415	1.96

说明：原来数据有误，已校正。

资料来源：中国共产党浙江省杭县委员会：《塘栖区、塘栖镇关于剿匪、反霸、减租减息、土地改革简报、总结（1949—1950年）》，杭州市临平区档案馆，档案编号：92-1-61。

表4-1-2-1中所列各村土地面积与人口数量存在差异，考虑到人口数量决定着自耕农地面积的数量，我们对其中所列数据作计量分析。以家庭人口数量为自变量，以自耕土地面积为因变量，可得图4-1-2-1。

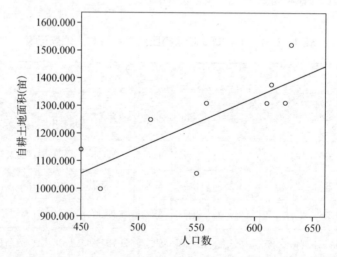

图4-1-2-1 1950年塘栖区金平乡人口与耕地面积相关关系图

资料来源：中国共产党浙江省杭县委员会：《塘栖区、塘栖镇关于剿匪、反霸、减租减息、土地改革简报、总结（1949—1950年）》，杭州市临平区档案馆，档案编号：92-1-61。

由图4-1-2-1可见，金平乡各村所有土地面积与其人口数量之间呈现正线性相关关系。至于两个变量之间的相关程度，如下表。

模 型 概 要

R	R 方	调整 R 方	估计值的标准误
0.782	0.611	0.555	108.997

由模型概要可知，因变量各村所有土地面积与自变量人口数量的相关系数 $R=0.782$，说明两者具有较强相关关系。决定系数 $R^2=0.611$，说明自变量可以解释大约 61% 的因变量的变化。

系 数

项 目	未标准化系数		标准化系数	t	$Sig.$
	B	标准误	$Beta$		
口数	1.851	0.558	0.782	3.315	0.013
（常数）	221.378	313.326		0.707	0.503

基于上表中统计结果，以 y 表示因变量耕地面积，以 x 表示人口数量，可建立如下一元线性回归方程：

$$y=221.378+1.851x$$

对于这个一元线性回归模型，上表中还给出了 t 检验的结果。t 检验统计量为 3.315，而 p-值为 0.013，所以该检验结果显著，回归模型成立。

方 差 分 析

项 目	平方和	df	均 方	F	$Sig.$
回归	130 518.849	1	130 518.849	10.986	0.013
残差	83 163.064	7	11 880.438		
总计	213 681.912	8			

F 检验的 p-值也是 0.013，同样证明上述回归模型成立。

对于一元线性回归模型，F 检验和 t 检验的值都显示因变量自耕土地面积和自变量人口数量呈现线性相关关系。这一结果说明，人口数量在一定程度上决定着耕地面积。

由于土地的耕作是以户为单位的，还需要了解户数对耕地面积差异的影响。上面9个村庄调查显示，各村农户所有土地数量的差异，主要取决于户数的差别。户数越多的村庄，农户所有土地面积越大。以各村的户数为自变量，以各村所有土地面积为因变量，可得到图4-1-2-2。

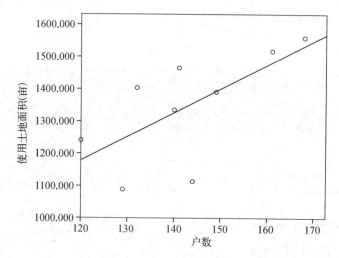

图4-1-2-2　1950年塘栖区金平乡户数与耕地面积相关关系图

资料来源：中国共产党浙江省杭县委员会：《塘栖区、塘栖镇关于剿匪、反霸、减租减息、土地改革简报、总结（1949—1950年）》，杭州市临平区档案馆，档案编号：92-1-61。

图4-1-2-2显示，村落户数与各村农户占有土地总面积具有正线性相关关系。

模 型 概 要

R	R方	调整R方	估计值的标准误
0.669	0.447	0.369	133.426

上列模型概要显示，因变量土地面积与自变量户数的相关系数$R=0.669$，显示两者具有较强程度的相关关系。决定系数$R^2=0.447$，说明户数可以解释大约45%的土地面积的差异。

系　　数

项　目	未标准化系数		标准化系数	t	Sig.
	B	标准误	Beta		
户数	7.398	3.107	0.669	2.381	0.049
（常数）	290.514	445.509		0.652	0.535

根据上表中显示的统计数据，以 y 表示因变量土地面积，以 x 表示户数，可以建立如下一元线性回归方程：

$$y = 290.514 + 7.398x$$

对于上列一元线性回归模型，上表还显示出 t 检验的结果。t 检验统计量为 2.381，而 p-值为 0.049，统计结果显著，说明该回归模型有效。

方　差　分　析

项　目	平方和	df	均　方	F	Sig.
回归	100 928.438	1	100 928.438	5.669	0.049
残差	124 616.737	7	17 802.391		
总计	225 545.175	8			

F 检验的 p-值也是 0.049，证明回归模型成立。土地使用面积与村庄户数之间的正线性相关关系说明，村庄之间土地使用面积的差异，在一定程度上取决于各村农户数量的不同。值得注意的是，使用面积与户数的相关系数较所有面积与户数的相关系数高，这说明随着人口的增多，农户会在所有土地之外，租入更多的土地。

学界普遍认为，人口变化是影响地权分配的重要因素。[①] 人口在土地配置乃至土地制度变迁中起着关键的作用。[②] 但关于近代人口因素对土地配置的影

[①] 王伟：《论河南近代时期人口因素对地权分配的影响》，《兰州学刊》2012年第3期，第77页。
[②] 王昉：《传统中国社会农村地权关系及制度思想在近代的转型》，《学术论坛》2007年第3期，第91页。

响，学者们有不同的看法。一些学者认为，人口数量增加导致了地权的分散配置。柴树藩、于光远、赵冈、王昉等均认为，随着人口增加，地权会越来越分散，而且，地权转移的方向是由土地所有权较多者向较少者的流动。他们注意到，在分家析产的制度下，随着人口数量的增加，土地所有权被不断分割，地块面积日益狭小，农地经营规模逐渐零散化。[1] 因此，随着人口数量的增加，地权配置愈益零碎，人口增长是土地分配平均化的主要因素。[2] 另一些学者认为，人口增加的结果是土地争夺的加剧，以及地权日益趋于集中。他们认为，由于户口的增加，围绕土地所有权的竞争日益激烈，贫富分化加剧，农地所有权的配置更加失衡，因而近代出现了农地产权向少数农户集中的趋势。杭县的案例显示出，对人口增长地权效应的分析，应从农户和区域两个不同的层次上观察。从个别农户来看，的确存在着因为家庭人口增加而导致的地权分散的现象。在这些农户中，家庭积累土地的速度滞后于家庭人口增加的速度。随着不断的分家析产，每个农户所有的土地数量因之减少。然而，也有一些农户，随着家庭人口中劳动力的增加，平均每个劳动力所得剩余也相应增加，因而有资产积累更多的土地。在这些家庭中，人口的增加并未导致地权的分散。综合两类农户来看，农户家庭人口的增加并不一定导致地权的分散，但也未必就会导致地权的集中。从区域层次观察，人口增长与地权配置之间的关系更难确定。认为人口增长导致地权分散的结论往往以"平均值"作为依据。然而，在估计地权配置的状态时，"平均值"有一定的局限。因为在特定的区域中，只要土地面积大致稳定，人均土地面积必然随着人口的增加而减少。

  实际上，由杭县地权变化的情形来看，地权的配置并不是按人口平均的，其配置结构的变化也远比平均值所显示的复杂。为了准确分析地权在农户之间配置的状况，可对每户占有土地面积作分类统计。据俞俊民《杭县土地状况》记载，1930 年杭县所有土地面积小于 10 亩的农户数量占全县农户总数的比重为 80%，所有土地面积大于 10 亩、小于 30 亩的农户数量占全县农户总数的比

---

[1] 张佩国:《制度与话语：近代江南乡村的分家析产》,《福建论坛(人文社会科学版)》2002 年第 2 期，第 43 页。
[2] 王伟:《论河南近代时期人口因素对地权分配的影响》,《兰州学刊》2012 年第 3 期，第 77 页。

重为18%，所有土地面积大于30亩的农户数量占全县农户总数的2%。① 在分类统计中，10亩为户均所有农地面积的重要分界线。据学者们的研究，在江南水田地区，拥有10亩土地，可以满足农户生活的需求。据20世纪30年代初的调查，"一夫一妇，家有一二小孩，若得十亩田，可以过去。若得十亩自己田，便舒舒服服过去"②。以地租占收成的一半计算，每户有租田10亩即相当于自田5亩，可满足一家四口最低的生活需求。如果自田10亩，则不必负担地租，收入约可增加一倍，生活随之改善。可见，按照20世纪30年代的生产水平和消费水平，经营10亩田地为农家生计的基本标准。

据户数分类标准及各类占有土地面积，可计算出每类农户平均所有土地面积，如表4-1-2-2所示。

表4-1-2-2 1930年杭县各类农户平均所有土地面积表

每户占有面积	平均面积（亩）	每户占有面积	平均面积（亩）
5亩以下	2.311	20亩至30亩	23.981
5亩至10亩	7.268	30亩至50亩	37.495
10亩至15亩	12.243	50亩以上	84.649
15亩至20亩	17.093		

资料来源：俞俊民：《杭县土地状况》，《中华农学会报》1935年第135期，第39页。

拥有土地面积5亩以下的农户，平均每户所有土地面积只有2.331亩，拥有土地面积5至10亩的农户，平均每户所有土地面积为7.268亩。在当时的农业生产力水平下，所有农地面积少于10亩的农户，仅依赖农地的收益，实际上难以做到全家温饱。故当时的调查称，拥有土地面积少于10亩者，皆为贫农。处于这两个区间的农户占农户总数的80.06%，也就是说，单就所有农地面积而论，这些农户是不能过上温饱生活的。俞俊民《杭县土地状

---

① 俞俊民：《杭县土地状况》，《中华农学会报》1935年第135期，第39页。
② 《浙江旧属杭嘉湖二十县耕地面积之分配状况百分率》，《教育与职业》1930年第110期，第56页。

况》称:"杭县地少人多,土地不敷分配,十亩以下之贫农,达80%,而生产又如此之少,价格更受外货倾销影响,收支两不相偿,故土地几无经营之价值。"① 在土地经营失去价值的情况下,所有土地面积不足10亩的贫农,有可能放弃土地的经营。"加之田赋与各种附加捐税及重利之剥削,农民终日勤劳,难得一饱,不得不弃而之他,此年来农村人口之所以日渐减少也。"② 但放弃土地的经营,可能是暂时放弃土地的使用权,即出租土地,也可能是放弃土地的所有权,即出售土地。前者造成土地使用权的转移,后者则造成土地所有权的转移。

1930年的统计显示,第九都即西镇五都区,共有耕地面积367 416亩,其中,西镇已发土地执照者25 197户,每户所有土地数量大部分都少于10亩,如表4-1-2-3所示。

表4-1-2-3 1930年西镇区农户地权配置表

每户占有面积	户数(户)	比重(%)	占有土地面积(亩)	比重(%)
5亩以下	14 409	57.25	33 299	19.36
5亩至10亩	5 741	22.81	41 723	24.25
10亩至15亩	2 531	10.06	30 988	18.01
15亩至20亩	1 406	5.59	24 033	13.97
20亩至30亩	618	2.45	14 820	8.61
30亩至50亩	307	1.10	11 511	6.69
50亩以上	185	0.74	15 660	9.10
合计	25 197	100.00	172 034	100.00

资料来源:俞俊民:《杭县土地状况》,《中华农学会报》1935年第135期,第39页。

依据占有土地面积的差异,可将表中农户分为10亩以下和10亩以上两类。所有土地面积为10亩以下者,共有20 150户,占全部农户总数的80.06%。

---

① 俞俊民:《杭县土地状况》,《中华农学会报》1935年第135期,第49页。
② 俞俊民:《杭县土地状况》,《中华农学会报》1935年第135期,第49页。

他们所有的土地面积占西镇全部土地面积的43.6%。其中，所有土地面积少于5亩的农户14 409户，占全部农户数量的57.25%，占有总土地面积的19.36%。所有土地面积超过10亩的农户，共有5 047户，占全部农户数量的19.94%，他们所有的土地面积为97 012亩，占全部土地面积的56.38%。①

至20世纪40年代后期，农户占有土地面积状况与30年代初类似，整体上"多寡不均，贫富互异"②。地权在不同类型农户之间的分配也与30年代初类似："十亩以下谓之贫农，占百分之八十；十亩至三十亩之间，谓之中农，占百分之十八；三十亩以上谓之富农，占百分之三而已。"③可见，40年代末与30年代初相比，农地产权在农户之间的配置状况几乎没有变化。

中共浙江省委农村工作委员会研究室于1949年12月完成《浙江省农村土地占有关系之变化及目前土地占有状况之调查材料》，提出了土地日渐集中的判断。但其时段为1937年以后的十多年间。该《调查材料》指出，自1937年至土地改革前夕的十余年间，地主与富农的户数与人口数量保持不变，中农的户数和人口数量减少，而贫农的户数和人口数量增多。中农的土地所有权转入少数地主手中，从而呈现出土地所有权向少数人集中的趋势。④根据这份调查，在总的人口数量减少的情况下，人口的社会结构发生了变化，即地主和富农户口不变，而中农户口减少，贫农户口增多，这一社会结构变化反映在农地产权变化上，就是地权变动的集中趋势。由于调查的焦点是土地所有权的转移，在分析土地集中的原因时，该《调查材料》没有分析人口变动这一因素。认为导致土地集中的原因为苛捐杂税繁多、贪官污吏和奸商霸占、工商业经营(其利润受到战争的影响，有致富者，亦有致贫者)。⑤

上述土地占有关系的变化为土地改革调查结论，且为浙江全省的一般估计。杭县地权配置的变化与浙江全省典型调查所得结果不同。对比户均和人均

---

① 俞俊民：《杭县土地状况》，《中华农学会报》1935年第135期，第39页。
② 姚寿慈：《杭县志稿》卷五"人口"，杭州：浙江古籍出版社2018年版，第3册，第6页。
③ 姚寿慈：《杭县志稿》卷五"人口"，杭州：浙江古籍出版社2018年版，第3册，第6页。
④ 中国共产党浙江省杭县委员会：《一九五零至一九五一年华东局、省委关于土地改革运动的指示、通报》，杭州市临平区档案馆，档案编号：1-4-6。
⑤ 中国共产党浙江省杭县委员会：《一九五零至一九五一年华东局、省委关于土地改革运动的指示、通报》，杭州市临平区档案馆，档案编号：1-4-6。

耕地面积减少的事实可知，由于20世纪30年代初至40年代末户口总数和耕地总数的变化，杭县户均耕地面积和人均耕地面积均有下降，但这些变化并未带来地权配置的结构性变化。在杭县农村，按照所有土地面积区分的各类农户占户口的比重大致保持稳定。

20世纪30—40年代，杭县口数和户数均趋下降，有助于缓解农地的人口压力，但这一变化并不必然有利于地权的集中。人口增长的地权配置效应还受到区域人口（职业）结构、土地单位面积收益等因素的制约，而这些因素所产生的地权分散效应会"中和"地权集中的趋势，其结果则呈现为土地频繁流转过程中的地权稳定，即农地产权配置机制的"动态均衡"。

三、土地继承与地权转移

相关研究已经注意到在诸子均分制度下土地继承关系对地权配置的影响。有学者研究了民国时期江南土地继承与土地流转的关系，认为继承是这一区域土地产权转移的主要方式，也是地权分散的主要原因。① 赵冈等认为，遗产继承制度虽对地权转移有影响，但土地市场仍是一个主要由价格决定的自由市场。② 本书重点讨论地权变化及其影响因素，希望从户口数量、经济结构、农副业生产、借贷关系等多个方面，讨论决定地权配置结构的复杂机制。为此，我们需要明确土地继承在多大程度上影响地权转移，即在地权配置结构的影响因素中，继承关系大概占有多大的"权重"。下面以钱家坞姚氏、中水渭周氏作为个案加以分析。

由《杭县都图地图》可知，1930年实施地籍调查时，钱家坞（又作钱家兜）属第九都第三十一图，在行政上隶属于五都区獐山乡。③ 从地理位置上看，该村偏处獐山乡西北一隅，西面与第二十九图接壤。这是一个多姓自然村，钱、姚为村中两大主要姓氏。《永泰姚氏族谱续编》记录了钱家坞姚氏家族世系。

---

① 袁鑫：《民国时期江南地区的土地继承制度及其对土地分散的作用》，南京师范大学2007年硕士学位论文，第1页。
② 赵冈：《永佃制研究》，北京：中国农业出版社2005年版，第56页。
③ 杭州市档案馆编：《杭州都图地图集（1931—1934）》，杭州：浙江古籍出版社2008年版，第9页。

其中，与20世纪30—40年代对应的世代主要是第14世至第16世。依据该书中的世系谱，整理出姚氏三个世代的继承关系，如表4-1-3-1所示。

表4-1-3-1 钱家圩姚氏第14—16世世系表

第14世	第15世	第16世	备 注
姚阿暖	姚阿五	姚子梅	
		姚子年	
姚□□	姚再元	姚宝年	
	姚如元	姚阿友	
		姚友林	出门胡金坝
姚阿松	姚见林	姚富生	继
	姚阿度	姚阿益	
	姚福生	姚桂生	
		姚桂林	
		姚桂龙	
	姚阿方	姚应法	
	姚□□	姚和尚	
姚安生	姚阿年		
姚寿生	姚韵秋	姚瑞康	
姚仙虎	姚堂丰	姚学年	出门北荡桥
		姚福年	出门胡家角
	姚家宝		出门八字桥
姚友山	姚阿凤		出嫁新陡门
姚如年	姚本庆		迁塘不明
	姚连庆		迁塘不明

第四章 农地产权与社会结构

续 表

第14世	第15世	第16世	备 注
姚友生	姚桐海	姚本仁	
	姚桐柏	姚金熙	
	姚桐松	姚友梅	
姚三甫	姚世彝	姚友仙	
姚喜正		姚正仙	

说明：□□表示原谱中姓名不详。
资料来源：姚荣铨：《永泰姚氏族谱续编》，余杭：内部资料2015年印行，第95页。

姚氏第14世记入家谱的男性为11人，第15世记入家谱的男性为19人，第16世记入家谱的男性为20人。上表中统计的所有男性，均为生长至成年且独立门户者，即自第14世至第16世，钱家圩姚氏户数由11户增至19户，再增至20户。在土地均分继承制度下，上一代所有的部分土地，将由下一代继承。故在不同时期的土地册籍中，登记的业主应能显示出这种继承关系。我们可通过对比《地籍册》与《地价册》中同一地号的业主变化，观察地权在不同世代之间通过继承转移的情况。

笔者将第三十一图《地籍册》和《地价册》中登记业主为上表中所列者拣出，将其所有地块的地号、地积等加以统计。另外，钱家圩西北面与第九都第二十九图接壤，该村一部分土地登记于第二十九图《地籍册》和《地价册》中，我们也从中查找钱家圩姚氏所有地块。综合第二十九图、第三十一图之《地籍册》和《地价册》相关数据，列为表4-1-3-2。

表4-1-3-2　1930年和1947年钱家圩姚氏地权表

地　号	1930年业主	1947年业主	地积（亩）
2004	姚云生	姚福生	1.804
3414	姚福生	姚福生	0.356

续 表

地 号	1930年业主	1947年业主	地积(亩)
3415	姚寿生	姚勤章	0.224
3504	姚寿生	姚勤章	0.167
4490	姚福生	姚贵生	0.998
4804	姚阿五	姚阿五	0.746
4878	姚贵龙	姚福生	0.938
4907	姚桐柏	姚祉椿	0.754
4915	姚阿庆	姚阿庆	1.808
4928	姚桐柏	姚祉椿	0.135
4975	姚韵秋	姚韵秋	0.086
4977	姚韵秋	沈坤元	0.671
4981	姚桐柏	姚祉椿	0.285
4984	姚韵秋	姚韵秋	0.199
4992	姚桐柏	姚祉椿	0.454
5060	姚桐柏	姚祉椿	0.225
5065	姚福生	姚贵生	0.158
5071	姚阿庆	姚阿庆	1.335
5074	姚福生	姚福生	3.019
5131	姚阿庆	姚阿庆	0.338
5138	姚阿五	姚阿五	0.146
5152	姚阿庆	姚阿庆	0.743
5156	姚韵秋	姚水林	0.686
5182	姚福生	姚福生	0.435
5186	姚桂龙	姚桂龙	2.130

续 表

地 号	1930年业主	1947年业主	地积(亩)
5447	姚家宝	姚文昌会	0.649
5484	姚见林	姚见林	0.386

资料来源：浙江省土地局：《杭县地籍册·九都三十一图》，杭州市临平区档案馆，档案编号：93-9-44；杭县地籍整理办事处：《九都三十一图地价册》，杭州市临平区档案馆，档案编号：93-6-234至93-6-241；浙江省土地局：《杭县地籍册·九都二十九图》，杭州市临平区档案馆，档案编号：93-9-42；杭县地籍整理办事处：《九都二十九图地价册》，杭州市临平区档案馆，档案编号：93-6-220至93-6-227。

由表4-1-3-2可知，在《地籍册》中统计的地块，其业主名字在家谱中登记者有27块。至1947年，这些地块所有人未发生变化的有13块，所有人发生变化的有14块。所有人未发生变化的土地面积合计为11.727亩，所有人发生变化的土地面积合计为8.148亩，两者分别占统计土地总面积的59.00%和41.00%。

再看第八都第二十五图中水渭村周氏。中水渭村位于杭县第八都第二十五图，在行政上隶属临平区民族乡。该村处于京杭大运河南岸，是一个三面临水的聚落。从农户的姓氏构成上看，中水渭是一个多姓村，周氏为村中主要家族。周金铨在其祖父所编家谱基础上续修，编纂《周氏家谱》，列出各代世系。由其世系推算，可知主要生活于20世纪30—40年代的为其第12世至第14世。我们根据该书中的《周氏家族衍生图》制作周氏世系表如下（表4-1-3-3）。

表4-1-3-3 中水渭周氏第12—14世世系表

第12世	第13世	第14世	备 注
周春福	周寿根	周繁华	
		周繁荣	
	周寿发	周繁松	
周明飞	周赋金	周子琴	

续 表

第12世	第13世	第14世	备 注
周阿寿	周叙生	周祖根	
		周国根	
	周坤发	周水根	
周阿娒	周荣毛	周卫根	
	周荣林	周国富	
周庆寿	周利松	周鑫杰	
周星飞	周掌玉	周香华	
周梓飞	周叙玉	周荣华	
		周魁华	
	周叙忠	周幸华	
		周昌华	
周熊飞	周本章	周菊香	
	周本瑞	周和尚	
周鹏飞	周本源	周金铨	
周云飞	周振魁	周荣金	
		周荣加	
周贵飞	周本晋	周子豪	
		周子洪	
周钪飞	周本元	周子年	
		周妙香	
		周尚福	
周鲸飞			
周再飞	周本福		二女

第四章 农地产权与社会结构 323

续　表

第12世	第13世	第14世	备　注
周再飞	周正福	周子寿	
		周胜寿	
		周文寿	
		周金寿	
周煜飞	周本岑	周福泉	
		周宝泉	
		周绍泉	
		周昌泉	

资料来源：周金铨：《周氏家谱》，余杭：内部资料2019年印行，第75页。

由表4-1-3-3可知，在第12世，中水渭周氏家族有15户。至第13世，该周氏家族增加至20户。至第14世，周氏家族的户数再增至33户。依据上表中所列姓名，我们可在与之对应的第八都第二十五图《地籍册》和《地价册》中，找到各户所有土地数据，列为表4-1-3-4。

表4-1-3-4　1930年和1947年中水渭周氏地权表

地　号	1930年业主	1947年业主	地积（亩）
728	周贵飞	周子洪	1.133
1709	周寿根	周寿法	0.041
1791	周寿根	周寿根	5.123
1830	周梓飞	张永宝	1.500
2020	周贵飞	俞子坤	1.583
2041	周妙香	周小毛	0.919
2083	周春福	唐六根	0.720
2086	周贵飞	周子浩	0.128

续　表

地　号	1930 年业主	1947 年业主	地积(亩)
2088	周桂年	周子浩	1.083
2089	周子年	周子源	1.193
2110	周妙香	周子源	0.259
2153	周贵飞	周子浩	0.851
2156	周寿发	周寿发	2.936
2177	周和尚	周子坤	0.092
2191	周梓飞	周梓飞	0.236
2192	周梓飞	周梓飞	0.150
2195	周梓飞	周梓飞	1.200
2205	周梓飞	周梓飞	0.405
2236	周贵飞	周子浩	1.223
2238	周贵飞	俞三毛	1.519
2248	周梓飞	周梓飞	1.073
2250	周梓飞	钟振豪	1.688
2862	周贵飞	唐友林	0.376
2896	周寿发	周寿根	1.664
2898	周明飞	周明飞	0.660
2899	周寿发	蔡伯林	0.653
2900	周明飞	周荣根	0.698
2920	周明飞	周阿寿	0.817
2922	周明飞	周洪根	0.940
2939	周明飞	周荣根	0.341
4045	周贵飞	沈金宝	1.945
4255	周明飞	周荣根	0.566

续 表

地 号	1930年业主	1947年业主	地积(亩)
4258	周明飞	周荣根	0.495
4265	周梓飞	周梓飞	0.371
4494	周明飞	周阿嫋	1.238
4495	周贵飞	周子浩	1.163
4566	周贵飞	周子浩	0.465
4567	周明飞	周明飞	1.309
4568	周妙香	周小毛	0.671
4572	周明飞	周明飞	1.742
4593	周寿根	周寿根	4.868
4594	周赋金	周赋金	3.938
4606	周贵飞	周子浩	1.228
4613	周贵飞	周子文	1.251
4640	周梓飞	周梓飞	1.208
5498	周贵飞	周阿春	0.548
5504	周梓飞	周梓飞	0.305
5816(1)	周明飞	周荣根	0.139
5818	周明飞	周荣根	0.065
7879	周贵飞	方洪寿	2.678
7919	周贵飞	周子洪	1.000
7921	周贵飞	周子浩	0.113

资料来源：浙江省土地局：《地籍册·八都二十五图》，杭州市临平区档案馆，档案编号：93-9-35；杭县地籍整理办事处：《八都二十五图地价册》，杭州市临平区档案馆，档案编号：93-6-114至93-6-118。

表4-1-3-4中统计了52个地块，1947年与1930年相比，其中15个地块的所有人未发生变化，另外37个地块的业主发生了变动。地权未发生变化

的土地面积为 25.524 亩，地权发生转移的土地面积为 32.986 亩，前者占总面积的 43.62%，后者占总面积的 56.38%。

为了观察亲属继承在地权转移中的作用，我们统计钱家圩姚氏、中水渭周氏两族中发生地权变化的地块。依据两族家谱资料，标出各个地块 1947 年所有权人与 1930 年所有权人的血缘关系，如表 4-1-3-5 所示。

表 4-1-3-5　姚氏、周氏地权转移与血缘关系对比表

地　号	1930 年业主	1947 年业主	地积(亩)	血缘关系
2004	姚云生	姚福生	1.804	
3415	姚寿生	姚勤章	0.224	
3504	姚寿生	姚勤章	0.167	
4490	姚福生	姚贵生	0.998	父子
4878	姚贵龙	姚福生	0.938	
4907	姚桐柏	姚祉椿	0.754	
4928	姚桐柏	姚祉椿	0.135	
4977	姚韵秋	沈坤元	0.671	
4981	姚桐柏	姚祉椿	0.285	
4992	姚桐柏	姚祉椿	0.454	
5060	姚桐柏	姚祉椿	0.225	
5065	姚福生	姚贵生	0.158	父子
5156	姚韵秋	姚水林	0.686	
5447	姚家宝	姚文昌会	0.649	
728	周贵飞	周子洪	1.133	祖孙
1709	周寿根	周寿法	0.041	兄弟
1830	周梓飞	张永宝	1.500	
2020	周贵飞	俞子坤	1.583	

续表

地 号	1930年业主	1947年业主	地积(亩)	血缘关系
2041	周妙香	周小毛	0.919	
2083	周春福	唐六根	0.720	
2086	周贵飞	周子浩	0.128	祖孙
2088	周桂年	周子浩	1.083	
2089	周子年	周子源	1.193	
2110	周妙香	周子源	0.259	
2153	周贵飞	周子浩	0.851	祖孙
2177	周和尚	周子坤	0.092	
2236	周贵飞	周子浩	1.223	祖孙
2238	周贵飞	俞三毛	1.519	
2250	周梓飞	钟振豪	1.688	
2862	周贵飞	唐友林	0.376	
2896	周寿发	周寿根	1.664	兄弟
2899	周寿发	蔡伯林	0.653	
2900	周明飞	周荣根	0.698	
2920	周明飞	周阿寿	0.817	兄弟
2922	周明飞	周洪根	0.940	
2939	周明飞	周荣根	0.341	
4045	周贵飞	沈金宝	1.945	
4255	周明飞	周荣根	0.566	
4258	周明飞	周荣根	0.495	
4494	周明飞	周阿娚	1.238	兄弟
4495	周贵飞	周子浩	1.163	祖孙
4566	周贵飞	周子浩	0.465	祖孙

续 表

地 号	1930年业主	1947年业主	地积(亩)	血缘关系
4568	周妙香	周小毛	0.671	
4606	周贵飞	周子浩	1.228	祖孙
4613	周贵飞	周子文	1.251	
5498	周贵飞	周阿春	0.548	
5816(1)	周明飞	周荣根	0.139	
5818	周明飞	周荣根	0.065	
7879	周贵飞	方洪寿	2.678	
7919	周贵飞	周子洪	1.000	祖孙
7921	周贵飞	周子浩	0.113	祖孙

资料来源：浙江省土地局：《地籍册·第八都第二十五图》，杭州市临平区档案馆，档案编号：93-9-35；杭县地籍整理办事处：《八都二十五图地价册》，杭州市临平区档案馆，档案编号：93-6-114至93-6-118；浙江省土地局：《地籍册·第九都第三十一图》，杭州市临平区档案馆，档案编号：93-9-44；杭县地籍整理办事处：《九都三十一图地价册》，杭州市临平区档案馆，档案编号：93-6-234至93-6-241。

如表4-1-3-5所示，依据姚氏、周氏族谱，1930年与1947年业主具有血缘关系的地块共计15块。其中，血缘关系为兄弟的地块有4个，血缘关系为父子、祖孙的地块有11个。假定这11个地块的权属存在前后代继承关系，则通过继承而发生地权转移的地块数占全部51个发生地权转移的地块总数的21.57%。如果包括在兄弟之间发生地权转移的地块，则在具有明确亲属关系之间转移的地权数量占全部地块数量的29.41%。由地权发生转移的土地面积来看，经由继承而发生地权转移的农地总面积为8.460亩，则通过非继承的方式发生地权转移的农地面积为32.674亩，前者占总面积的20.57%，后者占79.43%。

由钱家圩姚氏、中水渭周氏地权转移的个案分析可知，在发生地权转移的土地中，占总面积大约20%的土地是由于继承关系而发生在前后代之间，另外大约80%的地权转移是由于买卖而发生的。故本书对地权转移的分析侧重于继承关系以外的讨论。

第二节　地权变动与家庭收入

农村经济发展以及农家收入增加是农户购进土地的前提条件；而农村经济衰退以至农户陷入负债危机则是农户出售土地的重要原因。因而，家庭收入与地权变动之间具有密切的关联。本节从农副业和工商业两个角度考察农户家庭收入，进而分析收入这一要素的变化与地权变动的关系。

一、地权转移与农业收入

农业收入为农户家庭收入的主要构成部分，因而对地权配置具有关键影响。我们先观察杭县地权变化，然后由农业收入减少以及农业商品经营衰退两个侧面，分析影响地权变动的间接因素。

1930年杭县农业收入估算的主要依据是《地籍册》。这套资料登记了每个地块是田、地或者荡等地目信息，还记载了每个农户所有地块的数量，以及每个地块的面积。再参考方志、档案、报刊等文献所载农田或农地种植作物的单位面积产量，估算抽样的30个农户当年的收益。在此基础上，观察各户当年收益与其1947年所有田地面积之间的相关性。

表 4-2-1-1　1930年杭县30个抽样农户农地收益表

年份 户名	1930年		1947年
	面积（亩）	收益（元）	面积（亩）
郎宝林	1.475	1.44	5.387
李财根	8.563	16.95	2.566
沈宝福	5.978	10.93	1.701
孙财发	4.696	19.57	9.130
孙根发	5.105	8.12	11.271

续 表

年份 户名	1930年		1947年
	面积(亩)	收益(元)	面积(亩)
孙双全	7.563	13.82	7.563
王寿发	1.973	1.94	5.369
张上根	8.162	14.84	9.321
傅葭青	10.081	9.60	5.536
傅有福	7.446	7.40	4.586
徐阿庆	1.294	2.49	2.339
何彩华	0.234	0.36	3.274
何锦荣	5.366	8.70	7.763
姚永兴	1.628	3.20	6.222
俞永庆	3.563	5.54	5.731
张发贵	3.807	3.63	3.477
朱财春	1.332	2.94	9.417
曹应才	11.907	12.76	7.108
褚春宝	0.522	0.56	0.522
费龙标	1.182	0.85	0.297
蒋锦昌	3.680	3.63	2.347
蒋士德	1.443	1.42	0.025
蒋有锡	7.193	8.02	2.050
孙加福	8.303	3.78	5.697
姚顺标	7.985	10.39	0.800
沈天玉	2.763	3.95	3.482
朱锡华	4.376	8.27	4.835
蒋海祥	5.945	6.58	4.723
李玉掌	5.956	9.54	7.999
孙进祥	10.104	14.66	8.303

资料来源:浙江省土地局:《杭县地籍册·八都七图》,杭州市临平区档案馆,档案编号:93-9-6;杭县地籍整理办事处:《八都七图地价册》,杭州市临平区档案馆,档案编号:93-6-31至93-6-35;浙江省土地局:《杭县地籍册·九都五十图》,杭州市临平区档案馆,档案编号:93-9-64;杭县地籍整理办事处:《九都五十图地价册》,杭州市临平区档案馆,档案编号:93-6-304至93-6-308;浙江省土地局:《杭县地籍册·十都二十图》,杭州市临平区档案馆,档案编号:93-9-93;杭县地籍整理办事处:《十都二十图地价册》,杭州市临平区档案馆,档案编号:93-6-443至93-6-447。

我们将1947年和1930年的农户农业生产收益统一折算为稻米数量加以比较。1930年的单位面积产量依据1930年的调查数据,稻-桑-棉-麻、稻-桑-果和稻-茶-竹三个农业区域各种农作物的单位面积产量略有差异,依据各区的平均值分别加以计算。

以样本农户1930年的农业收入为自变量,以这些农户1947年所有农地面积为因变量,可得图4-2-1-1。

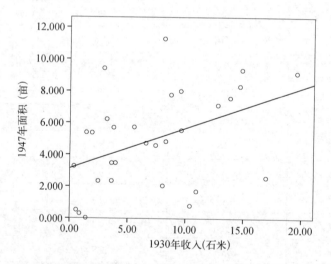

图4-2-1-1 抽样农户1930年农业收入数量与1947年农地面积相关关系图

资料来源:浙江省土地局:《杭县地籍册·八都七图》,杭州市临平区档案馆,档案编号:93-9-6;杭县地籍整理办事处:《八都七图地价册》,杭州市临平区档案馆,档案编号:93-6-31至93-6-35;浙江省土地局:《杭县地籍册·九都五十图》,杭州市临平区档案馆,档案编号:93-9-64;杭县地籍整理办事处:《九都五十图地价册》,杭州市临平区档案馆,档案编号:93-6-304至93-6-308;浙江省土地局:《杭县地籍册·十都二十图》,杭州市临平区档案馆,档案编号:93-9-93;杭县地籍整理办事处:《十都二十图地价册》,杭州市临平区档案馆,档案编号:93-6-443至93-6-447。

图 4-2-1-1 显示了 1947 年农户所有农地面积与其 1930 年农业收入数量间具正线性相关关系。进一步统计可知两个变量间相关关系的强度，如下表。

模 型 概 要

R	R 方	调整 R 方	估计值的标准误
0.439	0.193	0.164	2.780

由上表可知，因变量 1947 年农户所有农地面积与自变量 1930 年各户农业收入之间的相关系数 $R=0.439$，说明两个变量之间具有中等强度的相关关系。两个变量之间的决定系数 $R^2=0.193$，显示 1930 年各户农业收入可以解释大约 19% 的农地面积的变化。

系 数

项 目	未标准化系数		标准化系数	t	$Sig.$
	B	标准误	$Beta$		
1930 年收入	0.253	0.098	0.439	2.588	0.015
（常数）	3.142	0.867		3.623	0.001

以 y 表示因变量 1947 年各户所有农地面积，以 x 表示自变量 1930 年各户农业收入，可得下列一元线性回归方程：

$$y=3.142+0.253x$$

对于这个一元线性回归模型，上表中还列出了 t 检验的结果，t 检验统计量为 2.588，而 p-值为 0.015，说明检验结果显著，故上列回归模型成立。

方 差 分 析

项 目	平方和	df	均 方	F	$Sig.$
回归	51.776	1	51.776	6.698	0.015
残差	216.449	28	7.730		
总计	268.225	29			

F 检验的 p -值亦为 0.015，与 t 检验结果一致，两项检验的结果都说明 1947 年各户所有农地面积与其 1930 年所有农业收入之间具有相关关系。即那些农业收入较高的农户，其所有农地面积数量越多，越有可能在之后保持或增加其所有农地面积。

为了考察影响地权变动的农业收入变化，我们以 1934 年调查的亩均收入来估算样本农户的收入。按照 20% 的比重抽样，我们在第一章中统计分析的 369 个农户中，选择 84 个样本农户作为个案分析的对象。这些农户所有地块的情形如表 4-2-1-2 所示。

表 4-2-1-2 1930—1947 年样本农户农业收入表

业主姓名	1930 年		1947 年		增加或减少	数量（亩）
	地块（个）	地积（亩）	地块（个）	地积（亩）		
山自生	6	10.874	6	19.903	增加	9.029
郎桂香	3	8.633	4	10.017	增加	1.384
李关月	6	6.464	1	0.720	减少	5.744
沈财发	1	0.398	1	0.398	不变	0.000
沈青山	5	3.171	6	3.253	增加	0.082
孙关福	4	1.088	4	1.088	不变	0.000
孙广兴	16	5.586	9	2.442	减少	3.144
孙六毛	13	12.12	7	4.499	减少	7.621
孙清松	4	0.941	6	2.393	增加	1.452
孙顺连	10	9.915	3	2.352	减少	7.563
王泉奎	4	2.043	5	3.587	增加	1.544
张上根	10	8.162	9	9.321	增加	1.159
张生法	13	8.147	21	14.638	增加	6.491
董瑞福	10	4.979	15	7.648	增加	2.669

续 表

业主姓名	1930年		1947年		增加或减少	数量(亩)
	地块(个)	地积(亩)	地块(个)	地积(亩)		
范渭元	10	1.645	10	1.391	减少	0.254
方余坤	5	6.592	14	8.822	增加	2.230
傅葭青	10	10.081	9	5.536	减少	4.545
傅有福	15	7.446	8	4.586	减少	2.860
傅芝青	3	4.766	11	7.606	增加	2.840
何大元	10	6.496	1	0.263	减少	6.233
何贵寿	4	1.795	11	9.950	增加	8.155
何洪标	3	3.382	8	7.837	增加	4.455
何金洪	11	9.732	14	11.031	增加	1.299
何锦祥	7	3.329	19	4.978	增加	1.649
何寿林	2	2.804	9	5.349	增加	2.545
李彩顺	16	8.150	7	3.160	减少	4.990
梁炳寿	7	3.379	13	4.654	增加	1.275
梁连福	24	10.595	27	11.666	增加	1.071
沈叙富	17	9.461	11	5.013	减少	4.448
沈子发	13	5.179	9	3.740	减少	1.439
唐寿元	6	1.373	4	1.080	减少	0.293
汪阿锦	4	2.678	4	2.607	减少	0.071
汪豪坤	11	3.309	9	4.006	增加	0.697
汪洪福	5	2.775	12	3.994	增加	1.219
汪洪山	5	4.313	8	3.484	减少	0.829
徐寿福	13	4.585	10	4.065	减少	0.520

续 表

业主姓名	1930年		1947年		增加或减少	数量(亩)
	地块(个)	地积(亩)	地块(个)	地积(亩)		
俞祯祥	3	0.161	11	2.361	增加	2.200
张法林	7	0.786	9	4.478	增加	3.692
张坤生	3	5.790	3	2.408	减少	3.382
郑正福	6	2.674	10	3.923	增加	1.249
朱财春	4	1.332	6	9.417	增加	8.085
朱金生	9	3.601	16	13.16	增加	9.559
朱培元	5	4.146	5	5.629	增加	1.483
朱士明	8	6.311	9	3.821	减少	2.490
朱寿发	9	5.083	14	5.773	增加	0.690
朱万兴	13	5.688	19	8.252	增加	2.564
朱叙兴	5	5.530	13	7.003	增加	1.473
朱叙章	3	0.965	7	2.708	增加	1.743
蔡鹤山	25	35.744	22	36.364	增加	0.620
曹德明	22	22.401	12	7.810	减少	14.591
曹金宝	4	8.389	10	14.977	增加	6.588
曹锦章	1	0.143	1	0.143	不变	0.000
褚春林	2	0.414	3	0.519	增加	0.105
褚德良	11	4.620	6	2.215	减少	2.405
高凤山	5	2.876	6	3.323	增加	0.447
高顺涛	5	15.036	12	14.968	减少	0.068
高锡昌	7	6.652	13	18.714	增加	12.062
计顺贵	6	4.972	6	2.363	减少	2.609

续 表

业主姓名	1930年		1947年		增加或减少	数量(亩)
	地块(个)	地积(亩)	地块(个)	地积(亩)		
蒋德祥	8	2.259	7	2.221	减少	0.038
蒋广珍	8	8.329	1	0.626	减少	7.703
蒋梅根	16	11.056	16	10.619	减少	0.437
蒋梅永	5	6.501	20	20.119	增加	13.618
蒋圣福	2	1.605	4	0.976	减少	0.629
蒋寿海	15	23.657	42	61.118	增加	37.461
蒋顺发	7	1.357	9	5.295	增加	3.938
蒋顺培	14	17.574	4	5.524	减少	12.05
蒋有锡	5	7.193	4	2.050	减少	5.143
蒋掌庆	8	1.153	1	0.139	减少	1.014
郎广胜	13	6.497	7	2.924	减少	3.573
郎金奎	7	1.156	19	7.780	增加	6.624
郎金茂	8	1.313	10	1.707	增加	0.394
郎金玉	2	0.474	5	2.989	增加	2.515
郎金有	8	2.955	5	1.362	减少	1.593
郎顺贵	1	0.040	5	1.948	增加	1.908
郎锡根	9	3.902	14	7.914	增加	4.012
孙志福	8	7.602	16	11.406	增加	3.804
孙志顺	7	10.382	15	15.273	增加	4.891
汪振豪	8	2.366	1	0.086	减少	2.280
严德忠	14	6.345	4	2.827	减少	3.518
严来法	4	0.250	5	0.567	增加	0.317
杨杏连	11	3.667	6	1.761	减少	1.906

续 表

业主姓名	1930年		1947年		增加或减少	数量(亩)
	地块(个)	地积(亩)	地块(个)	地积(亩)		
张炳生	5	2.334	4	1.322	减少	1.012
张志祥	48	44.622	5	7.470	减少	37.152
郑增喜	4	0.438	3	0.382	减少	0.056

资料来源：浙江省土地局：《杭县地籍册·八都七图》，杭州市临平区档案馆，档案编号：93-9-6；杭县地籍整理办事处：《八都七图地价册》，杭州市临平区档案馆，档案编号：93-6-31至93-6-35；浙江省土地局：《杭县地籍册·九都五十图》，杭州市临平区档案馆，档案编号：93-9-64；杭县地籍整理办事处：《九都五十图地价册》，杭州市临平区档案馆，档案编号：93-6-304至93-6-308；浙江省土地局：《杭县地籍册·十都二十图》，杭州市临平区档案馆，档案编号：93-9-93；杭县地籍整理办事处：《十都二十图地价册》，杭州市临平区档案馆，档案编号：93-6-443至93-6-447。

表4-2-1-2列出了84个农户所有土地面积增减变化的情形。我们按照第八都平均每亩收入数量，估算这些农户的收入总数。1934年的调查记载了当年第八都各种农作物平均每亩的收获数量，为了便于比较，我们将其收获数量折合为稻米计算，如表4-2-1-3所示。

表4-2-1-3　1930年杭县第八都各类农作物亩均收入数量表

农产物	产量	每年收益(元)	折合为稻米(石)
米	1.66石	8.96	1.66
甘蔗	336.00捆	32.47	6.02
棉	40.00斤	5.10	0.94
桑	5.15担	5.37	0.99
麻	2.14担	12.36	2.29
豆	31.00斗	1.82	0.34
鱼	1.05担	12.75	2.36
茅柴	4.00担	1.00	0.19

续　表

农产物	产　量	每年收益(元)	折合为稻米(石)
元参	4.75 担	18.08	3.35
瓜	6.68 担	4.94	0.92
笋	90.00 斤	4.50	0.83

资料来源：俞俊民：《杭县土地状况》，《中华农学会报》1935年第135期，第45页。

据表4-2-1-3，可以计算所有农地在1930年的收入数量。另据1934年调查，菜子为稻田之副产物，每亩收益为2.16元，折合稻米为0.4石。由此，可计算部分农户的农业收入数量，如表4-2-1-4所示。

表4-2-1-4　1930—1947年杭县若干农户农业收入数量对比表

农　户	1930年收入(石米)	1947年收入(石米)	备　注
黄瑞根	2.360	5.241	已减去地租
黄寿根	1.999	0.560	
沈国香	4.070	2.442	
沈有成	1.899	10.364	
朱永兴	0.282	13.479	
陆金福	1.529	0.838	
袁关通	15.257	14.920	

资料来源：浙江省土地局：《杭县地籍册·八都七图》，杭州市临平区档案馆，档案编号：93-9-6；杭县地籍整理办事处：《八都七图地价册》，杭州市临平区档案馆，档案编号：93-6-31至93-6-35；浙江省土地局：《杭县地籍册·九都五十图》，杭州市临平区档案馆，档案编号：93-9-64；杭县地籍整理办事处：《九都五十图地价册》，杭州市临平区档案馆，档案编号：93-6-304至93-6-308；浙江省土地局：《杭县地籍册·十都二十图》，杭州市临平区档案馆，档案编号：93-9-93；杭县地籍整理办事处：《十都二十图地价册》，杭州市临平区档案馆，档案编号：93-6-443至93-6-447；俞俊民：《杭县土地状况》，《中华农学会报》1935年第135期，第45页。

根据表4-2-1-4，进一步分析可知，与所有土地面积变化相对应，各户农业收入也发生了变化。一部分农户农业收入增加，另一部分农户农业收入减少。

收入增加的农户可以表4-2-1-2中所列农户山自生为例。1930年,该户有农地6块,如表4-2-1-5所示。

表4-2-1-5 1930年农户山自生所有农地表

地号	暂编地号	地类	地目	地积(亩)	现作何用	农民分类	业主姓名	住址
1521	321	私有	农	1.793	桑	自	山自生	斗阁前
1487	367	私有	田	1.335	菜	自	山自生	斗阁前
1481	370	私有	荡	0.069	鱼荡	自	山自生	斗阁前
1479	372	私有	农	5.993	桑	自	山自生	斗阁前
1478	373	私有	田	0.521	菜	自	山自生	斗阁前
1474	376	私有	农	1.163	桑	自	山自生	斗阁前

资料来源:浙江省土地局:《杭县地籍册·八都七图》,杭州市临平区档案馆,档案编号:93-9-6。

该农户住址为第八都,依据第八都各类田地亩均收入数量,估算该户农业收入,如表4-2-1-6所示。

表4-2-1-6 1930年农户山自生农业收入表

地 号	地积(亩)	现作何用	收入(石稻米)
1521	1.793	桑	1.78
1487	1.335	菜	0.53
1481	0.069	鱼荡	0.16
1479	5.993	桑	5.93
1478	0.521	菜	0.21
1474	1.163	桑	1.15
合计	10.874	——	9.76

资料来源:浙江省土地局:《杭县地籍册·八都七图》,杭州市临平区档案馆,档案编号:93-9-6;俞俊民:《杭县土地状况》,《中华农学会报》1935年第135期,第45页。

据 1948 年调查，1947 年临平每亩稻田的收获量，高者为 1.8 石，低者为 1.4 石，平均每亩收获量为 1.6 石。则依照该农户 1947 年所有农地面积，又可计算该户农产物收获数量。

表 4-2-1-7　1947 年农户山自生农业收入表

地号	所有人姓名	所有人住址	地目	地积(亩)	收益(石稻米)
601	山自生	冯家埭	田	11.078	17.72
634	山自生	冯家埭	田	2.085	3.34
650	山自生	冯家埭	农	3.143	3.11
1481	山自生	冯家埭	荡	0.469	1.11
1487	山自生	冯家埭	田	1.335	2.14
1521	山自生	冯家埭	农	1.793	1.78
合计	——			19.903	29.20

资料来源：杭县地籍整理办事处：《八都七图地价册》，杭州市临平区档案馆，档案编号：93-6-31。

按照 1947 年每亩稻谷平均收获计算，假设桑地和鱼荡收获量不变，则该农户地块数量未变，但折合为稻米计算的总收入为 29.20 石米。是其 1930 年收获数量的 2.99 倍。

收入增加的农户还可举出几个例子。如表 4-2-1-4 中所列家住里仁桥的农户黄瑞根。1930 年，该户有农地 6 块，全部种植桑树，收入合计为 2.36 石米。1947 年，该户所有农地数量增加至 11 块，按照 1930 年的产量计算，收入合计为 5.851 石米。其中，桑地 1 块、水荡 1 方分别出租给佃户袁毛毛、石阿棍，按四六分成收取地租，应分别减去地租 0.02 石米和 0.59 石米，则该户全部收获仍有 5.241 石米，为 1930 年的 2.22 倍。再如，居于临平南市（东茅桥河南）的沈有成，1930 年所有地块为桑地 1 块，鱼荡 1 块，共计收入 1.899 石米。至 1947 年，该户所有农地数量增加至 5 块，包括稻田 4 块，桑地 1 块，面积合计为 6.496 亩，收入合计为 10.364 石米。再有，家住梅潭堰的朱永兴，1930

年仅有农地1块,面积为0.285亩,收入0.282石米。1947年,该户农地数量增加至6块,其中稻田2块,桑地4块,面积合计为10.605亩,收入合计为13.479石米。

收入减少的农户可以表4-2-1-1中所列李财根为例。该户1930年所有农地面积如表4-2-1-8所示。

表4-2-1-8 1930年农户李财根所有农地表

地号	暂编地号	地目	地积(亩)	现作何用	农民分类	业主姓名	住址
3113	68	农	0.308	桑	自	李财根	李家角
3021	70	农	0.079	豆	自	李财根	李家角
3018	74	荡	2.145	鱼	自	李财根	李家角
3023	75	农	2.509	麻	自	李财根	李家角
3026	78	荡	1.864	鱼	自	李财根	李家角
3008	94	农	1.174	桑	自	李财根	李家角
2997	104	杂	0.285	竹	自	李财根	李家角
3108	121	农	0.199	桑	自	李财根	李家角

资料来源:浙江省土地局:《杭县地籍册·八都七图》,杭州市临平区档案馆,档案编号:93-9-6。

表4-2-1-8显示,1930年,该农户拥有农业用地8块,其中,植桑3块,植麻1块,种竹1块,养鱼2块,种豆1块。依据第八都各种农产物的平均价格,可计算当年该农户经营农产物的收益为3523.52斤稻谷。按照1930年统计的各种农产物的价格折算,即稻田每亩年收益8.96元,甘蔗年收益32.47元,棉花年收益5.10元,桑地年收益5.37元,络麻年收益12.36元,豆子年收益1.82元,养鱼年收益12.75元,茅柴年收益1.00元,元参年收益18.08元。则该农户的收益为93.409元。

再看该户1947年的农产物收益。1947年,该户有农地5块,如表4-2-1-9所示。

表4-2-1-9　1947年农户李财根所有农地表

地　号	所有权人姓名	所有权人住址	地　目	地积（亩）
2994	李财根	李家角	荡	0.540
2997	李财根	李家角	竹	0.285
3000	李财根	李家角	麻	0.499
3008	李财根	李家角	麻	1.174
3009	李财根	李家角	麻	0.068

资料来源：杭县地籍整理办事处：《八都七图地价册》，杭州市临平区档案馆，档案编号：93-6-31。

1947年，该户收入合计为2 040.00斤稻谷，仅相当于1930年稻谷获量3 523.52斤的57.897%。

此外，收入减少的农户还可以沈国香为例。1930年，家住梅潭堰的沈国香所有农地数量为4块，面积合计为3.393亩，全部种植桑树，收入合计为3.359石米。至1947年，该户租佃经营农地6块，其中桑地5块，荡地1块。收入合计为4.07石米，但因为是承租土地，需要负担地租，地租率按40%平均计算，则该户收入减去地租后，所得为2.442石米。约相当于1930年收入的72.70%。另如家住长池郎的陆金福，1930年所有桑地3块，面积合计为1.178亩，收入合计为1.166石米。另有佃入土地1块，面积0.788亩，植稻收入1.261石米，种豆收入折合0.268石米，共计收入1.529石米。1947年，该农户所有农地数量减少为2块，其中，稻田1块，面积0.424亩，桑地1块，面积0.163亩，收入共计0.838石米。1930年，家住里仁桥的黄寿根有农地7块，总面积为2.019亩，全部种植桑树，收入合计为1.999石米。至1947年，该农户所有农地数量减少为1块，面积为0.566亩，收入减少为0.560石米。家住西袁家的袁关通，1930年所有农地数量为4块，其中桑地1块，稻田3块，面积合计为6.05亩，全年收获数量为15.257石米（包括种植油菜和豆子的收入）。至1947年，该户所有农地数量和面积均未变，但因水稻每亩收获量下降，全年收获量为14.920石米（包括种植油菜和豆子的收入）。①

虽然从个别农户的农业收入来看，有的农户收入增加，有的农户收入减少，但从整体上看，20世纪40年代后期与30年代上半期相比，农业生产状况恶化，农业收入趋于下降。据1947年杭县县政府所作调查，这一区域的农业经济凋敝已极。临平镇1947年"亢旱成灾，稻谷收益减少。目前依赖麻、甘蔗等出产维持。况田赋征实，民食不足，经济凋敝"。东安乡"战后农村，经济枯竭，亟待建设"。亭趾乡"生产减少，经济枯竭"。②乔司镇"经济衰落"。翁梅乡"生产较少，经济困窘"。丁兰乡"经济贫困"。东平乡农村"经济贫困"。平泾乡农家生活"贫苦"。忠义乡，因旱灾和河道淤塞，农村经济"困难"。五杭乡，因"运河塘堤坍坏之故"，"水灾最多"，农村经济"极度衰落"。③这些调查显示，水旱灾害和水利失修导致农业减产，其根源仍在农家收入的减少。由于收益下降，可用于水利设施维护的投入减少，抵御自然灾害的能力变弱，这又反过来导致农业减产。

在商品性农产物占有一定比重的农业结构中，小农家庭经营高度依赖市场。如杭县皋城乡，包括洞口、龙居、金门槛、鲍家渡和山羊坞5个村庄，全乡共计农户130余户。④因为土地以山地为主，至20世纪30年代，这里农业用地主要为旱地。当地农民种植的粮食作物主要是番薯，商品性的农产物主要是茶叶、柴木和柴草。用于种植水稻以自给的耕地仅占极小部分。因为饮食习惯的原因，在这里生产的粮食——番薯并不完全自用，而生产的茶叶和柴草则主要用于出售。出售番薯、茶叶等农产品，购入当地产量有限的稻米以及其他的生活用品，成为农民维持生计的必要环节，而且这一环节与外部市场有着密切的关联。在这里，不管是富农、中农还是贫农，均与市场联系紧密，并由市

---

① 浙江省土地局：《杭县地籍册·八都七图》，杭州市临平区档案馆，档案编号：93-9-6；杭县地籍整理办事处：《八都七图地价册》，杭州市临平区档案馆，档案编号：93-6-31。
② 杭县县政府建设科：《对临平、亭趾、东安、博陆、乾元、小林等乡镇农村经济调查》，杭州市临平区档案馆，档案编号：91-3-453。
③ 杭县县政府建设科：《对乔司、翁梅、丁兰、永泰、东平、平泾、忠义、五杭等乡镇农村经济调查》，杭州市临平区档案馆，档案编号：91-3-454。
④ 18世纪初，皋城乡一带尚为荒山荒地，后有温州等地移民前来开垦。参见刘端生：《杭县臬（皋）城乡沿山居民的生活》，《中国农村》1935年第1卷第6期，第88页。

场上获得现金收入和生活所需的食品、物品等。高度依赖农产品市场的收入机制,一方面固然可以增加农户的收入,普遍提高农民的生活水平,另一方面也使他们的收入受制于外部的经济因素。农户出售的茶、柴以及番薯等农产品价格下跌,将直接影响他们的收入。而他们需要购入的稻米价格的波动,则制约着他们能够购买的粮食数量。在农民的市场活动中,商人是一个重要的因素。农户在出售农产品、购入所需物品时,需要依赖中间商人的经营活动,包括提供资金(借贷或者预购农产品)和购销农产品,其代价就是商人要从农户的农产品贸易中赚取利润。1934年,皋城乡农户出售番薯的情形,可谓这里农产品市场销售的典型情景。

> 在农产物充分商品化的地方,卖青苗的情形往往格外普遍,此地所谓"先担番薯田",就是预卖番薯的意思。像今年,不少农民,因为需钱很急,请求临平番薯行预买番薯而吃了大亏。当时价格一律定为每担大洋六角,到现在,番薯出场了,却可卖一元二角一担,再过若干时,番薯底价格,自然还会提高。农民们吃了这样大的亏,眼看着高价的番薯低价挑去,自然心里不愿,前几天派了几个代表去和番薯行商人讲情,请求改用市秤,因为预卖番薯的单子上面只开列着每担价格六角,却并无注明用何种秤称。自然,他们平常的习惯是用十八两秤的。商人说:"好比今年如果四角一担,我们也只好折本,难道你们肯把铜钱退回?"这个理由倒像充分,折本赚钱,听天由命,但是我们知道,卖青苗的方法,根本就是商人对小生产者最露骨的剥削方式,谁都不肯相信当时所定价格比将来市价为高。①

可见,农产品的商业化发展对农户实际收益具有双重影响。它在促进商品性农产物的发展上具有积极作用,但同时也使农户面临市场波动的风险。由于收入减少,对于其最大支出用于买米以维持生活的皋城乡农户来说,生计将成问题。当时的调查者说:"今年,尤其明年,我看将有许多人家无法过

---

① 刘端生:《杭县臬(皋)城乡沿山居民的生活》,《中国农村》1935年第1卷第6期,第88页。

去……三年以前,蚕茧也是他们主要收入之一,这个收入没有了,他们就渐渐入不敷出。到现在,几乎一年难如一年。他们的问题,我看再过三年,已决非节衣缩食所可解决。离他们不多远的新桥附近,已有一家五口,因为无法过活,全家服毒自杀。等到老百姓无法过活的时候,他们是否需要全体服毒自杀呢?"[1]

值得注意的是,农户和商人在市场化中的关系是相互依存的。市场需求旺盛的时期,农户和商人均得其利。一旦市场萎缩,农户和商人均受其害。在抗日战争初期,地处杭县与余杭交界处的三墩镇是沦陷区和国统区商品贸易的中转站,余杭、杭县等地生产的生丝、丝绵在这里交易,刺激三墩商品市场的繁荣。抗日战争后期,随着桑树减少,农户养蚕数量下降,三墩的丝市逐渐萎缩。战后,丝绵和生丝的市场需求一再减少,桑树的数量也降至最低,蚕桑业一蹶不振,短期内无法恢复生产。市场上的桑叶、蚕茧等供给不足,缫丝业产品锐减。尽管丝绵、生丝价格上涨,怎奈无人购买,以收购生丝、丝绵为主要业务的丝行因之衰落。[2] 在农产品供给不足的情形下,经营此类农产品的贸易行业也陷入无利可图之窘境。三墩这样的市镇,本为商品贸易的初级市场中心,其商况的起伏主要取决于农产品以及日用品的集散数量。在农产品贸易减少的情况下,农户收入减少,购买力随之下降,这种变化累及其他行业,粮食、百货、副食等业也因之而趋萧条。

> 三墩,这是杭县的一个重镇,杭(县)余(杭)的咽喉,也就是杭(县)余(杭)的特产——绵丝的集散地,战时他曾经走过一次鸿运,显赫一时,留下了一页美丽的历史:(民国)廿六至三十年间,日寇蟠踞杭垣,后方商人采购物资遭受种种困难,于是他就以阴阳线外的市集一蹶而成为(沦)陷区与内地的物资吐纳口,行栈林立,人口骤增,有"小上海"之尊称。现在,时间过去了,环境也变迁了,回顾往昔的繁荣,更慨叹今日的衰落,街道上固然仍罗列着商店,可是他们的营业实在太可怜了。日前一位杂货

---

[1] 刘端生:《杭县皋(皋)城乡沿山居民的生活》,《中国农村》1935年第1卷第6期,第90页。
[2] 《衰落了的三墩——杭县绵丝集散地》,《工商新闻》1948年第72期,第8页。

店的老板对记者说:"我们是以家养店的,果使要以店养店,那早就关门了。"从这句简短的话里面,就不难想象他们营业惨淡的境况了。①

三墩商况的兴衰是杭县农业经济的一个缩影。全县农家生计均受到丝、茶等产品市场销售情况的影响。据《杭县志稿》,该县"丝、茶两业均为出口大宗,茶惟上泗一区占十分之九,丝则五西各区产量均丰,向为一年生计,其他如五西之果品、瓶调之竹林、临乔之棉麻等属,各随其区域所宜"②。20世纪20年代末的调查显示,"杭邑四乡出产货物以塘栖水果、丝茧,笕桥之药材,乔司之绿麻,会堡之瓜菜,临平之生姜,上泗乡之蔬菜,西湖之茶叶为大宗,每年行销各外省县,数额不赀"③。更因杭县为浙江省会,"车轮辐辏,商市繁盛,社会经济尚称富饶,城厢居民男则大都经营商贾为多数,女则投身各工厂做工数亦不少,乡间男女大半以耕种桑蚕、培茶为业,行销外省,收入颇丰,堪资温饱,故经济亦极活泼"④。这些商品性的农业生产与农产品经营,无不受到市场的影响。20世纪40年代后期,商品性农产物价格的季节性波动幅度更大,这类农产品与粮食的比价也超过之前的时期。⑤

农家生计的恶化受到市场供需关系的影响,决定农产品供需关系的农业收成又受到自然灾害的制约。1934年,臯城乡"旱魃成灾,各种作物,收成欠佳,每亩粳稻,平时可收糙米一石二三斗,今年仅收二斗,番薯平常年份每亩可收一千三四百斤,今年仅收八百斤,其他亦然"。旱灾使该乡稻米歉收,亩均产量仅为正常年份的16.667%。番薯抵御旱灾的能力较水稻强,当年亦歉收,平均每亩的收获量只相当于正常年份的61.538%。自然灾害导致的农产品歉收,引起稻谷价格上涨,对于杭县这样所产稻谷不足以自给的县域来说,农户普遍需要支出更多的现金以购入所需的稻米。然而,由于丝、茶等当地主要的商品性农产物减产、需求下降,农户从经济性作物经营中所获的现金收入随

---

① 《衰落了的三墩——杭县绵丝集散地》,《工商新闻》1948年第72期,第8页。
② 姚寿慈:《杭县志稿》卷五"人口",杭州:浙江古籍出版社2018年版,第3册,第20页。
③ 《杭县财政实施表》,《浙江民政月刊》1928年第8期,第42页。
④ 《杭县财政实施表》,《浙江民政月刊》1928年第8期,第42页。
⑤ 沙行:《挣扎在死亡线上的杭县农民》,《展望》1948年第2卷第19期,第13页。

之减少。一方面是农家支出的增加,另一方面是农家收入的减少,一增一减,农家生计因而恶化。据《杭县龙王沙素描》,在市场萎缩与农业减产的双重影响之下,杭县农村的典型场景如下。

  龙王沙三四千亩的土地中,地占一千余亩,密密地排列着绿茸茸的桑树。近年来,因丝价惨跌,已砍去不少。一次,我向一位村友问起,本村经济的情状时,他不胜感慨地对我说:"……年成尴尬,我们真苦死了!三四年前,本村一年丝的出产总在一万元以上。地上一眼望去都是桑树,比现在约多一倍。所以前两年我们经济确很宽裕,到了每年三四月来,就茧和桑叶两项而论,平均每家总有毛一百块钱好进账。现在呢,有一二十块钱的茧好卖的人家,就算多的了。桑叶呢,你看碧绿绿的还有那么许多,蚕被打倒了,桑叶也打倒了!先生,再过两年,恐怕要看不见桑树了呢!"①

  抗日战争期间,日军侵入杭县,掠夺粮食等农产品,致使粮食价格成倍上涨。抗日战争胜利后,通货膨胀加剧,物价飞涨。据1948年余杭县政府编制之生活指数表,以1937年6月的7种生活必需品和房租为基数,1948年4月的生活指数提高至43.19万倍,8月提高为637.27万倍。每升中熟米由1937年6月的0.64元,上涨至4 683 333元,中等菜油由每两0.24元涨至1 306 666元,盐每斤由0.07元涨至140 000元,土白布由每尺0.10元涨至850 000元。②

  1947年前后,杭县县政府建设科曾在各乡镇作过经济调查。结果显示,水旱灾害是影响农户收入的主要因素。崇化乡"地邻险塘,低田常多水灾,更因僻处山乡,高田每多旱灾,虫灾亦有发生",更加"敌骑蹂躏八载,农村经济全部崩溃,民不聊生"。乡长李峻绅所填的调查表称:"本乡因受战时影响,所产蚕茧仅为战前八分之一,深望政府急施救济。"大陆乡,受"水旱虫灾"影响,"贫似破产"。塘河乡因遭受"水旱虫灾",经济凋敝,农民依赖"借贷或

---

① 魏人箕:《杭县龙王沙素描》,《东方杂志》1936年第33卷第4号,第109页。
② 杭州市余杭区地方志编纂委员会编:《余杭通志》第四卷,杭州:浙江人民出版社2013年版,第138页。

抵押"度日。新宁乡"农村生产力弱，所出不供自给"。东清乡，农村经济"枯竭"，因为"水旱两灾，年年堪忧，以北面堤塘坍陷，时患水灾，缺乏戽水机，年告荒歉"。回龙乡，"水旱频仍，年年歉收，再受高利贷之压榨，故每况愈下，生活已极艰苦"。① 1934 年《杭县县情报告》在描述农村经济状况时指出，杭县农户中，负债者达 90%。② 对比抗日战争后农村经济恶化的记载可知，始于 20 世纪 20 年代后期和 30 年代初期的经济恶化过程，持续到了 20 世纪 40 年代末期。③

1947 年《杭县志稿》对于从事农业的人口的收入水平有详细的描述。按照所有土地的多寡，杭县的农户被区分为不同的阶层。所有土地少于 10 亩者，谓之贫农，占农户总数的 80%。所有土地介于 10 亩与 30 亩之间的，谓之中农，占农户总数的 18%。所有土地超过 30 亩者，谓之富农。这部分农户占总农户的比重只有 2%。农户收入除了受到所有农地多寡的制约，还受到自然环境的限制。获利较丰者，多为商业性的农产物。如第十一都五常等地所产之柿，每亩收入达 50 余元。第七、八、九都，即乔司、临平、塘栖一带所产之甘蔗，每亩收益自 32 元至 39 元不等。此外，第七都所产之玄参、荸荠、络麻，第九都生产之樱桃、枇杷等，收益最少也在每亩 6—9 元。蚕豆、芋头等副产物，每亩收益也在 2 元以上。收入最少者，如松柴、茅柴等，每亩不到 2 元。④ 然而，甘蔗、枇杷等种植，主要限于特定的区域，其单位面积收益较高，但对杭县全县来说，并不普遍。《杭县志稿》因此发出感叹："地寡人众，出多入少……终岁勤苦，不得温饱。江南富沃之地区，而犹若是，他可知矣。"⑤

农业收入减少，工商业经济凋敝，农户兼业所得的收入亦因经济萎缩而下

---

① 杭县县政府建设科：《对崇化、大陆、山桥、双桥、塘河、五常、履泰乡农村经济调查》，杭州市临平区档案馆，档案编号：91-3-456；杭县县政府建设科：《对龙坞、树塘、定山、云泉、寿民、新宁、东清、回龙、周安乡农村经济调查》，杭州市临平区档案馆，档案编号：91-3-458。
② 杭州市余杭区地方志编纂委员会编：《余杭通志》第四卷，杭州：浙江人民出版社 2013 年版，第 138 页。
③ 杭县县政府建设科：《对崇化、大陆、山桥、双桥、塘河、五常、履泰乡农村经济调查》，杭州市临平区档案馆，档案编号：91-3-456；杭县县政府建设科：《对龙坞、树塘、定山、云泉、寿民、新宁、东清、回龙、周安乡农村经济调查》，杭州市临平区档案馆，档案编号：91-3-458。
④ 姚寿慈：《杭县志稿》卷五"人口"，杭州：浙江古籍出版社 2018 年版，第 3 册，第 29 页。
⑤ 姚寿慈：《杭县志稿》卷五"人口"，杭州：浙江古籍出版社 2018 年版，第 3 册，第 29 页。

降。1943年，杭县短工每天可得大米2千克至2.5千克，或者法币0.5元至0.8元。余杭县长工年收入一般折合大米600千克，劳力较差者，年收入只有270千克。一遇天灾人祸，生活即陷入绝境。① 产量下降，市场萎缩，是20世纪30年代至40年代杭县农村经济的常态，而且，随着时间的推移，农家经济恶化日趋严重。地方志称，这一时期占农村人口80%以上的贫苦农民，收入微薄，生活非常困苦。在市镇中，手工业作坊雇工、小商小贩的生活水平亦甚低，只有工商业主的生活优越。②

至20世纪40年代后期，随着农业商品经济的衰退，杭县农村经济整体凋敝不堪。农户由商品性农产物所得收入锐减，农业雇工工资相应降低，农家副业以及手工业萧条，市镇贸易规模缩小，借贷利息上涨。农业生产、农产品加工、农产品贸易、农业及工商业信贷等与农家收入关系密切的生产、流通等诸环节，形成恶性循环。这一过程影响到杭县的地权变动，推动用于商品性农作物经营的地权加速流转，也使那些经营商品性农产物的农户处于更大的风险之中，因而更易失去其所有的土地。

二、地权变化与商业收入

上一小节讨论了农家收入变化及其对地权变化的影响，未涉及商业经营对地权变化的影响。本节考察商业收入与家庭生计之间的关联，进而讨论商业收入对地权变化的影响。我们以档案中记载的商户及农户资料展开案例分析。

如前所述，农业的商品化经营是杭县各区域的共性。③ 因为这里讨论的问题涉及商业经营与农地产权变化的关系，我们主要关注商业与农地兼营的农

---

① 杭州市余杭区地方志编纂委员会编：《余杭通志》第四卷，杭州：浙江人民出版社2013年版，第138页。
② 杭州市余杭区地方志编纂委员会编：《余杭通志》第四卷，杭州：浙江人民出版社2013年版，第143页。
③ 如义桥乡，"一般特点，是靠近市郊，人多地少，阶级成分复杂，农民除经营土地外，多向商业方面发展，形成了农业商品化。城乡关系，非常密切，因此，城市工商业家租给本乡土地也较多（占全租人的20%）"。参见中国共产党浙江省杭县委员会办公室：《一九五〇年县委基点乡——义桥、山桥乡的工作计划、报告、调查材料》，杭州市临平区档案馆，档案编号：1-3-7。

户。1950年土地改革前夕，杭县对塘栖、瓶窑等区农户和商户的收入进行了调查，这里将瓶窑镇的相关调查数据加以整理，内容如表4-2-2-1所示。

表4-2-2-1 1950年瓶窑区地主家庭经济状况表

户　名	住　址	人　口	总收入(石米)	人均收入(石米)
沈子干	西溪	6	27.00	4.50
章琴斋	西溪	9	45.70	5.08
严连生	上窑	5	46.00	9.20
陈伯霞	外窑	5	40.80	8.16
胡迺彤	上窑	8	110.70	13.84
江经楚	上窑	16	295.40	18.46
钱选青	西溪	6	28.20	4.70
陈福顺	西溪	10	180.20	18.02
高仰之	西溪	10	299.80	29.98
仲祖耕	外窑	3	38.40	12.80
张有林	外窑	5	26.20	5.24
朱苕生	外窑	2	43.00	21.50
王凤嗣	里窑	4	25.87	6.47
施文娟	里窑	8	25.24	3.16
郑仲耀	上窑	7	16.50	2.36
陈佩铺	上窑	2	204.00	102.00
任鉴根	上窑	7	26.00	3.71
丁蔚然	外窑	6	44.63	7.44
闻有坤	外窑	7	54.64	7.81
骆湛恩	外窑	3	58.14	19.38
徐彩生	外窑	7	58.50	8.36

续 表

户　名	住　址	人　口	总收入(石米)	人均收入(石米)
骆锡荣	外窑	8	164.80	20.60
施福芝	外窑	4	56.00	14.00
骆锡全	杭州	6	72.00	12.00

资料来源：瓶窑镇人民政府：《瓶窑镇关于土改方案、登记表(1950—1951年)》，杭州市临平区档案馆，档案编号：152-1-1。

在土地改革调查中，表4-2-2-1中所列各户被划分为两类，一类为工商业者兼地主，另一类为本乡地主。不论是工商业者兼地主，还是本乡地主，都以商业或者借贷利息作为其主要收益。所谓"工商业者"，实际上全部是商人，并无从事手工业或工业者。在调查中被归类为工商业地主者有沈子干、章琴斋、严连生、陈伯霞、徐彩生、胡迺彤、江经楚。这类地主多为经商出身。例如，章琴斋，以经商为业；严连生，商人出身，职业为竹商；胡迺彤亦为商人出身，职业是开设竹行。这些所谓"地主"，大多不自己耕作，所有土地主要用于出租。其中还有一些虽以工商为主业，但也经营农业。如西溪村的沈子干，职业为竹商，同时管理经营竹山125亩，由竹山所得收入为27石米。他本人也参与自耕，但自耕田的面积仅0.8亩，占其所有土地面积的0.64%，出租土地比重达到99.36%。西溪村的章琴斋，经商兼营农业。有田61.3亩、地1.8亩、山17亩、荡0.4亩，其中，地、山、荡全部由自己经营，部分农田自耕，自耕面积为15亩，出租面积为46.3亩，出租土地占所有土地总面积的比重为57.52%；自营的田、地、山、荡面积合计34.2亩，占所有土地总面积的比重为42.48%。有耕牛1头，主要农具有大、小水车各1部。由于雇工3人从事农业生产，虽称"自耕"，但大致可以判断，该户业主本人未必亲自参加农业劳动。其家庭收入主要来自房产和土地，而土地收入实际上主要是地租收入。上窑的江经楚主要收入来源为土地收入兼经商，土地收入包括出租土地和自营土地两部分。其中，自耕田10.4亩、地3亩、竹山471亩，雇工数量为两个半长工。当年调查称他的职业为经营竹行，即实际上也不从事农业生产。严连生也是上窑人。该户出租田地面积28亩，主要收入除地租外，还有竹业经营所获收益。外窑陈伯霞，出租土地面积 38 亩，全年收获 40.8 石。徐彩生主要生活来源为田租和房租营业收入，所有 57 亩田全部出租。自耕部分仅为地 7.2 亩、山 7 亩。出租土地占其所有土地总面积的 80.06%。上窑胡迺肜本人的职业是商业经营，有田 70.48 亩，出租 58.48 亩，出租土地占其所有土地总面积的比重为 82.97%。[①] 观察上列工商业者兼地主可知，他们的收入由商业经营收入和地租收入构成，商业经营是他们的主业，经商收入构成其收入的重要部分。因此，在对其农地产权转移具有决定作用的资本来源中，商业利润是最为重要的来源之一。

与兼营工商业的地主略有不同，本乡地主的收入主要来源于出租土地的地租和自营农业的收获。1950 年的土地改革调查详细记载了这类地主所有的田、地、山、荡面积，并登记了各户的自耕土地和出租土地面积。相关统计数据整理为表 4-2-2-2。

表 4-2-2-2　1950 年瓶窑区本乡地主所有田地表

户　名	田产（亩）				自营（亩）				出租（亩）	
	田	地	山	荡	田	地	山	荡	田	地
钱选青	37.222	2.993	20.000	0.000	5.078	2.993	20.000	0.000	32.144	0.000
陈福顺	236.500	4.000	4.000	2.000	0.000	0.000	4.000	2.000	236.500	4.000
高仰之	82.000	52.000	370.000	5.200	12.000	52.000 0	370.000	5.200	70.000	0.000
仲祖耕	26.400	0.390	5.281	0.000	0.000	0.000	5.281	0.000	26.400	0.390
张有林	23.500	0.000	2.000	0.000	0.000	0.000	2.000	0.000	23.500	0.000
朱苕生	24.440	1.500	0.700	0.000	0.000	0.500	0.000	0.700	24.440	1.000
王凤嗣	23.252	0.000	0.000	0.200	0.000	0.000	0.000	0.200	23.252	0.000
施文娟	50.146	1.980	0.000	0.398	0.000	0.000	0.000	0.398	50.146	1.980
郑仲耀	54.000	0.000	3.000	0.000	0.000	0.000	3.000	0.000	54.000	0.000
陈德宝	280.000	0.000	400.000	0.000	0.000	0.000	400.000	0.000	280.000	0.000

[①] 瓶窑镇人民政府：《瓶窑镇关于土改方案、登记表（1950—1951 年）》，杭州市临平区档案馆，档案编号：152-1-1。

续 表

户 名	田产(亩)				自营(亩)				出租(亩)	
	田	地	山	荡	田	地	山	荡	田	地
沈永庆	94.600	2.500	147.000	0.000	0.000	0.000	147.000	0.000	94.600	2.500
沈慕陶	50.000	0.200	0.000	0.500	2.000	0.000	0.000	0.500	48.000	0.200
陈佩镛	58.800	0.250	252.000	0.000	0.000	0.250	252.000	0.000	58.800	0.000
任鉴根	47.000	0.000	0.000	0.300	11.000	0.000	0.000	0.300	36.000	0.000
丁蔚然	28.390	3.545	20.462	0.000	0.000	0.000	20.462	0.000	28.390	3.545
闻有坤	82.881	0.000	0.000	0.000	8.800	0.000	0.000	0.000	74.081	0.000
骆湛恩	3.500	1.300	0.000	0.000	0.000	0.000	0.000	0.000	3.500	1.300
骆锡荣	138.000	15.000	53.000	3.550	12.600	13.600	53.000	3.550	125.400	1.400
施福芝	77.000	0.000	1.300	0.083	0.000	0.000	1.300	0.083	77.000	0.000
骆锡全	56.900	11.000	54.000	0.000	0.000	0.000	54.000	0.000	56.900	11.000
骆贡庭	25.736	0.000	0.000	0.000	0.000	0.000	0.000	0.000	25.736	0.000
章正官	31.000	2.000	0.000	0.000	0.000	0.000	0.000	0.000	31.000	2.000

说明：1. 除出租田23.252亩，王凤嗣另有0.200亩水荡出租。2. 施文娟另有水荡0.398亩出租。3. 郑仲耀另有3.000亩山出租。4. 沈慕陶另有0.500亩水荡出租。5. 任鉴根另有0.300亩水荡出租。

资料来源：瓶窑镇人民政府：《瓶窑镇关于土改方案、登记表(1950—1951年)》，杭州市临平区档案馆，档案编号：152-1-1。

表中统计的瓶窑区本乡地主平均每户所有农地面积为135.223亩，平均每户出租土地面积为68.60亩，平均每户出租土地面积占其所有土地面积的75.67%。其中有3户，所有土地全部出租。

表4-2-2-3 1950年瓶窑区本乡地主出租土地表

户 名	自营(%)	出租(%)
钱选青	46.62	53.38
陈福顺	2.43	97.57

续　表

户　名	自营(%)	出租(%)
高仰之	86.25	13.75
仲祖耕	16.47	83.53
张有林	7.84	92.16
朱苕生	4.50	95.50
王凤嗣	0.85	99.15
施文娟	0.76	99.24
郑仲耀	5.26	94.74
陈德宝	58.82	41.18
沈永庆	60.22	39.78
沈慕陶	4.93	95.07
陈佩镛	81.10	18.90
任鉴根	23.89	76.11
丁蔚然	39.05	60.95
闻有坤	10.62	89.38
骆湛恩	0.00	100.00
骆锡荣	39.49	60.51
施福芝	1.76	98.24
骆锡全	44.30	55.70
骆贡庭	0.00	100.00
章正官	0.00	100.00
平　均	24.33	75.67

资料来源：瓶窑镇人民政府：《瓶窑镇关于土改方案、登记表(1950—1951年)》，杭州市临平区档案馆，档案编号：152-1-1。

以上表中所列的仲祖耕为例。该户租出田 26.400 亩,租出地 0.390 亩,全年收获 38.4 石,自营荒山 5.281 亩,主要收入来自出租田地所获地租。[①] 该户 1930 年所有土地面积如表 4-2-2-4 所示。

表 4-2-2-4　1930 年仲祖耕所有农地面积表

地　号	地　目	地积(亩)	现作何用	业主姓名
4582	杂	0.353	草山	仲祖耕
4579	田	0.630	稻	仲祖耕
4593	田	0.420	稻	仲祖耕
4434	田	1.553	稻	仲祖耕
4473	农	1.275	桑	仲祖耕
4410-5	杂	0.389	—	仲祖耕
4874	杂	0.428	荒草	仲祖耕
4888	荡	0.930	灌溉	仲祖耕
4964	田	2.145	稻	仲祖耕
4974	田	1.118	稻	仲祖耕
4186	田	4.643	稻	仲祖耕
4207	田	1.508	稻	仲祖耕
4203	杂	3.653	杂木	仲祖耕
6329	宅	1.320	住宅	仲祖耕(出租)
6327	农	0.939	桑	仲祖耕
6332-1	宅	0.057	住宅	仲祖耕
6213	宅	0.230	住宅	仲祖耕
2770	田	1.073	稻	仲祖耕(出租)
2350	田	2.970	稻	仲祖耕

---

① 瓶窑镇人民政府:《瓶窑镇关于土改方案、登记表(1950—1951 年)》,杭州市临平区档案馆,档案编号:152-1-1。

续　表

地　号	地　目	地积（亩）	现作何用	业主姓名
4410	杂	0.696	草地	仲祖耕
4412	宅	0.284	屋	仲祖耕
4479	田	0.570	稻	仲祖耕
4477	荡	1.110	灌溉	仲祖耕
合计		28.294		

说明：表中4410-5号杂地为仲祖耕与其他3户共有；4477号荡地为仲祖耕与其他2户共有。

资料来源：浙江省土地局：《地籍册·十都一图》，杭州市临平区档案馆，档案编号：93-9-73。

统计结果显示，该户1930年所有土地面积合计为28.294亩。土地改革前夕的调查显示，该户所有土地面积32.071亩。两相比较，1930年至1950年共计20年间，该户所有土地面积增加3.777亩，增加了13.35%。

再以钱选青为例。钱选青为西溪村人，学徒出身，登记职业为米商，家庭人口为6人。该户1930年所有土地面积如表4-2-2-5所示。

表4-2-2-5　1930年钱选青所有农地面积表

地　号	地　目	地积（亩）	现作何用	姓　名	住　址
4993	田	8.573	稻	钱选青	瓶窑
5030	田	2.760	稻	钱选青	瓶窑
5033	田	5.100	稻	钱选青	瓶窑
5128	田	7.343	稻	钱选青	瓶窑
5479	田	2.168	稻	钱选青	瓶窑
5274	田	1.898	稻	钱选青	瓶窑
5186	田	1.920	稻	钱选青	瓶窑
5294	田	2.262	稻	钱选青	瓶窑
5297	田	1.635	稻	钱选青	瓶窑

续　表

地　号	地目	地积(亩)	现作何用	姓　名	住　址
6301	宅	0.010	屋	钱选青	瓶窑
3299	农	1.434	桑	钱选青	瓶窑
3206	农	2.535	桑	钱选青	瓶窑
3245	宅	0.041	坦	钱选青	瓶窑
3247-1	宅	0.366	住宅	钱选青	瓶窑
6153	宅	0.072	住宅	钱选青	瓶窑
6223	宅	0.043	住宅	钱选青(出租)	瓶窑
6236-1	宅	0.127	住宅	钱选青(出租)	瓶窑
6238	宅	0.736	住宅	钱选青	瓶窑
5482	农	0.191	桑	钱选青	瓶窑
合计		39.214			

资料来源：浙江省土地局：《地籍册·十都一图》，杭州市临平区档案馆，档案编号：93-9-73。

1930年，该户所有土地面积为39.214亩。1950年土地改革前夕，该户所有土地面积增加为60.215亩，增加了21.001亩，增幅为53.55%。[①]

另如骆锡荣。该户收入来源中，除田租之外，还有房租以及放贷收入，全家主要依靠田租、房租以及放贷利息为生。

表4-2-2-6　1930年骆锡荣所有农地面积表

地　号	地　目	地积(亩)	现作何用
2636	田	17.764	稻
2810	田	13.639	稻

[①] 瓶窑镇人民政府：《瓶窑镇关于土改方案、登记表(1950—1951年)》，杭州市临平区档案馆，档案编号：152-1-1。

续 表

地 号	地 目	地积（亩）	现作何用
2838-1	田	9.180	稻
2862	农	0.105	桑
2863	农	0.079	桑
2864	农	0.128	桑
2865	农	1.208	桑
2884	农	0.495	桑
2886	农	0.458	桑
2889	农	0.847	桑
2890	农	1.699	桑
2973	农	0.078	桑
5579	农	0.743	茶
5500	坟	0.150	坟
5726	山杂	1.635	松
5739	山林	3.240	松
5816	坟	0.743	坟
3578	田	2.659	稻
3589	田	8.273	稻
3594	荡	0.904	灌水
3791	荡	2.460	灌水
3348	农	0.283	桑
3353	宅	1.487	屋
3363	宅	0.067	屋
3379	宅	0.335	屋
3378	农	0.239	桑

第四章 农地产权与社会结构

续表

地号	地目	地积（亩）	现作何用
3420	宅	0.200	屋
3422	宅	0.084	屋
3324	田	0.163	稻
3789	田	1.793	稻
3794	荡	1.643	灌溉
3943	田	1.568	稻
3814	目	18.360	稻
3859	田	1.981	稻
3185-1	宅	0.325	屋
3183-1	杂	0.469	—
3242	宅	0.019	厕
3247	宅	0.115	屋
6288	宅	0.580	屋
2823	荡	0.518	灌水
合 计		96.716	

资料来源：浙江省土地局：《地籍册·十都一图》，杭州市临平区档案馆，档案编号：93-9-73。

据《地籍册》中的登记，1930年，骆锡荣所有土地面积为96.716亩。土地改革前夕的调查显示，该户所有土地面积增加至209.550亩，相当于1930年所有土地面积的2.17倍。显示出商业经营收入和借贷利息收入导致土地面积增加的现象。①

表4-2-2-2中22个业主共有田、地、山、荡面积为2974.899亩，户均

---

① 瓶窑镇人民政府：《瓶窑镇关于土改方案、登记表(1950—1951年)》，杭州市临平区档案馆，档案编号：152-1-1。说明：关于骆锡荣所有土地面积，土改调查档案中保留了两组不同的数据。按较低的数据（该户所有土地面积为118.323亩）估算，较1930年土地面积（不含宅地3.193亩）增加24.800亩，增幅为26.52%。

土地面积约 135.223 亩，远超过全区平均水平。尽管这些业主所有土地面积及其地租收入，大都能够满足家庭成员所需，但他们的收入来源不限于土地，而是通过经商、从医、放贷而获得农业以外的收入。

由上述分析可知，所举案例中的地主兼具多重职业，其收入也来自农业、商业等多个行业。表 4-2-2-7 显示出这些地主的职业、身份及其主要收入来源。

表 4-2-2-7 1950 年瓶窑区地主的职业与收入来源表

户 名	职 业	主要收入来源
沈子干	竹商	竹商、地租、自营竹山
章琴斋	医生、商人	经商、地租
陈伯霞	商人	经商、地租
严连生	竹商	经商、地租
胡迺肜	竹商	经商、地租
江经楚	竹商	经商、地租
钱选青	米商	地租
陈福顺	米商	地租
高仰之	地主	地租
仲祖耕	地主	地租
张有林	商人	经商、地租
朱苕生	商人	经商、地租
王凤嗣	地主	地租
施文娟	医生	医金、地租
郑仲耀	商人	经商、地租
陈德宝	地主	地租
沈永庆	地主	地租
沈慕陶	职员	工资、地租
陈佩镛	学生	地租

续表

户 名	职 业	主要收入来源
任鉴根	竹商	经商、地租
丁蔚然	地主	房产租金、地租
闻有坤	医生	医金、地租
骆湛恩	游民	地租、房屋租金
骆锡荣	地主	高利贷、田租、房租
施福芝	商人	经商、地租
骆锡全	地主	地租
骆贡庭	官僚	官俸、地租
章正官	地主	地租

资料来源：瓶窑镇人民政府：《瓶窑镇关于土改方案、登记表（1950—1951 年）》，杭州市临平区档案馆，档案编号：152-1-1。

由上述可见，20 世纪 30—40 年代，所有土地面积增加的地主往往兼营商业，也可以说，他们是商人兼营农业。商业资本渗入农业资本，而农业资本也可转为商业资本。这种商业收入与地租收入的结合，成为这些地区地权集中的主要机制。在这里，农地产权集中的机制表现为工商业者通过聚集财富，将商业利润转为土地资本，购入大量土地。这不脱"以商致之，以农守之"的资产配置逻辑。在这一过程中，商业利润增加速度越快，土地集中的趋势也就越强。可以说，20 世纪 30 年代和 40 年代农村经济的恶化，导致了农地产权转移的加速，而且这一过程主要体现为地权向商业资本集中。

瓶窑一带地权集中的情况在杭县乃至江南地区都具有典型性。有关杭县沙地地权分布的调查成果显示，当地地主主要为高利贷者和商人。即他们能够调用商业资本和金融资本，用于土地的购买，从而积累起较大数量的地产。在苏州、常州一带，商业资本和高利贷资本则成为地权集中的杠杆。[1] 显然，瓶窑

---

[1] 华东军政委员会土地改革委员会编：《江苏省农村调查》，上海：华东军政委员会 1952 年版，第 6 页。

的地主与其他地区类似,可代表杭县乃至江南地区的一般情况,即所有田产较多的地主大部分为商人(和高利贷者),①其获得地权的主要因素是将商业利益及借贷利息收入用于购买土地。

第三节 地权配置与社会流动

地权变化与社会流动具有密切的因果关联。②不管是革命推动下的急剧变革,还是人口、经济等因素长期作用下相对缓慢的社会变迁,社会流动都会引起地权配置的变化。有学者研究了华北社会流动与地权变化之间的关系,认为20世纪30—40年代晋绥抗日根据地富农阶层地位下降,中农和贫农阶层扩大,贫农地位显著上升,阶级结构发生了变化。与之相应,土地占有更加分散,土地经营以自种为主,地权配置向着有利于中农的方向变化。③此项研究案例所在地区为华北抗日根据地,显示出地权变化与社会阶层流动之间的关联。与之相比,杭县地处沦陷区,地权配置结构相对稳定,考察其地权配置与社会流动之间的互动,可为分析地权变化与社会流动之间的相关性提供一个不同的区域个案。本节将从职业流动和阶层流动两个方面,分析20世纪30年代和40年代杭县社会流动的基本趋势,进而判断城乡之间的人口流动、社会阶层的升降沉浮等对于地权配置的影响。

一、地权与职业流动

近代人口的职业结构与城乡结构相关,由于非农产业主要位于城镇,人口

---

① 华东军政委员会土地改革委员会编:《江苏省农村调查》,上海:华东军政委员会1952年版,第6页。
② [日]横山宁夫:《社会学概论》,毛良鸿、朱阿根、曹俊德译,上海:上海译文出版社1983年版,第160页。
③ 张文俊:《革命乡村阶级结构与土地关系之嬗变——以晋绥边区西坪村为例》,《兰州学刊》2009年第10期,第212页。

城乡结构的变化在某种程度上折射出人口职业结构的变化，其中主要的指标是农业与非农产业人口比重的变化。① 考虑到杭县近代工商业活动主要位于城镇，职业分化也意味着人口由乡村向城镇的流动，故由职业变化导致的社会流动与人口的城乡流动同时发生。我们将从两个不同侧面观察人口的职业流动，并进而考察地权变化与职业流动之间的关系。

20世纪30年代初的调查显示，"杭县农民，以租种地亩者居多，每年所产，完租以外，所得无多，终岁勤劳，尚不足以期温饱，故男子不专务农，往往兼营工商，而女子除烹调、洗衣、养蚕而外，亦有荷锄耨地，不让男子者"②。在杭县，农业以外的其他职业种类包括商业、运货、船工、泥水匠、木匠、石匠、织工、裁缝、渔猎、五金工、教员、军人、警察、医师等，其中一些非农职业从业者在乡村与城镇流动，但大部分主要在城镇谋生，故这些非农职业从业者人数的增长，往往意味着人口从乡村向城镇的流动。

近代杭县工业发展滞缓，商业规模狭小，城镇能够吸纳的农村劳动力数量有限，人口在城乡之间流动的规模不大。同一时期，杭州工业包括纺织品、日用品、食品、印刷、机械等行业。20世纪20年代末的统计显示，杭州市与杭县工厂共计241家，工人数量合计为28 804人，约相当于其时杭县、杭州市人口总数(822 934人)的3.5%。可见，在工业部门就业的人口数量占全县总人口的比重极低。从浙江全省来看，"杭州位居省城，水陆运输，堪称便利，工业繁衍，为全省冠"③。即便如此，杭州工业吸纳农业剩余劳动的能力也十分有限。杭县工业落后，吸纳农业剩余劳动力的效果更加微不足道。20世纪20年代末30年代初，受到经济萧条的影响，城镇工商业凋敝，农业之外的就业机会普遍萎缩，农业剩余劳动力的非农就业机会减少。④ 据《杭县志稿》卷五

---

① 如有学者估计，20世纪30年代初，中国全部农业人口占总人口的比重应在80%—85%之间。1949年，全国乡村人口占总人口的89.4%，城市人口占总人口的10.6%；而全国农业人口占总人口的82.6%，非农业人口占总人口的17.4%。姜涛：《传统人口的城乡结构——立足于清代的考察》，《中国社会经济史研究》1998年第3期，第36页。
② 铁道部财务司调查科查编：《京粤支线浙江段杭州市县经济调查报告书》，见张研、孙燕京主编《民国史料丛刊(368)》，郑州：大象出版社2009年版，第358页。
③ 铁道部财务司调查科查编：《京粤支线浙江段杭州市县经济调查报告书》，见张研、孙燕京主编《民国史料丛刊(368)》，郑州：大象出版社2009年版，第359页。
④ 高尚贤：《浙江农村副业之现状及其改进之管见》，《浙光》1937年第3卷第11期，第2页。

"人口"记载,杭县"工商事业俱不发达……县境农民,往往株守田园,以最精密之方法利用其土地,以最刻苦之方式兼营其副业,安土重迁,仅谋自给。其余若学、若商、若工,大抵相同,故人口移动之举,历年无甚大出入"①。唯一的例外是抗日战争期间。据《杭县志稿》卷五"人口"记载,抗日战争时期,杭县"县境人口始有剧烈变动"②。但这一时期的人口变动主要是因为杭县人口逃难他乡,或者外地人口逃难来杭,与近代农业人口向工商业流动、农村人口向城镇流动的一般机制不同,并非受到工商业发展的推动。

近代杭县未曾出现由职业变更导致的农民大规模离村现象。除上述《杭县志稿》等文献的描述之外,从相关统计数据中也可找到佐证。据1946年的统计,杭县常住人口为350 836人,迁往浙江省其他县份的人口数量为1 383人,迁往浙江省外的人口数量为282人,而由外省迁回杭县的人口数量为1 140人。以迁出人口数量计算,当年迁出人口占总人口的比重为0.47%。以往年迁出人口数量计算,则迁出人口占总人口的比重为0.79%。即使不考虑回迁人口的数量,往年与当年迁移人口数量合计不超过1.5%。其中,又包括从事工业及服务业的外迁人口。依此判断,则农业人口迁出者的比重还会更低。总体估计,农民离村率当不会超过1%。③ 与田中忠夫等人调查的全国接近3.5%的农民离村率相较,杭县农民离村率偏低。④ 可见,杭县人口的城乡流动并不频繁,其流动对农村人口以及农业劳动力结构的影响较弱。⑤

由于工业未能提供更多的机会,这类人口在农业部门和非农业部门之间、在城镇与乡村之间的流动都受到城镇工商业规模的制约。受限于近代杭县工商业规模,城镇难以吸纳农村劳动力。与在非农部门就业的劳动力以及依赖非农行业为生的人口相比,小农家庭中剩余的劳动力,仍然主要倾向于在农业领域

---

① 姚寿慈:《杭县志稿》第五卷"人口",杭州:浙江古籍出版社2018年版,第3册,第22页。
② 姚寿慈:《杭县志稿》第五卷"人口",杭州:浙江古籍出版社2018年版,第3册,第22页。
③ 姚寿慈:《杭县志稿》第五卷"人口",杭州:浙江古籍出版社2018年版,第3册,第22页。
④ [日]田中忠夫:《中国农民的离村问题》,觉农译,《社会月刊》1929年第1卷第6期,第5页。
⑤ 林志豪:《杭县皋亭乡农村状况》,《国立浙江大学农学院周刊》1928年第1卷第32期,第253页。杭县人口流动的趋势主要是人口流入。这项调查显示,杭县皋亭乡"全乡人口,约有四千六百余,其中以绍兴、温州侨居者为最多,次为宁波、萧山、金华等,其为杭县本籍者甚少,大多系各处侨居多年之客民也"。

寻找工作机会。修纂于20世纪40年代后期的《杭县志稿》称:"杭县地方以天时之温和,土壤之肥沃,物产之丰阜,民俗之敦庞,乃独以农业立场,故人口之职业分布于农户居大多数。"① 这一段描述可作为上列统计结果的辅证。

  1950年土地改革前夕,中共杭县县委在义桥等乡开展了典型调查。调查结果反映20世纪40年代末各乡的农业劳动力配置情况。以义桥乡为例。该乡各阶层劳动力数量及雇出、雇入劳动情况的调查结果显示,全乡贫农劳动力最多,占全乡劳动力的40.8%。贫农每户平均有劳动力1.5人,每个劳动力平均耕种面积为4.7亩。以每人可以耕作农田8亩计算,该阶层尚有剩余劳动力178个。总计贫农每年出卖长工210.5工,短工、日工9 094工,若以长工每人每年330工计算,则每年出卖日工12 554工,雇入短工2 316,两者相抵,出卖劳力约占该阶层劳动力总数的1/5,每户平均雇出40工。对于贫农来说,全年平均出雇劳动的比重为20%,尚有80%的劳动剩余。中农的劳动力数量仅次于贫农,占全乡劳动力的38.5%,每户平均1.4人,每个劳动力平均使用土地9亩,以每人可耕8亩计,尚短缺劳动力95个,每年雇入长工8个,雇入短工日工3 849工,长工折为日工,则共雇入6 489工,出卖短工550工,两相抵消,每年雇入劳力约占其本阶层劳动力总数的1/9,每户平均雇入22工。对于中农阶层来说,每年平均雇入劳动力数量约相当于其劳动力总数的11%。雇农的劳动力数量次于中农,占全乡劳动力总数的4.5%。每户平均1.2个,每个劳动力平均负担使用土地1.9亩,剩余劳动力53人,每年出卖长工49个,出卖日工、短工1 240工,出卖劳动力占其全部劳力的76%,平均每户出卖劳动力0.9个。地主的劳动力次于雇农,占全乡劳动力的比重为3.8%,每户平均1.4个,各户经营的土地全部雇工从事生产,每年雇入长工40人、牧童4人、日工和短工1 420工,全部折合日工计算,则每年雇入15 940工,平均每户雇入530工,折合长工一个半。富农的劳动力较少,占全乡劳力2.2%,平均每户1.8个,平均每个劳动力使用土地13亩,每年雇入长工27人,日工、短工1 745工,雇入劳力占该阶层劳动力总数的35%。义桥乡小土地出租者及其他阶层劳动力占全乡劳动力总数的7.2%,每户平均1.2人,因此类农户占有土地很少,

---

① 姚寿慈:《杭县志稿》第五卷"人口",杭州:浙江古籍出版社2018年版,第3册,第28页。

所有的土地几乎全部出租，故绝大部分不参加农业劳动，更不直接从事农业经营，因此雇入劳动力很少，亦无雇出劳动力。[①]

表4-3-1-1　1950年杭县义桥乡农业雇佣劳动表

阶　层	占全乡劳动力比重(%)	户均劳力(人)	剩余(+)或不足(−)劳力(人)	雇出劳动(工)	雇入劳动(工)
贫　农	40.8	1.5	+178	12 554	2 316
中　农	38.5	1.4	−95	6 489	550
雇　农	4.5	1.2	+53	17 410	
地　主	3.8	1.4			15 940
富　农	2.2	1.8			10 655
小土地	7.2	1.2			
其　他	3.0				

资料来源：中国共产党浙江省杭县委员会办公室：《一九五〇年县委基点乡——义桥、山桥乡的工作计划、报告、调查材料》，杭州市临平区档案馆，档案编号：1-3-7。

就雇佣劳动的绝对数量来看，雇佣劳动还不占显著的地位，这主要是因为小农经济的广泛存在，所以家庭劳动在数量上反而压倒了雇佣劳动。全乡家庭劳动占全部农业劳动的比重是86.8%。包括短工、日工在内，雇佣劳动最多不超过全部农业劳动的13.2%。除地主大量雇佣劳动者外，要算富农雇佣劳动最多，但富农户雇佣劳动仅占35%，中农和贫农雇佣劳动占家庭劳动的比重异常微弱。[②]

按照土地改革时的阶层调查，除小土地所有者没有劳动力雇佣关系、地主和富农仅有劳动力雇入外，其他各阶层均有劳动力雇入和雇出。整体而言，义桥乡农业雇佣劳动仅占全乡农业劳动力数量的13%。当年，义桥乡有男劳动力10 725人，除了一部分不从事农业的劳动者外，实有可投入农业生产之劳动力

[①] 中国共产党浙江省杭县委员会办公室：《一九五〇年县委基点乡——义桥、山桥乡的工作计划、报告、调查材料》，杭州市临平区档案馆，档案编号：1-3-7。计算中的半劳力以2个折1个劳力计算，女性劳动力因不参加农业生产，故未予统计。
[②] 中国共产党浙江省杭县委员会办公室：《一九五〇年县委基点乡——义桥、山桥乡的工作计划、报告、调查材料》，杭州市临平区档案馆，档案编号：1-3-7。

(地主在内)共计10 020人，平均每户拥有劳动力约1.4个。每个劳动力平均耕种田地7.3亩，若以每人至多可耕8亩田计算，全乡尚有农业剩余劳动力10%。[①]

如前所述，农业雇佣劳动数量有限，农业生产不能吸纳更多的农村劳动力，工业等部门的就业机会又极缺乏，兼业就成为减少农业剩余劳动的方式。至20世纪40年代后期，杭县"除许多人早已抛掉农业劳动，向商业及手工业方面发展外，每年经常尚有百分之十的贫苦劳力自农场上排挤出来，而不得已，向其他副业方面寻找出路"。[②] 这里所谓的"副业"是相对于农业而言的，也即农业之外的兼业。农业之外的兼业普遍存在且种类繁多，涵盖工业、手工业、商业、运输等多个行业。

对于那些缺乏土地、资本的农户来说，其劳动力相对于土地和资本而言是过剩的。这些农户将通过从事农业之外的兼业，以其剩余劳动力获得农业之外的收入。但兼业的机会相对有限，尚不足以吸纳剩余劳动。1947年，杭县县政府建设科曾在五西区各乡镇实施农村经济调查，统计了各乡镇手工业劳动力数量，整理如表4-3-1-2。

表4-3-1-2　1947年杭县五西区农业劳动力兼业表

种类	泉塘	超山	宏磻	龙旋	四维	义桥	肇和	云会	崇贤
木匠	6	4	3	15	10	4	6	2	4
篾匠	10	3	8	13	9	7	17	5	5
石匠	0	2	0	4	0	0	0	0	0
鞋匠	1	2	0	2	8	1	3	2	2
铜匠	0	0	0	0	1	0	1	0	0
船匠	6	3	10	0	0	0	0	0	0
泥水匠	5	5	8	29	4	3	6	2	6

[①] 中国共产党浙江省杭县委员会办公室：《一九五〇年县委基点乡——义桥、山桥乡的工作计划、报告、调查材料》，杭州市临平区档案馆，档案编号：1-3-7。
[②] 中国共产党浙江省杭县委员会办公室：《一九五〇年县委基点乡——义桥、山桥乡的工作计划、报告、调查材料》，杭州市临平区档案馆，档案编号：1-3-7。

续 表

种 类	泉塘	超山	宏磻	龙旋	四维	义桥	肇和	云会	崇贤
桶匠	5	0	1	0	4	1	0	1	0
裁缝	30	18	30	64	28	18	36	37	2
漆匠	0	0	0	0	1	0	0	0	2
铁匠	0	0	1	0	3	3	0	0	5
合计	63	37	61	127	68	37	69	49	26
占农民人口比重(%)	2.35	0.57	3.59	6.49	3.78	2.29	1.64	1.25	1.13

资料来源：杭县县政府建设科：《对五西区各乡镇农村经济的调查》，杭州市临平区档案馆，档案编号：91-13-455。

  泉塘乡农户兼业从事手工业的人数为63人，包括木匠6人、篾匠10人、鞋匠1人、船匠6人、泥水匠5人、桶匠5人、裁缝30人。与泉塘乡类似，超山乡农户从事各种手工业者37人，其中木匠4人、篾匠3人、石匠2人、鞋匠2人、船匠3人、泥水匠5人、裁缝18人。宏磻乡农户兼职木匠3人、篾匠8人、船匠10人、泥水匠8人、桶匠1人、裁缝30人、铁匠1人，共计61人。龙旋乡农户兼职木匠15人、篾匠13人、石匠4人、鞋匠2人、泥水匠29人、裁缝64人，共计127人。四维乡农户从事手工业者68人，其中木匠10人、篾匠9人、鞋匠8人、铜匠1人、泥水匠4人、桶匠4人、裁缝匠28人、漆匠1人、铁匠3人。义桥乡农户从事手工业者37人，其中木匠4的、篾匠7人、鞋匠1人、泥水匠3人、桶匠1人、裁缝匠18人、铁匠3人。肇和乡农户从事手工业者69人，包括木匠6人、篾匠17人、鞋匠3人、铜匠1人、泥水匠6人、裁缝36人。云会乡农户从事木匠、篾匠、鞋匠、泥水匠、裁缝、桶匠等手工业者共计49人。崇贤乡农户兼业从事木匠4人、篾匠5人、鞋匠2人、泥水匠6人、裁缝2人、漆匠2人、铁匠5人，共计26人。[1] 调查当年，五西区各乡农民人口合计，泉塘乡2 681人、超山乡6 474人、宏磻乡1 700人、龙旋

---

[1] 杭县县政府建设科：《对五西区各乡镇农村经济的调查》，杭州市临平区档案馆，档案编号：91-13-455。

乡1957人、四维乡1800人、义桥乡1618人、肇和乡4200人、云会乡3922人、崇贤乡2300人，各乡兼事手工业者占农民人口的比重分别为2.35%、0.57%、3.59%、6.49%、3.78%、2.29%、1.64%、1.25%、1.13%，平均为2.57%。[1] 可见，在兼业普遍存在的情况下，兼业所能容纳的劳动仅相当地农业剩余劳动的四分之一。也就是说，假定兼业能够充分容纳剩余劳动，在农业中，尚有7.23%的农业劳动是过剩的。

同一时期，杭县县政府建设科还对瓶窑区各乡实施了农村经济调查，统计出各乡手工业劳动力人数。由于统计的手工业工匠多由农户兼业，也可以反映出该区农户兼业情况。将其中大陆、双桥、塘河、五常四乡的统计数据整理为表4-3-1-3。

表4-3-1-3 1947年杭县瓶窑区农业劳动力兼业表

种类	大陆	双桥	塘河	五常
木匠	6	4	52	8
篾匠	10	1	11	4
石匠	0	0	0	0
鞋匠	1	3	9	0
铜匠	1	0	0	0
船匠	5	2	0	4
泥水匠	8	1	39	2
桶匠	2	0	0	0
裁缝	12	4	8	6
漆匠	0	0	0	0
铁匠	0	3	0	0

[1] 杭县县政府建设科：《对五西区各乡镇农村经济的调查》，杭州市临平区档案馆，档案编号：91-13-455。

续 表

种 类	大 陆	双 桥	塘 河	五 常
合计	45	18	119	24
占农民人口比重(%)	7.50	1.19	2.80	1.21

资料来源：杭县县政府建设科：《对崇化、大陆、山桥、双桥、塘河、五常、履泰乡农村经济调查》，杭州市临平区档案馆，档案编号：91-3-456。

表中显示，大陆乡农户兼营手工业者45人，其中木匠6人、篾匠10人、鞋匠1人、铜匠1人、船匠5人、泥水匠8人、桶匠2人、裁缝12人。双桥乡兼营手工业的农户18人，其中，木匠4人、篾匠1人、鞋匠3人、船匠2人、泥水匠1人、裁缝4人、铁匠3人。塘河乡农户兼营手工业者共计119人，其中，木匠52人、篾匠11人、鞋匠9人、泥水匠39人、裁缝8人。五常乡农户兼营手工业者24人，包括木匠8人、篾匠4人、船匠4人、泥水匠2人、裁缝6人。[①] 瓶窑区各乡农民人口合计，大陆乡600人、双桥乡1 510人、塘河乡4 250人、五常乡1 990人。各乡兼事手工业者占农民人口的比重分别为7.5%、1.19%、2.80%、1.21%，平均为3.17%。瓶窑区兼业手工业者占农民人口的比重虽高于五西区，但也仅略高于3%。杭县常年农业劳动剩余占农业人口的10%以上，兼事手工业并不能满足过剩农业劳动人口的就业需求，尚有至少7%的农业劳动是过剩的。

因农业和手工业就业机会不足而过剩的农业劳动力，尚需在此两业之外找寻其他机会。除兼业从事手工业生产之外，杭县农户还兼业从事家庭手工副业。据1947年7月份所作农村经济调查，丁河乡农户每年生产土布约1 500匹、绵绸约20匹、丝绵约90斤，其中，所产土布90%销于塘栖、所产丝绵20%销于塘栖。超山乡农户每年生产土布约500匹、绵绸约30匹。宏磻乡农户每年兼业生产土布8 400尺、绵绸4 200尺、丝绵130斤。龙旋乡农户年产土布1 500匹、绵绸200匹、丝绵500斤。其中，绵绸、丝绵均为自用，土布约

[①] 杭县县政府建设科：《对崇化、大陆、山桥、双桥、塘河、五常、履泰乡农村经济调查》，杭州市临平区档案馆，档案编号：91-3-456。

1/3自用,约2/3运销于塘栖。肇和乡农户每年手工生产土布400匹、绵绸88匹,均为妇女手工制造,均为农户自用。崇贤乡农户每年手工生产绵绸200匹,就地零售。① 崇化乡农户年产丝950斤,销售于杭州;麻24 000斤,销售于当地。大陆乡农户年产丝2 100斤,销于杭州;年产土布50匹、绵绸20匹,均为农家自用。山桥乡农户年产丝1 000斤,销于杭州。双桥乡农户年产土布150匹、绵绸100匹,均为自用。双桥乡农户每年生产丝绵16 000斤,运销于杭州、上海等地。五常乡农户年产蚕丝1 000斤,销于杭州;年产土布40匹、绵绸15匹、丝绵30斤,均为自用。履泰乡农户家庭手工业年产竹篮千余只、丝绵数百斤,均销售于杭州市区。② 此类兼业十分普遍,从业人数难以统计,所可容纳的农业剩余劳动也无法估算。

除兼事手工业、副业之外,那些所有土地、资本较为充裕,甚至所有土地面积超出家庭所有劳动力耕作能力的农户,则把土地出租,甚而还可将由此节约的部分劳动力转向从事商业经营。或者在自己经营的土地上,雇用长工或短工从事农业生产,而将自己家庭劳动力部分或全部投入商业经营。如东家桥乡庞阿坤,有土地28亩,除从事农业生产之外,兼事商业。唐洪掌有田地20亩,除从事农业经营外,开设豆腐店。张文玉全家大小20口人,有土地29亩,有5个劳动力。其中,参加农业生产者有3人,其他2人长年从事商业,经营一艘商船,全年经营商业所获收入约相当于农业收入的67%。蓝阿松有田地共计15亩,家中有劳动力2人,其中1人在参加农业劳动的同时兼营商业。③

在兼事商业的农户中,一些虽有农地,但却雇工从事农业生产,自己主要以经商为业,即以商业为主要经营,而以农业为兼业。④ 如四维区义桥乡郁菊如,曾担任副乡长,所有土地面积282亩,出租250亩,自营32亩,兼营商

---

① 杭县县政府建设科:《对五西区各乡镇农村经济的调查》,杭州市临平区档案馆,档案编号:91-13-455。
② 杭县县政府建设科:《对崇化、大陆、山桥、双桥、塘河、五常、履泰乡农村经济调查》,杭州市临平区档案馆,档案编号:91-3-456。
③ 中国共产党浙江省杭县委员会:《塘栖区、塘栖镇关于剿匪、反霸、减租减息、土地改革简报、总结(1949—1950年)》,杭州市临平区档案馆,档案编号:92-1-61。
④ 中国共产党浙江省杭县委员会:《塘栖区、塘栖镇关于剿匪、反霸、减租减息、土地改革简报、总结(1949—1950年)》,杭州市临平区档案馆,档案编号:92-1-61。

业。章锡顺，所有土地面积50亩，出租48亩，本人开设酱油店。其收入中，除地租收益外，还有商业经营的收入。① 这类农地所有者地权的积累与其由农业向工商业的职业转变关系密切，是农业地租与城市消费资金、工商业资本的相互转变。其中，"不在地主"籍贯不在当地，他们以在城镇工商业等行业所积累资金，用于获得农村的土地所有权，获取地租收益。而兼营工商业的本乡地主，也通过农业之外的收入积累土地。这是典型的工商业利润直接介入农地产权转移的例子，而且这种转移不仅是地权由乡村向城镇的转移，同时也是贫困农户向少数工商业地主的转移。近代工商业资金转入农地产权交易，导致了农地产权的集中，杭县瓶窑镇正是这样的个案。不过，不论是在杭县第十都，还是在杭县全县，此类工商业地主在农村人口中所占比重均较低，尚不足以代表近代农村职业流动的主要趋势。

总起来看，自20世纪30年代初至40年代末，杭县农村户口数量趋于减少，农业剩余劳动对土地的压力应趋于减弱。因工业、手工业衰退，非农就业吸纳农业剩余劳动的能力下降，农业剩余劳动的比重大致保持稳定。各个阶层平均而言，农业剩余劳动的比重大致稳定在10%左右。即使考虑到农-工、农-商兼业现象，农业剩余劳动的比重也不会低于7%。从农村职业流动的角度来看，农业人口压力对地权配置的作用大致不变。

二、地权与阶层流动

农村社会阶层的流动与地权转移是同一变化的两个不同侧面，农村社会阶层结构变化的同时也是农村地权转移的过程，由农村社会结构的变化可以透视农村地权转移。本小节将从几个不同角度分析地权变化与社会阶层结构的关联。先由各个阶层户数占总户数的比重，以及各个阶层所有土地面积占土地总面积的比重，观察地权是否趋向于集中。再由农户所有土地增减观察其与阶层结构变化之间的对应关系。

---

① 中共余杭县委员会：《杭县余杭县地主富农情况摘录》，杭州市临平区档案馆，档案编号：93-11-6。

由于主要划分标准的不同，农户可以区分为不同的类型。一些研究者主要根据租佃关系将农户划分为不同的阶层。如有调查者将杭县的农户区分为自耕农、自耕农兼佃农、佃农、雇农四种。① 还有调查在这四种基本阶层的基础上，增加了兼业农等。如浙江农民银行筹备处所作的十县农户调查显示，1930年杭县自耕农、半自耕农、佃户、兼业农、雇农、其他农户总占户数的比重分别为10.54%、27.27%、41.90%、6.35%、5.66%、8.28%。② 这种农户划分方法将农户置于农佃关系中，根据是否具有租佃关系加以归类。其中，自耕农即拥有土地所有权、自耕自种的农户，他们既不出租土地以收取地租，也不租入土地和付出地租。半自耕农是占有一部分土地，但所有土地不足以维持生计，或者所有土地不能满足其耕作需求的农户，他们还需要租入土地并支付地租。自耕农和半自耕农对其土地的所有权、使用权和产品占有权是统一的，因而具备完全独立经营的条件。③ 这种划分方法的优点是能够反映农户的租佃关系，缺点是未能呈现各个阶层所有农地面积。此外，上述四种类型未含拥有土地而不自耕种的业主，故这种主要依据租佃关系的阶层划分方法，不能完整体现农户所有地权状况。

另一些研究者将农户占有土地数量以及与之相应的家庭经济状况作为阶层划分的依据。20世纪30年代初，俞俊民等主持的土地调查即以所有土地面积作为主要标准，将杭县农户划分为富农、中农、贫农三种类型。其中，占有土地面积30亩以上者为富农，占有土地少于10亩者为贫农，占有土地介于10亩与30亩之间者为中农。④ 俞俊民在《浙江土地问题》一文中，对杭县已领土地

---

① 铁道部财务司调查科查编：《京粤支线浙江段杭州市县经济调查报告书》，见张研、孙燕京主编《民国史料丛刊(368)》，郑州：大象出版社2009年版，第357页。
② 浙江农民银行筹备处：《十县农民户数调查表》，《教育与职业》1930年第110期，第67页。此外，1948年，浙江省政府计划实施农地经济调查，将农户划分为6类："1. 地主。凡将自有田地全部出租给人而坐收地租者为地主。2. 地主兼自耕农。自耕自田外，尚有田地出租给别人者为地主兼自耕农。3. 自耕农。纯粹自耕自田者(包括典进田)，为自耕农。4. 半自耕农。自耕自田(包括典进田)兼租种人家田地者为半自耕农。5. 佃农。纯粹租种人家田地者为佃农。6. 雇农。纯粹帮人种田者为雇农。"这种划分主要依据土地关系，未计入所有土地面积。参见杭县地籍整理办事处：《地整处限制地租成果报告》，杭州市临平区档案馆，档案编号：91-3-779。
③ 余杭市土地志编纂委员会编：《余杭市土地志》，北京：中国大地出版社1999年版，第108页。
④ 俞俊民：《杭县土地状况》，《中华农学会报》1935年第135期，第39页。

执照的1万个农户进行了统计分析。在这份统计中,他又将农户分为富农、中农、小农、贫农四个阶层。① 根据俞俊民对各阶层状况的描述,属于中农阶层的农户,"比较生活安定,并经营饲猪、养羊等副产,有时雇用农人"②。富农"阶级不及十分之一,多贷地于佃农"③。对比可知,所谓"小农",实际上可归入"贫农"阶层。据这份调查,杭县贫农数量"几及半数,此极小之土地,大概四分之三是田,四分之一是地。田之收获,为一年间全家之粮食。地,多商业种植,以蚕丝为主要,其收入为一年间之用途及经营农业之需。但以收入太少,终不能维持其全家最低之生活,不得不出外雇佣工作或小贩,以工资寄回家中。有的租田耕种以益收入,但遇稍有变故,如疾病、死亡、婚姻、歉收、捐税、土匪,使此极少土地之农民,势必求之于高利贷重利之剥削,将永久处于困苦状态之中"。④ 所谓小农,在杭县户口中"约居四分之一,其困苦状态,与贫农无异,惟不至冻馁,亦可免佣工于人,但遇有事故,与贫农一样家破人亡"。⑤ 故在《杭县土地状况》中,俞俊民又将杭县农户区分为贫农、中农和富农三个阶层,即将《浙江土地问题》中的贫农、小农两个阶层,合并为贫农阶层。当时的调查成果依据富农、中农、贫农的分类方法,统计了杭县各类农户所占的比重。杭县所有土地面积少于10亩的贫农户数占总户数的80%,所有土地面积介于10亩至30亩之间的中农户数占总户数的18%,所有土地面积大于30亩的富农户数仅占总户数的2%。⑥

以1930年调查数据的统计口径为依据,即所有土地少于10亩者为贫农,大于30亩者为富农,介于10亩与30亩之间者为中农,利用《地籍册》和《地

---

① 俞俊民:《浙江土地问题》,《杭州民国日报》1934年元旦特刊,第29页。贫农、中农、富农是按照农户家庭收入数量及经济状况所作的区分,同时,还可以其他标准划分农户。如20世纪30年代初,也有调查按照是否租佃土地,将杭县农户划分为自耕农和佃农。如杭县第五区,"自耕农只占三分之一,佃农占三分之二"。不过,因为种植作物、家庭劳动力数量等差异,佃农也有出租土地的,而自耕农也有租入土地经营农业者,故自耕农与佃农的区分是相对的。参见《杭县第五区概况》,《浙江省地方自治专修学校校刊》1933年第6、7期,第36页。
② 俞俊民:《浙江土地问题》,《杭州民国日报》1934年元旦特刊,第29页。
③ 俞俊民:《浙江土地问题》,《杭州民国日报》1934年元旦特刊,第28页。
④ 俞俊民:《浙江土地问题》,《杭州民国日报》1934年元旦特刊,第29页。
⑤ 俞俊民:《浙江土地问题》,《杭州民国日报》1934年元旦特刊,第29页。
⑥ 俞俊民:《杭县土地状况》,《中华农学会报》1935年第135期,第39页。

价册》中登记的业主所有土地面积，可计算出 1930 年、1947 年各阶层农户占全部农户数量的比重，对比两个年份的农户构成，可知前后两个不同时期杭县阶层结构的变化，如表 4-3-2-1 所示。

表 4-3-2-1　1930—1947 年杭县 369 个样本农户所有土地结构表

每户占有面积	1930 年		1947 年	
	户数	占总户数比重(%)	户数	占总户数比重(%)
5 亩以下	205	55.56	205	55.56
5 亩至 10 亩	105	28.46	107	29.00
10 亩至 15 亩	34	9.21	36	9.76
15 亩至 20 亩	14	3.79	14	3.79
20 亩至 30 亩	6	1.63	3	0.81
30 亩至 50 亩	2	0.54	2	0.54
50 亩以上	3	0.81	2	0.54
合计	369	100.00	369	100.00

资料来源：浙江省土地局：《杭县地籍册·八都七图》，杭州市临平区档案馆，档案编号：93-9-6；浙江省土地局：《杭县地籍册·九都五十图》，杭州市临平区档案馆，档案编号：93-9-64；浙江省土地局：《杭县地籍册·十都二十图》，杭州市临平区档案馆，档案编号：93-9-93；杭县地籍整理办事处：《八都七图地价册》，杭州市临平区档案馆，档案编号：93-6-31 至 93-6-35；杭县地籍整理办事处：《九都五十图地价册》，杭州市临平区档案馆，档案编号：93-6-304 至 93-6-308；杭县地籍整理办事处：《十都二十图地价册》，杭州市临平区档案馆，档案编号：93-6-443 至 93-6-447。

从表 4-3-2-1 可以看出，1930 年，杭县样本农户中，所有农地面积少于 5 亩的农户有 205 户，占样本农户总数的 55.56%，所有农地面积小于 10 亩的农户有 310 户，占样本农户总数的比重为 84.02%。接近 1930 年地政调查的统计结果。所有农地面积介于 10 亩与 30 亩之间的农户合计 54 户，占样本农户总数的比重为 14.63%。所有农地面积超过 30 亩的农户有 5 户，占样本农户总数的比重为 1.35%。1947 年，杭县所有土地面积少于 5 亩的农户占全县农户的比重为 55.56%，与 1930 年相同。所有农地面积少于 10 亩的农户占样本农户的比重为 84.56%。

所有土地面积大于 10 亩而小于 30 亩的农户合计为 160 户，占样本农户总数的 14.36%。所有农地面积超过 30 亩的农户为 4 户，占样本农户总数的 1.08%。

表 4-3-2-2　1930—1947 年杭县阶层结构对比表

阶层	年份（比重）	1930(%)	1947(%)
	贫农	84.02	84.56
	中农	14.63	14.36
	富农	1.35	1.08
	合计	100.00	100.00

资料来源：浙江省土地局：《杭县地籍册·八都七图》，杭州市临平区档案馆，档案编号：93-9-6；浙江省土地局：《杭县地籍册·九都五十图》，杭州市临平区档案馆，档案编号：93-9-64；浙江省土地局：《杭县地籍册·十都二十图》，杭州市临平区档案馆，档案编号：93-9-93；杭县地籍整理办事处：《八都七图地价册》，杭州市临平区档案馆，档案编号：93-6-31 至 93-6-35；杭县地籍整理办事处：《九都五十图地价册》，杭州市临平区档案馆，档案编号：93-6-304 至 93-6-308；杭县地籍整理办事处：《十都二十图地价册》，杭州市临平区档案馆，档案编号：93-6-443 至 93-6-447。

1947 年与 1930 年相比，贫农占样本农户的比重增加了 0.54%，中农占样本农户的比重减少了 0.27%，富农占样本农户的比重减少了 0.27%。两个年份相比，杭县阶层结构出现了微弱的变动，即中农和富农户数占总户数的比重略有下降，而贫农户数占总户数的比重微弱上升。

上述统计结果得到了 1947 年调查佃户比重的佐证。所有土地少于 5 亩的农户，必须租入土地才能够维持基本的生存，故贫农所占比重与佃农所占比重应相互接近，如表 4-3-2-3 所示。

表 4-3-2-3　1947 年杭县各乡佃农比重表

乡镇	佃农比重(%)	乡镇	佃农比重(%)	乡镇	佃农比重(%)
崇化	75	龙坞	40	寿民	30
大陆	60	树塘	75	新宁	80
双桥	85	云泉	75	博陆	5

续 表

乡 镇	佃农比重(%)	乡 镇	佃农比重(%)	乡 镇	佃农比重(%)
东安	18	五杭	30	临平	5
乾元	40	乔司	30	丁兰	99
小林	40	东清	98	永泰	70
平泾	95	回龙	95	丁河	10
忠义	90	周安	85	定山	80

资料来源：杭县县政府建设科：《对临平、亭趾、东安、博陆、乾元、小林等乡镇农村经济调查》，杭州市临平区档案馆，档案编号：91-3-453；杭县县政府建设科：《对乔司、翁梅、丁兰、永泰、东平、平泾、忠义、五杭等乡镇农村经济调查》，杭州市临平区档案馆，档案编号：91-3-454；杭县县政府建设科：《对五西区各乡镇农村经济的调查》，杭州市临平区档案馆，档案编号：91-3-455；杭县县政府建设科：《对崇化、大陆、山桥、双桥、塘河、五常、履泰乡农村经济调查》，杭州市临平区档案馆，档案编号：91-3-456；杭县县政府建设科：《对龙坞、树塘、定山、云泉、寿民、新宁、东清、回龙、周安乡农村经济调查》，杭州市临平区档案馆，档案编号：91-3-458。

表4-3-2-3中统计了24个乡镇1947年的佃农比重，可见各乡镇佃农比重差异较大。在临平镇，自耕农比重为95%，佃农比重为5%。在东安乡，自耕农占82%，佃农占18%。在博陆乡，自耕农占95%，佃农占5%。在乾元乡与小林乡，自耕农与佃农的比重均为40%。① 在乔司镇，自耕农占70%，佃农占30%。在丁兰乡，自耕农占1%，佃农占99%。在永泰乡，自耕农占30%，佃农占70%。在平泾乡，自耕农占5%，佃农占95%。在忠义乡，自耕农占10%，佃农占90%。在五杭乡，自耕农占70%，佃农占30%。② 在丁河乡，业主占农户的90%，佃农占农户的10%。③ 在崇化乡，自耕农比重为25%，佃农比重为75%。④ 在大陆

---

① 杭县县政府建设科：《对临平、亭趾、东安、博陆、乾元、小林等乡镇农村经济调查》，杭州市临平区档案馆，档案编号：91-3-453。
② 杭县县政府建设科：《对乔司、翁梅、丁兰、永泰、东平、平泾、忠义、五杭等乡镇农村经济调查》，杭州市临平区档案馆，档案编号：91-3-454。
③ 杭县县政府建设科：《对五西区各乡镇农村经济的调查》，杭州市临平区档案馆，档案编号：91-3-455。
④ 杭县县政府建设科：《对崇化、大陆、山桥、双桥、塘河、五常、履泰乡农村经济调查》，杭州市临平区档案馆，档案编号：91-3-456。

乡，自耕农比重为40%，佃农比重为60%。在双桥乡，自耕农占15%，佃农占85%。① 在龙坞乡，自耕农比重为60%，佃农比重为40%。在树塘乡，自耕农占25%，佃农占75%。在定山乡，自耕农比重为20%，佃农比重为80%。在云泉乡，自耕农占25%，佃农占75%。在寿民乡，自耕农比重为70%，佃农比重为30%。在新宁乡，自耕农比重为20%，佃农比重为80%。在东清乡，自耕农比重为2%，佃农比重为98%。在回龙乡，自耕农比重为5%，佃农比重为95%。在周安乡，自耕农比重为15%，佃农比重为85%。② 各乡佃农比重的分布如图4-3-2-1所示。

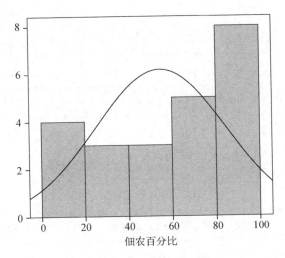

图4-3-2-1　1947年杭县各乡佃农比重分布图

图4-3-2-1显示，1947年杭县24个乡镇佃农占农户的比重呈现为正态分布，故57.83%的佃农比重应能显示杭县全县佃农的比重。对照1947年统计杭县所有土地面积不足5亩农户比重55.56%，可见两个数据十分接近。故贫农与佃农两种抽样统计的结果可以相互印证。即1947年与1930年相比，贫农和佃农的比重仅有微弱的上升。③

---

① 杭县县政府建设科：《对崇化、大陆、山桥、双桥、塘河、五常、履泰乡农村经济调查》，杭州市临平区档案馆，档案编号：91-3-456。
② 杭县县政府建设科：《对龙坞、树塘、定山、云泉、寿民、新宁、东清、回龙、周安乡农村经济调查》，杭州市临平区档案馆，档案编号：91-3-458。
③ 余杭市土地志编纂委员会编：《余杭市土地志》，北京：中国大地出版社1999年版，第108页。

上面是由杭县阶层结构的前后变化所作的观察。为了进一步论证地权配置与阶层结构之间的关系，还需要分析各个阶层所有土地面积占土地总面积的比重是否增加。仍以369个样本农户作为统计对象，结果如表4-3-2-4。

表4-3-2-4　1930年杭县样本农户所有土地面积表

农户	1930年			1947年		
	户数	占有面积（亩）	占总面积比重（%）	户数	占有面积（亩）	占总面积比重（%）
5亩以下	205	437.679	18.70	205	472.071	20.60
5亩至10亩	105	714.089	30.52	107	742.226	32.40
10亩至15亩	34	385.773	16.50	36	428.912	18.72
15亩至20亩	14	236.805	10.11	14	240.021	10.48
20亩至30亩	6	147.278	6.29	3	70.189	3.06
30亩至50亩	2	84.732	3.62	2	68.223	2.98
50亩以上	3	333.827	14.26	2	269.496	11.76
合计	369	2 340.183	100.000	369	2 291.138	100.00

资料来源：浙江省土地局：《杭县地籍册·八都七图》，杭州市临平区档案馆，档案编号：93-9-6；杭县地籍整理办事处：《八都七图地价册》，杭州市临平区档案馆，档案编号：93-6-31至93-6-35；浙江省土地局：《杭县地籍册·九都五十图》，杭州市临平区档案馆，档案编号：93-9-64；杭县地籍整理办事处：《九都五十图地价册》，杭州市临平区档案馆，档案编号：93-6-304至93-6-308；浙江省土地局：《杭县地籍册·十都二十图》，杭州市临平区档案馆，档案编号：93-9-93；杭县地籍整理办事处：《十都二十图地价册》，杭州市临平区档案馆，档案编号：93-6-443至93-6-447。

从各个阶层所有土地总面积来看，中农和富农所有土地总面积都是趋于减少的。1930年，中农所有土地面积合计为769.856亩，至1947年，下降为739.122亩。1930年，富农所有土地面积合计为418.559亩，至1947年，减少为337.719亩。与中农、富农所有土地面积变化趋势相反，贫农所有土地面积由1930年的1 151.768亩，增加为1947年的1 214.297亩。由于地权转移超出了样本农户的范围,369个样本农户所有土地总面积较1947年减少了49.045亩。其中,中农所有土地面积减少了30.734亩,富农所有土地面积减少了80.840亩。两个年份相比,贫农所有土地面积增加了62.529亩。

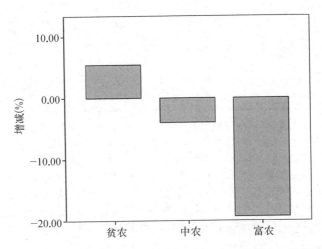

图4-3-2-2 1947年与1930年相比各个阶层所有土地面积变化图

资料来源:浙江省土地局:《杭县地籍册·八都七图》,杭州市临平区档案馆,档案编号:93-9-6;杭县地籍整理办事处:《八都七图地价册》,杭州市临平区档案馆,档案编号:93-6-31至93-6-35;浙江省土地局:《杭县地籍册·九都五十图》,杭州市临平区档案馆,档案编号:93-9-64;杭县地籍整理办事处:《九都五十图地价册》,杭州市临平区档案馆,档案编号:93-6-304至93-6-308;浙江省土地局:《杭县地籍册·十都二十图》,杭州市临平区档案馆,档案编号:93-9-93;杭县地籍整理办事处:《十都二十图地价册》,杭州市临平区档案馆,档案编号:93-6-443至93-6-447。

从三个阶层所有土地总面积的变化来看,中农和富农所有土地面积都趋于减少,下降幅度不同,其中,富农占有土地总面积下降的幅度接近20%。只有贫农所有土地总面积增加。这一统计结果与第一章中计算的基尼系数吻合,且较基尼系数更为具体地呈现出地权变化的态势,即贫农占有土地面积的绝对数量和比重均趋于增加,而中农和富农占有土地面积趋于减少,从所有土地总面积的变化上看,杭县农地产权是趋于分散的,即地权由富农和中农手中向贫农转移。不过,考虑到贫农户数远远超过中农和富农,平均每户所有土地的增幅有限,在地权结构上呈现为地权稳定,即并无明显的变动。

表 4-3-2-5　1947 年与 1930 年杭县各阶层所有土地对比表

阶层 \ 年份(比重)	1930(%)	1947(%)
贫农	49.22	53.00
中农	32.90	32.26
富农	17.88	14.74
合计	100.00	100.00

资料来源：浙江省土地局：《杭县地籍册·八都七图》，杭州市临平区档案馆，档案编号：93-9-6；杭县地籍整理办事处：《八都七图地价册》，杭州市临平区档案馆，档案编号：93-6-31 至 93-6-35；浙江省土地局：《杭县地籍册·九都五十图》，杭州市临平区档案馆，档案编号：93-9-64；杭县地籍整理办事处：《九都五十图地价册》，杭州市临平区档案馆，档案编号：93-6-304 至 93-6-308；浙江省土地局：《杭县地籍册·十都二十图》，杭州市临平区档案馆，档案编号：93-9-93；杭县地籍整理办事处：《十都二十图地价册》，杭州市临平区档案馆，档案编号：93-6-443 至 93-6-447。

1930 年，贫农占有样本农户土地总面积的比重为 49.22％。1947 年，这一项数值增加为 53.00％，1947 年与 1930 年相比，贫农占有样本农户土地总面积的比重上升了 3.78％。与贫农占有土地面积的变化趋势相反，中农和富农所有土地占样本农户土地总面积的比重都趋于减少，前者下降了 0.64％，后者下降了 3.14％。可见，各个阶层所有土地面积占总面积的比重发生变化，贫农占有土地面积占土地总面积的比重上升，而中农和富农所有土地面积占土地总面积的比重下降。

20 世纪 30—40 年代，各个阶层户均所有土地面积也发生了变化。1947 年与 1930 年相比，各阶层户均所有土地面积变化趋势不同。贫农户均所有土地面积略有增加，由 1930 年的 3.715 亩增加为 3.892 亩，平均每户所有土地面积增加 0.177 亩，即较 1930 年增加约 4.76％。富农户均所有土地面积亦有所增加，由 1930 年的 83.712 亩增加为 1947 年的 84.430 亩，平均每户所有土地面积增加 0.718 亩，从绝对数量来看，富农平均每户增加的土地面积高于贫农，约为贫农每户平均增加土地面积的 4.056 倍。但从相对数量来看，富农所有土地面积的平均增幅为 0.86％，远低于贫农所有土地面积的增幅。与贫农、富农所有土地面积的变化趋势不同，中农所有土地面积趋于减少。1930 年，平均每户中农所有土地面积为 14.257 亩，至 1947 年，平均每户中农所有土地面积为 13.946 亩，平均每户所有土地面积减少 0.311 亩，减少幅度为 2.18%。

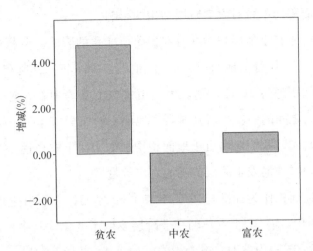

图 4-3-2-3　1947 年与 1930 年相比各个阶层户均所有土地面积变化图

资料来源：浙江省土地局：《杭县地籍册·八都七图》，杭州市临平区档案馆，档案编号：93-9-6；杭县地籍整理办事处：《八都七图地价册》，杭州市临平区档案馆，档案编号：93-6-31 至 93-6-35；浙江省土地局：《杭县地籍册·九都五十图》，杭州市临平区档案馆，档案编号：93-9-64；杭县地籍整理办事处：《九都五十图地价册》，杭州市临平区档案馆，档案编号：93-6-304 至 93-6-308；浙江省土地局：《杭县地籍册·十都二十图》，杭州市临平区档案馆，档案编号：93-9-93；杭县地籍整理办事处：《十都二十图地价册》，杭州市临平区档案馆，档案编号：93-6-443 至 93-6-447。

富农和贫农平均每户所有土地面积增加，而中农所有土地面积减少，显示出中农所有土地的地权向富农和贫农转移的事实。从绝对数量来看，富农地权增加高于贫农，但从幅度来看，由于贫农每户平均所有土地数量远远少于富农，故贫农平均每户所有土地的增幅又高于富农。

综合而言，在 20 世纪 30—40 年代，杭县农村的阶层结构是相对稳定的，贫农和佃农的比重仅有微弱变动，而贫农所有土地总面积和户均面积还有小幅增长。不过，考虑到 80% 以上的农户所有土地面积未达到 10 亩，50% 以上的农户所有土地面积未达到 5 亩，贫农所有土地面积的增加并不足以引起阶层结构的变化。

尽管杭县农户的阶层结构整体上大致保持不变，但绝大部分农户所有土地面积仍有普遍的增减变化。这种普遍发生的地权变化，虽然导致个别农户的阶层流动，但这种流动既有上升流动，也有下降流动，上升和下降双向变化的结果是阶层结构的相对稳定。我们分别对比所有土地面积增加和减少的农户，逐个观察其土地面积的增减对农户阶层结构的影响。

首先，分析所有土地面积增加对农户阶层变化的影响。分析的方法是，如果一个农户1930年所有土地面积少于10亩，至1947年，其所有土地面积增加后，所有土地面积超过10亩，则认为其由贫农上升为中农。对于所有土地介于10亩与30亩之间的中农，若其所有土地面积增加至30亩以上，则可认为其由中农上升为富农。我们对所有土地面积增加的194个农户逐一统计，以观察因所有土地面积增加而发生阶层流动的农户数量。

以所有土地面积作为标准，1947年与1930年相比，所有土地面积增加的194个样本农户中，有37个农户的社会阶层发生了变化，其中，2户由中农上升为富农，另外35户由贫农上升为中农，如表4-3-2-6所示。

表4-3-2-6 1930—1947年杭县所有土地面积增加的样本农户所属阶层变化表

业 主	1930年地积(亩)	1947年地积(亩)	增加(亩)	阶层变化
蒋寿海	23.657	61.118	37.461	升为富农
高顺德	22.616	31.859	9.243	升为富农
高顺涌	4.677	25.001	20.324	升为中农
蒋梅永	6.501	20.119	13.618	升为中农
高吉昌	3.980	18.960	14.98	升为中农
高锡昌	6.652	18.714	12.062	升为中农
李永斌	5.071	17.569	12.498	升为中农
高顺泉	1.208	16.709	15.501	升为中农
倪才毛	5.759	15.809	10.050	升为中农
张子元	8.257	15.085	6.828	升为中农
孙顺富	3.105	15.036	11.931	升为中农

续　表

业　主	1930年地积(亩)	1947年地积(亩)	增加(亩)	阶层变化
曹金宝	8.389	14.977	6.588	升为中农
张子根	7.756	14.655	6.899	升为中农
张生法	8.147	14.638	6.491	升为中农
杨福根	6.401	14.023	7.622	升为中农
何彩祥	3.465	13.785	10.320	升为中农
何贵福	6.524	13.728	7.204	升为中农
沈满章	6.414	13.674	7.260	升为中农
朱金生	3.601	13.160	9.559	升为中农
曹生宝	3.130	12.285	9.155	升为中农
范镜生	5.866	12.265	6.399	升为中农
郎玉书	6.858	11.166	4.308	升为中农
董永根	1.962	11.676	9.714	升为中农
孙志福	7.602	11.406	3.804	升为中农
张法庆	4.662	11.284	6.622	升为中农
孙根发	5.105	11.271	6.166	升为中农
徐其春	5.455	11.093	5.638	升为中农
杨福林	3.698	11.084	7.386	升为中农
何金洪	9.732	11.031	1.299	升为中农
陈祥坤	0.821	10.793	9.972	升为中农
蒋贵宝	0.552	10.620	10.068	升为中农
朱永兴	0.285	10.605	10.32	升为中农
倪金寿	7.497	10.576	3.079	升为中农
范祥荣	7.547	10.572	3.025	升为中农

续 表

业 主	1930年地积(亩)	1947年地积(亩)	增加(亩)	阶层变化
丁法寿	5.730	10.304	4.574	升为中农
李士梅	7.258	10.280	3.022	升为中农
郎桂香	8.633	10.017	1.384	升为中农

资料来源：浙江省土地局：《杭县地籍册·八都七图》，杭州市临平区档案馆，档案编号：93-9-6；杭县地籍整理办事处：《八都七图地价册》，杭州市临平区档案馆，档案编号：93-6-31至93-6-35；浙江省土地局：《杭县地籍册·九都五十图》，杭州市临平区档案馆，档案编号：93-9-64；杭县地籍整理办事处：《九都五十图地价册》，杭州市临平区档案馆，档案编号：93-6-304至93-6-308；浙江省土地局：《杭县地籍册·十都二十图》，杭州市临平区档案馆，档案编号：93-9-93；杭县地籍整理办事处：《十都二十图地价册》，杭州市临平区档案馆，档案编号：93-6-443至93-6-447。

以表4-3-2-6中所列李士梅为例。1930年，李士梅所有农地共计10块，面积合计为7.258亩。至1947年，该户农地数量增加5块，合计增加面积3.022亩，增加幅度为41.64%。这期间，该户没有失去土地。至1947年，所有农地面积增加到10.280亩。按照各个阶层每户平均所有土地面积衡量，该户已经由贫农阶层上升为中农阶层。[①] 与李士梅相似，其余36个农户都因其所有土地面积增加而发生了向上的社会流动。

不过，在所有土地面积增加的194个样本农户中，只有37户发生了向上的社会流动。占所有土地面积增加的农户数的19.07%，占全部样本农户总数的比重为10.03%。除发生阶层流动的农户外，其余157户所有土地面积虽有增加，但其所属阶层没有变化。其中，又可分为两类。

第一类7户，原为富农或中农，土地有所增加，但阶层仍为富农或中农。这一类中，有2户，1930年为富农，之后土地继续增加，1947年仍为富农。另有5户，1930年为中农，之后土地面积增加，但增加数量不足以导致所属阶层的改变。

---

① 也有雇农购得土地，而在阶层结构中上升的例子。下面是一个雇农购得土地的案例："窃民系永嘉县人，兹缘族兄管祖钦于民前二十五年七月间，移居杭县祝家村居住，以农为业，朝出晚归，借以糊口。其人忠实勤俭，数年后，略有积余，即向祝家村庵门口等处购山田约八亩余，以维本身家庭百年大计。"这份档案中提到，管祖钦为永嘉人，1936年7月到杭县祝家村，以务农为业，在积累了一定资金后，购置山田8亩余。参见杭县地籍整理办事处：《王品泉、吴寅兴、陈良甫等土地纠纷材料》，杭州市临平区档案馆，档案编号：91-3-708。

第二类150户，1930年所有土地面积均低于10亩，即属于贫农阶层。他们在1930年至1947年之间，所有土地面积出现净增加，但增加的数量不足以导致阶层的变化，1947年仍属所有土地面积少于10亩的贫农阶层。如界牌头的郎文彬，1947年与1930年相比，增加农地3块，其中2块来自郎宝坤，1块来自郎文炳。3块土地全部为种植桑（棉）的农地。其中，地号为3 436的地块，面积为0.608亩，1930年，业主为郎宝坤。编号为3 627的地块，面积为0.435亩，1930年，业主为郎宝坤。地号为5 460的地块，面积为0.623亩，1930年，业主为郎文炳。总计该户增加的地块总面积为1.666亩。1930年，该户拥有农地面积为4.328亩。1947年与1930年相比，农地数量增加幅度为38.494%。不计算宅地，该户所有土地面积为5.664亩。全部土地用于自营，仅可自给。可见，该户虽然土地面积增加，但增加数量有限，其家庭经济状况并未发生质性变化，所属阶层亦未发生变化。

从统计结果来看，1930年所有土地面积介于10亩与30亩之间的农户有6户，至1947年，其中有2户所有土地面积超过30亩，进入富农阶层，其余4户所有土地面积虽有增加，但未超过30亩，仍为中农阶层。以户数衡量，中农上升为富农的比重为33.33%。1930年，所有土地面积少于10亩的农户（即贫农）为183户，至1947年，有35户所有土地面积超过10亩，由贫农上升为中农。即约占贫农总户数19.13%的农户上升为中农。

其次，观察所有土地面积减少对农户所属社会阶层的影响。在抽样的369个农户中，所有土地面积减少的农户为164户。依据土地面积变化对农户阶层属性的不同影响，这些所有农地面积减少的农户又可区分为两类。

第一类，虽然所有土地面积减少，但因减少数量有限，并未导致其阶层属性发生变化。统计结果显示，所有土地面积减少的164个农户中，1930年所有土地面积少于10亩，属于贫农阶层的农户，至1947年，所有土地面积减少，阶层仍属贫农的农户有116个。另外，有9个农户1930年为中农，至1947年，其所有土地面积虽然减少，但所有土地面积大于10亩，仍为中农。以下确桥村的高顺德为例。1930年，高顺德所有农地数量为16块，面积合计为22.616亩。1947年与1930年相比，高顺德所有土地数量减少8块，合计减少面积8.877亩。1947年所有地块数量为8块，合计面积为13.709亩。相当于1930年所有农地面积的 60.616%。但该户所有土地面积仍大于 10 亩，依旧属于中农阶层。

所有土地面积减少产生的另一类情况是，所有土地面积减少导致农户所属阶层发生变化，富农下降为中农或贫农，或者中农下降为贫农。除上述 125 户外，其余 39 户因土地面积减少而导致阶层下降，如表 4-3-2-7 所示。

表 4-3-2-7 1930—1947 年杭县所有土地面积减少的样本农户所属阶层变化表

业 主	1930 年地积(亩)	1947 年地积(亩)	减少(亩)	阶层变化
张志祥	44.622	7.470	37.152	降为贫农
曹德明	22.401	7.810	14.591	降为贫农
孙有生	19.911	4.197	15.714	降为贫农
郎财宝	18.521	0.491	18.030	降为贫农
蒋顺培	17.574	5.524	12.050	降为贫农
郎德法	17.242	0.976	16.266	降为贫农
蒋顺泉	17.079	2.808	14.271	降为贫农
周掌财	16.711	5.641	11.070	降为贫农
孙加发	16.035	6.481	9.554	降为贫农
郎永芳	15.902	3.165	12.737	降为贫农
李再根	15.610	3.106	12.504	降为贫农
范有福	15.011	4.543	10.468	降为贫农
唐洪福	13.475	1.672	11.803	降为贫农
孙荣坤	12.980	6.368	6.612	降为贫农
李再坤	10.544	6.218	4.326	降为贫农
张生财	12.397	8.891	3.506	降为贫农
袁才运	12.292	0.000	12.292	降为贫农
孙六毛	12.120	4.499	7.621	降为贫农
殷德林	11.987	3.425	8.562	降为贫农

续　表

业　主	1930年地积(亩)	1947年地积(亩)	减少(亩)	阶层变化
曹应才	11.907	7.108	4.799	降为贫农
沈关荣	11.052	0.247	10.805	降为贫农
倪元明	11.551	7.667	3.884	降为贫农
曹德春	11.540	4.474	7.066	降为贫农
曹德祯	10.949	7.038	3.911	降为贫农
梁金福	10.931	8.827	2.104	降为贫农
何福寿	10.683	9.146	1.537	降为贫农
范有生	10.550	7.170	3.380	降为贫农
何大荣	10.518	8.560	1.958	降为贫农
郎顺连	10.294	1.134	9.160	降为贫农
沈景林	10.302	4.516	5.786	降为贫农
倪金祥	10.280	4.485	5.795	降为贫农
沈财毛	11.924	1.157	10.767	降为贫农
梁连生	10.174	8.732	1.442	降为贫农
郎妙金	10.114	0.600	9.514	降为贫农
孙进祥	10.104	8.303	1.801	降为贫农
计顺梅	10.085	5.068	5.017	降为贫农
傅葭青	10.081	5.536	4.545	降为贫农
高时哉	126.863	19.74	107.123	降为中农
张胜荣	52.028	11.461	40.567	降为中农

资料来源：浙江省土地局：《杭县地籍册·八都七图》，杭州市临平区档案馆，档案编号：93-9-6；杭县地籍整理办事处：《八都七图地价册》，杭州市临平区档案馆，档案编号：93-6-31至93-6-35；浙江省土地局：《杭县地籍册·九都五十图》，杭州市临平区档案馆，档案编号：93-9-64；杭县地籍整理办事处：《九都五十图地价册》，杭州市临平区档案馆，档案编号：93-6-304至93-6-308；浙江省土地局：《杭县地籍册·十都二十图》，杭州市临平区档案馆，档案编号：93-9-93；杭县地籍整理办事处：《十都二十图地价册》，杭州市临平区档案馆，档案编号：93-6-443至93-6-447。

1947年与1930年相比,两个原属富农阶层的农户,因为所有土地面积减少下降为中农。另有1户富农(张志祥)因所有土地面积减少而下降为贫农。此外,还有33户中农下降为贫农。总计所有土地面积减少的164个农户中,因为土地面积减少而导致所属阶层变化的户数所占比重为23.78%。以山前村的方荣财为例。该农户1930年所有地块数量为23块,面积为16.096亩。1947年,该户所有地块数量减少为8块,面积为8.269亩。总计所有农地数量减少15块,总计面积减少7.827亩。减少幅度为48.63%。同时,按照所有土地面积,该户也由中农阶层下降为贫农阶层。这种情形在定山乡定山浦可以找到另一个例证。定山浦属第十二都第七图,其第3号地块在1930年丈量地积为79.200亩,为陈光裕祖遗田产。后该地块分割出售,经过分割之后,每个地块的大小不及10亩,分别售与贺彩玉、袁永林、詹长发、袁长模、葛春山、詹文苗、詹文美、张广荣、阿亦昌、俞锦载等人。①

再看我们由《地籍册》和《地价册》中选择的369个样本农户的统计结果,1947年与1930年相比,所有土地面积不变的农户数量为11户,占样本总量的2.98%。所有土地面积发生变化的农户数量占样本总数的97.02%,可见地权变化之普遍与广泛。其中,所有土地面积增加的农户为194户,占样本农户总数的52.58%;所有土地面积减少的农户为164户,占样本总数的44.44%。

表4-3-2-8 1930年杭县抽样农户所有农地面积分类统计表

所有土地面积	户 数	比重(%)
增加	194	52.58
减少	164	44.44
不变	11	2.98
合计	369	100.00

资料来源:浙江省土地局:《杭县地籍册·八都七图》,杭州市临平区档案馆,档案编号:93-9-6;杭县地籍整理办事处:《八都七图地价册》,杭州市临平区档案馆,档案编号:93-6-31至93-6-35;浙江省土地局:《杭县地籍册·九都五十图》,杭州市临平区档案馆,档案编号:93-9-64;杭县地籍整理办事处:《九都五十图地价册》,杭州市临平区档案馆,档案编号:93-6-304至93-6-308;浙江省土地局:《杭县地籍册·十都二十图》,杭州市临平区档案馆,档案编号:93-9-93;杭县地籍整理办事处:《十都二十图地价册》,杭州市临平区档案馆,档案编号:93-6-443至93-6-447。

---

① 杭县地籍整理办事处:《土地证、地契》,杭州市临平区档案馆,档案编号:91-3-603。

综合抽样分析的 369 个农户，因为所有土地面积减少而发生阶层下降的农户所占比重为 10.57%，由于所有土地面积增加而发生阶层上升的农户所占比重为 10.03%。约计有 20% 的农户因为所有土地面积的变化而发生了阶层流动，其中，向上流动和向下流动的比重各约 10%。其中，向下流动的农户占比略高于向上流动的农户，约高 0.54%。这种双向流动的农户比重大致相当的结果，就是社会阶层结构的相对稳定。这也是地权结构整体变化较为微弱的后果之一。

在近代农村阶层结构变化的研究中，论者普遍注意到农村地权变动与阶层结构变化的因果关系，大都认为地权变化是阶层结构变化的动因。有学者认为，因近代中国农村经济日渐崩溃，出现自耕农降而为小农，再降而为佃农的阶层变化。研究者以 1928 年和 1929 年两年为例，比较自耕农和佃农数量的消长，发现自耕农兼佃农户数减少，佃农户数增加，认为导致这一变化的原因在于土地渐渐被少数人所掠夺，自耕农降而为自耕农兼佃农，自耕农兼佃农降而为佃农。① 笔者对杭县的研究显示，频繁而持续的地权变动并未导致农村阶层结构的明显变化，实际上，正是在农户之间经常发生的地权转移，造就了农村稳定的阶层结构。但这种结构性稳定并不是静态的，而是在频繁的地权变化过程中动态形成的。农户所有土地面积的增加与减少、农户所属阶层的上升与下降，这类同时发生的双向变化的结果是社会结构在变化中的"不变"：一方面是地权的频繁转移，另一方面是社会阶层结构的相对稳定。这也再度证明地权变化既不是集中机制，也不是分散机制，而是趋向结构稳定的"动态均衡"机制。

小结

20 世纪 40 年代末与 30 年代初相比，杭县人口总数减少，全县户数和人口数均有下降，但由于工业、手工业以及副业的衰退，人口的城乡流动停滞，甚至出现了城市人口向农村回流的逆向变化。在这一时期，杭县户口总数虽然下

---

① 慈元：《从古代土地制度说到平均地权》，《独二旅季刊》1934 年第 1 卷第 1 期，第 7—21 页。

降，农业人口占总人口的比重反而上升，农业人均和户均耕地数量趋于减少，人-地关系并未缓解。再加上商品性农业萎缩，农家生计恶化，地权转移更加频繁。按照地权市场的运行机制，富户及高利贷者因此可将缺地少地农户仅有的土地转为己有，从而导致地权集中。不过，受农产品贸易萎缩、城镇工商业停滞等因素的影响，工商业主的收入减少，从全县范围来看，并未出现地权由农户向富户及城市工商业者单向转移的明显过程。实际上，由于工商业经营的困境，工商业收入遽减；也由于苛捐杂税日益增加，土地所有者的捐税负担日趋沉重；再加上城镇工商业者较为频繁的社会流动，这些因素都对地权集中形成抑制作用，并在一定程度上造成地权分散的压力。多重社会结构及其变迁因素相互作用，其结果即呈现为地权的相对稳定。

20世纪30—40年代，受人口职业流动和社会阶层流动的影响，农村的户口结构、职业构成以及社会阶层结构虽有变化，但杭县乡村大致维持了稳定的社会结构，即以自耕农为主的社会阶层结构。地权配置结构的大致稳定，既是这一社会结构相对稳定的结果，也是这一社会结构相对稳定的反映。杭县农地产权与乡村社会结构之间的关系，在浙西地区具有典型性。其特点可与浙东地区加以对比。在浙东地区，地权分化的结果是土地集中，大地主逐渐拥有更多的地权，而拥有土地之贫农则因失去土地而变为佃农。浙西地区的阶层结构和土地配置与浙东地区不同。在近代频繁的地权变动中，浙西地区维持了自耕农为主的社会阶层结构。[1] 包括杭县在内的浙西地权，以自耕农为主体的农村社会结构，正是频繁发生的地权变化的动态结果。

---

[1] 俞俊民：《浙江土地问题》，《杭州民国日报》1934年元旦特刊，第29页。该文比较了浙西农村地权配置与浙东地区的差别，称"浙西仍以自耕农为多"。

第五章 地权变动与土地政策

地权变动一方面为经济现象，另一方面也为社会现象。对地权变化的考察，除关注相关经济因素，还需要考虑影响地权的非经济因素，并将之置于社会整体之中加以分析。森正夫在对明代江南土地所有权的研究中，除了分析租佃制度的影响，还探讨了赋税制度、土地法律的作用。[①] 研究近代农村地权的学者也注意到，土地问题涉及政治、经济、社会、法律、习俗等诸多方面。诸如农地的分配标准、人口密度与劳动力、田底和田面的归并等，都不是单纯的经济问题，而需要综合考量。[②] 本书研究土地产权，兼顾多个分析维度。其中，对地权变动的制度分析，侧重从法律制度变化的视角观察，分析租佃关系、赋税制度和土地法律对地权的制约，探讨社会经济政策对农地产权的影响。

第一节 农地产权法律与地权变动

有关农地产权的法律规定是影响地权变化的制度因素之一。民国法律有关土地所有、土地租佃、土地买卖、土地征收等条款，都对农地产权及其变化形成制约。本节关注民国农地产权法律及其对地权变动的作用，分别讨论土地私有产权法律、

---

① ［日］森正夫：《明代江南土地制度研究》，伍跃、张学锋等译，南京：江苏人民出版社2014年版，第14页。
② 黄晋生：《在胎孕中的浙江新土地政策》，《廊清月刊》1948年第1卷第9期，第8页。

"耕者有其田"政策及其实施情形,分析土地制度及土地法律对农地产权的影响。

一、土地私有权:确认与限制

与前代有关地权的法律不同,民国《土地法》既赋予土地所有者土地私有权,同时又对其土地私有权施以限制。土地私有权法律规定的两面性及其内在矛盾,说明法律意义上的土地私有权利并不完整,体现出国家对土地所有权的统制,实质上起到了促使地权趋向分散的作用。

《中华民国土地法》公布于 1930 年 6 月 30 日。按照该法的规定,提供合法证据的申请人,即可获得土地的所有权。其第一编《总则》第二章《土地所有权》第七条规定:"中华民国领域内之土地,属于中华民国人民全体所有,其经人民依法取得所有权者,为私有土地。"① 有学者认为,这是在中国历史上首次以法律的形式明确了土地私有权。对此,另有研究者认为,《土地法》过分强化了土地私有权,以此为基础的一系列法律和判例亦过于强调土地私有权,而这正是造成农村土地兼并加剧、农地产权过度集中的重要原因。②

事实上,认为《土地法》过分强化了土地私有权,进而导致地权集中的看法值得商榷。因为民国法律在认可土地私有权的同时,也对土地私有权加以明确限制。③

---

① 《土地法》,《法令周刊》1930 年第 2 期,第 1 页。
② 杨士泰:《试论民国初期的土地私有权法律制度》,《河北法学》2009 年第 6 期,第 95 页。
③ 近代以前,《大明律》《大清律例》均对地权有所规定。《大明律》颁布于洪武三十年(1397),其中《户律》就列举了欺隐田粮、买卖田宅、田地管理等关于田宅的条文。始修于清顺治二年(1645)、完成于乾隆五年(1740)的《大清律例》之《户律》载明,盗卖、盗种、换易、冒认、侵占他人田地者,按律治罪。如有关"盗卖田宅"的条文规定:"凡盗卖、换易及冒认(他人田宅作自己者),若虚钱实契典卖及侵占他人田宅者,田一亩……以下笞五十,每五亩……加一等罪,止杖八十,徒二年。"对于强占官民山场、湖泊、茶园、芦荡者,不计亩数,杖一百,流三千里。这些法律条文一方面保障官民土地所有权,另一方面也对民地所有者的土地所有权施加了诸多限制。如果违反相关法律规定,业主轻则遭到处罚,重则失去土地所有权。例如,关于"欺隐田粮",有规定称:"凡欺隐田粮、脱漏版籍者,一亩至五亩笞四十,每五亩加一等罪,止杖一百,其田入官。""欺隐田粮"相关条文还规定:"其还乡复业人民,丁力少而旧田多者,听从尽力耕种,报官入籍,计田纳粮当差。若多余占田而荒芜者,三亩至十亩笞三十,第十亩加一等,罪止杖八十,其田入官。"从上列条文可以看出,《大清律例》所确认的土地所有权有诸多附加条件,业主一旦违反相关条文的规定,土地所有权即有可能被官府剥夺。这些限制条文所强调的并不是维护业主的土地所有权,而是保障国家对赋税的征收权力。《明律集解附例(二)》,台北:成文出版社 1969 年版,第 593—638 页;阿桂等纂:《大清律例》,北京:中华书局 2015 年版,第 2 册,第 121—122 页。

《土地法》第一编《总则》第二章《土地所有权》第十四条规定，地方政府可依据土地种类、土地性质、地方需要，对个人的土地私有权作出限制。①《土地法》一方面用法律的形式明确了土地私有权；另一方面，也以法律的形式明确政府对土地所有权的约束权力。②可见，这部法律并非单纯强调土地的私有权，它对土地私有权的规定是双重的——既有认可，也有限制。

民国在法律上限制土地私有权，还表现在对私有土地的征收制度上。《土地法》第五编《土地征收》第一章《通则》第三百三十五条规定："国家因公共事业之需要，得依本法之规定，征收私有土地。"所谓"公共事业"，③第三百三十六条规定的适用范围为："（一）实施国家经济政策。（二）调剂耕地。（三）国防军备。（四）交通事业。（五）公共卫生。（六）改良市乡。（七）公用事业。（八）公安事业。（九）国营事业。（十）中国国民党部，政府机关，地方自治机关，及其他公共建筑。（十一）教育，学术及慈善事业。（十二）其他以公共利益为目的之事业。"④适用范围如此宽泛，说明中央及地方政权机构可以提出多种理由，征收私有土地。从这个角度来看，也不能认定《土地法》过分强化了土地私有权。相反，在相关政策的实际执行中，更倾向于对土地私有权施加诸多制约。

浙江省地政局还提出了"征收土地"的实施计划——《浙江省土地改革计划草案提要》。⑤依照这份计划，在完成土地征收之后，应对征收的土地实施"分配放领"。具体规定如下："一、以乡镇为分配放领单位。二、放领之土地

---

① 《土地法》，《法令周刊》1930年第2期，第2页。
② 杨士泰：《试论民国初期的土地私有权法律制度》，《河北法学》2009年第6期，第96页。
③ 《土地法》，《法令周刊》1930年第2期，第2页。
④ 《土地法》，《法令周刊》1930年第2期，第2页。
⑤ 具体而言，"一、已经办理地籍或赋籍整理之地方，依其整理成果，举办土地征收。二、未经办理地籍或赋籍整理的地方，应先举办地权申报，经审查确定后，再行举办土地征收。三、征收土地之补偿地价，依其现租额七倍之总额为标准。现租额超过正产物全收获量千分之三七五者减为千分之三七五，不及千分之三七五者从其原约定。四、补偿地价采累退补偿法。被征耕地全部地价在糙米三百石以内者，全数补偿，越过三百石者，以每百石为一级，每级各就其超过部分减除补偿百分之十，越过三千石者，全数免予补偿。五、补偿地价以实物或现款及实物本位之土地债券支付。搭发土地债券之成数得按累进计算，由省政府与发行债券机关协议定之。是项债券分年还本付息，于十四年内还清"。参见地政局：《浙江省土地改革计划草案提要》，《浙江经济月刊》1949年第6卷第1期，第18页。

应先予调整，必要时得实施土地重划。三、原业主与原使用人得于公告征收期内洽定地价，将其土地自行让受。其地价不得多于或少于征收地价百分之二十，并检具合法订立之契约向县（市）政府申请登记。四、经调整分配之农地公告承领，依下列顺序核定：1. 原佃农；2. 原雇农；3. 具有耕作能力之本籍现役及阵亡士兵之家属；4. 具有耕作能力之本籍退伍士兵；5. 其他需要耕地自耕之农民。五、承领耕地地价，由承领人自备二成，由省政府向土地金融机关请贷放八成。承领耕地人得以所领土地为担保申请借款，分年摊还，其期限最长不得逾十四年。六、领地农民偿还借款，以缴付实物为原则。但得由县政府与贷款机关洽定，平价折币缴纳。"① 按照这一计划，半自耕农、佃农、雇农等具有耕作能力而缺乏土地的农户拥有被征收土地的优先承领权，并由浙江省政府向金融机关担保，为承领土地的佃农、雇农等申请借款，其目的在于增加缺地少地农户所有土地面积，同时减少被征业主所有土地面积。这一计划虽未付诸实施，但已可证明所谓土地"私有产权"在法律上的不完整。

在浙江省，还有人提出重征"不在地主税"，甚至取缔"不在地主"土地所有权的主张："不在地主对土地使用毫不注意改进，既与农业经济的原则背道而驰，又是劳者所得者少，而不劳者所得反多，此为天地间最不公平之事。浙江省将依《土地法》规定重征不在地主税，以减少其不劳而获之利。如果创设自耕农场需要土地，将尽先征收不在地主的土地，作为自耕农场场员的耕地。"② 显然，此类政策的提出，已经背离了《土地法》等认定的土地私有权原则。

在限制私有土地面积，并以征收放领的方式重新配置地权外，浙江省政府还制定政策规定土地价格。据《浙江省规定地价之概况》，"规定地价为征收地价税、土地增值税及征收土地补偿地价之依据，故于办理地籍整理时，必须同时规定地价。浙江省办理规定地价业务始于民国二十二年。时杭州市拟订《浙江省杭州市征收地价税章程》，呈奉中央核准，首先施行。杭县于民国三十五年施行。地价有剧烈变动时，得依据《土地法》第一六〇条之规定：'地价申

---

① 地政局：《浙江省土地改革计划草案提要》，《浙江经济月刊》1949年第6卷第1期，第18页。
② 洪季川：《浙江省实施土地改革之途径》，《浙江经济月刊》1948年第5卷第6期，第2页。

报满五年或一年届满而地价已较原标准地价有百分之五十以上之增减时,得重新规定地价'办理,重新规定地价"。① 依据《浙江省杭州市征收地价税章程》,政府认为地价过高或者过低时,可以直接规定地价。对地价的相关规定,也是对所谓土地私有权的约束。

  《土地法》还赋予了佃户的承买优先权,这也是对土地私有权的限制。《土地法》第三编《土地使用》第三章《农地》第一节《耕地租用》第一百七十三条规定:"出租人出卖耕地时,承租人依同样条件,有优先承买之权。"② 可见,佃户的优先购买权是民国土地法律中明文规定的条文。它不同于亲邻优先承买权,亲邻先买权是乡村中的习俗和惯例,在法律中并无支持亲族或邻里优先购买权的规定。

  从杭县几桩围绕佃户承买优先权的案例来看,佃业纠纷确因双方对佃户优先承买权的不同理解而起。在实际运作中,佃户优先承买权能够成立的前提是,佃业双方就土地价格达成一致。法律确立了佃户承买优先权的原则,并规定了田价浮动的范围,但却不能确定佃业双方愿意接受的具体价格。在一定程度上,土地价格仍是由市场决定的。由市场决定的地价成为佃户实现承买优先权的制约。在围绕承买权和承佃权的纠纷中,业主在出售土地时,希望售与出价较高之买主,而出价较高之买主未必是承租土地的佃户本人。当出现这种"错位"现象时,是在双方达成共同认可的价格的基础上,实现佃户承买优先权的法律原则,还是遵循市场机制,视双方能否认可交易价格,决定是否适用于佃户承买优先权?在佃户承买优先权执行过程中出现的纠纷,实际上与此类法律规定与市场机制的内在冲突有关。在一些纠纷案件中,业主遵照佃户优先购买权的法律规定,打算将田产出售给佃户时,佃户又不愿购买。佃户既不愿依照双方约定交纳地租,又不愿承买田地,故而引发佃业纠纷。③

  在这些案例中,佃户优先承买权的法律规定对决定土地价格的市场机制形成制约,进而影响到地权的转移。在解决此类纠纷过程中,参与调解纠纷的

---

① 地政局:《浙江省规定地价概况》,《浙江经济月刊》1948 年第 5 卷第 6 期,第 9—12 页。
② 《法令汇录·土地法(续)》,《地政月刊》1933 年第 1 卷第 3 期,第 30 页。
③ 杭县县政府社会科:《乡民借高利贷、二五减租、佃业纠纷(1948 年 10 月至 1949 年 4 月)》,杭州市临平区档案馆,档案编号:91-3-362。

乡镇公所为了实现佃户优先承买权的法律原则，往往要求业主降低土地价格，降到佃户愿意承买的水平。但这种裁决通常会遭遇业主的抵制。此类纠纷大都因此陷于难以解决的反复申诉过程之中。还有一些同类案例，杭县佃业仲裁委员会裁定双方未能就价格达成一致，故最终并未支持佃户优先承买权。但佃业双方围绕地权转移的反复缠诉，已经直接影响到相关土地的地价及地权交易。

此类纠纷凸显了国民政府制定法律和政策，并以行政力量介入土地交易之后造成的多重两难困境。与其说这些困境是由于纠纷仲裁机构对法律的认知和执行差异造成的，不如说是由土地法律和土地政策本身引起的。不管是农地的买卖，还是农地的租佃，都受到市场制约，土地的买卖与租佃都由供需关系决定。国民政府的政权机构介入租佃双方的纠纷，并以法律政策干预市场行为，甚至为了维护佃户的优先承买权而损害业主的利益，在一定程度上扭曲了土地市场上的供需关系，进而影响到地权变化。

《土地法》虽承认土地私人所有，但对私人土地所有权的数量、使用、租佃、转移加以限制，[①] 甚至规定可对私有土地加以征收，根据需要将私有地权转化为国有地权。因此，《土地法》并未像一些学者所认为的那样，强化了土地私有权。按照《土地法》的规定，在一定的前提下，土地私有权不仅受到制约，还可能遭到剥夺，实际上是"不完全的"所有权。[②] 可以说，《土地法》一方面赋予所有者土地财产权利，另一方面规定在一定条件下所有者放弃其土地

[①] 陈云朝：《论南京国民政府时期土地所有权的限制——以私法社会化为背景》，《湖北大学学报（哲学社会科学版）》2014年第4期，第118页。

[②] 从法律的内容来看，确立私有权与限制私有权之间存在着相互背离。这种法律规定上的内在冲突，说明在法律上作为一种财产的土地所包含的经济、社会关系具有法律条文无法涵盖的范畴。在法律上，土地是作为一种"财产"而被加以规定的。社会学也提出了"财产"的概念，并对财产以及财产关系作出了解释。不过，社会学中的财产概念与法律中的财产概念不同。在社会学者看来，"财产并不是指某个物体，而是指这个物体的主人在与其他不占有这个物体的人的关系中所拥有的权利。在社会中，财产是通过社会规范建立的，并常常在法律中有所体现，它规定了人们可以占有物体的条件。产权是受国家支持的，并通过国家的法律制度来实行。财产不仅使所有者有了权利，还可能把责任和限制强加于他。任何社会都不允许人们对财产有无限的权利"。在社会中，权利与责任（义务）是共生的，被社会赋予权利，就需要承担相应的责任（义务）。拥有了土地权利，就需要承担相应的责任（义务）。参见［美］伊恩·罗伯逊：《社会学》下册，黄育馥译，北京：商务印书馆1991年版，第622页。

财产权利的责任与义务，两者共同构成土地私有权。由于财产权利的权-责双重性，土地私有权的绝对充分和完整只不过是一种"理想型"，实际的土地私有权均是权利与义务的复合体，土地私有权的实态是不完整和不充分的，更不是绝对的。上述浙江省、杭县涉及地权的法规、政策及其实施，更倾向于由土地权利中社会关系的角度，强调土地所有者应该承担的责任与义务，从而对地权形成约束，成为抑制地权过度集中的因素。

二、"耕者有其田"：政策及其实施

对《土地法》相关条文的理解，除了将之放在法律的脉络中加以观察，还应将之放在20世纪20年代至30年代的历史情境中予以审视。其时，农村经济趋于凋敝，农家生活状况逐渐恶化。时人认为，改革土地制度是农村社会经济转变的关键，改革土地政策的呼声因此高涨。不论是温和的改良论者，还是激进的革命论者，当时的学者大都将地权重新配置作为推动农村社会经济发展的关键。黄晋生《在胎孕中的浙江新土地政策》一文认为："各地农村所以不安的主要原因，在于有的'有地不耕'，有的则'要耕无地'，因为土地的'分配不均'，乃至于纷扰不已，只有实行'耕者有其田'的方法，才能改善现在萎缩不振的农村经济，才能减轻农民负担，才能鼓励农民生产的热忱。"① 后世学者多沿用此类观点，认为地权配置不均，尤其是地权高度集中不利于农业生产的发展，因而也是农村社会问题的根源。②

在认定土地制度导致土地分配不均，因而应予改革的前提下，学者们提出了解决土地不均问题的策略。③ 其中，"平均地权"属于温和的土地改革方案。按照这一方案，"平均地权"分为两个阶段，其一是实行"土地农有"，其二是实行"土地国有"。所谓"土地农有"，即将土地"由少数人的垄断私有变为全体人的普遍私有"；所谓"土地国有"，即取消土地的个人私有权，使土地的所有权属于

---

① 黄晋生：《在胎孕中的浙江新土地政策》，《廊清月刊》1948年第1卷第9期，第8页。
② 庄维民：《传统乡村地权市场的重新审视——〈建国初期长江中下游地区乡村地权市场探微〉评介》，《东岳论丛》2012年第3期，第190页。
③ 黄晋生：《在胎孕中的浙江新土地政策》，《廊清月刊》1948年第1卷第9期，第7页。

社会全体。① 实现"土地农有"的方法是"耕者有其田",即"不分主佃,耕者就是有田者,有田者就是耕者,将土地所有和土地耕种,合而为一。人民一律向国家纳租,国家为地主"②。按照这一政策,"一方面对于土地所有者实行限田制,限制其土地所有之最高额;另一方面,对于无土地者实行'耕者有其田'之制"③。

依据《浙江省土地改革计划草案提要》,浙江省实施土地改革的目的就是扶植全省佃农及半自耕农成为自耕农,计划用10年时间,将全省佃农和半自耕农转变为自耕农,将佃耕地转化为自耕地,以实现"耕者有其田"。如何使佃农和半佃农变成自耕农呢?按照这份《草案提要》,就是将佃农、半自耕农佃耕的土地变为"自有自耕"的土地,这势必经过土地产权由自耕农向佃农和半自耕农的转移。《草案提要》决定:"限制自耕农所有耕地面积。其非自耕地悉予征收,分配予佃、雇农与缺少耕地之农民承领自耕。"换言之,浙江省政府应通过行政手段,征收为自耕农所有但未自耕的土地,将之分配给缺少土地的佃农与半自耕农。为了维持乃至提升雇农、佃农、半自耕农的生产能力,《草案提要》还规定:"彻底实行'二五'减租,合理规定雇农工资,以保障佃农与雇农(利益)。"④ 同时,政府还要以行政方式,"辅助承领土地农民有自耕经营之能力"⑤。为了实现上述目标,浙江省地政局制定的《浙江省土地改革计划草案提要》还提出了具体的实施办法。对于地权调整,该《草案提要》规定了具体措施和最高限额:"限制自耕农所有土地面积。在五口以上之家以每户上等水田(每亩正产收获量在四百斤以上者)五十亩为最高额,不满五口之家以每户上等水田二十五亩为最高额。"⑥

可见,浙江省计划推行的"耕者有其田"是一项旨在限制业主所有田产最高额,并促使地权向耕种者转移的政策。其预期效果即抑制土地产权集中、促使地权分散。在浙江省,关于实施土地改革的讨论,也明确认定这一时期的土地政策在于限制私有土地面积:"私有土地面积应予以最高额的限制,在《土

---

① 慈元:《从古代土地制度说到平均地权》,《独二旅季刊》1934年第1卷第1期,第7—21页。
② 慈元:《从古代土地制度说到平均地权》,《独二旅季刊》1934年第1卷第1期,第7—21页。
③ 慈元:《从古代土地制度说到平均地权》,《独二旅季刊》1934年第1卷第1期,第7—21页。
④ 地政局:《浙江省土地改革计划草案提要》,《浙江经济月刊》1949年第6卷第1期,第18页。
⑤ 地政局:《浙江省土地改革计划草案提要》,《浙江经济月刊》1949年第6卷第1期,第18页。
⑥ 地政局:《浙江省土地改革计划草案提要》,《浙江经济月刊》1949年第6卷第1期,第18页。

地法》已有明文的规定,这是关于省政府的职权。浙省已经着手调查农民生活所必需的土地面积,然后核定私有土地面积的最高额。凡超过最高额的土地,由政府限令于一定期间内将额外土地划分出卖,或由政府征收之,转售与需要田地而有耕作能力的农民。"① 政府将通过促使地权交易乃至直接征收的方式,推进农地产权的分散。②

在对国民政府土地法律和土地政策的相关研究中,学者们大都注意到土地法规的市场效应。一些学者认为,民国土地政策导致土地市场的活跃和土地交易的加速,结果是土地较之前更为快速地转移。公杰《民国时期山东农村土地交易契约研究——以东蒙公氏家族地契为例》认为,民国时期是一个土地交易十分频繁的时期,其中除了经济发展、天灾人祸等因素的影响之外,法律、政策的改变也是导致这一时期土地交易频繁的主要原因。③ 受"耕者有其田"等土地政策的影响,20世纪30—40年代,杭县农地产权转移频繁,提供了土地政策作用下农地加速流转的又一个案例。

对比《地价册》与《地籍册》中记载的地块所有权人,可以发现地权转移的程度。40年代后期与30年代初相比,位于杭县第八都第七图的界牌头村,地权发生变化的地块数量占全部地块数的70.05%;位于同一都图的周家埭,地权发生转移的地块数量占全部地块数的60.84%;与周家埭相邻的杨家埭村,土地所有权发生变动的地块数量占全部地块数的比重也达到67.10%。④ 从第八都第七图的抽样统计结果来看,地权转移的频度更高。由抽样的1 133个地块的权属变化可知,1947年与1930年相比,权属改变的地块占抽样地块总数的78.29%。不包括宅地,地权发生改变的土地面积占抽样地块总面积的78.18%,与地块数量的比重接近。⑤ 第九都第五十图,抽样1 008个地块的统计结果显

---

① 洪季川:《浙江省实施土地改革之途径》,《浙江经济月刊》1948年第5卷第6期,第2页。
② 抗日战争胜利后,杭县政府决定:"觅定公有或无主农地,招抚回乡义民开垦与播种,并指导合作生产。"杭县县政府:《关于浙江全县行政会议讨论中心问题意见及工作报告》,杭州市临平区档案馆,档案编号:91-1-82。
③ 公杰:《民国时期山东农村土地交易契约研究——以东蒙公氏家族地契为例》,西南政法大学2010年硕士学位论文,第1页。
④ 陆文宝、董建波主编:《临平研究》,上海:上海辞书出版社2015年版,第90页。
⑤ 浙江省土地局:《杭县地籍册·八都七图》,杭州市临平区档案馆,档案编号:93-9-6;杭县地籍整理办事处:《八都七图地价册》,杭州市临平区档案馆,档案编号:93-6-31至93-6-35。

示,占总地块数约74.41%的地块土地所有权发生转移,发生地权变化的土地面积占全部抽样地块总面积74.49%。① 在第十都第二十图,所有权发生转移的地块数量和土地面积甚至更高。对该都图1 011个抽样地块的统计显示,1947年与1930年相比,业主发生变化的地块数量占抽样地块总数的比重达到83.18%,这些地权发生变化的地块面积合计占抽样地块总面积的83.07%。②

表5-1-2-1 1930—1947年杭县地权变动表

区别\项目	地权变化的地块数量占比(%)	地权变化的土地面积占比(%)
第八都第七图	78.29	78.18
第九都第五十图	74.41	74.49
第十都第二十图	83.18	83.07
平均	78.63	78.58

资料来源:浙江省土地局:《杭县地籍册·八都七图》,杭州市临平区档案馆,档案编号:93-9-6;杭县地籍整理办事处:《八都七图地价册》,杭州市临平区档案馆,档案编号:93-6-31至93-6-35;浙江省土地局:《杭县地籍册·九都五十图》,杭州市临平区档案馆,档案编号:93-9-64;杭县地籍整理办事处:《九都五十图地价册》,杭州市临平区档案馆,档案编号:93-6-304至93-6-308;浙江省土地局:《杭县地籍册·十都二十图》,杭州市临平区档案馆,档案编号:93-9-93。杭县地籍整理办事处:《十都二十图地价册》,杭州市临平区档案馆,档案编号:93-6-443至93-6-447。

全县平均,地权发生变化的地块占总数的78.63%,地权发生变化的土地面积占总面积的78.58%。自30年代至40年代后期,土地所有权转移还有加速的趋势。土地改革前夕杭县县委在义桥乡的调查曾经提到,40年代后期,这里的农民放弃土地经营的情形日渐增多。③ 当然,在这一地权转移加剧的过程中,地权并不仅仅是由所有土地面积较少的小农手中流出,而是涉及广泛的双

---

① 浙江省土地局:《杭县地籍册·九都五十图》,杭州市临平区档案馆,档案编号:93-9-64;杭县地籍整理办事处:《九都五十图地价册》,杭州市临平区档案馆,档案编号:93-6-304至93-6-308。
② 浙江省土地局:《杭县地籍册·十都二十图》,杭州市临平区档案馆,档案编号:93-9-93。杭县地籍整理办事处:《十都二十图地价册》,杭州市临平区档案馆,档案编号:93-6-443至93-6-447。
③ 中国共产党浙江省杭县委员会办公室:《一九五〇年县委基点乡——义桥、山桥乡的工作计划、报告、调查材料》,杭州市临平区档案馆,档案编号:1-3-7。

向流动。1948年末至1949年初的土地产权纠纷案例显示，一些所有土地面积较多的业主，也在将所有土地的地权分散转出。其中，个别案例因业主强令佃户购买土地产权，以致造成佃业纠纷。①

尽管学者们普遍认为土地政策是这一时期影响地权市场的重要因素，但具体到土地政策对地权市场的作用机制，却存在着不同的看法。有学者认为，这一时期土地转移加速是由于国家政策放松了对地权的约束。例如，王昉认为，由于国家放弃了对土地所有权的控制，土地所有权与使用权的分离进一步深化，其结果是土地交易市场化趋势加快。②结合杭县地权的变化，可知国家并未放弃对土地所有权的控制，而是通过土地法律和政策，强化对土地私有权的干预。在这一政策与法律背景下的土地市场活跃，有着更为复杂的政治-经济内涵。在土地法律和政策制约下的频繁土地交易，目标在于"耕者有其田"，即促使耕地向无地和少地的农户手中转移，因而并未导致地权的日益集中。

"耕者有其田"的土地政策遵循了地权运作的"政治逻辑"，③将土地政策作为稳定租税、巩固政权、获得积累的手段，以行政权力干预土地转移，抑制了产权市场在土地交易中的作用。④从市场与国家两者关系的角度来看，国民政府"耕者有其田"、"二五"减租及其他政策的意图，都是利益公平，遵循的

---

① 杭县县政府社会科：《乡民借高利贷、二五减租、佃业纠纷（1948年10月至1949年4月）》，杭州市临平区档案馆，档案编号：91-3-362。
② 王昉：《中国近代化转型中的农村地权关系及其演化机制——基于要素-技术-制度框架的分析》，《深圳大学学报（人文社会科学版）》2008年第2期，第150页。
③ 陈明、刘祖云：《传统国家治理逻辑下的地权运作》，《中国农史》2014年第3期，第86页。
④ 丁萌萌：《民国时期土地政策变化对地权市场的影响——以江浙农村为例》，《北京社会科学》2013年第6期，第144页。丁萌萌认为："在政府干预较小的清代，地权市场交易活跃。民间自发产生的多样化交易工具，为农户提供了多种融资需求，各种资源得到有效配置。可以说，这种自生自发的地权市场，某种程度上达到了一种帕累托最优状态。同时，地权市场的完善也促进了农业经济的发展。这一方面是由于小农精耕细作式的生产方式与当时的社会发展状况相适应，使生产力有所提高；另一方面，自生自发的地权市场对农业经济的发展起了至关重要的作用。由于人们能够在土地交易市场上以供需为导向进行交易，农户有自由选择的权利，土地在不断流转过程中，最终落在种田能手的手中，发挥了土地资源的最大效用。"然而，民国时期，"随着政府干预的加强，自生自发的乡村秩序受到冲击，政府开始对基层社会实施干预，如强令执行新的土地政策，禁止押租、转佃等，这在一定程度上限制了农户自由选择的权利，资源配置中发挥主导作用的不再是市场，而是政策法令"。

是国家-政治行为逻辑,并未将地权转移作为"市场行为",更未遵循地权运行的"经济逻辑"。从前述"耕者有其田"政策的目标可知,围绕这一目标的一系列举措,旨在实现地权由所谓自耕农向半自耕农、佃农的转移,其结果正是农地产权的趋于分散。

第二节 租佃政策与地权转移

租佃关系的变化在一定程度上可折射出地权转移状况,因而透过租佃关系可以观察地权转移的情形。本节关注地权与租佃政策和租佃制度之间的关系,试图透过租佃制度、租佃政策及其变化,观察租佃关系对农地产权变化的影响。重点讨论在20世纪30—40年代限制租佃政策影响下租佃率的变化。透过租佃率的分析,观察租佃政策在地权分配中究竟是一种集中机制,还是一种分散机制,以及这种机制对地权配置结构的影响。

一、减租、议租与租额

在《土地法》未公布以前,减租政策已开始在个别省份实施。浙江省根据1926年10月中国国民党中央执行委员及各省区代表联席会议决议,决定依照《中国国民党最近政纲》第六十七条"减轻佃农佃租百分之二五"之规定,推行减租政策。[①] 1927年,国民革命军占领浙江后,浙江省即由中国国民党政治委员会浙江分会、省党部、省政府会同订定《浙江省十六年佃农缴租实施条例》,实行佃农"二五"减租。以正产物全收获量50%为最高租额,佃农依照最高租额减征25%,即减少12.5%,以正产物全收获量的37.5%为缴租之最高额。为了保障减租政策的推行,由党、政机关共同组成仲裁机构,规定乡村为处理佃业纠纷之初级仲裁机构、县为高级仲裁机构、省为最后仲裁机构。同时,

---

① 钱家俊:《浙江省推行"二五"减租之检讨》,《浙江经济月刊》1948年第5卷第6期,第3页。

在党部领导下,各县乡村纷纷组织农民协会,配合实行减租。①

实行"二五"减租后,地主为保持其既得权益,难免以收回自耕为借口而撤佃。时人认为,在政府对地权实施限制之后,地主往往利用撤佃的方法作为控制佃农的工具。在此情况下,保护佃农利益的主要方法就是保障佃权。国民政府将限制撤佃作为保障佃权的必要措施,所以《土地法》第一百十四条和《浙江省佃农"二五"减租办法》第五条对地主撤佃都有特别的限制。② 为了保障佃农对土地的使用权,浙江省政府颁布《浙江省租佃耕地限制收回自耕办法》,规定耕地出租人收回自耕田亩须按其户口实际所有人数计算(包括自身及其家属,雇工不得计算在内),年满12岁以上者,每人以5亩为最高额。不满12岁者,每人以3亩为最高额。连同原有自耕田亩合计,总额不得超过这一标准。出租人如有企图避免限制租额而违法撤佃,或不依规定收回自耕,经承租人呈诉或其他人检举,查明属实者,由县政府处出租人以一年租额之罚款,原耕地仍由原租人承租。如属于举发者,得提罚款五成奖给检举人,其余罚款解缴县公库。③

在"二五"减租政策提出之初,因为担心推行"二五"减租导致业主收入减少,进而间接影响政府的赋税收入,浙江省党部和省政府之间就对"二五"减租政策存在分歧。加上"二五"减租政策实施后,佃业纠纷迅速增加,浙江省遂将之前颁布的《浙江省十六年佃农缴租实施条例》修正为《浙江省佃农缴租章程》,就大小租、收租期限、限制撤佃、不缴租、违背章程等作出新的规定,将佃业纠纷仲裁机构调整为省、县两级,由党部、政府及农民协会共同组织佃业理事局,县之下设乡镇办事处,负责处理减租及撤佃等土地纠纷案件。④

实施两年之后,"二五"减租政策渐见成效,佃农负担因之减轻。各地业主则借口田赋附加增多,阻挠减租政策的推行。1929年,鉴于佃业纠纷繁剧,同时为筹措杭江铁路修筑经费,浙江省政府打算预征田赋一年,计划暂时废止

---

① 钱家俊:《浙江省推行"二五"减租之检讨》,《浙江经济月刊》1948年第5卷第6期,第6页。
② 洪季川:《浙江省实施土地改革之途径》,《浙江经济月刊》1948年第5卷第6期,第1页。
③ 杭县县政府社会科:《乡民借高利贷、二五减租、佃业纠纷(1948年10月至1949年4月)》,杭州市临平区档案馆,档案编号:91-3-362。
④ 钱家俊:《浙江省推行"二五"减租之检讨》,《浙江经济月刊》1948年第5卷第6期,第6页。

"二五"减租,以减轻业主负担。此议遭到浙江省党部竭力反对,形成省府与党部的"对峙"。为此,国民党中央派遣戴季陶到浙江调处,最终决定维持"二五"减租,停止预征田赋。浙江省党政联席会议鉴于1928年所公布之佃农缴租章程仅适用于当年,遂将之前所订之章程改订为较有永久性之《浙江省佃农"二五"减租暂行办法》。①

新颁布的《浙江省佃农"二五"减租暂行办法》内容与原有办法稍有不同,主要包括:佃业双方协定新租约以常年正产物全收获的37.5%为缴租额;业主若要撤佃自耕,必须是有自耕能力且自耕田亩不足者;取消佃业理事局,由党部、政府组织省、县佃业仲裁委员会。另外,还规定了佃业纠纷处理程序,即"先由村里委员会调解;调解不协,得由省、县佃业仲裁委员会处理之"②。

1932年,以1929年所订办法之手续繁重,推行未甚顺利,复经浙江省党部及省政府各推委员3人,与浙江高等法院院长共同制定《修正浙江省佃农"二五"减租暂行办法》及《浙江省处理佃业纠纷暂行办法》。③《修正浙江省佃农"二五"减租暂行办法》继续对田地业主的权利作出诸多限制,包括维持原办法所规定之最高租额、限制业主撤佃等。④另外,第七、八、十、十一、十二、十三、十四、十五等条款,均规定了对业主权利的限制办法。第七条规定:"买主买得附有佃权之田地……不得任意撤佃。"第八条规定:"业主收回田地自耕时,应准原佃农留佃一年。"第九条规定:"撤佃应于收益季节后、次期作业开始前为之,其有当地特殊习惯者,从其习惯(如'春不撤佃'等)。"第十条规定:"业主将田地出卖时,原佃农依同样条件有承买优先权。"第十一条规定:"收回自耕之田地再出租时,原佃农除有欠租或恶习者外,有优先承佃之权。自收回自耕之日起未满一年而再出租时,原佃农得以原条件承佃。"第十二条规定:"缴租期依当地习惯办理,如佃农逾期不缴,业主应限期催告,业主如故意怠于催告,不得借口欠租而撤佃。"第十三条规定:"预租应行禁止……如预租之租额,确较当地通常租额为轻者,得暂依习惯办理。"第十四条规定:

---

① 《浙江省佃农"二五"减租暂行办法》,《浙江党务》1929年第52期,第23页。
② 钱家俊:《浙江省推行"二五"减租之检讨》,《浙江经济月刊》1948年第5卷第6期,第6页。
③ 钱家俊:《浙江省推行"二五"减租之检讨》,《浙江经济月刊》1948年第5卷第6期,第6页。
④ 《修正浙江省佃农"二五"减租暂行办法》,《江浙财政月刊》1932年第5卷第8、9期,第16页。

"押租金应行禁止,但已有押租金而其缴租额确较当地通常租额为轻者,得暂依习惯办理。"第十五条规定:"业主除依本办法收租外,不得违法多收,并不得有'租鸡''租力''租脚'等额外需索。"①

由上述规定可知,修正后的浙江省佃农"二五"减租暂行办法,重在维护佃农的权益。然而,租佃政策涉及多方利益。因为降低地租率和禁止业主随意撤佃,佃农的利益在政策法规层面得到保障。但如果此项政策损害到政府征收赋税,则政府又会对佃农的权利加以限制。租佃政策的预设目标是,在保障政府赋税收入的前提下,逐步减少地主所有的土地数量,即限制租佃的实施;同时,渐次增加佃农所有的土地数量,产生地权较为平均化的结局。故这一时期的租佃政策就是降低地租率,限制租佃关系,并通过评议地租的方式,缓和租佃之间的关系,平衡租佃的收益,保障政府的赋税征收。

正因如此,在推行"二五"减租的同时,又制定和实施《浙江省十七年佃农缴租章程》。《浙江省十七年佃农缴租章程》规定的缴租原则,是以"正产全收获量的50%为最高租额"②。所谓正产全收获量,是指当年主要农产之全收获量。因此,实际地租额取决于对正产全收获量之估计。故该章程又规定了正产全收获量之估定办法。即以各乡同一地则一般收获量为全收标准,不论是丰收还是歉收,均以这一标准作为租额之依据。③ 1948 年 10 月 11 日,杭县参议会举行第四次佃租委员会会议,商讨当年晚稻缴租标准,得出决议:最高地租额不得超过糙米 0.675 石,最低租额不得低于糙米 0.262 石。各乡镇公所亦会同当地农会、县参议会议员召集乡镇民代表、佃业双方代表估定晚稻收获量,遵照"二五"减租办法以及县佃租委员会议定缴租标准额,复议各乡镇租额。④ 在具体的操作上,租额大都由各乡镇公所议租会议决定。⑤ 杭县东清乡扩大佃租会议估定的 1948 年收获量标准如表 5-2-1-1 所示。

---

① 《修正浙江省佃农"二五"减租暂行办法》,《江浙财政月刊》1932 年第 5 卷第 8、9 期,第 17 页。
② 《浙江省十七年佃农缴租章程》,《钱业月报》1928 年第 8 卷第 7 期,第 15 页。
③ 《浙江省十七年佃农缴租章程》,《钱业月报》1928 年第 8 卷第 7 期,第 15 页。
④ 杭县县政府社会科:《乡民借高利贷、"二五"减租、佃业纠纷(1948 年 9 月至 1949 年 4 月)》,杭州市临平区档案馆,档案编号:91-3-362。
⑤ 杭县县政府社会科:《各乡镇公所议租会议记录(1948 年 9 月至 1949 年 1 月)》,杭州市临平区档案馆,档案编号:91-3-160。

表 5-2-1-1　1948 年杭县东清乡扩大佃租会议估定全收获量标准表

保别	小地名	收获量（石）	保别	小地名	收获量（石）
第一保	东江嘴	0.8	第五保	虎啸路至汉渡浦东	1.0
第一保	牛角沙	1.0	第五保	大泽坂	0.7
第二保	五围仓	1.0	第六保	老塘	1.2
第三保	小沙	1.2	第六保	涂田	1.2
第三保	长春浦之西张家浦之东	1.0	第六保	兵饷	0.9
第四保	涂滩沿	0.9	第六保	六十号围	0.7
第四保	周家漧	0.8	第四保	救漧浦	0.9
第四保	许家后	1.0	第七保	农学沙	0.5
第四保	学校坂	0.9	第七保	如意沙	0.8
第五保	韩家漧	0.9	第七保	吉祥沙	0.6

资料来源：杭县县政府社会科：《各乡镇公所议租会议记录（1948 年 9 月至 1949 年 1 月）》，杭州市临平区档案馆，档案编号：91-3-160。

租佃会议估定的收获量不是实际产量，但亩均产量的估计考虑到不同地块的差异，且略低于实际产量。以上表为例，亩均产量估计为 0.9 石，对比前文统计之实际产量可知，亩均产量的估计整体上低于实际产量。在估定产量的基础上，佃租会议按照"二五"减租政策的规定，制定佃户应纳租额。再以杭县塘河乡为例。1948 年，该乡召集佃业双方代表及农会代表、乡民代表、县参议员开会，议定本乡缴租额，复议结果如表 5-2-1-2 所示。

表 5-2-1-2　1948 年杭县塘河乡复议租额表

保别	旧保别	小地名	等级	缴租额（石）
第一保	1	全保	乙	0.487 5
	2			

续 表

保 别	旧保别	小地名	等 级	缴租额(石)
第二保	3	田心里	—	0.4000
		余外	乙	0.4875
	5	庄前圩及杨家浜	—	0.4500
		波罗圩、岳坟圩、塘路口	乙	0.4875
第三保	4	由保长自定之	甲、乙、丙	
	10	杨家浜至水沟	甲	0.5250
		太平桥至张来根地	乙	0.4875
		张来根地至朱家斗	—	0.4500
		东面水沟至朱家斗	—	0.4500
第五保	8	卖花娘子桥至青龙桥	甲	0.5250
		余外	乙	0.4875
	9	大沟边	甲	0.5250
		黄舍头里首新塘前面	乙	0.4875
		赵家浜至岗路边	—	0.4600
第六保	11	—		0.4600
	12	—		0.4300
第七保	13	全保	—	0.4300

资料来源：杭县县政府社会科：《各乡镇公所议租会议记录(1948年9月至1949年1月)》，杭州市临平区档案馆，档案编号：91-3-160。

议租往往以乡为限，在各乡内又分实际产量不同的地块，依照各保内不同区域分别议定不同的产量，然后按照"二五"减租政策的规定议定地租。对比上列表格可知，各乡在执行"二五"减租政策上没有差异。因此，决定地租额多寡的关键，就在于对田地单位面积产量的认定。而"议租"中产生的分歧，也主要在对田地单位面积产量的估计上。①

田地产量本为约定俗成之共识，租佃双方可依据实际产量以及租佃供需关系，自行协商决定地租额。按照杭县的租佃习惯，"租田手续，大抵以契约定之。初承种时，通例应预向田主声明，自某年起由某承种。还租用米谷或以钱，各如其约。佃户承种田地而后，每年稻租及租金，均有一定。稻租因荒年而有折扣，租金则于上年全数预收，不问来年荒熟"。② 由租佃双方认定的租佃契约，保障了租佃关系的长期稳定。其中，较为长期的租佃关系，甚至可以延续数代："至田地承种年限，苟佃户逐年还清田租，田主不得任意更换或收回自种。故本地之永佃权，尚有世代相承之习惯。"③ "二五"减租政策制定后，为了推行减租政策，乡镇政权、乡农会、参议会等机构均加入到"议租"事务中，由"行政行为"压低本应由"租佃市场"决定之地租率。

"二五"减租是国民党农民政策之一项重要步骤，其目标在于通过减租，"收抑低地价及培养佃农购地能力之功效，一面迫使地主逐渐放弃地权，一面使佃农取得土地，升为自耕农"。④ 杭县县政府在给各乡镇政府的代电中，亦认为"限制地租，保护佃农，以提高佃农经济地位，并培养其购买土地之能力，俾使逐渐升为自耕农，此项和平性之土地改革与扶植自耕农工作实属相辅相成"⑤。当年，此项工作曾被列为该县重要施政措施。实际上，"二五"减租政策的推行确实导致租额下降。在实施"二五"减租政策之前，浙江"佃业既呈绝端分化，故田主剥削佃农，无所不用其极"⑥。不论年成丰歉，佃农必须依照原定租额支付"板租"。业主为保障自身利益，往往提前两三年收缴"预租"，"选其高者，出佃耕种。或于出佃之时，存押租金。如是田主得无利运用佃农

---

① 杭县县政府社会科：《各乡镇公所议租会议记录(1948年9月至1949年1月)》，杭州市临平区档案馆，档案编号：91-3-160。
② 铁道部财务司调查科查编：《京粤支线浙江段杭州市县经济调查报告书》，见张研、孙燕京主编《民国史料丛刊(368)》，郑州：大象出版社2009年版，第357页。
③ 铁道部财务司调查科查编：《京粤支线浙江段杭州市县经济调查报告书》，见张研、孙燕京主编《民国史料丛刊(368)》，郑州：大象出版社2009年版，第357页。
④ 钱家俊：《浙江省推行"二五"减租之检讨》，《浙江经济月刊》1948年第5卷第6期，第3页。
⑤ 杭县地籍整理办事处：《地整处限制地租成果报告》(1948年)，杭州市临平区档案馆，档案编号：91-3-779。
⑥ 朱其傅：《浙江农村病态之经济观》，《浙江省建设月刊》1933年第7卷第4期，第20页。

之款，而佃农则转负担高利，向人挪筹；即或不然，至少佃农亦出其流动资金之一部，以报效田主，于是生计益艰，生活益苦"①。浙江省推行"二五"减租之后，租额发生变化。就各县实行"二五"减租前后之租额而言，各县市于"二五"减租前一般租额最高占全年农产正产物70%及60%，普通占全年农产正产物50%，最低占全年农产正产物30%及35%，平均占全年农产正产物50.6%。减租后，一般租额最高占全年农产正产物60%、55%及50%，普通占全年农产正产物37.5%，最低占全年农产正产物22.5%。平均占全年农产正产物的37.5%。②

"二五"减租及之后的相关政策，一方面限制地权，另一方面保障佃权，旨在维护佃农利益。至于佃农利益是否因此而得到保障，时人曾经作过一番计算，如表5-2-1-3所示。

表5-2-1-3　1930年浙江省佃业收益表

全收获量（石）	佃农所得	生产成本	佃农净得	业主所得	缴纳赋税	业主净得
3.0	18.75	6.00	12.75	11.25	1.00	10.25
2.5	15.36	6.00	9.63	9.37	1.00	8.37
2.0	12.50	6.00	6.50	7.50	1.00	6.90
1.5	9.38	6.00	3.38	5.62	1.00	4.62
1.0	6.25	6.00	0.25	3.75	1.00	2.75
0.5	3.13	6.00	−2.87	1.87	1.00	0.87

说明：除收获量外，其他项目计算单位均为"元"。
资料来源：《浙江实行"二五"减租后之情况》，《统计月报》1930年第2卷第5期，第62页。

据表5-2-1-3观察，实行"二五"减租后，每亩收获量达到2石者，佃业双方净得才可相等；收获在2石以上者，佃农净得比业主略多。在2石以下者，佃农净得与业主相差远甚。收获1石，佃农净得为0.25元，业主缴纳粮赋之后，尚有0.87元。据浙江省之统计，各县因受风虫水旱等自然灾害之影响，

---

① 朱其傅：《浙江农村病态之经济观》，《浙江省建设月刊》1933年第7卷第4期，第20页。
② 钱家俊：《浙江省推行"二五"减租之检讨》，《浙江经济月刊》1948年第5卷第6期，第7页。

平均每亩最高收获 2 石已属不易，其收获至 2.5 石左右者，几为特例，至于 3 石，可谓绝无仅有。至于 2 石以下甚至粒米无收者，亦为极普遍之现象。加之投入的生产成本，无论其收获如何缺少，事实上不能减缩，而业主所纳粮赋，却因荒歉得以或减或免。可见，浙江省各县依照"二五"减租实施标准实行后，佃农与业主所得收益仍未能如政策所预期的"匀称"。①

在杭县，一般租额是由收获多寡而定，通常是 0.4 石至 0.7 石，早稻每亩 0.6 石至 0.7 石，晚稻 0.4 石或 0.5 石。皆由地主自议，适用于永年长租、短租、借租、顶租等。定租及转租的租额较重，定租一般 0.8 石至 1 石，转租则稍多于永年长租，大约 0.7 石至 0.8 石（因其中有 0.1 石至 0.2 石的小租）。② 20 世纪 30 年代初，杭县各区租额，虽各有差异，然约而言之，每亩最高额约在 1.2 石（糙米），少则 0.5 石，但以 0.8 石起租为最普遍，按每亩产量 2.5 石计算，则地租率为 32%。按每亩产量 2 石计算，则地租率为 40%。③ 至 20 世纪 40 年代后期，杭县塘栖镇租额，每亩上等田纳米 0.7 石（每石合 75 千克），中等田 0.6 石，下等田 0.4 石，平均每亩 0.57 石。按每亩产量 2.5 石计算，地租率为 22.80%。按每亩产量 2 石计算，则地租率为 28.5%。当地并未按照"二五"减租办法施行，但实际地租率低于"二五"减租政策规定的租额。

表 5-2-1-4　1945—1947 年杭县地租表

年　份	地　点	地　目	地租（石）
1945	云泉乡第三保	田	0.400
1946	云泉乡第三保	田	0.424
1946	新宁乡	田	0.330
1947	丁兰乡第四保	田	0.400
1947	乔司镇	地	0.500

---

① 《浙江实行"二五"减租后之情况》，《统计月报》1930 年第 2 卷第 5 期，第 62 页。
② 中国共产党浙江省杭县委员会：《一九五〇年县委基点乡——义桥、山桥乡的工作计划、报告、调查材料》，杭州市临平区档案馆，档案编号：1-3-7。
③ 叶凤虎：《杭县之物产及农村状况》，《浙江省建设月刊》1934 年第 7 卷第 12 期，第 7 页。

续表

年 份	地 点	地目	地租(石)
1947	云泉乡	田	0.602
1946	新宁乡新浦沿村	田	0.400
1946	新宁乡新沙村	田	0.600
1947	十一都二图	田	0.487
1947	王安乡	田	0.500
1947	鹰沙	田	0.450
1946	三墩镇环隆桥	田	0.500
1947	周安乡	田	0.500
1947	山桥乡	田	0.346

资料来源：杭县县政府社会科：《袁楚三、高华祝等佃业纠纷案(1947年)》，杭州市临平区档案馆，档案编号：91-3-319；杭县县政府社会科：《骆忻甫与张毛毛等佃业纠纷案(1946年至1947年)》，杭州市临平区档案馆，档案编号：91-3-320；杭县县政府社会科：《陈大兴等诉王文高等侵占地产、损害农作物案(1947年)》，杭州市临平区档案馆，档案编号：91-3-321；杭县县政府社会科：《俞惠珍与陈珍贵等佃业纠纷(1947年)》，杭州市临平区档案馆，档案编号：91-3-322；杭县县政府社会科：《周浦乡、新宁乡、三墩镇、云泉乡等乡镇处理佃业纠纷案材料(1946年)》，杭州市临平区档案馆，档案编号：91-3-342；杭县县政府社会科：《乡民借高利贷、"二五"减租、佃业纠纷(1948年10月至1949年4月)》，杭州市临平区档案馆，档案编号：91-3-362。

塘河乡租额大约分为三等，甲等每亩缴租5.25斗，乙等每亩缴租4.87斗，丙等每亩缴租4.375斗，地租率分别为29.17%、34.79%、43.75%，平均地租率为35.90%，低于"二五"减租政策规定的地租率。按照各保缴租数额平均，地租率为33.71%，亦未超过"二五"减租的标准。

表5-2-1-5　1948年杭县丁兰乡估定收获复议租额表

保别	稻田		农地缴租额(石)
	收获量(石)	缴租额(石)	
一	1.2	0.4500	0.2250
二	1.2	0.4500	0.2250

续 表

保 别	稻田		农地缴租额(石)
	收获量(石)	缴租额(石)	
三	1.2	0.450 0	0.225 0
四	1.1	0.412 5	0.225 0
五	1.1	0.412 5	0.225 0
六	1.1	0.450 0	0.225 0
七	1.1	0.412 5	0.289 0
八	1.2	0.450 0	0.225 0
九	1.2	0.450 0	0.225 0
十	1.1	0.412 5	0.289 0
十一	1.0	0.375 0	0.262 5
十二	1.0	0.375 0	0.262 5
十三	1.0	0.375 0	0.262 5

资料来源：杭县县政府社会科：《各乡镇公所议租会议记录(1948年9月至1949年1月)》，杭州市临平区档案馆，档案编号：91-3-160。

根据表5-2-1-5可知，丁兰乡议租结果，稻田纳租额为42.12%，农地纳租额为24.35%。稻田纳租高于"二五"减租政策规定的地租率，而农地纳租额又低于政策规定的地租率。农田和农地平均计算，地租率为33.235%，低于"二五"减租政策规定的地租率。

在瓶窑镇，不论每亩稻田收获多少，佃户固定每亩缴租谷7斗，折合稻米5.25斗，以当地水稻亩均产量1.75石计算，地租率为30%。在肇和乡和崇贤乡，业主分得收获量的37.5%，佃农得62.5%，即地租率为37.5%。[1] 业主洪广达租给佃户陶学章(住长子坞)田3亩，地租为1.2石，折合每亩地租为0.4石，即地租率为16%。另如业主朱扶九(住元宝街)租给佃户黄伯根土地6.6

---

[1] 杭州市余杭区地方志编纂委员会编：《余杭通志》第二卷，杭州：浙江人民出版社2013年版，第4页。

亩，合计地租 3.27 石，平均每亩地租 0.495 石，地租率为 19.8%。① 据杭县山桥乡第二村的调查，当地地租的租额和租率，因为地租种类的不同而有差异。其中，花租（即议租或不定租）最为普遍，每年根据收成由大业主及政府机构共同议定。1946 年至 1948 年三年间，平均每亩租额是 0.42 石，约占产量的 1/3 强，即地租率约为 33%。②

此外，四维、严庄、双桥、义桥、树塘、临平、永和、博陆等乡镇均按照"二五"减租规定的地租额纳租。

表 5-2-1-6　1948 年杭县各乡镇晚稻秋收调查表

乡镇（保）	作物	估计收获量（石）			过去缴租情形
		最高	最低	平均	
塘栖	稻谷	3	2	2.5	上等田年缴租米 7 斗，下等田年缴租米 6 斗。所行"二五"减租本地至今尚未实行。
塘河	稻	1.8	1.0	1.4	全乡分为甲、乙、丙三等，甲等缴 5.25 斗，乙等缴 4.87 斗，丙等缴 4.375 斗，如有特殊，酌减之。

---

① 杭县县政府社会科：《俞惠珍与陈珍贵等佃业纠纷（1947 年）》，杭州市临平区档案馆，档案编号：91-3-322。
② 中国共产党浙江省杭县委员会：《一九五〇年县委基点乡——义桥、山桥乡的工作计划、报告、调查材料》，杭州市临平区档案馆，档案编号：1-3-7。此外，亦有其他几种地租形式，租额均较高。板租即死租或定租，农地多采用此种租佃形式，水田采用很少。板租租额规定后，不管收成好坏，甚至灾荒，均得按额交租，每亩租额平均 8 斗米，占产量 2/3 弱，这种田多为缺田的贫农所租种。即越是无地和少地的农民，其所负担的地租率越高，达到了 66%。空头租即不是一亩田作一亩田收租，也有将田边地算作田收租的，一般七分田至八分田为一亩，这也是一种额外地租。以正常地租率为 33% 计算，则此类空头租的地租率约为 41% 至 44%。借田即活租，地主将土地以高额出租，租期一年，佃户无永佃权。第二年谁肯出高价又租给谁，租额在 8 斗至 1 石（米）之间，即地租率高达 67% 至 83%。分租即业主出土地农民出劳力及农本，收获时分收作物，一般是正产物业佃对分，副产物归佃户。按正产物的收获量估计，地租率为 50%。但因副产物归佃户，因此地租率应低于 50%。小租即转租，由二地主（也有个别农民因贫病而转租）向地主租入田地（有永佃权），转租农民（无永佃权可随时抽回），佃户除向原地主交租及交田赋公粮外，还需交小租给二地主 3 斗至 5 斗米的额外地租。因向原地主交租和缴纳田赋数量不详，无法判断其地租率。顶田即佃户因生活困难将田面权（使用权）抵押出去，每年向受押者交租（田面权的租），过期不赎，则不能收回。具体地租额和地租率不详。可见，未按照"二五"减租政策收取地租者，地租率较低者为 40% 左右，较高者为 50% 左右，最高者达到 80% 以上。

续 表

乡镇(保)	作物	估计收获量(石)			过去缴租情形
		最高	最低	平均	
肇和	稻	1.5	1.1	1.3	1946年起均照省颁"二五"减租办法缴租。
良渚	稻	2.4	1.6	2.0	河田收获量。依照"二五"减租办法缴租。
良渚	稻	1.7	1.0	1.4	山田收获量。
四维	晚稻	1.6	1.2	1.4	秋收后依照"二五"减租办法以实物缴租,尚有一部分仍照契约所订惯例缴租。
严庄	稻	3.0	2.0	2.5	依收获量折半除"二五"减租缴纳。
双桥	稻	2.4	1.6	2.0	比照收获量缴百分之三七.五。
义桥	晚稻	1.8	1.2	1.5	照"二五"减租办法,田主得全收获量之"三七五"。
树塘	稻	1.7	0.5	1.0	一、照"二五"减租办法缴租;二、佃业双方落田照"二五"减租分收。
临平	晚稻	1.8	1.4	1.6	自1929年起,遵照"二五"减租办法办理以迄于今。
翁梅	稻	1.0	0.2	0.6	稻田本乡甚少,过去通常每亩需交租米3斗至5斗。
东清	稻	1.2	0.5	0.9	大部业主已照章收取,唯有少数业主仍不照章收取。
山桥	稻	2.4	1.4	1.9	1947年度平均收获量每亩田3市石计算,照"二五"减租核折。业主收租谷1市石6升。
周安	稻	1.8	0.3	1.1	遵照"二五"减租。
瓶窑(1)	晚稻	3.0	0.6	1.8	佃方固定每亩缴租谷7斗,不论收获多少。
瓶窑(2)	晚稻	2.8	0.6	1.7	佃方固定每亩缴租谷7斗,不论收获多少。
瓶窑(3)	晚稻	1.8	0.6	1.2	每年收获时召集保甲长、乡民代表、士绅、地主、佃农。。
瓶窑(4)	晚稻	1.8	0.6	1.2	共同酌议估计收获量多少,评定缴租若干,其标准与"二五"减租略同。

续 表

乡镇（保）	作物	估计收获量（石）			过去缴租情形
		最高	最低	平均	
瓶窑(5)	晚稻	2.2	0.6	1.4	遵照"二五"减租办法缴纳。
瓶窑(6)	晚稻	2.2	0.8	1.5	遵照"二五"减租办法缴纳。
瓶窑(7)	晚稻	2.2	0.8	1.5	遵照"二五"减租办法缴纳。
瓶窑(8)	晚稻	2.3	0.8	1.5	遵照"二五"减租办法缴纳。
瓶窑(9)	晚稻	2.3	0.8	1.5	遵照"二五"减租办法缴纳。
瓶窑(10)	晚稻	2.0	0.8	1.4	遵照"二五"减租办法缴纳。
寿民	稻	2.0	0.2	1.1	全乡85％为自耕农，15％为佃农，每亩二三市斗起至六七市斗止，平均约四五市斗。每亩视水利之有无及土质之肥瘠而定租米之多寡，一经约定，大率不得增减，所谓板租是也。
忠义	稻	1.1	0.6	0.9	由乡公所召集乡农会乡民代表会及佃农双方代表议定租额交纳。
双桥	稻	2.5	1.6	2.0	业主、佃农召开议租会议，依照收获量"三七五"缴租。
泉塘	晚稻	1.5	0.7	1.0	地主四成，佃户六成。
永和	稻	1.2	0.5	0.9	以"三七五"缴纳租米或折缴租金，并无其他特殊惯例。附注：1.以上估计收获量系指农田而言，经实地查勘分段决定。2.农地按照上列数字七折计算。
博陆	稻	1.2	0.8	1.0	"二五"减缴租。
崇化	稻	2.0	1.2	1.6	丰年收获物平均。缴租一律，不分等级。荒歉酌量估计各畈收获量，分等缴租。
新宁	稻	3.2	0.6	1.9	本乡自1927年起依照令颁"二五"减租实施。
丁兰	稻	1.2	1.0	1.1	收获量对折除去"二五"减租外，为收租数量。
宏磻	稻	3.6	2.6	3.2	

续 表

乡镇(保)	作物	估计收获量（石）			过去缴租情形
		最高	最低	平均	
定山	稻	1.5	0.7	1.1	依照"二五"减租办法缴租。复议租额，每亩糙米最高五斗六升二合，最低二斗六升五合。

说明：当年耕田因夏季缺少雨量，收成较1946年约减收30%强。副产自入秋后，因久旱之故，以棉花一项而言，较上年约减收30%弱。

资料来源：杭县县政府社会科：《各乡镇晚稻收割调查表（1948年9月至1948年12月）》，杭州市临平区档案馆，档案编号：91-3-361。

由上表可知，各乡依照"二五"减租办法缴租者占60%，依照租约习惯缴租占40%。按照租约习惯缴租者，地租率往往低于"二五"减租政策所规定的地租率。周安乡第十保一个租佃纠纷案例中，全年收获量为稻谷1 236市斤，净收租谷为475市斤，即地租率为38.43%。[1]略高于"二五"减租政策规定的地租率。

1948年，杭县各乡镇提交了实施限制地租成果报告。依据由各乡填报的报告表，整理如表5-2-1-7。

表5-2-1-7　1948年杭县实施限制地租成果报告表

乡别	已行限制地租地主户数	已行限制地租佃农户数	备　注
肇和	52	2 000	本乡佃户所种之田，多数租自居住邻乡或杭州市之地主。
义桥	20	650	
云会	32	2 471	
乔司	46	1 006	
丁河	35	674	
四维	98	565	

[1] 杭县县政府社会科：《乡民借高利贷、"二五"减租、佃业纠纷（1948年10月至1949年4月）》，杭州市临平区档案馆，档案编号：91-3-362。

续 表

乡别	已行限制地租地主户数	已行限制地租佃农户数	备 注
塘河	30	478	
东平	24	336	每亩租米 6.25 斗。
崇贤	29	370	
五杭	9	32	
纤石	50	750	
留下	30	150	
塘栖	20	35	
小林	12	280	
乾元	51	586	

资料来源：杭县地籍整理办事处：《地整处限制地租成果报告（1948 年）》，杭州市临平区档案馆，档案编号：91-3-779。

乔司、云会、崇贤、纤石、小林、乾元、塘栖乡（镇）地租率相当于地价的 8%，或者正产物之 37.5%。五杭乡缴租标准则为每亩糙米 0.375 石。调查也显示，塘栖镇多数为自耕农，故成果报告中统计的业主数量较少。[1] 实际缴租数额，塘栖镇上等田缴米 0.70 石，下等田缴租米 0.60 石，平均每亩缴租米 0.65 石，地租率为 26%。尚未实行"二五"减租。塘河乡全乡分为甲、乙、丙三等，甲等缴 0.525 石，乙等缴 0.487 石，丙等缴 0.437 石，平均每亩为 0.483 石，地租率 19.32%。崇贤乡通常每亩年缴租（糙米）0.525 石，地租率为 21%。[2]

值得说明的是，上列数据仅为双方达成契约的租额，不一定是实际交付的租额。如朱扶九与黄伯根之间的租约，朱扶九方面陈述："云泉乡第三保淳桥佃户黄伯根租种民田陆亩六分，所缴之三十五年板租米四石三斗五升，除去

---

[1] 杭县地籍整理办事处：《地整处限制地租成果报告（1948 年）》，杭州市临平区档案馆，档案编号：91-3-779。
[2] 杭县县政府社会科：《各乡镇晚稻收割调查表（1948 年 9 月至 1948 年 12 月）》，杭州市临平区档案馆，档案编号：91-3-361。

'二五'减租,应实缴租米三石二斗七升。迭次催缴,置若罔闻,延至迄今,一再苦谏追缴,仍未见效。前经呈请该乡乡公所调定,由民'二五'减租后,怜让每亩三升,又津贴围塘米二斗七升,净解租米二石八斗,当场由其承认,先缴租米一石五斗,尚余一石三斗,准延至本年(三十六年)秋收时缴清在案。讵知事后前往该户收缴,竟违反前约,粒米不解。"① 按照"二五"减租的规定,佃户应缴租米为3.27石,但经"怜让"之后,所缴实际为2.80石,相当于减租后应缴数额的85.63%。若租额3.27石即地租率37.5%,则实际交纳数额为32.11%,此为实际之地租率。

在具体交纳过程中,佃户有时难免拖欠地租交纳时间。由于这一原因,在按照"二五"减租标准收租的情况下,实际租额可能比"二五"减租所规定者更低。尤其是20世纪40年代后半期,"抗不缴租"的案例层出不穷。结果是业户"收入减少,因之生计困难,粮赋无力清完"②。依据杭县县政府社会科档案中的记载,下表列出了截至1949年2月,个别佃户欠租的情形。

表5-2-1-8 1949年魏阿法等佃户欠租表

佃户姓名	租田亩数	每亩租额	已缴数	欠缴数	前欠缴数	备考
魏阿法	3.86	3.46斗	全年未缴	1.336石	上年欠0.2石	住一保
高顺喜	3.11	3.46斗	全年未缴	1.08石	上年欠0.4石	住二保官塘桥
高阿三	6.15	3.46斗	1.4石	0.65石		住二保官塘桥
高德财	2.60	3.46斗	0.5石	0.4石	上年欠0.2石	住二保官塘桥
高掌全	1.64	3.46斗	0.5石	0.07石		住二保官塘桥
姚品山	2.11	3.46斗	0.46石	0.21石		住二保官塘桥

资料来源:杭县县政府社会科:《乡民借高利贷、"二五"减租、佃业纠纷(1948年10月至1949年4月)》,杭州市临平区档案馆,档案编号:91-3-362。

---

① 杭县县政府社会科:《俞惠珍与陈珍贵等佃业纠纷(1947年)》,杭州市临平区档案馆,档案编号:91-3-322。
② 杭县县政府社会科:《乡民借高利贷、"二五"减租、佃业纠纷(1948年10月至1949年4月)》,杭州市临平区档案馆,档案编号:91-3-362。

值得注意的是，上述案例中，业佃双方实行分成地租，四六分成。地租率高出"二五"减租政策规定之37.5%。

其他拖欠地租的案例则显示地租率并未超过"二五"减租政策所规定的地租率。在骆忻甫与张毛毛等人之间的佃业纠纷案中，具呈人为62岁的杭县人骆忻甫，住址为杭州市乌龙巷十八号，暂寓上泗区骆家埭。他在1947年2月15日提交给杭县佃业仲裁会的申请书中称，他位于上泗区十二都八图云泉乡及十四图周安乡等地的土地，1946年按照原租额减"二五"收租。1947年，"照原租额减'二五'之后，再减四分之一收租（例如八斗减二斗，再减一斗五升，故称'双二五'）"。① 尽管一减再减，佃户仍一再拖欠地租的交纳。

表5-2-1-9　1945—1946年张凤祥等佃户欠租表

租田数量	原租额及七五折	1945年所收租谷米数	1946年收租情形
张应连之孙租田一亩二分。	原额租米七斗五升，七五折合米五斗六升三合。	去年言定四斗全欠不缴，今年只还三斗仍旧扣住。	今年十一月十六日去收糙米六斗，旧欠三斗，均扣住。
张承升子老毛租田五分零三毫。	原额租米四斗五升，七五折后米三斗三升七合半。	去年只收米二斗。	今年同日收米三斗，扣住不缴。
张应川子凤祥、凤岐、凤炳租田共五亩八分。	原额租米四石二斗，七五折合米三石一斗五升。	去年中只收一石八斗四升。	今年收米二石九斗，扣住不缴。
张关顺子镜元租田五亩四分五厘。	原额租米四石零八升八合，七五折合米三石零六升六合。	去年只收米一石四斗。	今年收米三石，只缴一石，仍扣住不缴。
曹松法弟松泉租田八分九厘三毫。	原额租米四斗四升四合，七五折合米三斗三升。	去年只收法币一千四百元。	今年收米三斗，扣住不缴。
黄永福孙绍澍租田共六亩八分八厘二毫。	原额租米四石一斗六升，七五折合米三石一斗二升。	去年只收谷二石四斗，欠下租谷一石，至今未还。	今十一月廿一日往收七五折租米，遭拒绝不许。

资料来源：杭县县政府社会科：《骆忻甫与张毛毛等佃业纠纷案（1946年至1947年）》，杭州市临平区档案馆，档案编号：91-3-320。

---

① 杭县县政府社会科：《骆忻甫与张毛毛等佃业纠纷案（1946年至1947年）》，杭州市临平区档案馆，档案编号：91-3-320。

故骆忻甫申请杭县佃业仲裁委员会裁决。据《杭县佃业仲裁委员会裁决书》，"依照'二五'减租后经得佃业双方同意，将应缴租米内酌予减少，计张毛毛七斗五升，张老毛二斗五升，张凤岐、张凤祥、张凤炳共缴二石七斗，张镜元一石五斗，曹松泉二斗七升，迅予即日缴清"。① 该处理结果，即在实际应缴数额基础上，再打折实缴。在这个案例中，佃农的实际负担低于租佃契约规定的地租率。

与骆忻甫类似的案例在杭县代表了普遍情形。社会学家陈达曾经撰文描写1948年的情形："当我少年时，村内以自耕农为多。近年的情形却大不相同，一般的耕户俱逐渐变卖田地，贬为佃农。这里是实行'二五'减租的区域，他们很高兴地告诉我，业已举出一位精敏廉明的农会理事长，他是苦干蛮干为大众谋福利的人。大地主还是许、莫两姓，仍旧要征收相当的佃租。但农会屡次与之交涉，减低到每亩收米三斗五升（每斗一十五斤）。实际这个标准比'二五'减租还要低些。佃户自己说，依照这样的标准，业主除了纳税及付清各种捐款以后，所剩下的也够微细的了。"②

据1949年12月杭县县委会调研组填写的《解放前后各阶级负担调查表》，20世纪40年代末杭县各阶层租额负担如表5-2-1-10所示。

表5-2-1-10 1949年杭县各阶层租额表

类	别	租额占总收入比重(%)
地主	田百亩以上	0.00
	田五十亩以下	0.00
富农		0.00
中农	富裕	1.91
	中农	0.00
贫农		13.84

---

① 杭县县政府社会科：《骆忻甫与张毛毛等佃业纠纷案（1946年至1947年）》，杭州市临平区档案馆，档案编号：91-3-320。
② 陈达：《一幅流民图》，《新路周刊》1948年第2卷第1期，第17页。

续 表

类　　别	租额占总收入比重(%)
佃富农	54.60
佃中农	21.99
佃贫农	27.3

资料来源：中国共产党浙江省杭县委员会办公室：《一九四九年杭县一届农代会的报告、减租减息的计划、报告(1949年10月25日至1949年12月31日)》，杭州市临平区档案馆，档案编号：1-3-2。

据表5-2-1-10，受到地租影响的主要是佃农，包括佃富农、佃中农和佃贫农。对于佃农阶层而言，在地租率上升的情况下，佃农收入数量相应减少，生活水平因之下降，改进之机会随之减少。① 可见，地租率上升也是导致地权集中，至少是阻碍地权趋于分散的因素。相反，减少地租额及地租率可以推动地权趋向于分散。

当地租增加，租入土地收益随之上升，故有资力者更倾向于购入土地，从而促使地权的转移。同时，由于地租增加，地价随之上涨，也会刺激一些农户出售土地，从而推动地权的转移。相反，减少地租，有利于自耕农、半自耕农购入土地。因为自耕农、半自耕农购入土地，主要用于自耕，而不是用于出租，因此，地租之削减，不会影响其利益。减少地租，只会影响那些出租土地的业主的利益。可见，地租率的增加与减少会产生不同的地权变动效应。地租率上涨可推动地权向拥有土地较多的少数农户手中集中，故其作用可称为集中机制。而地租率下降则可能促使地权向以自耕为目的的农户手中配置，故可称为分散机制。在本书的第一章，我们已经证明20世纪30—40年代杭县农地产权经历了集中化与分散化的双向变动过程。本小节则进一步证明，在20世纪30年代初至40年代后期，杭县地租率是相对稳定甚至略有下降的，而这一变化正是导致地权相对稳定的因素之一。

近代已有学者认为土地私有制度确立之后，土地向少数人手中集中，从而形成"耕者不能自有其田，有田者反多弃而不耕"的现象。这些学者认为，直

---

① 陈鸿根：《我国租佃问题之鸟瞰》，《实业统计》1934年第2卷第5期，第61页。

至民国时期,"土地之兼并,仍在继续演进之中,其结果遂使多数小地主或自耕农沦为佃农,或迫而为盗匪,转相为祸农民"。① 显然,当时学者认为,土地兼并与租佃关系的扩大导致小地主及自耕农失去土地,沦为佃农。换言之,租佃制度易于导致土地兼并,因而是一种导致地权趋于集中的机制。近年来,学术界关于土地租佃制度的研究有了新的成果,关注到国民政府限制租佃政策中的多重效应。王家范教授认为,出于保障税收、维护政治稳定等目的,国家对产权制度的干预往往对地权集中造成限制。② 白凯对地主、佃农与国家的关系加以讨论,认为国民政府在租佃关系中力图维护利益的平衡,既保障地主的基本利益,同时又抑制地主对佃农的过分索取。③ 另有学者认为,由于受到政府减租、佃户抗租的影响,业主所得租额大幅减少,投资农地的收益率因而下降。④ 地权投资需求下降,从而抑制了地价的上涨。这一情形在杭县也较为普遍。保存于档案馆中的佃业纠纷案例,显示出这种土地购买需求下降的情形。国民政府租佃政策的核心目标是"平均地权",即限制农地产权,不使之趋向于集中。依照农地产权的集中机制与分散机制衡量,国民政府租佃政策无疑是一种导致地权分散的机制。

二、租佃政策与地权

从全国范围内推行"二五"减租的情形来看,"除浙江省奉行最力、实施最具体、推行时间较久而有成绩外,其余各省均昙花一现,鲜有成效可言"⑤。浙江省"二五"减租法规实施后,"从前各种苛例,类多革除,同时因减租影响,地价跌低,小农渐有置田能力"⑥。浙江省政府也认为:"本省推行'二五'减租为时已久,全省普遍实施,成效显著,非惟各地农民生活赖以提高,至于

---

① 陈鸿根:《我国租佃问题之鸟瞰》,《实业统计》1934年第2卷第5期,第35页。
② 王家范:《百年颠沛与千年往复》,上海:上海人民出版社2018年版,第160—161页。
③ [美]白凯:《长江下游地区的地租、赋税与农民的反抗斗争1840—1950》,林枫译,上海:上海书店出版社2005年版,第253页。
④ 钟树杰:《民国时期江南地区土地投资的收益分析》,《农业考古》2013年第6期,第77页。
⑤ 钱家俊:《浙江省推行"二五"减租之检讨》,《浙江经济月刊》1948年第5卷第6期,第3页。
⑥ 朱其傅:《浙江农村病态之经济观》,《浙江省建设月刊》1933年第7卷第4期,第20页。

一般地主自实行'二五'减租以来,因其租息所得已不若投资其他事业之丰厚,同时各县税捐复多以田亩为征课之标的,负担逐渐加重,因而放弃其田地者所在多有,故本省近年自耕农日见增加,佃农、半自耕农日见减少。"[1] 有学者认为:"限制租佃的实施,使耕作者获得较多量的耕作成果,以提高其劳动的情绪,更可以使其经济力量稍有充裕,改进土地使用,增加生产。一方面促进农村经济的稳定发展,使佃农得有余力购进土地,升为自耕农。而他方面佃租经限制后,地主收入减少,地价跌落,使地主对于土地欲望因而冲淡,愿意出售其土地,使需要土地之农民可因而购入较为低廉的土地。"[2] 这一观点认为,国民政府租佃政策的推行,实际上有利于地权配置的平均化,相对于租佃政策实施之前的"地权过于集中"的情形,可以说其效应是导致地权趋于分散。换言之,由于此项政策推行富有成效,从而促使租佃率趋于下降,自耕农的比重则相应上升。

上述论断均从浙江全省一般情形着眼,国民政府的租佃政策在杭县实施的效果,还需要再作具体分析。下面,我们以瓶窑镇西溪、外窑、里窑、上窑4村农户作为样本,考察杭县农地的租佃率。这些资料来源于1951年3月20日完成的调查,主要反映的是1950年土地改革前夕4村的租佃关系状况,也可显示40年代末的租佃情况。调查表列出了农户租出、租入、占有、使用农地的面积。对比这些表格可知,使用面积为占有面积与租入面积之和或与租出面积之差。经过计算,补充缺失的数据后,将上面4村的统计数据整理为表5-2-2-1。表中列出户名以及该户租出、租入、占有和使用农地的亩数。

表5-2-2-1 1950年瓶窑镇租佃关系表

户 名	占有(亩)	租出(亩)	租入(亩)	使用(亩)
周月水	0.000	0.000	4.500	4.500
蒋寿春	0.115	0.000	0.000	0.115

---

[1] 钱家俊:《浙江省推行"二五"减租之检讨》,《浙江经济月刊》1948年第5卷第6期,第6页。
[2] 洪季川:《浙江省实施土地改革之途径》,《浙江经济月刊》1948年第5卷第6期,第1页。

续　表

户　名	占有(亩)	租出(亩)	租入(亩)	使用(亩)
吴金庐	0.000	0.000	2.000	2.000
楼品朝	0.000	0.000	2.000	2.000
胡松昌	0.000	0.000	1.300	1.300
董　贤	0.000	0.000	1.000	1.000
孙发英	0.000	0.000	3.700	3.700
朱之江	0.000	0.000	5.664	5.664
张正明	0.000	0.000	1.712	1.712
吴阿二	0.000	0.000	2.100	2.100
宣宝才	0.000	0.000	5.500	5.500
俞土玉	0.000	0.000	4.000	4.000
丁寿彭	0.000	0.000	1.538	1.538
鲍寿根	0.000	0.000	2.288	2.288
鲁阿顺	0.000	0.000	7.306	7.306
王小毛	0.000	0.000	3.788	3.788
王元生	0.000	0.000	7.080	7.080
王阿炳	0.000	0.000	6.000	6.000
李凤樵	0.000	0.000	5.940	5.940
楼尚木	0.000	0.000	4.950	4.950
蒋良法	0.000	0.000	3.630	3.630
蒋其有	0.000	0.000	3.950	3.950
马世惠	0.000	0.000	2.145	2.145
徐如高	0.000	0.000	4.328	4.328
林学富	0.000	0.000	6.039	6.039
倪阿狗	0.000	0.000	0.368	0.368

续　表

户　名	占有(亩)	租出(亩)	租入(亩)	使用(亩)
尹洪太	0.000	0.000	1.555	1.555
周顺虎	0.000	0.000	2.003	2.003
石阿华	0.000	0.000	5.000	5.000
金庆祥	0.000	0.000	14.143	14.143
祝仁松	0.000	0.000	2.235	2.235
谢长生	0.000	0.000	4.000	4.000
陈云富	0.000	0.000	3.000	3.000
俞金松	0.000	0.000	1.000	1.000
潘阿金	0.000	0.000	7.500	7.500
韩长春	0.000	0.000	6.500	6.500
劳桂生	0.000	0.000	3.000	3.000
傅裕海	0.000	0.000	11.000	11.000
傅阿喜	0.000	0.000	7.000	7.000
傅绍发	0.000	0.000	4.000	4.000
周阿根	0.000	0.000	2.300	2.300
叶志雨	0.000	0.000	7.000	7.000
舒金惠	0.000	0.000	6.100	6.100
杨永昌	0.000	0.000	3.800	3.800
马五八	0.000	0.000	7.000	7.000
何阿二	0.000	0.000	6.000	6.000
秦小毛	0.000	0.000	5.000	5.000
马有才	0.000	0.000	0.200	0.200
郑顺祥	0.000	0.000	3.500	3.500
王圣宝	0.000	0.000	4.000	4.000

续 表

户 名	占有(亩)	租出(亩)	租入(亩)	使用(亩)
王再云	0.000	0.000	3.000	3.000
王金良	0.000	0.000	1.200	1.200
江妙湘	0.000	0.000	3.600	3.600
沈阿堂	0.000	0.000	1.300	1.300
沈阿贵	0.000	0.000	10.120	10.120
陈茂法	0.000	0.000	1.100	1.100
陈阿红	0.000	0.000	2.978	2.978
徐文泉	0.000	0.000	4.500	4.500
徐香生	0.000	0.000	36.000	36.000
沈亥生	0.071	0.000	0.000	0.071
魏文泰	0.100	0.000	0.000	0.100
郑彩娥	0.100	0.100	0.000	0.000
罗掌林	0.137	0.000	0.000	0.137
钱宝全	0.199	0.000	0.000	0.199
胡子连	0.218	0.000	13.776	13.994
戴景荣	0.248	0.000	0.000	0.248
姚裕春	0.300	0.000	4.500	4.800
李士良	0.300	0.000	0.000	0.300
王圣海	0.300	0.000	2.000	2.300
陈北宝	0.377	0.000	0.000	0.377
骆阿根	0.383	0.000	0.000	0.383
马树林	0.425	0.000	0.000	0.425
沈毓庆	0.433	0.000	0.000	0.433
陈瑶芝	0.460	0.000	0.000	0.460

续 表

户 名	占有(亩)	租出(亩)	租入(亩)	使用(亩)
陈阿发	0.500	0.000	9.000	9.500
吴生法	0.518	0.000	1.343	1.861
杨水耀	0.553	0.000	0.000	0.553
孙金生	0.571	0.000	0.000	0.571
任国发	0.600	0.000	6.200	6.800
沈志恒	0.610	0.000	0.000	0.610
倪林法	0.705	0.000	0.000	0.705
丁寿义	0.711	0.711	0.000	0.000
王立志	0.833	0.000	0.000	0.833
王德顺	0.839	0.000	0.000	0.839
骆阿宝	0.870	0.000	0.000	0.870
江阿泉	0.896	0.000	0.000	0.896
丁玉顺	0.900	0.000	7.400	8.300
张如根	0.950	0.000	6.900	7.850
柳和尚	0.983	0.000	0.000	0.983
沈玄生	1.000	0.000	2.000	3.000
沈香根	1.000	0.000	3.000	4.000
游元溆	1.245	0.000	0.000	1.245
沈治怀	1.250	0.000	0.000	1.250
骆小毛	1.283	0.000	0.000	1.283
王合金	1.300	0.000	4.500	5.800
吴廷祥	1.350	0.000	0.000	1.350
徐罗氏	1.410	0.000	0.000	1.410
宁绍会馆	1.433	0.000	0.000	1.433

续 表

户 名	占有(亩)	租出(亩)	租入(亩)	使用(亩)
倪永堂	1.448	0.000	0.000	1.448
蒋德鑫	1.450	0.000	1.800	3.250
王阿花	1.451	0.000	7.025	8.476
郑淼林	1.500	0.000	0.000	1.500
关帝庙产	1.500	1.500	0.000	0.000
周宝坤	1.500	0.000	0.000	1.500
陈兆儿	1.500	0.000	0.000	1.500
江孝德	1.600	0.000	0.000	1.600
沈阿永	1.600	0.000	1.250	2.850
天然庵	1.643	0.000	0.000	1.643
李阿友	1.684	0.000	0.000	1.684
太平庵	1.736	1.736	0.000	0.000
张金荣	1.750	0.000	0.000	1.750
杨彩生	1.781	0.000	0.000	1.781
金昌其	1.786	0.000	4.000	5.786
骆秀女	1.803	0.000	0.000	1.803
江妙庚	1.820	0.000	4.900	6.720
骆养坤	1.862	0.000	0.000	1.862
赵树根	1.894	0.000	0.000	1.894
郑阿明	1.900	0.000	0.000	1.900
张章氏	1.900	0.200	0.000	1.700
陈连根	1.950	0.352	1.973	3.571
王根福	2.000	0.000	0.000	2.000
洪大毛	2.000	0.000	0.000	2.000

续 表

户　名	占有(亩)	租出(亩)	租入(亩)	使用(亩)
江阿祥	2.000	0.000	0.000	2.000
李士均	2.000	2.000	0.000	0.000
文昌祭	2.000	2.000	0.000	0.000
施元福	2.000	0.000	0.000	2.000
倪林法	2.000	2.000	0.000	0.000
张亢洲	2.000	0.000	0.000	2.000
盛万顺	2.000	0.000	0.000	2.000
徐小满	2.000	2.000	0.000	0.000
陈掌泉	2.000	0.000	0.000	2.000
徐有根	2.000	0.000	5.500	7.500
姚荣法	2.100	0.000	3.000	5.100
张掌根	2.100	0.000	0.000	2.100
张泉根	2.100	0.000	4.000	6.100
江庆寿	2.100	0.000	2.700	4.800
陈福元祭	2.100	2.100	0.000	0.000
俞能水	2.108	0.000	0.000	2.108
孙友堂	2.183	0.000	0.000	2.183
李大根	2.186	0.000	0.000	2.186
胡玉林	2.200	0.000	0.000	2.200
陈胡氏	2.206	0.263	3.000	4.943
方孙氏	2.213	2.213	0.000	0.000
史耀祖	2.213	0.000	0.000	2.213
骆辅唐	2.219	0.000	0.000	2.219
徐宗祥	2.243	2.243	0.000	0.000

续　表

户　名	占有(亩)	租出(亩)	租入(亩)	使用(亩)
王培金	2.263	1.973	0.000	0.290
梁培金	2.315	0.000	0.000	2.315
梁桂棠	2.325	0.000	0.000	2.325
王耀芝	2.351	0.000	0.000	2.351
胡大毛	2.400	0.150	3.600	5.850
丁炳丞	2.460	2.460	0.000	0.000
骆惠英	2.478	2.084	0.000	0.394
张德顺	2.478	0.000	2.001	4.479
潘廷芳	2.500	0.000	1.000	3.500
江维宝	2.500	0.000	2.400	4.900
胡寿喜	2.530	0.000	5.000	7.530
应阿佛	2.595	0.000	0.000	2.595
金妙生	2.600	0.000	0.000	2.600
徐海法	2.600	0.000	0.000	2.600
梁杨贞氏	2.640	0.000	0.000	2.640
张水木	2.700	0.000	3.000	5.700
王爱娥	2.700	0.000	0.000	2.700
李大全	2.783	0.000	4.355	7.138
黄柏坚	2.800	0.000	0.000	2.800
王富全	2.800	0.000	7.200	10.000
梅观春	2.828	2.828	0.000	0.000
虞土法	2.850	0.000	0.000	2.850
林江阿桂	2.900	0.000	0.000	2.900
陈金林	2.900	0.000	6.900	9.800

续 表

户 名	占有(亩)	租出(亩)	租入(亩)	使用(亩)
吴金田	2.930	0.000	4.400	7.330
盛掌法	2.935	0.000	2.916	5.851
林喜生	2.983	2.791	0.000	0.192
王茂盛	2.989	0.000	6.173	9.162
楼阿牛	3.000	3.000	0.000	0.000
朱天法	3.000	0.000	0.000	3.000
贾生荣	3.000	0.000	0.000	3.000
盛连根	3.000	0.000	0.000	3.000
陈玉林	3.000	0.000	6.400	9.400
张有根	3.011	0.000	2.540	5.551
丁宝根	3.027	0.000	0.000	3.027
陈阿芳	3.032	0.000	0.000	3.032
胡水根	3.040	0.000	2.700	5.740
张德喜	3.100	0.000	5.400	8.500
潘芝青	3.150	3.150	0.000	0.000
丁蓉甫	3.200	3.200	0.000	0.000
陈秀根	3.200	0.000	0.000	3.200
闻培洪	3.200	0.000	3.000	6.200
罗宝根	3.225	0.000	10.950	14.175
江惟杨	3.300	0.000	0.000	3.300
吴金楚	3.300	0.000	0.000	3.300
章国兴	3.300	0.000	0.000	3.300
张柏林	3.300	0.000	0.000	3.300
陆金魁	3.443	3.443	0.000	0.000

续 表

户 名	占有(亩)	租出(亩)	租入(亩)	使用(亩)
陆阿万	3.487	2.133	0.000	1.354
王福康	3.500	0.000	0.000	3.500
陈阿金	3.500	0.000	6.500	10.000
骆湛恩	3.510	3.510	0.000	0.000
胡阿如	3.530	0.000	3.000	6.530
骆久香	3.574	1.800	0.000	1.774
闻正元	3.600	0.000	0.000	3.600
仲午乔	3.657	0.000	0.000	3.657
闻长根	3.660	0.000	2.000	5.660
浦金生	3.735	0.000	0.000	3.735
林顺德	3.748	0.000	6.969	10.717
陈志根	3.750	3.750	0.000	0.000
盛彭阿满	3.807	3.552	0.000	0.255
曹阿庭	3.822	0.000	0.000	3.822
冯阿喜	3.900	0.000	4.000	7.900
张炳坤	4.000	0.000	2.000	6.000
沈尧仙	4.000	4.000	0.000	0.000
徐怀德	4.000	0.000	0.000	4.000
丁凤记	4.014	1.583	0.000	2.431
丁新尧	4.026	3.118	0.000	0.908
西险大塘	4.117	0.000	0.000	4.117
骆荣全	4.185	3.746	0.000	0.439
林维荣	4.186	0.000	0.000	4.186
丁茂钊	4.288	4.016	0.000	0.272

续 表

户　名	占有(亩)	租出(亩)	租入(亩)	使用(亩)
金顺泉	4.300	0.000	0.000	4.300
江涵身	4.300	0.000	0.000	4.300
张德法	4.330	0.000	0.000	4.330
丁祭祀	4.380	0.446	0.000	3.934
徐金良	4.400	0.000	0.000	4.400
陈继新	4.433	4.433	0.000	0.000
徐张氏	4.500	0.000	0.000	4.500
江金鳌	4.529	4.500	0.000	0.029
骆　贞	4.541	0.000	0.000	4.541
陈福顺	4.681	0.000	0.000	4.681
张掌林	4.700	0.000	0.000	4.700
沈物明	4.711	0.000	0.000	4.711
周阿寿	4.736	4.736	0.000	0.000
王阿毛	4.841	0.000	0.000	4.841
骆宝泉	4.940	0.000	0.000	4.940
李祺永	5.055	0.000	0.000	5.055
徐宝福	5.100	0.000	0.000	5.100
江立钧	5.148	2.232	0.000	2.916
尤如元	5.171	0.000	0.000	5.171
武丙午	5.194	5.194	0.000	0.000
徐如庆	5.380	2.220	0.000	3.160
章柄模	5.486	4.725	0.000	0.761
阮小毛	5.581	0.000	0.000	5.581
方妙魁	5.626	1.418	0.000	4.208

续 表

户　名	占有(亩)	租出(亩)	租入(亩)	使用(亩)
张阿富	5.661	0.000	0.000	5.661
金妙泉	5.700	0.000	0.000	5.700
张金法	5.850	0.000	0.000	5.850
徐长枳	5.888	0.000	0.000	5.888
胡发顺	5.966	0.000	0.000	5.966
茗北小学	6.000	6.000	0.000	0.000
冯掌有	6.000	0.000	8.000	14.000
沈佩华	6.038	3.000	0.000	3.038
郎妙荣	6.153	0.000	0.000	6.153
徐洪根	6.200	0.000	0.000	6.200
彭襄殷	6.227	0.000	0.000	6.227
沈秀亳	6.270	0.000	0.000	6.270
闻庆发	6.500	0.000	0.000	6.500
史永发	6.523	0.000	3.707	10.230
杨永顺	6.568	0.000	0.000	6.568
江增喻祭	6.600	0.000	0.000	6.600
浦根美	6.611	6.611	0.000	0.000
陈茂春	6.612	0.000	0.000	6.612
沈庆女	6.900	0.000	0.000	6.900
虞云发	7.000	0.000	0.000	7.000
冯长荣	7.000	0.000	11.000	18.000
李月珍	7.000	7.000	0.000	0.000
徐全英	7.004	0.000	0.000	7.004
赵锦堂	7.088	2.088	4.500	9.500

续 表

户　名	占有(亩)	租出(亩)	租入(亩)	使用(亩)
谢虎林	7.129	0.000	0.000	7.129
钟再泉	7.200	0.000	0.000	7.200
张同善	7.209	5.895	0.000	1.314
钟金泉	7.300	0.000	1.000	8.300
闻庆来	7.300	0.000	0.000	7.300
江德宝	7.300	0.000	1.600	8.900
徐高生	7.400	0.000	8.150	15.550
徐福芝	7.400	0.000	2.200	9.600
刘成泰	7.440	2.520	0.098	5.018
朱荅生	7.444	7.444	13.458	13.458
王根生	7.518	0.000	0.000	7.518
闻有坤	7.610	0.000	0.000	7.610
沈阿德	7.635	7.635	0.000	0.000
钟志荣	7.850	0.000	1.000	8.850
张水云	7.868	4.140	0.000	3.728
潘鳌生	7.912	0.000	0.000	7.912
李士钧	7.928	0.000	0.000	7.928
骆云风	7.977	1.005	0.000	6.972
朱天发	8.103	2.368	0.000	5.735
祝仁禄	8.129	0.000	0.000	8.129
方志坪	8.196	0.000	0.000	8.196
傅鸿福	8.228	2.780	0.000	5.448
骆有纯	8.315	0.000	8.143	16.458
余长江	8.449	1.403	0.000	7.046

续 表

户　名	占有（亩）	租出（亩）	租入（亩）	使用（亩）
泺长生	8.500	0.000	3.500	12.000
徐梦来	8.500	0.000	2.000	10.500
王长根	8.695	0.000	0.000	8.695
周云生	8.710	0.000	0.000	8.710
陈锦堂	8.738	0.000	3.705	12.443
黄发相	8.800	0.700	0.000	8.100
张阿根	8.800	0.000	0.000	8.800
王阿根	8.987	0.000	6.189	15.176
王纯坤	9.035	0.000	0.000	9.035
金阿连	9.150	0.000	0.000	9.150
徐梦有	9.200	0.000	0.000	9.200
史有德	9.400	0.000	3.900	13.300
骆掌纯	9.522	0.000	10.781	20.303
尤子清	9.598	4.000	0.000	5.598
孙德法	9.700	0.700	0.000	9.000
杨天麟	9.724	0.000	0.000	9.724
潘文斌	9.900	0.000	0.000	9.900
徐阿凤	9.939	0.000	0.000	9.939
骆锦章	10.314	0.000	0.000	10.314
钱选青	10.473	0.000	0.000	10.473
骆宗祠	10.587	0.000	0.000	10.587
任鉴根	11.000	0.000	0.000	11.000
江葵龙祭	11.000	0.000	0.000	11.000
王天喜	11.032	2.813	0.000	8.219

续 表

户 名	占有(亩)	租出(亩)	租入(亩)	使用(亩)
潘妙德	11.228	7.000	0.000	4.228
孟开宝	11.305	0.000	0.000	11.305
黄中吉	11.500	11.500	0.000	0.000
张雨林	11.600	0.000	0.000	11.600
江保富	11.600	0.000	1.500	13.100
陈金水	11.681	0.000	2.846	14.527
李大林	11.735	1.050	5.603	16.288
陈端甫	11.761	7.021	0.000	4.740
沈永庆	11.900	0.000	0.000	11.900
吴长根	12.000	0.000	0.000	12.000
金 琳	12.000	0.000	0.000	12.000
沈大刚	12.086	1.781	0.000	10.305
陈茂奎	12.097	5.176	0.000	6.921
骆敬愈	12.103	7.898	0.000	4.205
倪林福	12.238	11.735	0.000	0.503
黄永潮	12.410	8.127	0.000	4.283
骆建华	12.510	4.850	0.000	7.660
丁寿岳	12.518	4.703	0.000	7.815
盛荣发	12.650	0.000	0.000	12.650
公路局	12.668	0.000	0.000	12.668
徐梦德	13.000	0.000	0.000	13.000
毛金根	13.100	0.000	0.000	13.100
盛道魁	13.264	0.000	4.219	17.483
骆永纯	13.830	0.000	1.900	15.730

续表

户名	占有(亩)	租出(亩)	租入(亩)	使用(亩)
徐荣泉	13.880	0.000	0.000	13.880
徐荣法	14.200	0.000	2.000	16.200
陈承达	14.425	0.000	3.000	17.425
茹妙生	14.857	8.340	0.000	6.517
黄根生	15.068	2.986	0.000	12.082
沈宝贤	15.661	14.199	0.000	1.462
盛庭奎	15.866	0.000	5.321	21.187
穆炳洪	15.908	6.435	0.000	9.473
徐有弟	16.300	5.000	0.000	11.300
章德升	16.802	14.908	0.000	1.894
吴水荣	17.032	2.025	0.000	15.007
徐炳彝	17.181	7.628	0.000	9.553
陈茂林	17.824	0.000	2.847	20.671
盛大刚	17.959	14.911	0.000	3.048
江维浚	18.400	0.000	0.000	18.400
盛如松	18.612	0.000	0.870	19.482
张同春	18.622	13.784	0.000	4.838
梁廷献	19.250	6.200	0.000	13.050
王水根	20.004	0.000	1.148	21.152
陈茂和	20.123	0.000	0.000	20.123
陈连法	20.191	1.575	1.718	20.334
王纯升	20.265	0.000	1.031	21.296
梅锡培	20.858	17.581	0.000	3.277
叶顺连	21.653	5.717	1.500	17.436

续　表

户　名	占有(亩)	租出(亩)	租入(亩)	使用(亩)
陈佩镛	21.800	20.300	0.000	1.500
章贞观	21.926	21.926	0.000	0.000
江经楚	22.900	0.000	0.000	22.900
张掌根	23.019	6.000	0.000	17.019
再兴庙	24.168	0.000	0.000	24.168
公有产	24.236	24.236	0.000	0.000
李文漠	25.014	4.830	0.000	20.184
沈妙達	25.560	0.000	0.000	25.560
陈茂芳	26.860	3.910	0.000	22.950
陈辛甫	27.804	0.000	0.000	27.804
兰关耿	28.931	28.931	0.000	0.000
骆贡庭	31.305	18.235	0.000	13.070
盛世连	31.537	1.400	2.686	32.823
骆湘龄	33.230	0.000	0.000	33.230
回龙寺	33.535	33.535	0.000	0.000
络养庭	34.643	4.000	0.461	31.104
骆连根	39.878	0.000	0.000	39.878
丁金南	41.334	8.835	0.000	32.499
盛祭祀	44.508	6.906	0.000	37.602
骆养耀	45.750	11.690	0.000	34.060
丁大房祭	47.849	4.633	0.000	43.216
骆锡全	48.970	6.969	0.000	42.001
丁　甲	49.215	9.016	2.633	42.832

续 表

户 名	占有(亩)	租出(亩)	租入(亩)	使用(亩)
胡酒彤	79.540	21.000	0.000	58.540
徐炳堃	107.001	24.304	0.000	82.697
骆锡荣	118.323	20.479	0.000	97.844
高仰之	456.472	0.000	0.000	456.472
陈阿明	13.060	0.000	0.000	13.060
俞有发	0.000	0.000	10.500	10.500

资料来源：瓶窑镇人民政府：《瓶窑镇关于土改方案、登记表(1950—1951年)》，杭州市临平区档案馆，档案编号：152-1-1。

对391个农户的统计显示，户均占有土地面积为8.368亩，中值为3.487亩，偏度为14.193，峰度为240.773。① 各户占有土地面积呈正态分布，如下图。

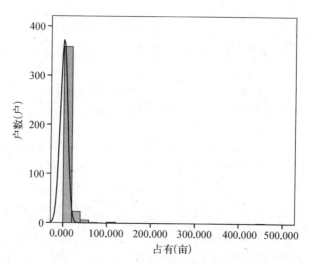

图5-2-2-1 1950年瓶窑镇农户占有农地统计图

资料来源：瓶窑镇人民政府：《瓶窑镇关于土改方案、登记表(1950—1951年)》，杭州市临平区档案馆，档案编号：152-1-1。

---

① 瓶窑镇人民政府：《瓶窑镇关于土改方案、登记表(1950—1951年)》，杭州市临平区档案馆，档案编号：152-1-1。

表 5-2-2-1 中所列农户，须分四种情况分别讨论。其一为既未租入，也未租出土地的农户。在这类农户中，其占有土地即其使用土地。故这类农户的占有土地面积、使用土地面积是相等的。其二为租入土地但未租出土地的农户。在这类农户中，占有土地与租入土地合计为其使用土地。其三为租出土地但未租入土地的农户。在这类农户中，占有土地面积减去租出土地面积为其使用土地面积。其四为既有租入土地也有租出土地的农户。在这类农户中，占有土地加租入土地，再减去租出土地，为其使用土地。

在兼有租入及租出土地的农户中，占有面积与租入面积之和，减去租出面积，即为使用面积。也即占有面积和租入面积均为影响其使用面积的因素。我们希望知道：占有面积与使用面积之间是否具有相关关系？而租入面积又是否对使用面积具有影响？

先分析占有面积和使用面积的关系。以占有面积为自变量，以使用面积为因变量，可得图 5-2-2-2。

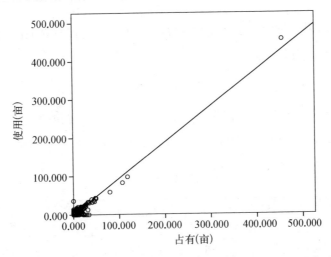

图 5-2-2-2　1950 年瓶窑镇农户使用土地面积与占有土地面积相关关系图

资料来源：瓶窑镇人民政府：《瓶窑镇关于土改方案、登记表(1950—1951 年)》，杭州市临平区档案馆，档案编号：152-1-1。

由图 5-2-2-2 可知，农户使用土地面积与其占有土地面积呈现正线性相关关系。

模 型 概 要

R	R 方	调整 R 方	估计值的标准误
0.974	0.949	0.949	5.577

由模型概要可知,因变量与自变量的相关系数 $R=0.974$,说明两个变量呈现高度相关。决定系数 $R^2=0.949$,说明自变量农户占有土地面积可以解释大约 95% 的因变量即农户使用土地面积的变化。

系　　数

项　目	未标准化系数		标准化系数	t	$Sig.$
	B	标准误	$Beta$		
占有	0.941	0.011	0.974	85.472	0.000
(常数)	0.435	0.297		1.465	0.144

以 y 表示因变量使用土地面积,以 x 表示自变量占有农地面积,可以建立如下一元线性回归方程:

$$y=0.435+0.941x$$

对于上列一元线性回归模型,上表中还列出了 t 检验的结果。t 检验统计量为 85.472,而 p-值为 0.000,说明检验结果显著,模型假设成立。

方 差 分 析

项　目	平方和	df	均　方	F	$Sig.$
回归	227 192.921	1	227 192.921	7 305.486	0.000
残差	12 097.490	389	31.099		
总计	239 290.411	390			

F 检验的 p-值也是 0.000,说明两个变量呈现线性相关关系。

F 检验和 t 检验的结果均显示农户使用农地面积与其占有农地面积之间

的线性相关关系。而且，农户使用农地面积的数量，在极大程度上是由其所有农地面积决定的。这一统计结果说明，农户耕种农地面积的差别，主要是由他们所有土地面积的差异所决定的。也就是说，大部分农户所耕土地为自有土地。

那么，租佃关系是否也影响着农户耕种面积呢？以租入土地面积为自变量，以使用土地面积为因变量，可得图5-2-2-3。

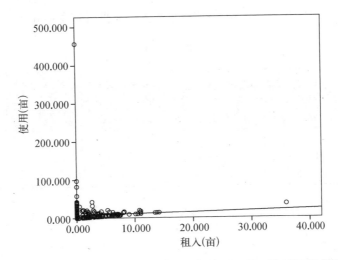

图5-2-2-3　1950年瓶窑镇农户使用土地面积与租入土地面积相关关系图

资料来源：瓶窑镇人民政府：《瓶窑镇关于土改方案、登记表(1950—1951年)》，杭州市临平区档案馆，档案编号：152-1-1。

由图5-2-2-3可以看出，农户租入土地面积与其使用土地面积之间呈现正线性相关关系，但相关程度微弱。

模　型　概　要

R	R方	调整R方	估计值的标准误
0.049	0.002	0.000	24.772

由模型概要可知，相关系数$R=0.049$，两个变量几乎不相关。决定系数$R^2=0.002$，说明自变量只能解释约0.2%的因变量的变化。

方 差 分 析

项 目	平方和	df	均 方	F	Sig.
回归	572.858	1	572.858	0.933	0.335
残差	238 717.552	389	613.670		
总计	239 290.411	390			

F 检验 p-值为 0.335，检验结果不显著，说明两个变量并无线性关系。

系 数

项 目	未标准化系数		标准化系数	t	Sig.
	B	标准误	Beta		
租入	0.383	0.396	0.049	0.966	0.335
（常数）	7.696	1.403		5.487	0.000

t 检验统计量为 0.966，而 p-值为 0.335，说明因变量与自变量之间回归没有意义。

F 检验和 t 检验结果均说明两个变量之间不具有线性相关关系。这一统计分析结果说明，农户使用农地面积的差异，并不取决于其租入农地面积。对比前文统计分析结果，可知农户使用土地面积的差异，取决于所占有的农地面积数量，未受租入土地面积的影响。这说明在统计分析的瓶窑镇 4 个村庄，农户自耕经营是主要经营制度。

上面是就全部样本农户 391 户所作的分析。其中，既包括租入土地的农户，也包括租出土地的农户，既未租出也未租入土地的农户，以及既租出土地也租入土地的农户，显示的是瓶窑四村农地租佃制度的一般特征。下面再对租入土地的农户作针对性的分析。不论其仅仅租入土地，还是既有租入土地也有租出土地，我们以租入土地作为标准，区分出租入土地的农户。这样的农户总计有 140 户，占样本农户总数的 35.81%。

统计结果显示，租入土地面积呈正态分布。分布偏度为 4.195，峰度为 29.741，如图 5-2-2-4 所示。

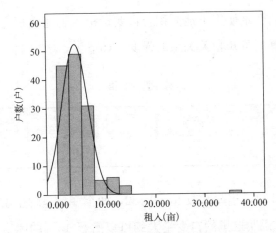

图 5-2-2-4　1950 年瓶窑镇农户租入农地统计图

资料来源：瓶窑镇人民政府：《瓶窑镇关于土改方案、登记表（1950—1951 年）》，杭州市临平区档案馆，档案编号：152-1-1。

在 140 户租入土地的农户中，平均每户租入土地面积 4.445 亩，中值为 3.703 亩。租入土地最多的一户，租入土地面积为 36.000 亩，租入土地面积最少的一户，租入土地面积为 0.098 亩。

因租入土地面积呈正态分布，故可进一步分析各户租入土地面积与使用土地面积之间的相关关系。以租入土地面积为自变量，以使用土地面积为因变量，可得图 5-2-2-5。

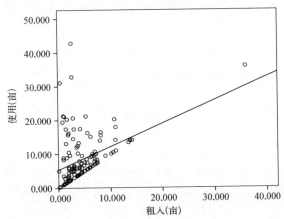

图 5-2-2-5　1950 年瓶窑镇租入土地农户使用土地面积与租入土地面积相关关系图

资料来源：瓶窑镇人民政府：《瓶窑镇关于土改方案、登记表（1950—1951 年）》，杭州市临平区档案馆，档案编号：152-1-1。

上图显示，因变量使用土地面积与自变量租入土地面积之间呈现正线性相关关系。通过计算，可知相关关系的强度，如下表。

模 型 概 要

R	R 方	调整 R 方	估计值的标准误
0.382	0.146	0.140	6.528

由模型概要可知，相关系数 $R=0.382$，两个变量呈现中度偏弱相关。决定系数 $R^2=0.146$，说明这里的自变量大约可以解释 15% 的因变量的变化。以 y 表示因变量使用土地面积，以 x 表示自变量租入土地面积，可建立如下一元线性回归方程：

$$y=5.299+0.687x$$

对于上列一元线性回归模型，t 检验统计量为 4.863，而 p -值为 0.000，所以该检验结果显著。

系 数

项 目	未标准化系数		标准化系数	t	Sig.
	B	标准误	Beta		
租入	0.687	0.141	0.382	4.863	0.000
（常数）	5.299	0.836		6.339	0.000

F 检验的 p -值也是 0.000，说明上述模型假设成立。

方 差 分 析

项 目	平方和	df	均 方	F	Sig.
回归	1 007.655	1	1 007.655	23.646	0.000
残差	5 880.876	138	42.615		
总计	6 888.531	139			

对于上述回归，t检验与F检验的结果均说明两个变量之间呈现线性相关关系。不过，与占有土地面积对使用土地数量的影响相比，租入土地对农户使用土地面积的影响只相当于1/7。即使对于那些租入土地的农户来说，决定其使用土地面积的主要因素为其占有土地面积，而不是租入土地面积。

在租出土地的农户中，使用土地面积为占有土地面积与租出土地面积的差。可以说，使用土地面积的多寡，取决于各户占有土地面积与租出土地面积。进一步，可以分析占有土地面积与租出土地面积两者之间的关联。

以各户占有土地面积为自变量，以其租出土地面积为因变量，可得图5-2-2-6。

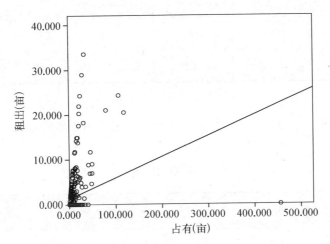

图5-2-2-6　1950年瓶窑镇农户租出土地面积与占有土地面积相关关系图

资料来源：瓶窑镇人民政府：《瓶窑镇关于土改方案、登记表(1950—1951年)》，杭州市临平区档案馆，档案编号：152-1-1。

由上图可以看出，因变量租出土地面积与自变量占有土地面积之间呈现正线性相关关系。统计可知，相关系数 $R=0.276$，两个变量之间仅有较弱相关。决定系数 $R^2=0.076$，说明这里的自变量只能解释大约8%的因变量的变化。

模 型 概 要

R	R方	调整R方	估计值的标准误
0.276	0.076	0.074	4.179

以 y 表示因变量租出面积,以 x 表示自变量占有面积,可得下列一元线性回归方程:

$$y=1.264+0.047x$$

对于上列一元线性回归模型,t 检验的统计量为 5.660,而 p-值为 0.000,所以该检验结果显著。

系　数

项　目	未标准化系数		标准化系数	t	Sig.
	B	标准误	Beta		
占有	0.047	0.008	0.276	5.660	0.000
(常数)	1.264	0.222		5.686	0.000

F 检验的 p-值为 0.000,检验结果显著,可认为模型假设成立。

方　差　分　析

项　目	平方和	df	均　方	F	Sig.
回归	559.331	1	559.331	32.030	0.000
残差	6 792.916	389	17.463		
总计	7 352.247	390			

对于一元线性回归模型,F 检验和 t 检验的值都显示两个变量呈现线性相关关系。可见,391 个样本农户的统计结果说明,农户占有土地面积仅对租出土地面积具有较弱的影响。

上面是就 391 户样本农户所作的统计,下面再讨论租出土地农户中,占有土地面积与租出土地面积之间的关系。以租出土地面积为因变量,以占有土地面积为自变量,可得图 5-2-2-7。

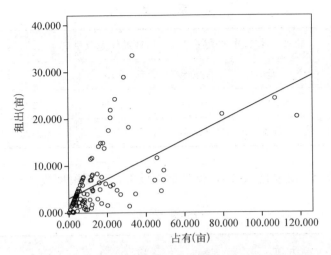

图 5-2-2-7　1950 年瓶窑镇出租土地农户租出土地面积与占有土地面积相关关系图

资料来源：瓶窑镇人民政府：《瓶窑镇关于土改方案、登记表(1950—1951 年)》，杭州市临平区档案馆，档案编号：152-1-1。

由图 5-2-2-7 可以看出，在出租土地的农户中，因变量租出土地面积与自变量占有土地面积之间呈现正线性相关关系。相关系数 $R=0.609$，说明两个变量之间中等程度相关。决定系数 $R^2=0.370$，说明这里的自变量可以大约解释 37% 因变量的变化。

模 型 概 要

R	R 方	调整 R 方	估计值的标准误
0.609	0.370	0.364	5.205

以 y 表示因变量租出土地面积，以 x 表示自变量占有土地面积，可得下列一元线性回归方程：

$$y=3.080+0.208x$$

对于上列一元线性回归模型，t 检验统计量为 7.820，而 p -值为 0.000，所以该检验结果显著。

系 数

项 目	未标准化系数		标准化系数	t	Sig.
	B	标准误	Beta		
占有	0.208	0.027	0.609	7.820	0.000
（常数）	3.080	0.636		4.840	0.000

F 检验的 p-值也是 0.000，检验结果显著，说明模型假设成立。

方 差 分 析

项 目	平方和	df	均 方	F	Sig.
回归	1 656.650	1	1 656.650	61.155	0.000
残差	2 817.280	104	27.089		
总计	4 473.930	105			

对于上述一元线性回归模型，F 检验和 t 检验的结果均显著，说明两个变量呈现线性相关关系。对于出租土地的农户而言，其占有土地的多少在一定程度上决定着其租出土地的数量。而且，占有土地越多的农户，其所租出土地的面积也越大，两者呈正线性相关关系。

此外，我们还需要了解：是哪些农户在租入土地？将有租入土地的农户和全部农户的统计结果对比可知，全部 391 个农户中，有 140 户为租入土地的农户。在全部农户中，平均每户所有土地面积为 8.368 亩，而租入土地的农户平均每户所有土地面积为 4.163 亩，仅约相当于前者的 50%。样本农户所有土地面积的中值为 3.487 亩，而租入土地农户所有土地面积的中值为 1.375 亩，两类农户所有农地面积的中值亦约为 2∶1 之关系。此外，后者分布的偏度相当于前者的 22.22%，峰度相当于前者的 5.39%。可见，在全部样本农户中，租入土地的农户是那些所有土地面积低于 4.163 亩的农户。[1]

---

[1] 瓶窑镇人民政府：《瓶窑镇关于土改方案、登记表（1950—1951 年）》，杭州市临平区档案馆，档案编号：152-1-1。

还可以通过比较租出土地农户与租入土地农户的统计结果，观察两类农户的特点。在391个样本农户中，租出土地的农户为105户，占全部样本农户的36.71%。租入土地的农户为140户，占全部样本农户的35.81%。租出土地农户平均每户所有农地面积为6.161亩，租入土地农户平均每户所有农地面积为4.163亩。前者所有土地面积的中值为4.000亩，后者所有土地面积的中值为1.375亩。前者的众数为2亩，后者的众数为0.000亩。前者分布的偏度和峰度都明显低于后者。从租出和租入农地的户数所占比重来看，两者各占总农户的约1/3。[①]

下面讨论农户占有土地面积与租入土地面积的相关关系。以前者为自变量，以后者为因变量，可得图5-2-2-8。

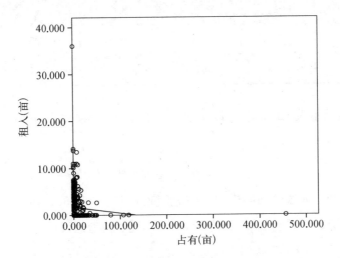

图5-2-2-8 1950年瓶窑镇农户租入土地面积与占有土地面积相关关系图

资料来源：瓶窑镇人民政府：《瓶窑镇关于土改方案、登记表(1950—1951年)》，杭州市临平区档案馆，档案编号：152-1-1。

由图5-2-2-8可以看出，租入土地面积与占有土地面积之间呈现负线性相关关系。

---

① 瓶窑镇人民政府：《瓶窑镇关于土改方案、登记表(1950—1951年)》，杭州市临平区档案馆，档案编号：152-1-1。

模 型 概 要

R	R 方	调整 R 方	估计值的标准误
0.104	0.011	0.008	3.153

由模型概要可知，租入土地面积与占有土地面积之间的相关系数 $R=0.104$，说明两个变量之间仅微弱相关。决定系数 $R^2=0.011$，说明自变量只能解释大约 1% 的因变量的变化。

系 数

项 目	未标准化系数		标准化系数	t	$Sig.$
	B	标准误	$Beta$		
占有	−0.013	0.006	−0.104	−2.056	0.040
（常数）	1.699	0.168		10.126	0.000

以 y 表示租入土地面积，以 x 表示占有土地面积，可得下列一元线性回归方程：

$$y=1.699-0.013x$$

对于上列一元线性回归模型，t 检验统计量为 −2.056，而 p -值为 0.040，检验结果显著。F 检验的 p -值亦为 0.040，说明模型假设成立。

方 差 分 析

项 目	平方和	df	均 方	F	$Sig.$
回归	42.020	1	42.020	4.226	0.040
残差	3 868.349	389	9.944		
总计	3 910.369	390			

不过，由于线性相关关系微弱，可知占有土地面积对租入土地面积几乎没有线性影响。

瓶窑四村的统计分析显示，这里是以农地"自有自耕"为主要经营形式的地区，租佃关系并不发达。而在那些具有租佃关系的农户中，农户租入农地面积与其占有农地面积之间仅有微弱之相关关系。

从统计结果可知，瓶窑四村农地的经营以自耕为主，虽有租佃关系的存在，但占有土地面积、租入土地面积等之间的相关影响微弱。

山桥乡位于杭县西部边缘，与余杭县交界，属平原地区，其基本特点可代表该县西部平原地区的一般情形。① 据1950年土地改革前夕调查，山桥乡各阶层土地关系（同时也是农村经济）的基本特点主要是小农经济发达，中农占有及使用土地数量颇大，一般在耕地总数的半数上下。在杭县县委调查的2个村中，中农所有土地占全村总面积的51.41%，使用土地占全村56.74%。佃富农、农业资本家及经营地主绝无仅有，土地经营分散。②

《杭县山桥乡第二村有关土改情况初步调查》完成于1950年7月，对杭县山桥乡第二村的租佃关系有详细记载。全村租入土地数量超过租出土地数量。租入土地面积占全部使用土地的半数以上。租出土地大部分为拥有土地数量较多者所有，租入土地者一部分为中农、贫农，佃农租入土地面积最大。但租佃关系主要发生在农田中，农地的"租佃关系极少。"③ 如果土地的佃户数量增加且佃耕农地面积扩大，则可推断地权向所有土地较多且用于土地出租的农户手中集中；反之亦然。由山桥乡第二村这一个案可知，这里的地权配置仍以分散型为其特征。换言之，土地占有相对平均，因而租佃关系并不发达。

租佃率是判断地权集中还是分散的主要指标。租佃率上升即佃农户数占农户总数的比重增加，以及佃耕土地占使用土地面积（占有土地面积与租入土地面积的和减去租出土地面积）的比重上升。在这种情况下，我们可以说地权向

---

① 另外，还可代表三墩、留下区及四维、塘栖区之一部分，约为杭县全县之半。参见中国共产党浙江省杭县委员会：《一九五〇年县委基点乡——义桥、山桥乡的工作计划、报告、调查材料》，杭州市临平区档案馆，档案编号：1-3-7。
② 由于经营分散，当地"生产工具、技术原始落后，竟无牛力"。参见中国共产党浙江省杭县委员会办公室：《一九五〇年县委基点乡——义桥、山桥乡的工作计划、报告、调查材料》，杭州市临平区档案馆，档案编号：1-3-7。
③ 中国共产党浙江省杭县委员会办公室：《一九五〇年县委基点乡——义桥、山桥乡的工作计划、报告、调查材料》，杭州市临平区档案馆，档案编号：1-3-7。

少数拥有土地数量较多的业户手中集中。租佃率下降则意味着地权趋向于分散。租佃率下降即佃农户数占农户总数的比重下降,以及佃耕农地占使用土地面积的比重下降。如果出现这种情况,则可断定地权向拥有土地面积较少的业户手中分散。由上述计量统计结构及个案分析可知,杭县地权整体上是趋于分散的。

第三节 农地赋税与地权配置

赋税制度是实现土地所有权的要素之一,农地赋税是地权配置及其变动的制约因素。[①] 鉴于土地制度与赋税制度之间的紧密关联,本节旨在讨论20世纪30—40年代农地赋税政策对杭县地权变动的影响。先对农地的田赋、捐税等土地所有者的负担作出分析,进而探讨农地赋税变化对地权结构的作用。

一、赋税、逋欠及追缴

近代中国各地田赋苛重,早在当时即受到学界的关注。有学者的调查显示,"田赋问题,至为繁复,各省皆然"[②]。其中,田赋附加种类繁多,个别省份"田赋之附加有七十余种……其名称则有省附加、县附加、村摊费、教育、建设、警备等费"[③]。更因田赋附加"征收之单位不一,税率不齐,征收者作弊,田赋不平,佃农尤苦"。[④] 浙江省与全国其他地区类似,田赋负担沉重,而

[①] 伍丹戈认为,赋役制度与土地制度联系密切,前者的变革常常反映后者的变革。参见伍丹戈:《明代土地制度和赋役制度的发展》,福州:福建人民出版社1982年版,第53页。在他看来,"赋役制度是同土地制度密切地联系在一起的。一般说,土地制度的性质决定赋役制度的性质;因而赋役制度的变革也反映了土地制度的变革"。森正夫也认为:"赋税制度本质上反映着国家土地制度的一个侧面,即税制中的土地制度。"参见〔日〕森正夫:《明代江南土地制度研究》,伍跃、张学锋等译,南京:江苏人民出版社2014年版,第14页。
[②] 叶华:《浙江省农村经济之研究》,《浙江省建设月刊》1934年第8卷第2期,第5页。
[③] 陈鸿根:《我国租佃问题之鸟瞰》,《实业统计》1934年第2卷第5期,第76页。
[④] 陈鸿根:《我国租佃问题之鸟瞰》,《实业统计》1934年第2卷第5期,第76页。

田赋附加又远超正税:"附税名目甚多,县各不同。又税目亦至繁杂,大别之为田、地、山、荡。田之中又分水田、旱田两类,其间又税目繁多,科则不齐。"①附加大都相当于正税的数倍乃至数十倍,而且有日益加重的趋势。

杭县也不例外,农户的赋税负担同样繁重。清代田地赋税包括地丁、漕粮、租课等项,以户为单位交纳。民国成立之初,杭县田、地、山、荡科则沿袭清末旧制,田分前卫屯田、民田、患田、征田、学田等14种,地有基地、征地、患地、功旗等16种,山有征山、患山、土山等,荡有民荡、患荡、征荡等,山荡合计11种,②银米分征,折征银圆。③1912年,开征附加各税。④20世纪20年代,捐税种类继续增加,名目日益繁多。⑤1925年,开征抵补金项下自治附捐,每石额征0.200元。1926年,征收抵补金项下特捐,每石额征0.200元。1928年,杭县县政府呈奉浙江省财政厅、建设厅核准,以缺乏治虫经费为由,自1929年6月起,在地丁项下带征治虫经费,每两0.100元。同年,杭县县政府又在抵补金项下征收区公所经费附捐,每石额征0.200元,以充区公所用度。1930年,为筹设救济院,在地丁项下开征救济院经费附捐,每两额征0.100元。自1912年至1930年,杭县陆续添设田赋附加项目共计10项,包括抵补金项下特捐(建设附捐)、抵补金项下区公所经费附捐、抵补金项下自治附捐、抵补金项下自治特捐、地丁项下区自治附捐、地丁项下特捐、地丁项下救济院经费附捐、地丁项下带征治虫经费等。除地丁项下带征治虫经费数额未知外,其余9项抵补金和地丁项下各种附捐,平均每两附加达1.685元。⑥

---

① 叶华:《浙江省农村经济之研究》,《浙江省建设月刊》1934年第8卷第2期,第5页。
② 余杭县粮食志编纂组编:《浙江省余杭县粮食志》,余杭:内部资料1990年印行,第32页。另参(孙)筹成:《浙江省杭县之粮名》,《上海报》1936年9月2日,第3版。
③ 杭州市余杭区地方志编纂委员会编:《余杭通志》第二卷,杭州:浙江人民出版社2013年版,第620页。
④ 《浙江省杭县地方财政收入实在状况调查表》,《浙江财政月刊》1932年第5卷第10、11、12期,第1页。
⑤ 杭州市余杭区地方志编纂委员会编:《余杭通志》第二卷,杭州:浙江人民出版社2013年版,第620页。
⑥ 《浙江省杭县地方财政收入实在状况调查表》,《浙江财政月刊》1932年第5卷第10、11、12期,第2页。

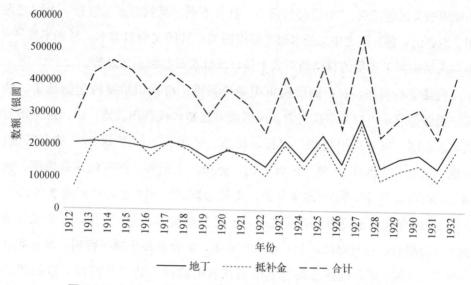

图 5-3-1-1　1921—1932 年杭县地丁银、抵补金征收数额图

资料来源：余杭市土地志编纂委员会编：《余杭市土地志》，北京：中国大地出版社1999 年版，第 171 页。

1932 年起，废除银两名目，改称田赋。地丁改称上期田赋，抵补金改称下期田赋。田赋项下依旧带征附加税，当年，杭县每亩征收建设特捐 0.859 元、建设附捐 0.174 元、水利经费 0.028 元、特捐 0.476 元、自治附捐 0.056 元、教育附捐 0.265 元、救济院经费 0.056 元、治虫经费 0.086 元、征收公费 0.127 元、区公所经费 0.061 元、农民飞机捐 0.040 元，合计 2.228 元。附加税约为正税的 222.8%。正税与附加税合计，每亩税额达 3.228 元，[①] 约相当于 1912 年每亩赋税和附加税合计总额的 1.35 倍。情况如表 5-3-1-1 所示。

表 5-3-1-1　1932 年杭县田赋项下每元带征附加税表

税　目	上期（元）	下期（元）	合计（元）
建设特捐	0.556	0.303	0.859
建设附捐	0.083	0.091	0.174

[①] 杭州市余杭区地方志编纂委员会编：《余杭通志》第二卷，杭州：浙江人民出版社 2013 年版，第 621 页。

续表

税　目	上期(元)	下期(元)	合计(元)
水利经费	0.028	0.000	0.028
特捐	0.325	0.151	0.476
自治附捐	0.056	0.000	0.056
教育附捐	0.083	0.182	0.265
救济院经费	0.056	0.000	0.056
治虫经费	0.056	0.030	0.086
征收公费	0.090	0.037	0.127
区公所经费	0.000	0.061	0.061
农民飞机捐	0.020	0.020	0.040
合计	1.353	0.875	2.228

资料来源：余杭市土地志编纂委员会编：《余杭市土地志》，北京：中国大地出版社1999年版，第171页。

杭县田赋以及附加数额，可与浙江省其他县份加以比较。一般而言，浙西地区的田赋税额高于浙东地区。浙西地区每亩水田年纳税额均超过1元，浙东地区每亩纳税额在0.40元左右。各县市田、地、山、荡田赋之正附税平均，正税1元，须纳附税1.38元，故正附税合计为2.38元。[①] 此为全省平均之数，杭县每亩赋额高于全省平均值0.848元。即较全省平均值高35.63%。[②] 考虑到浙江省田赋高于全国平均水平，在浙江省内，浙西田赋负担又高于浙东，而杭县

[①] 叶华：《浙江省农村经济之研究》，《浙江省建设月刊》1934年第8卷第2期，第5页。
[②] 《浙江省田赋正税田类税率高下等级明细表》，《浙江财政月刊》1933年田赋专号续编，第1—8、9—12、13—15、16页。另外，杭县执委会在申请实行地价税的呈文中，曾指出土地赋税征收中的问题："吾浙赋税征银多寡不一，税额各县互异。现虽改两为元，而征收数额，仍沿旧惯。市镇穷乡，肥田瘠壤，既悉凭亩课税，实有失均衡，而有粮无产及粮多于产，或有产无粮及产少于粮者，复循例造串，不事增蠲，致人民担负不均，直接攸关民生，间接碍及税收。试举瘠田一亩，稍遇荒歉，则全年收获尚不足以完粮赋，而市集地税，或反较田税为轻，负担之不均，已可想见。"参见：《杭县执委会请实行地价税》，《地政月刊》1934年第2卷第2期，第382页。

田赋又为浙西各县中较为繁重者，故 1935 年 4 月 20 日《东南日报》报道称："杭县田赋之繁重甲于全国，附加税额与日俱增，正捐带征抵补金、军事特捐、建设附捐、水利费、征收费、教育附捐、治虫经费、整理土地费等十余种之多，一跃而逾正税数倍有奇。"①

1940 年，《浙江省田赋征收实物及米折办法》规定，自 1941 年起，各县田赋应按照 1936 年 7 月至 1937 年 6 月的平均米价折算。② 1941 年，田赋划归中央财政，改征实物（稻谷），称征实，将原来上期田赋、下期田赋、省县正附税、田亩捐等合并为赋元，每赋元征收稻谷 0.20 石。1942 年，杭县每赋元征收稻谷增至 0.30 石，另外随赋带征县级公粮，每赋元征稻谷 0.10 石。实际负担较 1941 年增加 1 倍。1943 年，实行"三征"，即每赋元征实 0.30 石，县公粮 0.10 石，征借 0.15 石，共征稻谷 0.55 石。田赋及附加征收数额逐年递增，每赋元实征数额年均增加 0.11 石。1943 年与 1941 年相比，每赋元征实数额增加 50%，田赋及附加征实数额增加 165%。③ 其时，"敌伪劫夺，游杂骚扰，人民负担已颇繁重"④。1944 年，瓶窑区"各乡保……因环境恶劣，应付浩大，而县区向不过问，以致支付漫无限制，一任乡保长之所为，流弊百出，民众不堪负担"⑤。在"灾害频仍，产销呆滞，人民经济极度衰落"的情况下，⑥ 杭县县政府依然向各乡区派募乡镇公益储蓄，至 1945 年 2 月底，五西、东塘、瓶窑、临平、调钦、乔司、上泗七区代收 1944 年储款共计 800 万元。⑦ 1945 年 4—6 月，杭县瓶窑区署筹解上级派款共计 1 165 870 元。其中，解缴各种上级派款 1 165 870 元，包括转解及垫付给第一挺进纵队司令部 500 000 元、浙保四

---

① 杭州市余杭区地方志编纂委员会编：《余杭通志》第二卷，杭州：浙江人民出版社 2013 年版，第 621 页。
② 《浙江省田赋征收实物及米折办法》，《浙江省政府公报》1941 年第 3270 期，第 62 页。
③ 杭州市余杭区地方志编纂委员会编：《余杭通志》第二卷，杭州：浙江人民出版社 2013 年版，第 622 页。
④ 杭县县政府：《县政府工作报告、复员经济计划》，杭州市临平区档案馆，档案编号：91-1-81。
⑤ 杭县县政府：《瓶窑、五西、上泗、河西区办工作报告》，杭州市临平区档案馆，档案编号：91-1-84。
⑥ 杭县县政府：《瓶窑、五西、上泗、河西区办工作报告》，杭州市临平区档案馆，档案编号：91-1-84。
⑦ 杭县县政府：《县政府工作报告、复员经济计划》，杭州市临平区档案馆，档案编号：91-1-81。

纵队特务第三团 250 000 元、杭县警察第二中队 98 100 元、杭县自卫第三大队 169 910 元、安吉县政府 70 000 元、杭县警察大队 60 000 元、瓶窑区警察所 17 800 元。奉令供应浙保三团食油 796 斤、豆子 4 776 斤。① 此外，该区署在当年 4—6 月的三个月中，还奉令向杭县田粮管理处、县税征收处、国民兵团、三民主义青年团杭州分团、杭县递步哨、浙保特务第三团、自卫第九中队、杭县军民合作指导处、行署进步哨杭县分哨、杭县临时参议会、瓶窑区卫生分院、浙西行署、安吉县政府等机构拨付公粮 818.82 石。② 对此，瓶窑区署在给杭县县政府的报告中大叹苦经，称："查自去岁亢旱，禾稻歉收，近复伪军大肆抢劫，损失惨重。民间食粮极度恐慌，拨付公粮至为困难。"③

抗日战争胜利后，田赋继续征实，④ 田赋附加及带征项目亦有增无减。⑤ 同时，各项县税亦陆续编查开征。⑥ 1946 年，杭县平均每亩税额 0.541 4 元，减半征收每亩 0.270 7 元，折谷 7.2 千克，占亩产的 6.32%。实际征收时，根据浙江省财政厅田赋科规定，依据 1940 年负担数额进行调整换算，杭县民田每亩负担田赋数额为 1.05 元。是项额征数字未包括乡、保、甲按亩分摊的杂费杂捐，故不能反映每亩农地负担之实际赋税数量。⑦ 此外，征实过程中还有其他额外负担。有知情者认为："田赋征实加在农民头上的负担，其实并不止规定征收的那个数目。"⑧ 以 1947 年的一个案件为例。当年，设于下确桥的杭县田赋第三巡回办事处下辖 4 个乡，田亩总数为 4 万亩，按照 1946 年的赋额为每

---

① 杭县县政府：《瓶窑、五西、上泗、河西区办工作报告》，杭州市临平区档案馆，档案编号：91-1-84。
② 杭县县政府：《瓶窑、五西、上泗、河西区办工作报告》，杭州市临平区档案馆，档案编号：91-1-84。
③ 杭县县政府：《瓶窑、五西、上泗、河西区办工作报告》，杭州市临平区档案馆，档案编号：91-1-84。
④ 杭县地籍整理办事处：《县府、地整处关于赶造地价册、调查乔司机场地价、地价会记录》（1946—1949 年），杭州市临平区档案馆，档案编号：91-3-688。
⑤ 杭州市余杭区地方志编纂委员会编：《余杭通志》第二卷，杭州：浙江人民出版社 2013 年版，第 622 页。
⑥ 杭县县政府：《关于浙江全县行政会议讨论中心问题意见及工作报告》，杭州市临平区档案馆，档案编号：91-1-82。
⑦ 杭州市余杭区地方志编纂委员会编：《余杭通志》第二卷，杭州：浙江人民出版社 2013 年版，第 622 页。
⑧ 沙行：《挣扎在死亡线上的杭县农民》，《展望》1948 年第 2 卷第 19 期，第 13 页。

亩0.385石稻谷。但实际征收的田粮却达到1.7万石之多，超过应收数额近1500石。实际征收数额较应征数额多出9.677%。超额征收的部分，由办事处职员瓜分，其中，办事处主任朱家骥一个人分得1000石，管理员詹某分得300多石。①

据沙行在杭县所做的调查，1948年，杭县田赋每元征实0.30石，征借0.30石，公粮0.09石，积谷0.03石，外加"戡乱"经费0.24石，以及钱塘江水利工程经费、乡村学校经费，总计超过1.10石，减半征收，为0.55石。与1936年相比，每亩负担增加175%。以自耕农户为例，1948年每亩收获稻谷为2.1石，扣除征实0.55石之后，剩余稻谷1.55石，尚需要向乡公所缴纳0.12石的自治经费和壮丁安家费（一年两次）及其他种种捐税，"剩下来的能够补偿肥料、工本，已经大幸了"②。

受赋税加重影响者并不限于自耕农户，自20世纪30年代初至40年代末，杭县正附税额数量逐渐升高，尤其是附加税名目增多，负担日趋沉重，地主、富农等阶层均受其害。据1949年12月杭县县委会调研组填写的《解放前后各阶级负担调查表》，20世纪40年代末杭县租额、田赋及苛捐杂税各阶层负担如表5-3-1-2所示。

表5-3-1-2　20世纪40年代后期杭县各阶层赋税负担表

类别	负担占总收入的比重(%)	田赋	苛捐杂税	合计
地主	田百亩以上	54.56	0.00	54.56
	田五十亩以上	——	——	——
	田五十亩以下	54.36	7.93	62.29
富农		41.71	5.08	46.79
中农	富裕中农	14.88	3.53	18.41
	中农	18.24	7.18	25.42

① 沙行：《挣扎在死亡线上的杭县农民》，《展望》1948年第2卷第19期，第13页。
② 沙行：《挣扎在死亡线上的杭县农民》，《展望》1948年第2卷第19期，第13页。

续表

类别 \ 负担占总收入的比重(%)	田 赋	苛捐杂税	合 计
贫 农	16.92	9.08	26.00
佃富农	0.00	4.61	4.61
佃中农	9.13	6.60	15.73
佃贫农	0.00	2.83	2.83

资料来源：中国共产党浙江省杭县委员会办公室：《一九四九年杭县一届农代会的报告、减租减息的计划、报告(1949年10月25日至1949年12月31日)》，杭州市临平区档案馆，档案编号：1-3-2。

由表5-3-1-2可知，以田赋及苛捐杂税支出占总收入的比重衡量，所有田地数量低于50亩的地主负担最为沉重，田赋及苛捐杂税支出占其总收入的62.29%。其次是所有土地面积超过100亩的地主，田赋及苛捐杂税支出占其总收入的54.56%。其次为富农，田赋及苛捐杂税支出占其总收入的46.78%。此外，田赋及苛捐杂税支出占其总收入比重较高的还有贫农、中农。①

地方政府以增加赋税收入为赋税政策的出发点，但其实施却制约着农地赋税的收入。繁重的负担，导致业主无力完纳，拖欠赋税成为常态。20世纪20年代末30年代初，田赋拖欠已经甚多，地方政府催迫虽厉，依旧难以完成应征数额。1927年至1930年，杭县田赋征收仅完成应征数额的九成左右，以后欠赋逐年递增。②

欠赋不断累积的直接原因，在于赋税数额日益增多。地方政府除维持行政运行外，还需要筹措教育、建设、水利、救济等费用。1934年，杭县财政支出项目包括党务费、行政费、公安费、教育费、建设费、财政费等，占当年财政支出的比重依次为6.11%、1.72%、43.81%、32.04%、2.45%、13.87%。③

对于杭县县党部和县政府来说，党务、行政、公安、教育、建设、公益等

---

① 陈鸿根：《我国租佃问题之鸟瞰》，《实业统计》1934年第2卷第5期，第61页。
② 杭州市余杭区地方志编纂委员会编：《余杭通志》第二卷，杭州：浙江人民出版社2013年版，第622页。
③ 《杭县经济概况调查》，《浙江经济情报》1936年第1卷第1—5期合刊，第4页。

各项费用支出庞杂。而赋税收入主要依赖地丁银、抵补金、附加税，税种单一，税源不足，赋税收入难以增长。1932年，杭县地方财政收入来源主要分为田赋附加和商业税捐。两相比较，以抵补金和地丁银项下附捐为主的田赋附加（地丁项下带征治虫经费未计入）年收入占两类收入总量的53.28%，约相当于各种商业捐税年收入的1.14倍。1934年，附加约相当于地丁银及抵补金总额的1.24倍。在不计入田赋正税的情况下，田赋附加已经成为杭县财政收入的主要来源。从另一个角度来看，也可以说田赋及其附加承受着杭县财政收入的主要压力。同时，农户收入减少，或者收入数量不敷税额增加之需，赋税数额超出其负担能力，不得不一拖再拖。①

20世纪30年代初以后，一方面是地方财政支出的有增无减，另一方面是农户收入的逐年减少，两个方面共同作用，结果就是农地负担的赋税日趋沉重，农户在收入减少而土地赋税及附加增长的双重压力下，赋税逋欠成为常态。为了解决农地赋税逋欠及征收困难的问题，浙江省政府于1935年制定《浙江省田赋征收章程》，要求省内各县征收田赋应依该章程办理。为了破解农地赋税征缴的困局，《浙江省田赋征收章程》提出分期征缴的政策。如第一章《总则》第二条规定："各县田、地、山、荡应征田赋正税暂照原有银米（银每两一元八角，米每石三元三角）改征银圆之科则分期征收之。每年征收分上、下两期。其科则由银两改征银圆者，于上期征收；由米石改征银圆者，于下期征收，但只有上期田赋，或上期赋额较多者，得将上期田赋分两次征完。"② 对于赋税征收过程中不同种类货币转换造成的额外负担，《浙江省田赋征收章程》提出了应对的办法。该章程第三条规定："完纳田赋满一元以上者，凡本省行用之银圆及纸币一体通用。不满一元者，准收小银圆、铜币。小银圆、铜币按照市价逐日悬牌公告，不得抑勒。"③ 以此减少农户交纳赋税过程中因为货币兑换而增加的支出。从另一个角度看，可知各地在田赋征收过程中，普遍存在不同种类的货币换算问题，这也是小农交纳田赋时可能增加的另一重负担。

《浙江省田赋征收章程》对于应征之附加捐税也强调征收之必要。第四条

---

① 《杭县经济概况调查》，《浙江经济情报》1936年第1卷第1—5期合刊，第4页。
② 《浙江省田赋征收章程》，《浙江省政府公报》1935年第2377期，第3页。
③ 《浙江省田赋征收章程》，《浙江省政府公报》1935年第2377期，第3页。

规定："各县上期田赋向由平余改征留作县税之特捐，照旧随正带征。"第五条规定："各县随正带征之省县特捐附捐（自治、塘工、积谷、教育、建设及其他）均照核准原案征收。"① 可见，《浙江省田赋征收章程》的主旨不在于降低农地赋税的实际负担，而在于减少逋欠，保障赋税征收数额的增长和稳定。

对于地方政府来说，解决赋税逋欠问题的根本在于开源节流。"节流"即通过减少财政支出，降低财政收入预算数额。"开源"即增加农地赋税及附加之外的税收收入，以缓解农地赋税压力。从当时调查显示的杭县财政支出的项目可知，田赋附加和各项杂捐主要用于党务、行政、警察、教育等支出，其中多为维持地方政权运作的基本费用，实际上已经减无可减。而店屋、住宅、旅馆、菜馆等各种财产、经营性质的税费及杂捐难以增加税收，不能满足财政之需。对于减租与增赋两项政策的"冲突"，有学者指出："积岁叹穷，而农产衰落，民生憔悴，开源既无可再开，节流亦无可再节。而自十六年省府改组以来，当道锐意建设，致财政日渐困难，虽然厉行紧缩，削减预算，徒以债基高筑，亏负尚巨，为弥补缺额起见，每就收入大宗之田赋项下，带征附税，以资挹注。唯是此风既开，各县相继效尤，视为增加岁收之唯妙法门，只须假借某种地方公益事业之名义，呈准省府，辄可举办……行政院洞鉴乎此，固经三令五申，严格限制，然以积习之深，遽难禁绝。"② 由于赋税附加逐步叠加，有增无减，业户负担一再升高，拖欠难以清完。

因此，对于粮户拖欠滞纳，浙江省政府颁布相关规定，设法解决。《浙江省田赋征收章程》之第四章《完欠奖罚》针对业户完纳田赋作出规定。一方面，对于按时完纳田赋的农户提出奖励办法，如第十七条规定："凡业户于每期开征日起一个月内完纳者，照所纳田赋省县正税附捐给百分之五之奖金。前项奖金在上期田赋征期内并纳下期田赋者一律发给。"③ 另一方面，对于拖欠田赋的粮户，提出征收滞纳金、拘押以至查封财产备抵等处罚办法，征收滞纳金的额度为正附税捐额度的5％至10％，如第十八条规定："上期田赋经过上期全完期，下期田赋经过下期全完期，滞未完纳者，照应纳省县正附税捐加收百

---

① 《浙江省田赋征收章程》，《浙江省政府公报》1935年第2377期，第3页。
② 朱其傅：《浙江农村病态之经济观》，《浙江省建设月刊》1933年第7卷第4期，第20—21页。
③ 《浙江省田赋征收章程》，《浙江省政府公报》1935年第2377期，第5页。

分之五罚金，上期田赋经过下期全完期后，下期田赋经过次年上期全完期后，滞未完纳者，照应纳省县下附税捐加收百分之十罚金。"① 处罚之后，仍然拖欠不缴者，对粮户实行拘押追欠，如第二十条规定："凡业户经过应加百分之十处罚期间，后仍未完纳者，得拘案押追。"②

为了保障田赋依照实际数量征收，浙江省政府制定《修正浙江省人民欺隐土地粮赋处分办法》，将征收欠赋与农地产权联系起来。即将欠赋粮户所有的土地作为其财产之一，规定在地方政府规定的完纳欠赋限期之后，经催追仍不完粮或报补者，得将其土地充公。③ 即欠缴赋税的粮户，在完纳期限到来之后仍未完纳，将会失去其所有农地的所有权。《浙江省田赋征收章程》规定，将欠赋粮户拘押后，查封其所有财产，作为施压手段，迫使粮户交纳所欠赋税及滞纳金。第二十一条规定："凡业户对于应完上下期田赋已至拘押期间仍未完纳者，得由经征官署按应征数查封财产备抵，俟完清后，启封发还。"④ 对于被拘押之后仍然拒不交纳赋税的粮户，可将其被查封的财产拍卖，以抵充所欠赋税。如第二十二条规定："财产查封后，仍未完纳者，经征官署得将其欠赋土地及其定着物拍卖，以所得价款抵偿欠赋，如有盈余，应返还之。"⑤ 为了鼓励县级政府对逋欠农户实施处罚，对罚金的分配也作出明确规定。第十九条规定："前条所征滞纳罚金属于省正附税捐项下者应尽数报解省金库核收，属于县附税捐项下者，留县支用。"⑥

《修正浙江省人民欺隐土地粮赋处分办法》《浙江省田赋征收章程》虽对田赋征收作出规定，但因负担过于沉重，对于解决田赋征收中的逋欠问题作用有限。20世纪20—30年代，杭县农户逋欠赋税问题一直难以解决，以致杭县欠赋数量逐步累积，数额甚巨。据1936年统计，1927年至1935年杭县农户所欠田赋，除第一、二两期追起者外，尚有2 000 000元。当年，杭县赋额为750 000元，⑦ 即累计9年间所欠田赋相当于1936年全年赋额的2.67倍。至20世纪40年代，

---

① 《浙江省田赋征收章程》，《浙江省政府公报》1935年第2377期，第5页。
② 《浙江省田赋征收章程》，《浙江省政府公报》1935年第2377期，第5页。
③ 《修正浙江省人民欺隐土地粮赋处分办法》，《浙江省政府公报》1932年第1673期，第6—7页。
④ 《浙江省田赋征收章程》，《浙江省政府公报》1935年第2377期，第5页。
⑤ 《浙江省田赋征收章程》，《浙江省政府公报》1935年第2377期，第5页。
⑥ 《浙江省田赋征收章程》，《浙江省政府公报》1935年第2377期，第5页。
⑦ 华玉堂：《杭县运用保甲协助催赋之检讨》，《浙江自治》1937年第2卷第8期，第23页。

拖欠赋税仍是地方财政中的难题。为此,《浙江省田赋征收实物及米折办法》规定,自1941年起,各县田赋应按照该办法征收。对于业户逾期,第七条规定:"各业户逾期或抗缴税款,酌予下列处分:其一,加收滞纳金;其二,拘追;其三,提取欠赋收益;其四,查封财产。"①

尽管浙江省政府及杭县县政府制定了针对田赋缴纳的奖励和处罚政策,但自20世纪30年代初至40年代末,田赋征收过程中的欠纳问题一直未能解决。田赋征收的措施及其成效会影响到地方政府的土地政策及其执行力度。反过来,它们又会影响到田赋的实际收入,进而影响行政效率。为了实现赋税征收目标,杭县县政府不得不进一步增加征收成本,其方法即运用保甲人员协助催收赋税。然而,征收的环节愈多,参与的人员愈众,赋税征收的经济与行政成本就越高。②

值得注意的是,在实施上述农地赋税政策的同时,国民政府还同时推行减租政策,因此,对地权配置的作用需要结合租佃政策加以分析。在地方政府推行减租和增赋的情况下,业主既要减少地租,又须承担不断增加的田赋和附加负担,实际收益势必缩减。正如当时学者所抱怨的:"'二五'减租意在节省佃农开支,渐达小农置产之目的,因属改善农民生活之根本要图,但于另一方面,各县田赋附税,依然激增,又加重其负担。"③ 国民政府的租佃政策与赋税制度对于农地产权产生了两种相反的作用。"二五"减租、佃户承买优先权,旨在减轻佃农负担,促使其增加积累,刺激其购买土地;但在田赋日趋沉重、附加连年叠加的赋税制度下,土地承受的赋税负担日益沉重,又抑制了租佃政策的作用。

由于赋税负担增加,业主试图增加地租,将增加的赋税转移给佃户。佃户则援引"二五"减租政策,反对业主增加地租。这样,具有国家与农户关系性质的赋税征收问题,又部分转化成为业主与佃户之间的关系问题。赋税数额的增加以及追缴措施的实行,进一步激化了因为推行"二五"减租政策而日益紧张的租佃关系,结果就是租佃关系的恶化与租佃纠纷的增加。日趋紧张的租佃关系、层出不穷的租佃纠纷,反过来又影响着田赋的征收。当时就有学者注意到:"'二五'减租为平均地权政策之一,调剂贫农,法至善也。惟利之所在,弊亦随之。

---

① 《浙江省田赋征收实物及米折办法》,《浙江省政府公报》1941年第3270期,第10—11页。
② 华玉堂:《杭县运用保甲协助催赋之检讨》,《浙江自治》1937年第2卷第8期,第23页。
③ 朱其傅:《浙江农村病态之经济观》,《浙江省建设月刊》1933年第7卷第4期,第20页。

俗语所谓'不是东风压倒西风,即是西风压倒东风',有势力之业户,不遵定章,逾额收租者属有之,而刁顽佃户,聚众集会,任意派定,并不按照'三七五'解租者,亦复不少。矫枉过正,业户饮泣吞声,无力计较者甚多。虽有仲裁,十不得一,流弊所在,赋受其累。"① 业主可以借口租佃纠纷拖欠赋税的缴纳,追缴赋税的地方政府势必陷入租佃纠纷的繁琐事务中,直接面对佃业双方,处置土地使用过程中涉及的租佃关系、租额数量等细碎的问题,行政成本、社会成本均相应增加。而租佃双方围绕土地使用权的纠纷往往经年累月,久拖不决,以致田地荒芜,业户、佃农及地方政府亦在经济和税收上蒙受损失。

二、赋税政策的地权效应

20世纪30—40年代,业户负担增加成为常态。20世纪40年代后期,为了制定"合理"的税负,杭县地籍整理办事处各分处先后实施地价评定,以减轻业户负担。但在沉重的赋税压力下,地价评定未免过高。②

1949年12月杭县县委调研组填写的《解放前后各阶层负担调查表》,以田赋、苛捐杂税、租额占总收入的百分比作为衡量负担水平的指标。这次调查的结果显示,农户的赋税负担主要为田赋和苛捐杂税。有田百亩以上的地主田赋负担占总收入的54.56%,负担比重为各阶层中最高。有田50亩以下的地主田赋负担占总收入的54.36%,其他各阶层负担占总收入的比重依次为:富农41.71%、富裕中农14.88%、中农18.24%、贫农16.92%、佃中农9.13%。③依照各阶层所有土地面积的多少,田赋负担逐步递减。无地的佃农则不负担田赋。大体而言,田赋负担是与所有农地面积相一致的,两者呈正相关关系。

各阶层负担的苛捐杂税数量与所有土地面积也有一定关联。有田百亩以上

---

① 《余杭县整顿田赋意见书》,《浙江财政月刊》1934年第7、8、9期,第368页。
② 如杭县第三区(第十二都之第一至第六图)各图"均属山地,田则端赖天时,山则童秃居多,至原有农山,经八年抗战,大都形成荒废,比之现评地价,实属太高"。参见杭县树塘乡公所:《第三区地价评定过高,拟请参酌实际情形予以减低案》,杭县地籍整理办事处:《省地政局、县地籍处关于征收土地税费、划分标准地价训令》,杭州市临平区档案馆,档案编号:91-3-663。
③ 中国共产党浙江省杭县委员会办公室:《一九四九年杭县一届农代会的报告、减租减息的计划、报告(1949年10月25日至1949年12月31日)》,杭州市临平区档案馆,档案编号:1-3-2。

的地主不必负担苛捐杂税,而所有农地面积较少的贫农负担苛捐杂税占其总收入的比重却高达9.08%,为各阶层中最高。其他各阶层负担苛捐杂税占其总收入的比重分别为:有田面积50亩以下的地主7.93%、中农7.18%、佃中农6.60%、富农5.08%、佃富农4.61%、富裕中农3.53%、佃贫农2.83%。①

若将田赋与苛捐杂税合计,则两项支出占总收入比重最高的是有田50亩以下的地主,达到62.29%;其次为有田100亩以上的地主,达到54.56%;排在第三位的是富农,为46.79%;之后依次为:贫农26.00%、中农25.42%、富裕中农18.41%、佃中农15.73%、佃富农4.61%、佃贫农2.83%。②

由于阶层的划分主要依据使用农地面积,故可以进一步分析各阶层负担占总收入的比重与其使用农地面积的数量关系。据杭县三墩镇双桥乡及三墩镇的调查,各阶层每人的平均土地(包括自有或租入)如下:拥有土地面积百亩以上的地主,每人平均土地70.526亩;拥有土地面积五十亩以下的地主,每人平均土地26.943亩;富农,每人平均土地12.280亩;富裕中农,每人平均土地2.720亩;中农,每人平均土地1.920亩;贫农,每人平均土地1.32亩;佃富农,每人平均土地3.130亩;佃中农,每人平均土地2.750亩;佃贫农,每人平均土地1.550亩。③

表5-3-2-1 20世纪40年代后期杭县农户负担与人均使用土地面积关系表

类别	项目	人均使用农地面积(亩)	负担占收入的比重(%)
地 主	田百亩以上	70.526	54.56
	田五十亩以上	——	——
	田五十亩以下	26.943	62.29
富 农		12.280	46.79

---

① 中国共产党浙江省杭县委员会办公室:《一九四九年杭县一届农代会的报告、减租减息的计划、报告(1949年10月25日至1949年12月31日)》,杭州市临平区档案馆,档案编号:1-3-2。
② 中国共产党浙江省杭县委员会办公室:《一九四九年杭县一届农代会的报告、减租减息的计划、报告(1949年10月25日至1949年12月31日)》,杭州市临平区档案馆,档案编号:1-3-2。
③ 中国共产党浙江省杭县委员会办公室:《一九四九年杭县一届农代会的报告、减租减息的计划、报告(1949年10月25日至1949年12月31日)》,杭州市临平区档案馆,档案编号:1-3-2。

续表

类别	项目	人均使用农地面积(亩)	负担占收入的比重(%)
中农	富裕中农	2.720	18.41
	中农	1.920	25.42
贫农		1.320	26.00
佃富农		3.130	4.61
佃中农		2.750	15.73
佃贫农		1.550	2.830

资料来源：中国共产党浙江省杭县委员会办公室：《一九四九年杭县一届农代会的报告、减租减息的计划、报告(1949年10月25日至1949年12月31日)》，杭州市临平区档案馆，档案编号：1-3-2。

以田赋和苛捐杂税负担占总收入的百分比为因变量，以各阶层每人平均使用农地面积为自变量，可得图5-3-2-1。

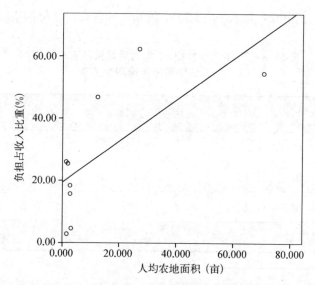

图5-3-2-1　20世纪40年代后期杭县负担占总收入比重与人均农地面积相关关系图

资料来源：中国共产党浙江省杭县委员会办公室：《一九四九年杭县一届农代会的报告、减租减息的计划、报告(1949年10月25日至1949年12月31日)》，杭州市临平区档案馆，档案编号：1-3-2。

由上图可见，20世纪40年代后期杭县各阶层田赋和苛捐杂税负担占总收入的比重与人均农地面积之间呈现正线性相关关系。

模 型 概 要

R	R 方	调整 R 方	估计值的标准误
0.710	0.504	0.433	16.119

由模型概要可知，人均使用农地面积与负担占收入的比重之间的相关系数 $R=0.710$，说明两个变量之间具有较强的线性相关关系。决定系数 $R^2=0.504$，说明人均使用农地面积的不同可以大约解释50%的负担占收入比重的差异。

系 数

项 目	未标准化系数		标准化系数	t	$Sig.$
	B	标准误	$Beta$		
人均农地面积	0.663	0.249	0.710	2.666	0.032
（常数）	19.441	6.360		3.057	0.018

以 y 表示因变量负担占各阶层农户收入的比重，以 x 表示各阶层人均使用农地面积，依据上表，可得如下一元线性回归方程：

$$y=19.441+0.663x$$

对于上列模型，t 检验统计量为 2.666，而 t 检验的 p-值为 0.032，说明检验结果显著，模型假设成立。

方 差 分 析

项 目	平方和	df	均 方	F	$Sig.$
回归	1 846.957	1	1 846.957	7.109	0.032
残差	1 818.751	7	259.822		
总计	3 665.708	8			

F 检验的 p-值也是 0.032，说明上述模型假设成立。因变量负担占收入的比重与人均使用土地面积之间具有线性相关关系。

上列统计分析证明，杭县各阶层农户负担占其总收入的比重与其使用土地面积呈现正线性相关关系。可见，使用农地面积越多的农户，其负担占收入的比重也越高。由此可知，赋税负担对农地产权配置的影响主要是分散效应，而不是集中效应。

再看两个典型个案分析的结果。我们分别以富农李荣梅和贫农徐根法为例，比较其负担的差异。

富农李荣梅家中 5 口人，有田 61.4 亩，出租 25 亩，每人平均 7.28 亩，1948 年自耕田收入 5 160 斤（早稻、晚稻、蚕豆、菜籽、苗秧），收租 2 472 斤，总收入 7 632 斤，交田赋 3 184 斤，占总收入的 41.71%；苛捐杂税缴出 388 斤，占总收入的 5.08%。两项合计共占总收入的 46.78%。1949 年，自耕田收入 2 900 斤，收租 732 斤，总收入 3 632 斤，缴农业税 4 770 斤，占总收入的 131.33%，比 1948 年负担率提高 84.55%。[①]

贫农徐根法家中 4 口人，有田 2.5 亩，租入 2.8 亩，合计 5.3 亩，每人平均 1.32 亩，去年总收入 1 300 斤，交田赋 220 斤，占总收入 16.92%，交租 180 斤，占总收入的 13.84%，苛捐杂税 118 斤，占总收入的 9.08%，三项合计共占总收入 39.84%。1949 年，总收入 780 斤，缴农业税 97.5 斤，占总收入的 12.5%，交租 65 斤，占总收入的 8.33%，两项合计共交出 162.5 斤，占总收入的 20.83%，比 1948 年负担率下降 19.01%。[②] 比较可知，富农李荣梅田赋和苛捐杂税支出占总收入的比重为 46.78%，贫农徐根法田赋和苛捐杂税支出占总收入的比重为 26.00%，较前者少 20.78%。即使计入 13.84% 的地租后，负担占总收入的比重为 39.84%，仍较富农李荣梅低 6.94%。

结合前述统计分析结果，可知这两个典型案例具有一定的代表性，同样显示出因为人均使用（所有）农地面积的增加而导致田赋及苛捐杂税负担加重的基

[①] 中国共产党浙江省杭县委员会办公室：《一九四九年杭县一届农代会的报告、减租减息的计划、报告（1949 年 10 月 25 日至 1949 年 12 月 31 日）》，杭州市临平区档案馆，档案编号：1-3-2。
[②] 中国共产党浙江省杭县委员会办公室：《一九四九年杭县一届农代会的报告、减租减息的计划、报告（1949 年 10 月 25 日至 1949 年 12 月 31 日）》，杭州市临平区档案馆，档案编号：1-3-2。

本趋势。由于负担占收入的比重随着人均使用农地面积的增加而增长,田赋和苛捐杂税的增加就成为抑制地权集中的因素。20世纪30年代上半期,浙江省因为连年"生产萎缩,农产物价低落,加以赋税苛重,高利压迫,中农沦为贫农,在在皆是"①。富农亦然。杭县富农"多贷地于佃农……但以'二五'减租及农产物之跌价,向佃户收租,既异常困难,而政府之催缴钱粮,派销公债,以及各项杂捐,难以应付"。②

上面是就人均使用农地面积与农户负担占收入的比重所作的分析。接下来,我们再通过所有田地数额和积欠公粮数额的比较,说明土地所有数量和田赋负担之间的关系,以此判断赋税负担对地权的影响。

表 5-3-2-2 1944年杭县丁河乡积欠公粮各户欠粮表

保别	姓名	田亩数额(亩)					应欠公粮数额(斗)
		田	地	山	荡	合计	
四	郑阿贵	0.1	0.2			0.3	0.203
四	郑彩堂		0.1			0.1	0.062
四	郑瑞堂	1.3	0.1			1.4	1.076
四	郑阿慰	0.1	0.1			0.2	0.140
四	俞阿毛	0.4	0.1			0.5	0.374
四	郑再元	0.2	0.1			0.3	0.218
四	郑锡永		0.1			0.1	0.062
四	郑元其	2.1	0.1			2.2	1.700
四	郑庆祥	1.3	0.1			1.4	1.076
四	沈有堂	2.7	0.1			2.8	2.168

① 高尚贤:《浙江农村副业之现状及其改进之管见》,《浙光》1937年第3卷第11期,第2页。
② 俞俊民:《浙江土地问题》,《杭州民国日报》1934年元旦特刊,第29页。这篇文章还称:"最近各县催旧欠,如绍兴、嘉兴等县,有以田契交县府,请求拍卖者,亦有多起。在此情况之下,资产阶级之地主之土地,将渐次减少,还之于贫苦之农民,亦一极好之趋势。"

续 表

保别	姓 名	田亩数额(亩)					应欠公粮数额(斗)
		田	地	山	荡	合计	
四	郑阿才	0.4	0.1			0.5	0.374
四	俞光德		0.1			0.1	0.062
四	俞阿耀	1.0	0.1			1.1	0.842
四	郑子香	1.8	0.1			1.9	1.467
四	郑价生	1.0	0.1			1.1	0.842
四	郑寿藻	0.2	0.1			0.3	0.218
四	俞金生	1.0	0.1			1.1	0.842
四	俞阿文	1.2	0.1			1.3	0.998
四	俞阿尧		0.4			0.4	0.250
四	郑阿荣	1.5	0.1			1.6	1.232
四	郑阿狗		0.1			0.1	0.062
四	郑生文	2.6	0.1			2.7	2.090
四	沈公三	5.5	0.2		2.0	7.7	1.000
四	沈有章	2.1				2.1	1.921
四	沈九如					0.0	0.062
四	谈敏甫		0.1			0.1	0.062
四	谈金三	0.8	0.1		1.0	1.9	1.006
四	郑永林	0.1	0.1			0.2	0.140
四	谈集甫	0.1	0.1			0.2	0.140
四	谈茂林	0.2	0.1			0.3	0.220
四	钱文溥	1.7	0.8			2.5	1.830
四	钱再元	0.1	0.7			0.8	0.390
四	钱文瑞	6.4	0.1		0.8	7.3	5.750

续 表

保别	姓 名	田亩数额(亩)					应欠公粮数额(斗)
		田	地	山	荡	合计	
四	姚心田	3.9	0.1			4.0	3.360
四	钱来庆	0.2	0.1			0.3	0.218
四	钱瑞祥	1.9	0.1			2.0	1.500
四	姚阿三	0.1	0.2			0.3	0.620
四	马阿松	0.1	0.1			0.2	2.464
四	沈有名	3.0	0.2			3.2	1.900
四	钱三毛	2.3	0.3		0.1	2.7	2.569
四	吴连宝	2.6	0.3		1.3	4.2	1.127
四	吴庚生	13.8	0.2		0.8	14.8	10.127
四	陆阿叙	10.7	0.2			10.9	4.025
四	蔡寿章	10.8	0.2			11.0	2.800
四	吴杏福	2.0	0.3			2.3	1.686
四	蔡永春	1.2	0.3			1.5	0.998
四	蔡阿南	0.5				0.5	0.577
四	蔡发财	0.6				0.6	4.867
四	蔡宝生	1.5	0.2			1.7	1.295
四	蔡玉生	1.0	0.1			1.1	0.842
四	蔡天生	1.1	0.2			1.3	0.983
四	蔡宝田		0.1			0.1	0.062
四	蔡阿福		0.1			0.1	0.062
四	陈文标	2.2	0.1			2.3	1.778
四	朱玉喜		0.1			0.1	0.062
四	朱阿毛		0.2			0.2	0.125

续　表

保别	姓名	田亩数额(亩)					应欠公粮数额(斗)
		田	地	山	荡	合计	
四	姚丫头	0.8	0.2			1.0	0.749
四	姚阿林		0.1			0.1	0.062
四	沈丫头		0.1			0.1	0.062
四	陆德宝	0.3	0.2			0.5	0.359
四	张阿宝		0.3			0.3	0.187
四	朱叙才	0.6				0.6	0.468
四	姚阿建		0.1			0.1	0.062
四	姚阿田		0.1			0.1	0.062
四	姚阿六		0.1			0.1	0.062
四	车昌其		0.1			0.1	0.062
四	应锦奎		0.5			0.5	0.312
四	朱文玉	3.0				3.0	2.340
四	朱增富				1.6	1.6	0.512
四	唐永叙		0.3			0.3	0.187
四	唐南宝		0.2			0.2	0.125
四	唐益芳		0.1			0.1	0.062
四	唐启林		0.2			0.2	0.125
四	唐金魁		0.2			0.2	0.125
四	唐朱氏		0.2			0.2	0.125
四	唐天生		0.1			0.1	0.062
四	唐继荣	0.6	0.3			0.9	0.655
四	唐金生	2.1	0.7			2.8	1.400
四	唐六顺		1.2			1.2	1.217

续　表

保别	姓　名	田亩数额（亩）					应欠公粮数额（斗）
		田	地	山	荡	合计	
四	唐乾高	4.4	1.0		0.8	6.2	4.312
四	姚庆发		0.7			0.7	0.437
四	钱玉生		0.2			0.2	0.125
四	钱永年		0.3			0.3	0.187
四	钱庆发		0.3		0.8	1.1	2.128
四	钱阿文		0.8			0.8	0.500
四	钱阿桂		0.2			0.2	0.125
二	朱文宝	1.0	0.1			1.1	0.842
二	沈阿毛	1.0				1.0	0.078
二	朱毛三		0.1			0.1	0.062
二	周德宝	0.1	0.1			0.2	0.140
二	沈子宝	4.3	0.2			4.5	3.479
二	朱容达		0.2			0.2	0.125
二	朱容炜	0.2	0.2			0.4	0.281
二	周炳南	2.0	0.1			2.1	1.622
二	朱子洪		0.1			0.1	0.062
二	周阿寿		0.1			0.1	0.062
二	姚士林				0.8	0.8	0.318
二	朱桂林	0.5	0.1			0.6	0.452
二	周阿田		0.1			0.1	0.062
二	周金寿	0.2	0.1		0.1	0.4	0.282
二	周庆章		0.1			0.1	0.062
二	张桂林		0.1			0.1	0.062

续　表

保别	姓　名	田亩数额(亩)					应欠公粮数额(斗)
		田	地	山	荡	合计	
二	朱容章	1.1				1.1	0.858
二	朱容恺	2.0	0.2		0.1	2.3	1.717
二	朱贵堂	3.4				3.4	2.652
五	杨有登	1.1				1.1	0.858
五	姚阿尚		0.1			0.1	0.062
五	姚阿泉		0.1			0.1	0.062
五	凌阿三	0.6	0.1			0.7	0.053
五	凌叙生	1.7	0.1			1.8	1.388
五	姚公生	0.1	0.1			0.2	0.140
五	姚阿六	0.1	0.1			0.2	0.140
五	姚寿加	0.3	0.1			0.4	0.145
五	姚发宝	2.0				2.0	0.156
五	姚金林	60.6	0.1		0.7	61.4	5.434
五	吴再生		0.1			0.1	0.620
五	冯叙福		0.1			0.1	0.620
五	姚叙法					0.0	0.800
五	姚顺发	2.2	0.1			2.3	1.778
五	姚有年	0.2	0.2			0.4	0.381
五	谈金林	2.1	0.1			2.2	1.702
五	吴林庆	4.8	0.2		0.2	5.2	3.929
五	吴正宝	3.5	0.1		0.1	3.7	2.824
五	吴龙宝	2.9				2.9	2.262
五	吴宝发	0.4	0.1			0.5	0.374

续 表

保别	姓 名	田亩数额（亩）					应欠公粮数额（斗）
		田	地	山	荡	合计	
五	吴阿毛	0.9	0.1			1.0	0.764
五	吴天宝	1.4	0.1			1.5	1.154
五	吴阿士	0.6	0.1			0.7	0.052
五	吴忠德		0.1			0.1	0.062
五	吴忠富		0.1			0.1	0.062
五	吴小毛	0.1	0.1			0.2	0.140
五	胡阿茂	1.2				1.2	0.936
五	胡正才	4.5	0.1			4.6	3.572
五	胡根福	2.8	0.1			2.9	2.246
五	胡官生		0.1			0.1	0.062
五	胡长林	1.7	0.1		0.1	1.9	1.388
五	胡来宝	0.4	0.1		0.1	0.6	0.406
五	胡庆福	1.2	0.2		0.1	1.5	1.093
五	胡阿天	0.5	0.1			0.6	0.452
五	朱锡堂	0.5	0.1			0.6	0.452
五	朱锡贵	0.1				0.1	0.078
五	朱锡金	0.2	0.1			0.3	0.218
五	朱锡洪	0.7	0.1			0.8	0.608
五	姚永甫	0.1	0.1			0.2	0.062
五	吴文荣	9.2	0.2		5.1	14.5	9.011
五	朱掌金	0.9			0.2	1.1	0.075
五	朱阿寿	1.8	0.1			1.9	1.466
五	朱阿叙	2.0	0.1			2.1	1.622

续 表

保别	姓 名	田亩数额(亩)					应欠公粮数额(斗)
		田	地	山	荡	合计	
五	朱永富		0.1			0.1	0.062
五	吴寿春	7.7	0.1			7.8	6.228
五	姚金生	0.3	0.1			0.4	0.296
六	曹 氏		0.2			0.2	0.125
六	莫菊林	0.4	0.2		0.6	1.2	0.395
六	高阿连	0.4	0.2		0.5	1.1	0.597
六	沈耕荣	7.5	0.2		2.0	9.7	6.615
六	朱德永	1.3	0.2			1.5	1.139
六	朱茂春	1.1	0.1			1.2	0.870
六	朱正荣	7.7	0.1		0.7	8.5	6.772
六	朱华生	3.0	0.2		0.5	3.7	2.562
六	朱荣华	7.0	0.1			7.1	5.585
六	朱天福	2.5	0.1			2.6	1.950
六	朱生发	2.2	0.1			2.3	1.774
六	朱阿再	3.5	0.1			3.6	2.792
六	朱来法	2.7	0.1			2.8	2.168
六	朱贵福	2.0	0.1		0.7	2.8	1.846
六	朱寿福	1.4	0.1			1.5	1.154
六	陈法林	0.7	0.1			0.8	0.608
六	高富男	0.1	0.2			0.3	0.473
六	宋叙法		0.2			0.2	0.125
七	庞阿双	3.0	0.1			3.1	0.062
七	车福田		0.1		0.4	0.5	1.050

续 表

保别	姓 名	田亩数额（亩）					应欠公粮数额（斗）
		田	地	山	荡	合计	
七	钟阿毛		0.1			0.1	0.062
七	吴金生	0.8	0.1		0.8	1.7	0.942
七	毛长生	1.3	0.2			1.5	1.142
七	吴阿福	1.5	0.1		1.5	3.1	1.712
七	王宝元	1.0	0.1			1.1	0.840
七	车掌龙	0.5	0.1			0.6	0.452
七	唐斯盛	3.0	0.2		1.0	4.2	4.228
七	朱六生	0.7				0.7	0.546
七	宋阿林	4.8	0.2			5.0	3.869
七	朱阿文	1.4	0.5		0.3	2.2	1.500
十一	陈庆祥	0.5				0.5	0.390
十一	沈瑞元	4.4	0.2		1.0	5.6	4.400
十一	陈公堂	1.7			0.5	2.2	1.486
十一	吴阿毛	0.5	0.1			0.6	0.452
十一	张文元	2.0	0.4		1.0	3.4	2.130
十一	黄宝魁	2.1	0.1			2.2	1.700
十一	张寿元	1.1	0.2			1.3	0.983
十一	张寿根	1.2	0.2			1.4	1.057
十一	张荣根	1.0	0.3			1.3	0.799
十一	周吉甫	2.0	0.4			2.4	1.842
十一	资庆寺	4.5	5.0		0.1	9.6	6.940
十一	何叙才	1.2	1.2		1.0	3.4	0.998
十一	钱阿叙	0.7	0.7			1.4	0.608
十一	陈炳元	0.7	0.7			1.4	0.546

续 表

保别	姓 名	田亩数额（亩）					应欠公粮数额（斗）
		田	地	山	荡	合计	
十一	陆寿庆	2.0	2.0			4.0	1.685
十一	徐凤藻	4.5	5.7		1.5	11.7	2.800
十一	凌佳福	1.1	1.1			2.2	0.919
十一	陈庆来	0.7	0.7		0.5	1.9	0.893
十一	何张氏	9.6	9.6		1.5	20.7	4.400
十一	周永仁	5.5	0.4	4.7	0.4	11.0	4.800

说明：乡长仲菊生造册，1946年6月20日。
资料来源：杭县县政府田粮处：《清理各乡镇三二、三三年度公粮欠户清册（一）》，杭州市临平区档案馆，档案编号：91-1-279。

表5-3-2-2统计了201个农户所有田、地、山、荡面积，我们将这四种类型的土地加总，为各户所有田亩数额，作为自变量，以各户积欠公粮（田赋）数额作为因变量，得到图5-3-2-2。

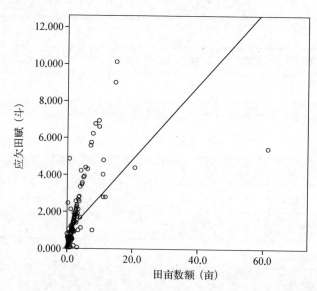

图5-3-2-2 1943—1944年201个农户应欠田赋与田亩数额相关关系图

资料来源：杭县县政府田粮处：《清理各乡镇三二、三三年度公粮欠户清册（一）》，杭州市临平区档案馆，档案编号：91-1-279。

由图 5-3-2-2 可见，因变量农户积欠田赋(公粮)数量与自变量农户所有田亩数额之间呈现正线性相关关系。

模 型 概 要

R	R 方	调整 R 方	估计值的标准误
0.617	0.380	0.377	1.313

由模型概要可知，因变量积欠田赋数量与自变量农户所有田亩数额之间的相关系数 $R=0.617$，说明两个变量之间具有较强的线性相关关系。两个变量之间的决定系数 $R^2=0.380$，说明自变量农户所有田亩数额的变化可以大约解释 38% 的因变量的变化。

系 数

项 目	未标准化系数		标准化系数	t	Sig.
	B	标准误	Beta		
田亩数额	0.201	0.018	0.617	11.049	0.000
(常数)	0.813	0.101		8.041	0.000

以 y 表示因变量各户积欠田赋数量，以 x 表示各户所有田亩数额，可以得到以下一元线性回归方程：

$$y=0.813+0.201x$$

对于上列一元线性回归模型，上表还显示了 t 检验结果。依据表中数据，可知 t 检验统计量为 11.049，而 t 检验的 p-值为 0.000，说明统计结果显著，一元线性回归模型成立。

方 差 分 析

项 目	平方和	df	均 方	F	Sig.
回归	210.455	1	210.455	122.074	0.000
残差	343.076	199	1.724		
总计	553.532	200			

方差分析显示出 F 检验的结果，F 检验的 p-值亦为 0.000，与 t 检验结果效力相同，也支持上述一元线性回归模型。

两种检验的结果都显示农户积欠田赋数量与其所有田亩数额之间具有正线性相关关系。可见，田亩数额越多的农户，积欠田赋数量越多。姑且不论各户已缴田赋数量，单就欠缴田赋数量来看，所有田亩数额越多的农户，其田赋负担越重。按照前述浙江省田赋及附加追缴措施，如果农户欠赋不能在规定期限内完纳，则其所有财产（包括田产）将被没收，进而导致地权转移。从积欠田赋数量与各户田亩数量的正线性相关关系来看，不论所有田地面积多寡，各类农户面临同样的田赋负担压力。若以绝对数量比较，则所有田地面积越多的农户，其所面临的压力越为沉重。

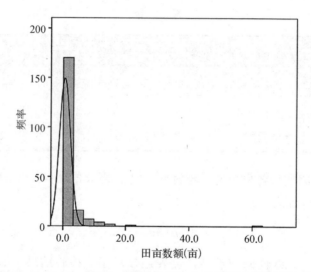

图 5-3-2-3　1943—1944 年 201 个农户田亩数额分布图

资料来源：杭县县政府田粮处：《清理各乡镇三二、三三年度公粮欠户清册（一）》，杭州市临平区档案馆，档案编号：91-1-279。

考虑到统计的 201 个农户平均所有农地面积仅有 2.228 亩，中位数为 1.100 亩，多为所有土地面积较少的小农，所欠田赋实为沉重之负担。

是否土地较多的地主，平均较土地较少的自耕农负担更轻？这是一个值得探究的问题。由杭县的上述统计可知，有田 100 亩以上的地主虽然苛捐杂税较轻，但其负担的田赋占总收入的比重却是各个阶层中最高的。在各阶层的负担计入苛捐杂税后，有田百亩以上的地主的负担占其总收入的比重仍然是各阶层中第二高的。而在各阶层中，负担占总收入比重最高的是所有农地面积50亩以下的地主。从杭县的统计结果来看，负担占其总收入比重最高的阶层，恰恰是有田50亩以下和100亩以上的地主。而在人均所有土地面积较少的富农、中农、贫农中，田赋和苛捐杂税负担占总收入的比重也与所有土地面积和使用土地面积呈正线性相关关系，这说明不论是地主、富农，还是中农、贫农，在各个阶层中，各户的捐税负担占其总收入的比重随其所有农地及使用农地面积的增加而上升。简言之，所有土地面积越多，田赋及苛捐杂税负担越为沉重。结合20世纪30—40年代土地收益减少而田赋及附加日益加重，租佃纠纷日渐增加的情形，可以断定，这一时期赋税政策具有地权分散效应。据西岛定生等人的研究，明代田赋及附加的增加曾经加重佃租负担，导致零散小农的出现。[①] 无疑，20世纪30—40年代农地赋税是明代历史上田赋地权效应的再现。与西岛定生等人的看法相反，有学者认为，传统租税制度导致地权集中。[②] 对比杭县的数量分析和个案分析结果可知，赋税制度导致的地权集中效应并未出现。20世纪30—40年代，在实施减租的租佃政策下，政府增加赋税收入，会进一步压缩土地所有者的利润空间。因此，赋税的征收会扭曲土地资源配置。[③] 在实施减租政策的背景下，赋税征收政策的推行加速地权转移，并导致地权趋于分散。

小结

宋代以后，随着土地所有权更迭的加速，土地兼并成为社会经济痼疾。朝

---

① [日]森正夫：《明代江南土地制度研究》，伍跃、张学锋等译，南京：江苏人民出版社2014年版，第10页。
② 陈明、刘祖云：《传统国家治理逻辑下的地权运作》，《中国农史》2014年第3期，第91页。
③ "税收使得资源配置发生扭曲：在征税情况下，商品的边际价值高于其成本，扩大生产将带来收益，而税收变成了阻止这一收益实现的楔子。"参见[以]约拉姆·巴泽尔：《产权的经济分析（第二版）》，费方域、段毅才、钱敏译，上海：格致出版社、上海三联书店、上海人民出版社2017年版，第36页。

廷不得不采取措施抑制土地兼并,宋代的公田、明代的官田、清代的旗地都属此类举措。① 尽管历代王朝作出了种种努力,地权不均仍为延续数个世纪的长期趋势。民国政府建立之初,同样面临着土地分配不均问题。国民政府的"平均地权"、"二五"减租等政策,也是为了解决土地兼并问题。然而,行政措施遽然介入土地买卖与租佃市场,扰乱了原本主要由供需关系决定的地价、地租。同时,地方政府为了满足财政所需,不断增加捐税征收额度,压缩业主及佃户的实际收入,进而影响土地所有权与使用权的转移。由于业主抗拒"二五"减租,使政府通过减租以改善佃-业双方关系的努力产生了负效应。结果是佃业关系趋于恶化,政权机构处置佃业纠纷的行政成本相应增加。国民政府通过土地产权法律和租佃政策对产权的约束,导致产权的稀释,从而减少了土地财产的价值。② 按照国民政府"二五"减租政策,推行"二五"减租之后,地权应向无地或少地的佃户手中转移,但因赋税政策的实施,两种政策的效应相互冲突,其结果就是抵消了减租政策的预期效果。"耕者有其田"作为确立土地私有制度的法律与政策,对土地产权产生了实际影响。不管国民政府土地政策的后果是地权交易趋于频繁还是趋于停滞,是更为市场化还是更为指令化,其结果却是地权配置的相对稳定。这一结果与国民政府希望地权分散的土地政策初衷相悖,当然也无助于缓解长期延续的地权配置不均问题。

田赋及其附加制度的变化不仅直接影响着农地所有权的变化,也间接影响着农地使用权的变化,即影响着租佃关系。然而,国民政府的赋税政策与租佃政策相互冲突。减租政策要减轻佃农的负担,但赋税政策又加重了佃农的实际负担。其结果是,佃农家庭生计并无明显改善,无力购买土地。而业主则因负担沉重,频繁转移土地。然而,地权频繁转移的结果并不是佃农获得土地,从

---

① [日]森正夫:《明代江南土地制度研究》,伍跃、张学锋等译,南京:江苏人民出版社2014年版,第7页。
② "研究产权的经济学家通常都不赞成对产权施加约束,认为任何约束都会稀释产权。他们认为,每个人利用财产获利能力的大小,取决于其产权的实现程度。这种程度包括使用权(以及排他权)、转让权、收益权等等。排他权可以保证自己的财产不沦为共同财产,转让权及收益权则使自己从交换中得到收入。一般来说,施加各种约束都限制个人的行动自由。对个人的产权施加约束,将减少个人财产的价值,因此似乎这些约束都是有害的。"参见[以]约拉姆·巴泽尔:《产权的经济分析(第二版)》,费方域、段毅才、钱敏译,上海:格致出版社、上海三联书店、上海人民出版社2017年版,第123页。

而使得地权趋于分散；也不是拥有地产较多的农户日益增加其所有农地面积，使得地权趋于集中，而是在不同阶层农户之间"无序"的增减变化中，维持了地权配置结构的整体稳定。

国民政府一方面限制农地所有权和使用权的集中，另一方面制定计划，试图促使这些权力趋于平均。20世纪20年代末至30年代上半期的政策方向如此，20世纪40年代后期亦是如此。1947年5月10日由浙江省政府委员会第五十三次会议决议通过的《浙江省扶植自耕农暂行办法草案》就有这样的意图。国民政府的政策目标是，从所有权和使用权两个层次上限制农地产权的集中，如《浙江省租佃耕地限制收回自耕办法》即属此类政策。国民政府的农地租佃政策有可能形成农地所有权分散的机制，这与历史上王朝政权扶植自耕农、力避地权集中的政策是一脉相承的。这一政策是对市场主导的地权集中机制的抑制，因而成为20世纪30—40年代地权配置不均问题没有继续恶化，反而有所缓和的政策因素。

结　论

通过对20世纪30—40年代两个剖面抽样数据的比较，可知杭县农地产权结构大致保持稳定。前后两个年份相比，地权在各个阶层之间的配置只有微弱差异，1947年与1930年相比，地权分布基尼系数的下降甚至显示出地权配置趋向平均化的态势。这一态势是由地权集中与分散相互作用的均衡机制决定的，是杭县社会结构和农户经济行为历史延续及近代变迁的结果，因而又是一种动态均衡机制。在各种因素错综交叠的相互作用下，农户之间频繁地权转移的结果最终呈现为地权配置结构的整体稳定。

在杭县，因农产商品化程度不同而形成的各个经济区域，均呈现出农地产权结构的相对稳定。杭县内部不同区域种植业、农业以至农村经济存在结构性差异，不同区域农地、农业、农户家庭生计的商品化程度也不相同，因而地权结构形成微弱差别。不同农业区域的分析显示，地权的集中程度存在区域差异。自稻-桑-果区、稻-桑-棉-麻区至稻-柴-竹区，农村经济的商品化程度渐次下降，地权集中程度逐渐增高，但不同区域地权结构的稳定性却是一致的。地权稳定性的微弱差异是由不同农业区域经济的商品化程度的差异所决定的。通过对比可以发现，农村经济商品化程度越高的区域，地权配置越趋分散。同时，比较结果也显示，尽管存在这一区域差别，不同农业区域均具有相对稳定的地权结构。

20世纪30—40年代杭县地权结构的稳定并不是静态的，其结构稳定性是在频繁的地权转移过程中实现的。农地所有权与使用权的分离、地块的零散分割、农产物的商品化经营、发达的农产品抵押及土地抵押借贷市场、农家经济与外部市场联系紧密、农产品市场起伏变化等多重因素，导致地权频繁转移。从所有人发生变化的地块占抽样地块的极高比重可知，大量地块的所有权发生了更迭，作为不动产的土地具有"动产化"的趋势，但频繁的所有权变动并未导致地权向某一阶层的单向集中，同时，也未出现明显的地权分散。地权集中与地权分散两个相向过程，使地权配置在频繁的地权转移中形成了一种动态平衡，其结果即地权结构的大致稳定。

前后两个年份比较，杭县地权配置的基尼系数十分接近，说明地权结构高度稳定。同时，基尼系数的差异又证明影响地权配置的两种机制所起的作用是不均衡的。20世纪30—40年代，同时存在着导致地权集中与地权分散两种相反的趋势，其中，导致地权分散的作用甚至大于导致地权集中的作用，从而导致地权配置基尼系数的下降。然而，地权分散机制并不足以导致地权配置的结构性变化，在整体上，地权变化的结果呈现为略趋分散的稳定结构，即决定地权配置的是一种动态均衡机制，相对稳定的地权配置结构是在农户所有土地多向转移中实现的。

地权配置的稳定机制是由多重因素共同达成的。这一时期，工商业经营是影响地权集中的主要因素。第十都的个案研究显示，地权仍有向工商业地主手中集中的趋势。所有土地面积超过100亩的业主，多为以工商业为主业或以工商业为兼业者，其中，"不在地主"又占半数以上。他们的农地所有权主要是增加的。但这部分地主户数极少，而所有土地占总面积的比重偏低，不能代表地权变化的一般趋势。考虑到整个杭县农村经济的特征，工商业对农户地权配置具有普遍影响。而且，这种影响具有双重性。对于在工商业经营中获利的地主来说，工商业收益是其地权增加的助力。而对于因为工商业收入减少而影响家庭生计的业主来说，工商业的亏损反而导致其所有土地数量的减少。

对于地权配置结构来说，农业的商品化经营也是"双刃剑"。在外部市场需求增加的情况下，农业收入增长，农地价格上涨，商品性农业经营有助于业主保有甚至强化其地权。但在外部市场需求减少的情况下，农业收入剧减，农地价格下跌，同样有利于地权的稳定。从商品化程度不同的三个区域来看，地权配置较为分散的是商品化程度较高的稻-桑-果区和稻-桑-棉-麻区，地权配置较为集中的则是商品化程度较低的稻-柴-竹区，但三个区域地权结构的稳定性却是一致的。在20世纪30年代农村经济危机、战争破坏等背景下，农业生产的波动、农产品市场的变化、农户家庭经济的状况，在短时期内都是决定地权配置变化的因素，考虑到它们对农户的影响，它们均为导致地权稳定的因素。

这一时期还存在着制约地权集中的因素，土地法律、土地制度、租佃政策等因素，都对地权集中形成抑制。《土地法》虽确认土地私有权，但同时明确了对土地私有权的诸种限制。依据《土地法》及国民政府土地政策，浙江省政府和杭县县政府制定了相应的措施，就"耕者有其田"、"二五"减租等政策提出了相应的实施办法。从佃业纠纷等案例的处理情况来看，土地法律及政策成为抑制地权集中的因素。不过，由于战争、税负等因素的影响，这些土地政策的实施受到抑制，因而并未能取得预期的地权分散效果。

在影响20世纪30—40年代杭县土地所有权的人口因素中，首先考虑土地占有权利的代际转移，即由上一代传给下一代。考虑到乡村诸子继承制的传统，地权的代际流转只可能造成地权的分散化。从《地籍册》中所有权人的信息统计来看，杭县农家所有的土地多为自营，也就是说，在当地的社会阶层结构中，拥有若干块面积狭小的土地的自耕农，是当地农村社会最大多数的阶层。阶层结构与地权结构相互作用，使地权的流转并未造成土地高度集中的"大地产"，反而呈现出相对的分散化和平均化趋势。

从20世纪30年代初期到40年代末期，杭县地权变动的总体趋势是土地占有面积较多者减少，地权向拥有土地面积较少者手中转移。土地所有权的变动程度与土地占有面积大抵呈正相关关系：占有土地面积越多的农户，地权变动程度越大。这一方面反映出地权变动呈现出分散化的趋势，即地权由拥有较多土地的所有者手中向缺地或无地的农户转移；另一方面也说明，地权的分散化过程是不均衡的，即拥有地权数量不同的农户，其地权转移与分散的程度存在较大差异。我们可以将杭县地权变化视为一个"非均衡分散"的过程。

考虑到杭县特殊的地理位置、经济区位以及农村经济高度商品化的事实，20世纪30—40年代杭县地权结构可以代表此类区域地权变化的一般特征。在农业、农家及农村经济高度商品化的地区，地权配置大致保持稳定，基尼系数仅有微弱差异，这是由地权配置的动态平衡机制所决定的。在这样的地区，类似地权分散或者地权集中的长期单向性变化，往往是由外部特殊因素造成的。

由杭县地权变化及其影响机制可知,地权配置的变化存在着地权集中与分散交替的周期,也存在着集中与分散相互作用的双重机制。其原因在于,地权配置不仅是由农业生产状况、农地价格波动等经济因素所决定的,还受到人口数量和结构、法律制度和政策等社会文化因素的制约。需要强调的是,这一时期地权配置的稳定是动态稳定,是在频繁的地权转移过程中实现的,是不动产加速"动产化"的结果。

参考文献

一、图书文献

[1] 阿桂等.大清律例[M].北京：中华书局,2015.

[2] [美]卜凯.中国土地利用——中国二二省一六八地区一六七八六田场及三八二五六农家之研究[M].金陵大学农业经济系,译.成都：金陵大学农业经济系,1941.

[3] [美]卜凯.中国农家经济——中国七省十七县二八六六田场之研究[M].张履鸾,译.上海：商务印书馆,1936.

[4] 曹树基,刘诗古.传统中国地权结构及其演变[M].上海：上海交通大学出版社,2014.

[5] 曹幸穗.旧中国苏南农家经济研究[M].北京：中央编译出版社,1996.

[6] 柴树藩,于光远,彭平.绥德、米脂土地问题初步研究[M].北京：人民出版社,1979.

[7] 费孝通,张之毅.云南三村[M].北京：社会科学文献出版社,2006.

[8] 高王凌.租佃关系新论——地主、农民和地租[M].上海：上海书店出版社,2005.

[9] 郭德宏.中国近现代农民土地问题研究[M].青岛：青岛出版社,1993.

[10] 杭州市档案馆.杭州都图地图集(1931—1934)[M].杭州：浙江古籍出版社,2008.

[11] 杭州市余杭区地方志编纂委员会.余杭通志：第二卷[M].杭州：浙江人民出版社,2013.

[12] 杭州市余杭区地方志编纂委员会.余杭通志：第四卷[M].杭州：浙江人民出版社,2013.

[13] [日]横山宁夫.社会学概论[M].毛良鸿,朱阿根,曹俊德,译.上海：上海译文出版社,1983.

[14] 华东军政委员会土地改革委员会.江苏省农村调查[M].上海：华东军政委员

会,1952.

[15] [美] 黄宗智.长江三角洲小农家庭与乡村发展[M].北京：中华书局,2000.

[16] 金德群.民国时期农村土地问题[M].北京：红旗出版社,1994.

[17] 龙登高.地权市场与资源配置[M].福州：福建人民出版社,2012.

[18] [美] 马若孟.中国农民经济：河北和山东的农民发展,1890—1949[M].史建云,译.南京：江苏人民出版社,1999.

[19] [美] 德·希·珀金斯.中国农业的发展(1368—1968年)[M].宋海文,等译.上海：上海译文出版社,1984.

[20] [日] 森正夫.明代江南土地制度研究[M].伍跃,张学锋,等译.南京：江苏人民出版社,2014.

[21] 王家范.百年颠沛与千年往复[M].上海：上海人民出版社,2018.

[22] 王家范.中国历史通论(增订本)[M].北京：生活·读书·新知三联书店,2012.

[23] 伍丹戈.明代土地制度和赋役制度的发展[M].福州：福建人民出版社,1982.

[24] 夏明方.民国时期自然灾害与乡村社会[M].北京：中华书局,2000.

[25] 行政院农村复兴委员会.浙江省农村调查[M].南京：行政院农村复兴委员会,1933.

[26] 薛暮桥.中国农村经济常识[M].上海：新知书店,1939.

[27] 姚荣铨.永泰姚氏族谱续编[M].余杭：内部资料,2015.

[28] 姚寿慈.杭县志稿[M].杭州：浙江古籍出版社,2018.

[29] [美] 伊恩·罗伯逊.社会学：下册[M].黄育馥,译.北京：商务印书馆,1991.

[30] 余杭市地方志编纂委员会.余杭市志[M].北京：中华书局,2000.

[31] 余杭市金融志编纂委员会.余杭市金融志[M].北京：中华书局,2002.

[32] 余杭市土地志编纂委员会.余杭市土地志[M].北京：中国大地出版社,1999.

[33] 余杭县粮食志编纂组.浙江省余杭县粮食志[M].余杭：内部资料,1990.

[34] 余杭县农业局农业志编纂委员会.余杭县农业志[M].余杭：内部资料,1988.

[35] [以] 约拉姆·巴泽尔.产权的经济分析(第二版)[M].费方域,段毅才,钱敏,译.上海：格致出版社,上海三联书店,上海人民出版社,2017.

[36] 张佩国.地权、家户、村落[M].上海：学林出版社,2007.

[37] 张五常.佃农理论[M].姜建强,译.北京：中信出版社,2017.

[38] 赵冈.永佃制研究[M].北京：中国农业出版社,2005.

[39] 周金铨.周氏家谱[M].余杭：内部资料,2019.

[40]　卓介庚.江南佳丽地·塘栖[M].杭州：浙江摄影出版社，1993.

二、报刊文献

[1]　把增强.产权变异：民国时期华北乡村土地纠纷之动因探研[J].河北师范大学学报(哲学社会科学版)，2008(3)：138—142.

[2]　曾勉之.杭州塘栖之梅[J].园艺，1936,2(11)：4—13.

[3]　陈达.一幅流民图[J].新路周刊，1948,2(1)：15—17.

[4]　陈翰笙.三十年来的中国农村[J].中国农村，1941,7(3)：4—8.

[5]　陈鸿根.我国租佃问题之鸟瞰[J].实业统计，1934,2(5)：35—84.

[6]　陈明、刘祖云.传统国家治理逻辑下的地权运作[J].中国农史，2014(3)：86—95.

[7]　陈晓翔.民国时期东北地价变动及其影响[J].青海师范大学学报(哲学社会科学版)，2005(5)：66—70.

[8]　陈云朝.论南京国民政府时期土地所有权的限制——以私法社会化为背景[J].湖北大学学报(哲学社会科学版)，2014(4)：118—123.

[9]　陈佐明、范汉俦、刘升如、徐修纲.盛产水果之塘栖：沪杭甬线负责运输宣传报告之十七[J].京沪 沪杭甬铁路日刊，1933(729)：166—167.

[10]　(孙)筹成.浙省杭县之税名[N].上海报，1936‐9‐2(3).

[11]　慈元.从古代土地制度说到平均地权[J].独二旅季刊，1934,1(1)：7—21.

[12]　地政局.浙江省规定地价概况[J].浙江经济月刊，1948,5(6)：9—12.

[13]　地政局.浙江省土地改革计划草案提要[J].浙江经济月刊，1949,6(1)：18.

[14]　丁萌萌.民国时期土地政策变化对地权市场的影响——以江浙农村为例[J].北京社会科学，2013(6)：144—149.

[15]　方行.清代江南经济：自然环境作用的一个典型[J].中国纤检，2008(4)：76—77.

[16]　高技.EXCEL下基尼系数的计算研究[J].浙江统计，2008(6)：41—43.

[17]　高尚贤.浙江农村副业之现状及其改进之管见[J].浙光，1937,3(11)：1—7.

[18]　郭爱民.民国前期长江三角洲农村高利贷问题与土地的流转[J].安徽史学，2009(2)：31—39.

[19]　郭德宏.旧中国土地占有状况及发展趋势[J].中国社会科学，1989(4)：199—212.

[20]　韩德章.浙西农村之借贷制度[J].社会科学杂志(北平)，1932,3(2)：139—185.

[21] 杭州市政府社会科.西湖区农户借贷概况[J].市政月刊,1930,3(4):21.

[22] 杭州市政府社会科.西湖区农业劳动者平均工资[J].市政月刊,1930,3(4):21.

[23] 洪季川.浙江省实施土地改革之途径[J].浙江经济月刊,1948,5(6):1—2.

[24] 侯建新.近代冀中土地经营及地权转移趋势——兼与前工业英国地权转移趋势比较[J].中国经济史研究,2001(4):13—23.

[25] 华玉堂.杭县运用保甲协助催赋之检讨[J].浙江自治,1937,2(8):23—24.

[26] 黄晋生.在胎孕中的浙江新土地政策[J].廉清月刊,1948,1(9):6—8.

[27] 黄正林.近代黄河上游区域地权问题研究[J].青海民族研究,2010(3):101—106.

[28] 姜涛.传统人口的城乡结构——立足于清代的考察[J].中国社会经济史研究,1998(3):25—42.

[29] 焦龙华.乔司络麻栽培及麻线纺织之概况[J].农村经济,1935,2(6):47—49.

[30] 孔雪雄.中国近年地价低落与减租之关系[J].浙江省建设月刊,1936,10(4):9—12.

[31] 李德英.佃农、地主与国家:从成都平原租佃纠纷看民国时期佃农保障政策的实际执行(1946—1948)[J].社会科学研究,2013(1):147—159.

[32] 李德英.民国时期成都平原的押租与押扣——兼与刘克祥先生商榷[J].近代史研究,2007(1):95—115.

[33] 李金铮.相对分散与较为集中:从冀中定县看近代华北平原乡村土地分配关系的本相[J].中国经济史研究,2012(3):16—28.

[34] 李学明,王伟.论"中原模式"——地权分配理论新模式[J].石家庄经济学院学报,2011(4):107—110.

[35] 林芊.从清水江文书看近代贵州民族地区土地制度——清水江文书(天柱卷)简介)[J].贵州大学学报(社会科学版),2012(6):70—79.

[36] 林志豪.杭县皋亭乡农村状况[J].国立浙江大学农学院周刊,1928,1(32):253.

[37] 林志豪.杭县皋亭乡农村状况(续)[J].国立浙江大学农学院周刊,1928,1(33):264.

[38] 刘端生.杭县臬城乡沿山居民的生活[J].中国农村,1935,1(6):86—90.

[39] 刘克祥.1927—1937年的地价变动与土地买卖——30年代土地问题研究之一[J].中国经济史研究,2000(1):21—36,54.

[40] 刘克祥.20世纪30年代地权集中趋势及其特点——30年代土地问题研究之

二[J].中国经济史研究,2001(3):33—48.

[41] 刘克祥.20世纪30年代土地阶级分配状况的整体考察和数量估计——20世纪30年代土地问题研究之三[J].中国经济史研究,2002(1):19—35.

[42] 刘元.浙江省整理土地概况[J].浙江民政月刊,1931(39):140—170.

[43] 罗衍军.民国时期华北乡村土地占有关系刍论[J].晋阳学刊,2008(4):96—100.

[44] 马华.杭州农贷利率共计八分五厘[N].金融日报,1948-7-5(2).

[45] 钱家俊.浙江省推行"二五"减租之检讨[J].浙江经济月刊,1948,5(6):2—9.

[46] 忍先.国货调查:浙西各县工商业之一瞥:一、杭县[J].商业月报,1929,9(7):1—3.

[47] 沙行.挣扎在死亡线上的杭县农民[J].展望,1948,2(19):13.

[48] 盛媛.民国时期浙江农村土地价格变动初探(1912—1936)[J].浙江万里学院学报,2005(1):48—51.

[49] 苏新留.略论民国时期河南水旱灾害及其对乡村地权转移的影响[J].社会科学,2006(11):124—131.

[50] 唐文起.抗战前江苏农村土地所有权浅析[J].民国档案,1993(3):120—125.

[51] 王昉.传统中国社会农村地权关系及制度思想在近代的转型[J].学术论坛,2007(3):91—96.

[52] 王昉.中国近代化转型中的农村地权关系及其演化机制——基于要素-技术-制度框架的分析[J].深圳大学学报(人文社会科学版),2008(2):150—156.

[53] 王广义.近代中国东北地区地权的流变[J].华南农业大学学报(社会科学版),2011(4):118—125.

[54] 王怀靖.余杭县农业报告[J].浙江省农会报,1921,1(4):1—3.

[55] 王焕美.杭县第四区十三村农村调查[J].浙江省建设月刊,1933,7(3):12—17.

[56] 王全营.民国中期的地权分配与农业经营——以中原地区为例[J].信阳师范学院学报(哲学社会科学版),2004(6):109—115.

[57] 王省三.杭县第五区概况[J].浙江省地方自治专修学校校刊,1933(6、7):33—38.

[58] 王伟.论河南近代时期人口因素对地权分配的影响[J].兰州学刊,2012(3):77—81.

[59] 王正一.杭县蚕农有待救济[J].工商新闻,1947(61):4.

[60] 王正一.衰落了的三墩——杭县丝棉集散地[J].工商新闻,1948(72):8.

[61] 魏人箕.杭县龙王沙素描[J].东方杂志,1936,33(4):108—110.

[62] 吴保衡.杭县之工业与金融机关[J].京沪 沪杭甬铁路日刊,1935(1226):88.

[63] 吴保衡.塘栖镇的枇杷[J].京沪 沪杭甬铁路日刊,1934(995):49—50.

[64] 谢开键,朱永强.清至民国天柱农村地区土地买卖原因探析——以清水江文书为中心的考察[J].贵州大学学报(社会科学版),2013(5):92—98.

[65] 徐畅.民国时期中国农村地权分配及其变化[J].聊城大学学报(社会科学版),2013(4):52—62.

[66] 徐畅.农家负债与地权异动——以20世纪30年代前期长江中下游地区农村为中心[J].近代史研究,2005(2):78—122.

[67] 徐德瑞.杭县农业之鸟瞰[J].实业统计,1935,3(5):117—126.

[68] 徐世治.廿九年浙江省重要日用品物价调查简报[J].浙光,1941,7(17):13—14.

[69] 薛暮桥.农产商品化和农村市场[J].中国农村,1936,2(6):59—67.

[70] 薛暮桥.中国农村中的土地问题[J].中国农村,1936,2(3):53—62.

[71] 杨士泰.试论民国初期的土地私有权法律制度[J].河北法学,2009(6):95—99.

[72] 叶风虎.杭县之物产及农村状况[J].浙江省建设月刊,1934,7(12):1—8.

[73] 叶华.浙江省农村经济之研究[J].浙江省建设月刊,1934,8(2):5—14.

[74] 俞俊民.杭县土地状况[J].中华农学会报,1935(135):37—49.

[75] 俞俊民.浙江土地问题[J].杭州民国日报,1934(元旦特刊):28—30.

[76] 张广杰.20世纪二三十年代土地分配中的权力因素[J].苏州大学学报(哲学社会科学版),2012(4):179—185.

[77] 张静.老区土地政策演变与农村生产要素流动研究——以1946—1956年的山东为例[J].江汉论坛,2015(5):89—92.

[78] 张佩国.近代江南乡村的族产分配与家庭伦理[J].江苏社会科学,2002(2):139—146.

[79] 张佩国.近代山东农村土地占有权分配的历史演变[J].齐鲁学刊,2000(2):104—111.

[80] 张佩国.制度与话语:近代江南乡村的分家析产[J].福建论坛(人文社会科学版),2002(2):43—48.

[81] 张佩国.走向产权的在地化解释——近代中国乡村地权研究再评述[J].西南民

族大学学报(人文社科版),2012(3):16—23.

[82] 张玮.抗战时期晋西北农村土地流转实态分析[J].晋阳学刊,2009(3):79—83.

[83] 张文俊.革命乡村阶级结构与土地关系之嬗变——以晋绥边区西坪村为例[J].兰州学刊,2009(10):212—215.

[84] 张忠民.前近代中国社会的土地买卖与社会再生产[J].中国经济史研究,1989(2):12—16.

[85] 张祝三.杭县钦履区蚕业概况[J].蚕声,1929(1):33—37.

[86] 赵冈,梁敬明.清末兰溪的地权分配[J].浙江学刊,2008(1):13—18.

[87] 赵丕钟.塘栖枇杷栽培之现状及其应行改进之方针[J].大众农村副业月刊,1936,1(4):1—9.

[88] 钟树杰.民国时期江南地区土地投资的收益分析[J].农业考古,2013(6):77—82.

[89] 周同文.杭县六七八堡棉农概况[J].浙江省建设月刊,1936,9(8):14—18.

[90] 朱翰,陈烈勋.浙江杭县新事业之现状[J].清华学报,1917,2(4):114—117.

[91] 朱荫贵.从贵州清水江文书看近代中国的地权转移[J].贵州大学学报(社会科学版)2013(6):69—77.

[92] 朱玉湘.试论近代中国的土地占有关系及其特点[J].文史哲,1997(2):42—52.

[93] 庄维民.传统乡村地权市场的重新审视——《建国初期长江中下游地区乡村地权市场探微》评介[J].东岳论丛,2012(3):190—191.

三、其他

[94] 公杰.民国时期山东农村土地交易契约研究——以东蒙公氏家族地契为例[D].西南政法大学硕士学位论文,2010.

[95] 史建云.近代华北土地买卖的几个问题[C]//华北乡村史学术研讨会论文集,2001.

[96] 袁鑫.民国时期江南地区的土地继承制度及其对土地分散的作用[D].南京师范大学硕士学位论文,2007.

[97] 张兰英.民国时期四川农村土地制度[D].四川师范大学硕士学位论文,2002.